STRATÉGIE DE FIDÉLISATION

Une première édition de ce livre a été publiée en 1999
sous le titre « La fidélisation client ».
La présente édition a été entièrement actualisée.

Éditions d'Organisation
1, rue Thénard – 75240 Paris Cedex 05
Connectez-vous sur notre site :
www.editions-organisation.com

DU MÊME AUTEUR

- *Le marketing interactif*, Éditions d'Organisation, Paris (1996). Médaille de l'Académie des Sciences Commerciales 1997.
- *Praximarket*, Éditions Jean-Pierre de Monza, Paris (1996). Sélection Adetem, Association Nationale du Marketing.
- *Alerte Produit : quand le produit doit être retiré de la vente ou rappelé...*, Éditions d'Organisation, Paris (1998).
- *strategiedemarque.com*, Éditions d'Organisation, Paris (2000).

En collaboration avec Virginie Barbet, Pierre Breese, Nathalie Guichard, Caroline Lecoquière et Régine Van Heems :
- *Le marketing olfactif*, Éditions LPM, Paris (1999).

En collaboration avec Anne Bontour :
- *Lifting de marque*, Éditions d'Organisation, Paris (2002). Prix de la Marque 2002 décerné par Prodimarques.

Jean-Marc LEHU

STRATÉGIE DE FIDÉLISATION

Préface de Philippe Charrier
Président-directeur général

P&G
France

Deuxième édition

**Éditions
d'Organisation**

Pour rendre ce livre concret, opérationnel et illustré de multiples exemples, de nombreux professionnels ont été sollicités pour apporter leur témoignage. Qu'il s'agisse de leurs expériences et/ou de leurs souvenirs personnels, ainsi que de leurs analyses et/ou de leurs commentaires, tous ont permis d'enrichir ce livre, de même que le message qu'il souhaite transmettre. Qu'ils soient tous vivement remerciés du temps consacré à l'auteur et de l'intérêt des propos tenus au sujet de la fidélisation.

Avis et témoignages

« Oui à une fidélisation efficace et sincère, base réciproque du ticket gagnant-gagnant régissant les relations entre fournisseur et consommateur. Jean-Marc Lehu a, une nouvelle fois, redéfini l'adaptation des stratégies marché aux aspirations du consommateur internaute du second millénaire. »

Yvon Caillard, Directeur Général Adjoint France
Korean Air

« Enfin un livre concret et pratique sur la fidélisation et non pas un livre de recettes. Merci à Jean-Marc Lehu qui nous donne l'occasion "d'échanger" avec de nombreuses entreprises dans le monde, et nous rappelle que dans nos métiers il est non seulement essentiel de maîtriser toutes ces techniques, mais que le combat de la fidélisation se fait au jour le jour, client par client... C'est la source même de notre métier : le commerce. »

Marie-Laure Fron, Directeur Général
Pharmactiv Distribution - Groupe OCP

« Pour nous, éditeurs d'un progiciel de gestion de la relation client si fréquemment mis en œuvre pour définir et exécuter des stratégies de fidélisation, l'ouvrage de Jean-Marc Lehu apparaît comme une contribution essentielle à la compréhension des approches marketing gagnantes.

Bien que d'une telle densité, la lecture de cette œuvre nous a captivés. Nul doute que nos collaborateurs, nos clients et nos partenaires lui reconnaîtront bien vite la valeur d'un ouvrage de référence. »

Michel Lacluque, Directeur Marketing
Aims Software

« Après la lecture facile de cette bible de la fidélisation, vous pourrez faire rimer fidélité avec rentabilité. Jean-Marc Lehu met l'accent sur la maîtrise des flux d'information et la gestion des données, postulat de base à tout programme d'action. Maintenant, il vous reste encore à choisir parmi les très nombreuses solutions proposées, le moyen le mieux adapté à votre problématique entreprise. »

Jean-Marc Parize, Directeur associé
Selling

« Un livre suffisamment didactique pour nous permettre de maîtriser les techniques marketing de demain. Notamment si vous voulez vous lancer sur Internet et garder vos clients. Achetez-le ! C'est une bible ! »

Arnaud Saint-Paul, Président – CEO
E-Pack SAS

« C'est un ouvrage complet et exhaustif qui, à travers de nombreuses études de cas, lie la théorie aux techniques et aux outils employés dans la Gestion de la Relation Client. Les fiches techniques sont un véritable trésor pour les professionnels qui mettent en œuvre les systèmes d'informations client. Bref, un texte pédagogique et de référence. »

Michael J. Schouchana, European CRM Program Manager
IBM-Sequent Computer Systems

« Jean-Marc Lehu a réussi là un nouvel ouvrage clair, précis, remarquablement documenté qui met enfin en évidence l'absolue nécessité d'intégrer la fidélisation comme élément essentiel dans la stratégie de l'entreprise victorieuse. »

Luis Simoes, Directeur de clientèle
ACNielsen

Sommaire

Liste des graphiques et encadrés

Liste des tableaux

Liste des cas d'entreprises

« Il faut convaincre les hommes du bonheur qu'ils ignorent,
lors même qu'ils en jouissent ».

Mes Pensées

Charles de Secondat,
Baron de La Brède et de Montesquieu

Préface

de Philippe Charrier, P-DG de Procter & Gamble France

« C'est le consommateur qui décide » : 50 millions de fois par jour, nous remettons notre ouvrage sur le métier lorsqu'un consommateur utilise Pampers, Monsieur Propre, Pantène ou l'une des 40 autres marques que nous commercialisons en France. Chez Procter & Gamble, nous appelons cela « le moment de vérité », celui où le consommateur décide, consciemment ou non, si la marque qu'il tient entre ses mains remplit toutes ses promesses et mérite d'être ré-achetée.

Aucun doute, c'est bien le consommateur qui décide, et la fidélisation à la marque est un enjeu stratégique majeur de l'entreprise.

Historiquement, le marketing a surtout été une affaire de « transactions » : la marque transmettait un message avec le souci qu'il atteigne le plus grand nombre, le produit offrait un bénéfice avec l'espoir qu'il soit reconnu et apprécié par les consommateurs. Bref, une communication unilatérale, du « haut de la marque vers le bas du consommateur », fondée sur l'idée que les consommateurs constitueraient une cible homogène et passive dans l'attente de la vérité détenue par les marques.

Cette idée est aujourd'hui dépassée : le marketing est bel et bien devenu une affaire de « relations » et les marques qui réussiront dans le futur sont celles qui parviendront à tisser des liens de plus en plus personnels avec leurs utilisateurs.

Bâtir une relation avec une marque (en d'autre terme *fidéliser à la marque*), c'est comme bâtir une relation d'amitié. Cela requiert du temps, beaucoup de temps, et des efforts de la part des deux parties.

L'amitié… On se rencontre. On apprend peu à peu à se connaître. On passe quelques moments ensemble, et on commence à y prendre du plaisir. On se découvre mutuellement, la connaissance et la perception de l'autre deviennent de plus en plus intime. Chacun conserve sa liberté individuelle, mais un dialogue s'installe et des liens se tissent. Avec pour résultat, une relation amicale fondée sur l'affection réciproque, le respect mutuel et une *fidélité* à toute épreuve.

La fidélisation à la marque devrait idéalement emprunter le même chemin. L'utilisateur fidèle est en effet le bien le plus précieux de la marque. Il ne se borne pas à acheter et utiliser régulièrement la marque, il se l'approprie pour en devenir le meilleur des ambassadeurs, et la faire ainsi connaître et apprécier par son témoignage personnel et le bouche à oreille.

Dès lors, comment passer de la transaction à la fidélisation ? Question cardinale pour tout responsable marketing qui ferait de la pérennité de sa marque son objectif prioritaire. Chez P&G, nous n'avons pas encore trouvé toutes les réponses à cette question si difficile. Nous pensons cependant que trois éléments clés sous-tendent la nouvelle approche marketing reposant sur l'idée que « c'est le consommateur qui décide » :

1. *Qui* : Identifier les principaux utilisateurs potentiels de la marque et faire de leur compréhension intime un impératif absolu. La croissance d'une marque provient presque toujours d'un nombre relativement restreint de consommateurs. Connaître les « primo-prospects » de la marque est donc vital pour atteindre ses objectifs et optimiser son retour sur investissement.

2. *Quoi* : Définir l'essence de la marque, c'est-à-dire comprendre ce qui la rend unique aux yeux des consommateurs. Les marques soucieuses de « fidéliser » consacrent donc une passion et une énergie sans

limite au contact et à l'écoute de leurs utilisateurs. Ceux-ci deviennent les véritables acteurs de l'innovation et de la communication de la marque ; ils ne la subissent plus la marque, ils en sont les vrais inspirateurs.

3. *Comment* : Offrir des expériences uniques et mémorables aux utilisateurs de la marque, des expériences qui leur prouvent que la marque comprend leur façon de vivre et améliore leur vie quotidienne. Les marques attachées au « concept d'expérience » consacrent une réflexion approfondie à tous les points de rencontre possibles avec leurs utilisateurs potentiels et à l'art de faire de chacun de ces points un moment magique et inoubliable.

Le *qui*, le *quoi* et le *comment* de la marque, voici simplement une ébauche de réflexion destinée à inviter tous ceux qui s'intéressent à la pérennité de l'entreprise à la lecture du stratégique et très pratique ouvrage de Jean-Marc Lehu : *Stratégie de Fidélisation*. Jean-Marc Lehu a en effet réuni la sagacité du chercheur en marketing et le pragmatisme du praticien en développement de marque pour parvenir à pénétrer la complexe alchimie de la fidélisation et en faire un outil de développement de l'entreprise. À l'issue de la lecture de son passionnant ouvrage, je sors avec la conviction renforcée que les marques et les entreprises ne sont pas vouées à naître, prospérer puis décliner mais qu'elles peuvent au contraire trouver une éternelle jeunesse dans la fidélisation.

Philippe Charrier
Président directeur général de Procter & Gamble France

Avertissement

Avant d'entrer dans le vif du sujet, il peut être intéressant de passer en revue ces dix observations fréquemment entendues, dans le petit monde de l'entreprise :

1. Un consommateur satisfait est un consommateur fidèle.

2. La valeur de l'offre découle de la qualité du produit et de son prix.

3. Le consommateur moderne est aujourd'hui rationnel à cause de la crise.

4. La fidélisation répond à une démarche standard bien maîtrisée désormais.

5. Le marketing est une relation à sens unique du producteur vers le consommateur.

6. Le marketing de masse est le seul qui puisse être rentable.

7. Le marketing de base de données est un coûteux effet de mode.

8. Les techniques de fidélisation correspondent à des actions ponctuelles précises.

9. Internet est la déclinaison numérique des grands médias classiques.

10. La fidélité est éternelle si nature et qualité de l'offre sont pérennes.

STRATÉGIE DE FIDÉLISATION

S'il vous est arrivé d'entendre directement ou indirectement l'une ou l'autre de ces observations et d'y donner foi, ce livre peut, peut-être, vous apporter quelque chose. Mais pour cela, il importe d'accepter de faire, *a priori*, l'hypothèse parfois difficile, que toutes ces affirmations sont, peut-être, des idées reçues. Cette attitude préalable est nécessaire afin d'aborder le problème de la fidélisation avec un minimum d'objectivité et de rationalité. Cette approche est d'autant plus importante, que la fidélisation de la clientèle est tout simplement devenue aujourd'hui une ordinaire question de vie ou de mort pour l'entreprise moderne ! Ni plus, ni moins… Mais qu'il ne soit pas dit pour autant qu'une optique de fidélisation permettra de dispenser l'entreprise de recruter de nouveaux clients. La chanson que vous avez entendue hier matin à la radio vous a plu. Peut-être même beaucoup. Au point que vous avez acheté le CD. Vous l'écoutez et l'écoutez encore, parce que vous l'aimez beaucoup. Dans un mois, dans un an, vous l'aimerez sans doute toujours autant, mais l'écouterez-vous toujours autant ? La fidélisation n'est pas un concept exclusif. C'est davantage sa symbiose cohérente avec un nécessaire processus de recrutement qui pose problème. Pour être performante <u>et</u> rentable, une entreprise a autant besoin de l'un que de l'autre. Mais là où l'art de la vente a toujours su séduire le chaland, la démarche fidélisatrice a souvent commis des erreurs. Directeur chez McKinsey, Manuel Ebner estime que si un an après le lancement, un projet CRM n'a pas rapporté au moins la moitié des bénéfices financiers escomptés, c'est un échec. Alors que selon une étude IDC/Cap Gemini, 68 % des managers d'entreprises américaines ou européennes s'attendent à un maigre 10 % !

Aussi existait-il deux manières principales d'aborder ce sujet. Expliquer que toutes les techniques de fidélisation utilisées jusqu'à présent sont inefficaces et révolutionner le concept avec le secret révélé d'une nouvelle formule magique universelle. Ou, renoncer à réinventer la roue et analyser concrètement, en les illustrant le plus possible, les différentes techniques de fidélisation existantes, afin de permettre la conception rationnelle d'une stratégie de fidélisation performante. Au risque de décevoir les apprentis sorciers en herbe, et faute d'incantations secrètes et de baguette magique bon marché, nous nous contenterons de la seconde approche. Dès lors, que le manager conscient, en quête d'explications concrètes, de techniques commentées et critiquées, de cas réels analysés et potentiellement déclinables, veuille bien tourner la page…

© Éditions d'organisation

Introduction

Fidélisation ! Armaguedon des temps paisibles d'un marketing simple et efficace. Véritable tsunami déferlant sur l'ensemble de la planète marketing, le mot est sur les lèvres de tous les praticiens, conscients de l'évolution redoutable du marché. Certes, dit en ces termes imagés, il est vrai que le constat peut faire peur, à certains…

Au milieu des années 1950, alors que le marketing de masse répondait tant bien que mal à une société occidentale assoiffée de consommation, Cunningham attirait, sans grand succès il est vrai, l'attention des praticiens sur l'importance de la fidélité à la marque. Dès le début des années 1970, des chercheurs en marketing américains comme Andrew Ehrenberg suggéraient déjà que les marques pouvaient être perçues comme interchangeables par le consommateur, contrairement aux espoirs du marketing. Aujourd'hui, alors que de nombreux travaux sont venus compléter l'œuvre de ces pionniers, force est de constater que rien ne va plus dans le petit monde des praticiens de la discipline. Les conseils ne parlent plus que de ce phénomène. Le coût de la perte d'un client est de plus en plus lourd et la prospection dans le but de recruter de nouveaux consommateurs bute sur une concurrence accrue et sur un marché souvent saturé. À n'en pas douter, tel un inestimable trésor de guerre, il va falloir tout faire pour conserver impérativement et développer au maximum le portefeuille clients que l'on détient. Et les gourous zélateurs improvisés d'un sujet à peine né, de publier comme à chaque occasion de ce type, recette après recette, pour conserver sinon enchaîner de manière infaillible le consommateur à la proposition commerciale universelle de l'entreprise, quelle qu'elle soit. En 1983, dans les actes de la conférence sur le marketing des services, organisée par l'American Marketing Association, Leonard Berry employait pour la première fois, dans la littérature marketing, l'expression de « marketing relationnel ». En 1989, on dénombrait moins de 10 citations du sigle CRM (*Customer Relationship Management*) dans la presse américaine. En 2000, un peu plus de 14 000 étaient relevées.

Il convient de relativiser la « redécouverte » aujourd'hui de cette fidélisation métabole, en ce sens où certaines entreprises portées par un secteur en pleine croissance n'avaient *a priori* aucun intérêt à développer une stratégie en ce sens. Le marketing cédait alors naturellement le pas à la vente et la prospection devenait, la plupart du temps, le levier de croissance le plus utilisé.

Comme annoncé dans l'avertissement, ce livre n'est pas un *nouveau manuel*, dont les recettes magiques sont censées assurer automatiquement l'indéfectible fidélisation de la clientèle, par quelque incantation miraculeuse que ce soit. D'autant plus qu'à la lecture des travaux de Gilles Laurent et Jean-Noël Kapferer sur la sensibilité aux marques, il apparaît évident que certaines d'entre elles se caractérisent par une sensibilité beaucoup trop faible, pour prétendre développer et entretenir une quelconque fidélité de la part du consommateur à leur égard. De même, les marques de produits peu impliquants sont souvent déçues par la mise en application de programmes de fidélisation, sans réels effets sur leurs consommateurs. Par conséquent, au risque d'en décevoir certains : point de magie ici, mais du concret. Point de modèles miracles, mais des faits. Point d'équations sophistiquées surnaturelles, mais des principes marketing solides, vérifiés par les chercheurs spécialistes du thème et réellement applicables. Bref, des éléments simplement analysés et critiqués afin d'offrir au lecteur la possibilité de comprendre les fondements et la nécessité d'une stratégie de fidélisation, et de lui permettre de choisir la ou les techniques de fidélisation adéquates à son cas particulier. Cet aspect d'une opérationnalisation *ad hoc* est fondamental. À l'issue de la première grande vague de projets de fidélisation, en 2002, les experts du cabinet Bain, Daniel Rigby, Frederick Reichheld et Phil Schefter s'appuyaient sur une étude du Gartner Group souvent citée, indiquant que plus de 55 % des initiatives CRM échouaient à produire les résultats escomptés. Et les experts de rappeler que le CRM ne se réduit pas à un logiciel que l'on installe sur l'ordinateur central de l'entreprise. De plus, la fidélité, aussi puissante soit-elle, d'un consommateur quel qu'il soit, n'est jamais acquise pour l'éternité et son obtention temporaire ne suit jamais le même processus, d'une entreprise à une autre.

James Brandhorst, senior vice-président responsable du marketing chez Inter-Act Systems, a analysé que dans la plupart des sociétés occidentales, 70 % des décisions d'achat sont faites sur le lieu de vente. C'est dire le processus de choix parfois très fragile auquel nous sommes confrontés. Tous les praticiens du marketing s'accordent aujourd'hui pour reconnaître que le consommateur a évolué de telle manière, qu'il est désormais plus mûr et souvent beaucoup plus aguerri que l'on pourrait le croire, quant aux objectifs et aux implications des techniques marketing. Les quinze dernières années ont vu l'offre de produits et de services s'améliorer considérablement. Il suffit de comparer par exemple – à marques ou enseignes identiques – la qualité de service offerte par telle enseigne hôtelière aujourd'hui ou la qualité d'une automobile comparée à l'offre faite il y a quinze ans. Le consommateur a été le grand gagnant du jeu. D'innombrables nouveaux produits et services sont apparus, les programmes de fidélisation regorgeant d'avantages se sont multipliés. Alors quel est le problème ? Le problème est que dans la plupart des cas, nous avons atteint la limite matérielle de tous ces avantages. L'ajout de valeur ajoutée n'est plus là. L'innovation stratégique concurrentielle est ailleurs. En 1998, l'association professionnelle américaine Retail Advertising & Marketing Association International calcula que 46 % des foyers américains participaient déjà à un ou plusieurs programmes de fidélisation. Dès lors, inutile d'espérer subjuguer ce même consommateur avec un cadeau gadget *made in China* dont le coût rendu, en euros, ne solliciterait que la troisième décimale, et pour lequel sa vie durant ledit consommateur s'interrogerait sur son intérêt et/ou son utilité. Si certains annonceurs ont pu connaître un relatif succès avec une telle approche dans le passé, cette époque est désormais totalement révolue, ou ne continue à séduire qu'une fraction marginale de la population. Le consommateur est désormais en mesure de repérer la perle d'une culture marketing raffinée d'un vulgaire grand-beau. Rien de plus facile en effet que de décliner à l'identique le programme de fidélisation de son concurrent en offrant un gadget similaire. Erreur ! Si le concurrent en question a la place qu'il occupe, c'est bien parce qu'une ou plusieurs caractéristiques le distinguent de l'entreprise contrefactrice. Dès lors, il ne faudra pas s'étonner du fait que la greffe ne prenne pas toujours. La plupart des entreprises collectent aujourd'hui de l'information en grande quantité sur leurs clients. Pourtant, les programmes de fidélisation qui découlent de ces données ne généreront que rarement les résultats escomptés. En 2003, à l'issue de la première grande vague de stratégies orientées fidélisation, Michael Garver pointait du doigt le fait que dans la majorité des cas d'échec, les entreprises n'ont pas conscience de l'existence et de la nature du problème.

Une stratégie de fidélisation découle d'une réflexion approfondie, sur les éléments de différenciation que l'entreprise pourrait mettre en avant afin d'apparaître aux yeux de ses consommateurs comme étant véritablement différente de ses concurrents. La démarche qui consisterait à déployer moult techniques CRM sans avoir au préalable réfléchi à, et adopté une orientation client, serait vouée à l'échec. L'élaboration d'une stratégie client doit servir de base au déploiement des techniques *ad hoc*, non seulement celles-ci, mais toutes celles qui sont nécessaires.

« *Le discours suivant fut la réponse d'un consommateur qui était interrogé à propos des programmes de fidélisation et des cartes : "Je suis un consommateur très fidèle, j'ai d'ailleurs de nombreuses cartes de fidélité." Le fait est qu'un programme de fidélisation doit être envisagé pour être différent des autres programmes. Autrement, il ne sera perçu que comme un programme de fidélisation de plus. La différence se situe-t-elle sur le prix, la qualité... Une entreprise doit activement promouvoir et continuer de promouvoir son programme. Le consommateur continue d'être fidèle tant qu'il continue d'avoir ce qu'il veut, quand il le veut et au prix qu'il veut. C'est la raison ordinaire pour laquelle de nombreux programmes ont échoué et continueront d'échouer* » analyse lucidement Donal Mac Daid, Vice-président marketing, Aldata Solution.*

Bienvenue dans l'ère de l'EPL

II faut toujours se méfier lorsque l'on utilise un sigle, car le marketing en regorge et ils tiennent parfois de l'effet de mode sans lendemain. La notion était *a priori* intéressante, mais rares sont aujourd'hui les praticiens qui parlent encore de PDP (Profit direct du produit). Le syndrome NIH (*Not Invented Here*) n'est plus que rarement cité. Le PCB (Point de Couverture Brute) n'est jamais parvenu à s'implanter dans les esprits. Quant aux PPE (Produits à Positionnement Économique) s'ils existent bel et bien, ils ne revendiquent plus ce nom. En revanche, le sigle EPL ne risque pas de subir la vie éphémère d'un effet de mode, dès lors qu'il décrit une démarche pérenne, salutaire et nécessaire pour l'entreprise. EPL pour *Efficient Profitable Loyalty* autrement dit une fidélité efficace et rentable. L'approche EPL repose sur le principe simple selon lequel si la fidélité du consommateur est nécessaire pour concrétiser les efforts de la démarche marketing, encore faut-il que cette même démarche marketing permette de développer une fidélisation efficace et rentable. Une fidélisation est efficace lorsque l'offre est suffisamment concurrentielle pour détourner naturellement l'intérêt des consommateurs de la proposition des concurrents. Mais encore faut-il qu'elle soit rentable, autrement dit qu'elle assure la croissance et la profitabilité de l'activité de l'entreprise.

Une stratégie EPL vise donc à conserver et à développer le capital client au même titre que les profits de l'entreprise. Or, le développement d'une stratégie de fidélisation n'est, de surcroît, pas nécessairement perçue par le consommateur comme étant dans son intérêt. Alors oui, la fidélisation est un combat de tous les jours certes. Mais un combat dont les armes doivent parfois changer, s'adapter en permanence au contexte présent et futur de l'entreprise. Un combat dont les règles sont dictées tantôt par le consommateur lui-même, tantôt par la concurrence, tantôt par le positionnement et l'image de l'entreprise, tantôt simultanément par l'ensemble des facteurs environnementaux de cette même entreprise. Un

© Éditions d'organisation

combat pour lequel le praticien, guerrier volontaire et persévérant, doit pouvoir assurer les cinq fonctions de base suivantes :

Tableau 1 : **Qualités du gestionnaire de la stratégie de fidélisation**
(1) comprendre les fondements exacts et les implications du concept de la fidélisation pour bâtir sa stratégie,
(2) maîtriser parfaitement les diverses techniques qui déclenchent et/ou permettent d'entretenir la fidélisation,
(3) appréhender précisément quels sont les outils d'une fidélisation efficace et rentable dans son cas particulier et coordonner toutes les fonctions de l'entreprise dans le sens d'une véritable orientation client,
(4) anticiper le futur en exploitant les nouveaux vecteurs de fidélisation les mieux adaptés à ses caractéristiques de demain,
(5) développer une nouvelle relation entre la marque et le client, une relation pour laquelle la fidélisation deviendra non seulement naturelle, mais recherchée par le consommateur en toute confiance.

Tel est donc l'objet de ce livre, au-delà des simples recettes. Le lecteur demeurera à jamais le maître d'œuvre. Un maître d'œuvre appréhendant et maîtrisant l'ensemble des outils à sa portée. Un maître d'œuvre dès lors en mesure de faire les meilleurs choix.

En définitive, « la fidélisation n'est pas une nouveauté, c'est un retour aux sources. Depuis toujours, faire du commerce suppose qu'il y ait un vendeur, un acheteur et une relation entre les deux. La fidélisation passe par la redécouverte des fonctions du commerce. Elle n'est rien d'autre que l'application du bon sens. La nouveauté, c'est que l'expression de ce bon sens passe par des outils nouveaux. Si l'on oublie cela, on risque rapidement l'escroquerie intellectuelle », observe Xavier Romatet, Directeur général de l'agence Rapp Collins.

En revanche, elle est aujourd'hui le centre d'intérêt absolu de très nombreuses entreprises multipliant les programmes. Plus de soixante-dix millions d'Américains sont aujourd'hui inscrits dans un programme « voyageur fréquent » afin d'accumuler des miles, leur donnant accès à des voyages gratuits et/ou à des avantages spécifiques. On ne compte plus les cartes de fidélité offertes au consommateur du monde entier.

© Éditions d'organisation

Sans aborder le fait que certaines entreprises n'hésitent plus désormais à dupliquer purement et simplement le programme de fidélisation de leurs concurrents, altérant ainsi le programme d'origine sans pour autant se distinguer aux yeux des consommateurs du monde entier. Si l'on considère enfin que l'environnement évolue désormais en temps réel, impliquant une vigilance de tous les instants, on comprend aisément que la fidélisation du consommateur, tout aussi cruciale qu'elle soit, ne soit pas un concept facile à concevoir et à développer dans la double optique de la performance et de la rentabilité. Puissent les propos qui suivent permettre d'éclaircir le concept, de clarifier les principales techniques et de maîtriser les outils d'une fidélisation efficace. La fidélisation du 21e siècle ne peut plus être réduite à la juxtaposition de solutions informatiques et de techniques de marketing direct, choisies d'opération en opération. Elle ne peut plus s'embarrasser de la question classique : « prospection ou fidélisation ? » ! La fidélisation du 21e siècle se veut le nécessaire complément d'une prospection rigoureusement organisée et tout aussi nécessaire. La fidélisation du 21e siècle sera stratégique ou ne sera pas.

1

Le concept de fidélisation du consommateur

Richard Branson, président fondateur du groupe Virgin, expliqua que les deux clés du succès étaient d'engager des gens talentueux et d'écouter très attentivement le consommateur. Avant de rappeler sa définition, il semble important de préciser que la fidélisation n'est pas un effet de mode supplémentaire du marketing. Ce n'est pas non plus, comme on a parfois pu le lire, un phénomène né de la multiplication des marques. L'explication était séduisante, d'autant plus que cette dernière contribue probablement à expliquer une partie du problème, en ce sens où un plus grand nombre de marques disponibles altère inévitablement la distinction aisée entre ces mêmes marques, faite par le consommateur. Mais si certaines marques ont subi un déclin en termes de fidélité à l'occasion de cette prolifération de nouvelles marques, c'est la plupart du temps parce que contrairement à leur sentiment, elles ne bénéficiaient tout simplement pas d'une fidélité de la part de leurs consommateurs. Et Michel Toloton, Directeur associé de l'agence Cutty Sark, d'affirmer : « Que ce soit en ce qui concerne mon agence ou l'activité de mes clients, il est bien évident que le coût d'acquisition d'un client est tel qu'il faut pouvoir l'amortir sur plusieurs années/achats. Donc, la fidélisation est vitale ! »

Dans les économies développées qui sont les nôtres, le marché est devenu pour l'immense majorité des biens, un marché de renouvellement, où les points de croissance sont désormais beaucoup plus difficiles à obtenir. Un marché de renouvellement se caractérise par un logique phénomène de saturation, que l'on rencontre pour la plupart des catégories de produits. En fait, si au lendemain de la Seconde Guerre mondiale, le monde occidental entrait dans les Trente Glorieuses avec des consommateurs avidement à la recherche de produits à consommer, nous sommes désormais dans une situation paradoxalement inversée où de nombreux produits recherchent aujourd'hui des clients disposés à les acheter. Certes, il serait aisé de programmer artificiellement une très courte durée de vie des produits, afin de générer artificiellement le renouvellement. Mais cela se ferait assurément au risque d'un mécontentement prononcé du consommateur.

Sur certains marchés, comme par exemple celui des matelas, la situation est des plus révélatrices. D'une part, le marché est progressivement passé aux mains des distributeurs, puisque les grandes marques ne revendiquent aujourd'hui qu'un peu plus du tiers des volumes. D'autre part, il s'agit d'un marché où, ces dernières années, l'innovation technique a considérablement modifié l'offre, étendant la durée de vie des produits par la même occasion. Aujourd'hui la durée de vie moyenne d'un matelas est de dix à quinze ans. Autant dire que les contacts avec un même client risquent d'être espacés. En 1999, la marque Bultex, challenger des marques Epéda, Dunlopillo et Tréca, a pris acte de cette situation et a clairement décidé de s'engager sur le terrain du marché de renouvellement. Rien de tel pour séduire les distributeurs de la marque car cela permettait d'espérer, à moyen terme, la génération d'un véritable flux de clientèle. Or, il faut savoir que le distributeur est un partenaire essentiel

30

qu'il convient de choyer, sur un marché où la marque n'est pas aussi importante que l'argumentaire et le pouvoir de conviction du vendeur.

Attention toutefois à ne pas assimiler une telle situation à une agréable porte ouverte sur la filière inversée de Galbraith. Il serait dangereux de penser, comme certains ont déjà tendance à le faire, que, sur un marché arrivé à maturité, l'offre crée ledit marché. Oublier la démarche marketing pour se concentrer sur la seule vente risquerait d'avoir des incidences négatives à moyen terme. En revanche, il est certain qu'une telle démarche implique une évolution concrète de l'offre.

C'est là un aspect fondamental de la démarche, car bien entendu s'aventurer ouvertement sur le positionnement du produit de renouvellement signifie que de nouvelles caractéristiques produit justifient un tel renouvellement aux yeux du consommateur. Mais au-delà de la réelle innovation technique, dont il faudra faire preuve, on perçoit aisément l'importance d'une stratégie de fidélisation à ce niveau.

Une stratégie de fidélisation née de l'évolution de l'environnement économique doit désormais prendre place.

Définition

Il existe de nombreuses définitions de la fidélisation, que leurs auteurs font varier en fonction des secteurs concernés des objectifs stratégiques poursuivis ou des courants de pensée auxquels ils se rattachent. Pourtant, si l'on renonce à la sophistication du langage technique, on peut s'autoriser à dire, qu'en fait, la fidélisation n'est que la caractéristique d'une stratégie marketing, conçue et mise en place dans le but de rendre les consommateurs fidèles au produit, au service, à la marque, et/ou au point de vente. Elle doit également permettre un meilleur contrôle de l'activité de l'entreprise concernée et, à terme, une plus grande rentabilité de cette activité. Il convient donc de ne pas confondre ici fidélisation et rétention. S'engager sur la voie de la fidélisation sous couvert d'une stratégie EPL, c'est intégrer la notion de valeur actuelle nette (*Life Time Value*), autrement dit l'évaluation de ce que pourra rapporter le client sa vie durant. Et ce, en distinguant les différentes catégories de clients qui s'adressent à l'entreprise.

« *La conséquence naturelle de la notion de valeur est simple. Un principe de gestion s'impose : un segment de clientèle n'est exploité que si la marge dégagée est égale au coût unitaire du programme marketing mis en œuvre. Ce principe extrêmement classique permet ainsi de segmenter facilement une base de données clients en fonction des programmes marketing disponibles* », précise le professeur de marketing Christophe Bénavent.

Dès le début des années 1990, certains praticiens du marketing ont fait le constat que la crise économique avait altéré le profil connu du consommateur. Ce dernier, conscient dans de nombreux cas de la fragilité de son statut, était devenu méfiant, réservé, rationnel, économe bon gré mal gré. Même si la plupart de nos économies développées n'ont pas retrouvé de période de forte croissance – de telles économies de renouvellement le peuvent-elles d'ailleurs ? – une nouvelle période économique plus favorable semble s'ouvrir à nous, si toutefois la conjoncture politique internationale le tolère. Depuis quelques années, la notion de consommateur poly-sensoriel fait son chemin et au-delà de cette observation, c'est le constat du grand retour en force des émotions qui s'impose. Cela signifie que le consommateur moderne a compris les conséquences que pouvait avoir la crise, qu'il a fini par s'y adapter, mais qu'il aspire désormais à réintroduire de l'affectif dans un processus cognitif devenu rationnel. En 1990, Morris Holbrook, John O'Shaughnessy et Stephen Bell démontraient le fait que considérer indépendamment la raison et l'émotion pouvait donner lieu à une vue déformée de l'expérience de la consommation. Au contraire, les auteurs recommandaient une prise en considération simultanée, du fait de leur rôle complémentaire.

L'achat issu du seul processus cognitif semblait avoir vécu, d'autant plus qu'en 1996, le professeur Marc Filser analysait l'évolution de la consommation vers une plus grande prise en compte des états affectifs en indiquant que : « La pratique du marketing ne pourra manquer d'évoluer sensiblement afin de prendre en compte les apports de cette nouvelle conception théorique du consommateur. »

Bienvenue au consommateur multi-attitudes

L'inconvénient majeur de cette *nouvelle* évolution du consommateur est que sa traversée de la crise l'a rendu, dans bien des cas, plus informé donc plus exigeant, mieux informé donc plus méfiant. Aussi, s'il aspire à rêver de nouveau aujourd'hui, ce n'est certainement pas à n'importe quel prix, pour n'importe quel produit. Force est de constater que cette période de crise lui a permis de prendre conscience que les différences d'une marque à une autre étaient parfois infimes et que la conservation d'un processus cognitif rigoureux pouvait même lui permettre de maximiser la composante affective de ses actes de consommation. Aussi, ne doit-on désormais jamais oublier, à l'étude du comportement du consommateur, que si son processus de décision a évolué, ses choix sont aujourd'hui souvent fragiles, ses décisions fugitives, ses attitudes volatiles. La raison est en réalité fort simple. La crise l'a contraint à mieux comprendre l'offre, afin de l'adapter aux nouvelles caractéristiques de la demande qui était la sienne. Dans la plupart des cas, cette phase d'adaptation lui a permis de découvrir, volontairement ou par contrainte, de nouveaux produits. Des produits concurrents de ceux qu'il avait l'habitude de consommer, des produits de substitution dont le positionnement était plus compatible avec son pouvoir d'achat, de nouvelles marques dont le discours lui paraissait concrètement plus cohérent…

> *« En fait toute la définition de la valeur a changé. Dans le passé, nous étions tentés de définir la valeur de nos produits avec des mots tels que "qualité" "durabilité", "exactitude". Aujourd'hui, nous sommes plus enclins à utiliser un nouveau vocabulaire, pour décrire la valeur de nos produits et nos services également. Un vocabulaire composé de mots qui sont davantage liés aux émotions qu'aux produits eux-mêmes. Des mots tels que "expérience," "style de vie" et "satisfaction" » observe Thomas McLinden, Président du cabinet de design EVOdesign LLC.*

Délibérément ou par nécessité, notre consommateur moderne a ainsi redécouvert la diversité d'une offre dont il avait parfois perdu conscience, en raison notamment de l'aspect routinier de sa consommation. Encore une fois, si cette diversité et les changements de consommation qu'elle entraînait furent parfois contraints, le consommateur caméléon d'hier a parfaitement appris à maîtriser ses différentes couleurs et à en tirer profit. En effet, au-delà de la contrainte, le consommateur prit alors conscience de l'intérêt d'une telle diversité et de la possibilité de varier les plaisirs de consommation. Le résultat n'est autre qu'une consommation bigarrée où la fidélité à un produit ou à une marque cède désormais souvent la place à la découverte, la variation et l'alternance.

Pour les praticiens du marketing, c'est ni plus ni moins que la complète remise en cause d'un processus qu'ils commençaient à peine à maîtriser. Corrélativement, c'est à présent le risque permanent d'une évasion potentielle de la clientèle avec le risque financier que cela représente. On comprend mieux dès lors que, tels les Kashashs de Damas, les entreprises concurrentes fassent désormais tout ce qui est en leur pouvoir pour non seulement séduire les consommateurs de leurs rivaux, mais surtout en priorité fidéliser au mieux leur portefeuille actuel. Attention toutefois, l'analogie avec ces colombophiles moyen-orientaux passionnés à l'extrême s'arrête là, car il serait dangereux d'assimiler le consommateur moderne au pigeon docile et naïf qu'il a pu être dans le passé...

La fidélisation du consommateur

La notion fondamentale de la fidélisation repose sur la conservation de clientèle acquise et son développement. En cela, elle s'oppose donc *a priori* au principe de la prospection qui vise à recruter de nouveaux clients.

« Par programme de fidélisation on entend un ensemble d'actions organisées de telle manière que les clients les plus intéressants et les plus fidèles soient stimulés, entretenus, de telle manière que l'attrition, c'est-à-dire le taux de clients perdus, soit minimisée et/ou que les volumes achetés soient augmentés », précisent les professeurs de marketing Christophe Bénavent et Dominique Crié.

Mais au-delà d'une différence en matière de démarche stratégique, le développement d'une stratégie de fidélisation est surtout motivé par sa rentabilité potentielle par rapport à la prospection, dès lors qu'elle permet avant tout de stabiliser l'activité de l'entreprise. Considérons donc qu'elle n'a pas pour objectif de supprimer la prospection. Mais simplement de la compléter utilement et, dans le meilleur des cas, de la limiter au minimum nécessaire.

Processus de rentabilisation

Compte tenu des investissements nécessaires, bon nombre d'entreprises s'interrogent encore sur l'intérêt réel d'une démarche CRM permettant de fidéliser leurs clients. Le cabinet Deloitte Consulting a récemment proposé une formule simple prenant la forme d'une multiplication à plusieurs facteurs.

$$\frac{\text{nombre de clients} \otimes \text{nombre d'interlocuteurs par client} \otimes \text{nombre d'employés} \otimes \text{nombre de canaux}}{\textbf{valeur indicative}}$$

D'après Deloitte Consulting

L'interprétation est tout aussi simple. Si le résultat de la valeur indicative est inférieur à 1 000, alors on peut logiquement comprendre que la gestion de la relation client sous la forme d'un projet CRM, ne soit pas une priorité. En revanche, si la valeur est comprise en 1 000 et 10 000, un projet CRM peut représenter un certain intérêt et l'entreprise est incitée à étudier la question attentivement. Maintenant, si cette même valeur est supérieure à 10 000, il serait dangereux pour l'entreprise, d'un point de vue concurrentiel, d'éluder cette question. Certes, à formule simple, résultat simple. Cette « évaluation » ne tient en aucun cas compte de l'environnement de l'entreprise, de sa spécificité, de ses moyens et de ses motivations. Mais pour autant, elle n'en conserve pas moins un certain intérêt pour inciter les plus réticents à réfléchir, et les dubitatifs à ne pas focaliser sur le seul montant de l'investissement que représenterait un projet CRM.

La mise en place d'une stratégie de fidélisation EPL a un coût, et un coût qui peut s'avérer relativement élevé, en fonction de la palette de techniques terrain utilisée, ainsi que des outils employés et comparativement aux bénéfices que l'on en tire en définitive. D'où un choix, dès le départ, qu'il faudra faire en toute connaissance de cause.

Comme l'indiquent les éléments de définition rappelés plus haut, la poursuite d'une stratégie de fidélisation doit permettre à l'entreprise de maximiser, l'activité et donc le chiffre d'affaires et les bénéfices réalisés avec le consommateur/client, objet de la stratégie. Compte tenu de l'intensité concurrentielle d'une part, et de marchés de plus en plus souvent en faible croissance d'autre part, les coûts d'acquisition d'un prospect sont de plus en plus élevés. Il est bien connu que ces coûts sont en moyenne 5 fois plus élevés que pour le coût de fidélisation d'un client identifié. Mais cette moyenne peut varier à la hausse en fonction de la nature du bien et/ou de l'activité de l'entreprise et bien entendu de la densité concurrentielle de son environnement. D'où l'importance d'une stratégie de fidélisation, non seulement pour ne pas avoir à payer le coût d'une acquisition nouvelle en cas de défection, mais surtout afin de rentabiliser l'investissement de la prospection initiale des clients détenus en portefeuille.

« Conserver la clientèle existante, notamment lors d'un ralentissement de croissance, demeure l'une des priorités de l'entreprise. Or cette clientèle est de plus en plus volatile. Dans l'optique d'une fidélisation efficace, les services proposés feront la différence avec la concurrence, notamment lorsque le marché devient saturé et que les nouveaux clients coûtent de plus en plus cher à acquérir. À titre d'exemple, le secteur des télécommunications de Singapour vient de voir mis à mal l'un de ses leviers de fidélisation. En effet, les clients peuvent désormais acheter leur propre numéro de téléphone et ainsi l'utiliser sur plusieurs réseaux différents. Lors de la mise en place d'une stratégie de fidélisation pour ses clients, KPMG intègre celle-ci dans une stratégie globale de création de valeur. Nous constatons que la fidélisation permet de rentabiliser les investissements, l'acquisition de clients et plus largement les coûts de production. Ainsi, pour vendre un même produit, il coûte cinq fois plus cher d'acquérir un nouveau client et dix fois plus cher de reconquérir un client perdu que de vendre ce même produit à un client fidélisé » confirme Christophe Sabas, consultant chez KPMG.

© Éditions d'organisation

Or, compte tenu de l'ampleur et de la diversité de l'offre, le suivi d'une stratégie de fidélisation suppose une implication de l'entreprise à tous les instants pendant sa relation commerciale avec le consommateur/client.

Le cas Subway

Subway est une chaîne de restauration rapide nord-américaine, renommée pour la qualité de ses sandwiches avec plusieurs étages d'ingrédients. Près de 18 000 points de vente, répartis dans 73 pays dont la France, arborent l'enseigne. Le principe sur lequel repose l'offre commerciale de Subway est d'offrir au client la possibilité de choisir les ingrédients qu'il désire voir inclure dans son sandwich au moment de son élaboration, à partir d'un pain et d'une base déterminés. D'aucuns pourraient penser que l'entreprise est parvenue au stade ultime de la restauration personnalisée et que, dans ces conditions, la fidélisation de ses clients est logique, incontournable, automatique.

Pourtant, Subway ne s'endort pas sur ses positions, il fait en permanence évoluer son offre, propose ponctuellement des opérations promotionnelles, est présent sur le Web (http://www.subway.com), stimule son réseau... Jusqu'à la moindre serviette en papier qui est utilisée comme vecteur de fidélisation. De même que le verre en carton ou le set de table en papier, la serviette en papier est un vecteur de communication encore peu utilisé, alors qu'il comporte de nombreux avantages. Il est peu coûteux, souple d'utilisation, permet de véhiculer l'image de la marque, et surtout sort du contexte habituel de la communication publicitaire. En définitive, il permet d'exposer le consommateur pendant toute la durée de son repas, à un message, sans qu'il n'en ait réellement conscience.

Sur les verres en carton et les serviettes en papier de Subway, on trouve comme chez McDonald's ou d'autres chaînes de restauration rapide, une argumentation diététique, la présentation de différents produits maison, l'adresse du site Web... Mais là, où la démarche de l'entreprise, en matière de communication, contribue à l'entretien de la fidélisation, c'est que le message diététique qui y est détaillé constitue un double rempart contre l'érosion de la clientèle. En premier lieu, il s'attaque à la culpabilité du consommateur face à un sandwich comportant de multiples étages, en détaillant la teneur rassurante en graisse et en cholestérol, ainsi que l'apport en calories de plusieurs sandwiches. Rien de tel pour donner bonne conscience au consommateur, et lui permettre non seulement de déguster tranquillement son sandwich sans arrière pensée coupable, mais de n'avoir aucun scrupule à revenir chez Subway.

En second lieu, la communication qui s'offre au consommateur pendant toute la durée de son repas reprend, à titre de comparaison, les informations nutritionnelles publiées par deux des principaux concurrents (Burger King et McDonald's). La teneur en graisse des sept sandwiches Subway présentés se situe entre 3 et 6 grammes, contre 31 pour le Big Mac de McDonald's et 39 pour le Whopper de Burger King. Leur teneur en cholestérol varie de 0 mg pour le Veggie Delite à 48 mg pour le Roasted Chicken Breast chez Subway, contre 85 mg pour le Big Mac et 90 mg pour le Whopper. Enfin, l'apport en calories varie de 237 à 348 pour les sandwiches Subway contre 560 pour le Big Mac et 640 pour le Whopper. Pourquoi voudriez-vous, après un tel argumentaire, qu'un consommateur Subway ait l'envie soudaine d'aller chez McDonald's ou chez Burger King ? Bien sûr comme nous le constaterons, une communication de ce type ne suffit pas pour retenir éternellement le consommateur, mais elle y contribue sensiblement, sans aucun doute.

À *qui jeter la pierre ?*

La fidélisation du consommateur est un objectif essentiel de l'entreprise moderne, il n'y a plus aucun doute sur ce point. Mais force est de constater que ce regain d'intérêt pour la fidélisation qui paraît parfois prendre au dépourvu bon nombre de praticiens, est une fois de plus l'illustration par l'exemple du fossé parfois infranchissable entre recherche académique et mise en application managériale. Que l'immense majorité des praticiens se sentent aujourd'hui contraints de développer les techniques idoines menant à la fidélisation de la majorité de leurs consommateurs est tout à fait compréhensible !

Qu'ils s'inquiètent de la précipitation des choses, des modalités de la mise en application et des conséquences qui pourront en découler en est clairement une autre ! Voilà maintenant cinquante ans que des chercheurs tant en France qu'à l'étranger se sont penchés et se penchent encore aujourd'hui sur le sujet de la fidélisation. Des décennies que des travaux académiques sont présentés et publiés sur les raisons, les conséquences et l'évolution probable de cette approche.

Qui doit-on blâmer alors pour ce triste gâchis ? Les praticiens qui se coupent volontairement la plupart du temps d'un monde académique jugé subjectivement trop théorique, archaïque et incapable de répondre à leurs besoins pressants du moment ? Les enseignants chercheurs dont la recherche modélisée peine parfois à sortir de son laboratoire géniteur et plus encore à adopter un langage vulgarisé, pour ne pas dire professionnalisé ? Ce livre n'aspire aucunement à faire le procès des uns ou des autres. Dans une telle situation, le constat de l'ampleur du gaspillage corollaire en termes de temps et de savoir suffit pour comprendre que les responsabilités ne peuvent être que partagées.

Des approches complémentaires

L'orientation pratique de ce livre justifie en partie l'incontournable choix de raccourcis théoriques qui est fait ici, et le lecteur désireux d'approfondir concepts et études en la matière trouvera en fin d'ouvrage des pistes bibliographiques lui permettant d'orienter ses recherches. Notons donc simplement que deux grandes approches s'affrontent en matière de fidélité à la marque, l'approche behavioriste et l'approche cognitiviste.

L'approche behavioriste

Comme l'indique le nom de cette approche, la fidélité à la marque est constatée à l'observation du comportement des consommateurs. La fidélité n'est alors que la constatation d'une suite d'achats répétés en faveur de la même marque. Dans ces conditions, plusieurs modèles de conditionnement peuvent être utilisés, pour décrire scientifiquement le phénomène. Même s'ils comportent toujours la limite au terme de laquelle un comportement donné, observé dans le passé pour un consommateur donné, ne suffit pas pour affirmer avec certitude ce que sera à nouveau son comportement dans le futur.

L'approche behavioriste qualifie alors de :

- « conversion » la fidélité absolue à une marque donnée,
- « d'expérimentation » le comportement qui consiste à tester systématiquement les différentes propositions commerciales de l'offre,
- « transition » l'abandon progressif de la marque considérée au profit d'une autre marque,
- « mixité » la description d'une consommation alternée en faveur de différentes marques.

L'approche cognitiviste

Plus riche que la précédente, l'approche cognitiviste introduit la notion d'attitude, comme étant l'un des facteurs explicatifs de la fidélité. Un consommateur ne sera fidèle à une marque que s'il a développé préalablement une attitude positive à l'égard de cette marque. La formation de l'attitude précède donc ici le déclenchement du comportement. On retrouvera par conséquent cette approche principalement dans les situations de forte implication de la part de l'individu pour lesquelles le besoin en cognition est élevé. Ce dernier point est particulièrement important, pour ce qui concernera notamment le choix des supports de la fidélisation. Les travaux des chercheurs américains Susan Powell Mantrel et Frank Kardes, publiés en 1999, ont ainsi permis de penser qu'il était préférable de privilégier une présence prédominante en linéaire, qui deviendra alors un puissant argument de comparaison, chez des consommateurs à faible besoin de cognition. Alors que pour des consommateurs à fort besoin de cognition, il sera préférable de privilégier une plus grande part de voix, autrement dit un investissement en communication publicitaire conséquent par rapport à celui des concurrents. Cela n'exclut pas, bien entendu, l'utilisation de signaux périphériques (ton, porte-parole connu, situation…) en général plus porteurs dans des situations de faible implication. Mais le recours à de tels signaux devra cependant être pratiqué avec prudence ici et dans un cadre impérativement prétesté.

D'où l'importance des notions de risque perçu, d'implication, de groupes de référence, de processus de décision… qui peuvent intervenir dans la construction de la fidélité.

« Il n'est jamais souhaitable de tourner le dos à son image, elle qui fut la source d'attraction des derniers acheteurs, des nouveaux acheteurs, c'est-à-dire les plus sûrs acheteurs de demain. Leur fidélisation implique un respect des facteurs qui les ont séduits. […] Pour fidéliser ses clients, la marque doit rester fidèle à elle-même et ainsi capitaliser », écrit Jean-Noël Kapferer.

De ce fait, cela justifie pleinement que le marketing perçoive la fidélisation par le biais d'une stratégie EPL, comme un puissant levier de croissance pour l'entreprise.

Maintenant, si la fidélisation peut être perçue selon deux approches complémentaires, il existe en fait deux grandes formes de fidélisation. Il importe de bien les distinguer, car non seulement elles impliquent la mise en place de stratégies très distinctes, mais elles ont également des conséquences très différentes.

Pour aller plus loin et approfondir les thèmes et sujets traités dans cette section, le lecteur pourra notamment se reporter aux ouvrages proposés ci-après.

- Collectif, *Harvard Business Review on Customer Relationship Management*, Éditions Harvard Business School Press, Boston, MA, États-Unis (2002).

- Crié Dominique, *La Relation client : fidélité, fidélisation, produits fidélisants*, Éditions Vuibert, Paris (2002).

- Gentle Michael, *The CRM project management handbook : Building realistic expectations and managing risk*, Éditions Kogan Page, Londres, Grande-Bretagne (2002).

- Morgat Pierre, *Fidélisez vos clients*, Éditions d'Organisation, Paris (2000).

- Newell Frederick, *Why CRM Doesn't Work : How to win by letting customers manage the relationship*, Éditions Bloomberg Press, New York, NY, États-Unis (2003).

- O'Dell Susan M. et Joan A. Pajunen, *The Butterfly Customer : Capturing the loyalty of today's elusive customer*, Éditions John Wiley & Sons, Chichester, Grande-Bretagne (1997).

- Peppers Don et Martha Rogers, *Le One to one*, Éditions d'Organisation, Paris (1998).

- Rozès Gilbert, *Service client, bonjour !*, Éditions Les Echos, Paris (2001).

- Woolf Brian P., *Loyalty Marketing : the second act*, Éditions Raphel Marketing, Atlantic City, NJ, États-Unis (2001).

- Zikmund William G., Raymond McLeod, *Customer Relationship Management : Integrating Marketing Strategy and Information Technology*, Éditions Wiley & Sons, Chichester, Grande-Bretagne (2003).

Les différentes formes de fidélisation

En matière de techniques de fidélisation terrain, il importe de bien faire la distinction entre la fidélisation induite et la fidélisation recherchée. La première découle d'une volonté stratégique de verrouiller le marché, ou d'une conséquence de l'environnement et/ou des caractéristiques du produit. En revanche, elle repose sur une absence relative de liberté de la part du consommateur. La seconde forme de fidélisation est plus intéressante à notre niveau. C'est celle qui est recherchée par l'entreprise et qui vise à séduire le consommateur en conséquence.

La fidélisation induite et ses conséquences directes

Certaines catégories de produits sont favorables à la mise en place ou au développement naturel d'un processus de fidélisation induite, lorsque le choix du consommateur/client se limite à continuer d'acheter le même produit et/ou le même service ou la même marque. On peut distinguer ici quatre cas principaux.

CAS D'UN MONOPOLE :

Bien qu'elle soit de plus en plus rare dans les pays occidentaux dans sa forme la plus pure, cette éventualité peut encore se présenter aujourd'hui, notamment sur le plan géographique ou même d'un point de vue temporel. Pour le consommateur/client, le choix se limite alors à une marque ou à un produit détenteur du marché sur une zone donnée et/ou à un instant donné. L'exemple de l'électricité demeure encore pertinent en France pour le marché des particuliers. Dès lors que vous êtes déjà client particulier d'EDF, il est assez difficile de renoncer à votre contrat et de rechercher un autre fournisseur susceptible, du jour au lendemain, de vous fournir du courant électrique n'utilisant pas son réseau de distribution.

Mais le monopole peut être aussi simplement issu d'un dépôt de brevet pour lequel les produits de substitution tardent à être proposés sur le marché. Le secteur de la pharmacologie est exemplaire de ce cas de figure. Toutefois, l'entreprise bénéficiaire doit se méfier d'une telle rente de situation, car l'expiration de la protection due au brevet peut alors être brutale.

Le cas du secteur pharmaceutique

Le groupe pharmaceutique Glaxo Wellcome a su adopter cette approche prudente en anticipant la « fin de règne » de deux de ses produits vedettes en 1998, les célèbres anti-herpétique Zovirax et anti-ulcéreux Zantac. À la clôture de l'exercice cette année-là, une perte d'activité liée à ces deux médicaments fut évaluée à environ 800 millions de livres sterling (soit environ 1,16 milliard d'euros). Cependant si en dépit de cette perte, le président du groupe sir Richard Sykes put annoncer cette même année un maintien du chiffre d'affaires et du résultat, c'est avant tout parce que Glaxo Wellcome était parvenue à anticiper stratégiquement la fin de cette situation de fidélité induite. Les diverses innovations du groupe, notamment pour les maladies respiratoires ou celles destinées au traitement du système nerveux central permirent de maintenir les résultats du groupe à leurs niveaux de 1997. La présentation des résultats s'accompagna même de l'annonce du lancement dans le courant de l'année de cinq nouveaux produits majeurs.

Même comportement de prudence chez Eli-Lilly où l'on a parfaitement compris que l'expiration des brevets du produit star du groupe pharmaceutique, le Prozac, en 2001 et 2003, ne pouvait que coïncider avec l'arrivée de multiples médicaments génériques sur ce secteur porteur. Avec près de 28 % du chiffre d'affaires réalisés à l'aide du seul antidépresseur, Eli-Lilly sait qu'il lui faut dès maintenant réfléchir à des substituts et une refonte de la politique de recherche – dont les fonds et les forces vives ont été revus à la hausse – a été lancée. D'autant plus qu'en Europe, l'arrêt du 3 décembre 1998 de la Cour de justice des Communautés européennes ainsi que différentes campagnes de communication facilitent désormais l'accès au marché des médicaments génériques.

Le monopole né du brevet rend le produit unique sur le marché pendant un certain temps après son lancement. Dans la plupart des cas industriels, le produit bénéficiera d'un ou plusieurs dépôts de brevets afin d'assurer sa protection et son monopole commercial relatif.

Le cas Lego

En 1942, alors qu'il fabriquait des jouets en bois depuis déjà plus de dix ans pour son fils Godtfred, le Danois Ole Kirk Christiansen eut l'idée d'une petite brique en plastique, dont la structure permettait de les rendre solidaires les unes des autres lorsqu'on les assemblait. « Bien jouer » se dit leg godt *en danois. C'est tout simplement en contractant ces deux mots que naquit la marque Lego. De nombreuses autres marques de jouets perçurent plus ou moins tard l'intérêt du concept original et développèrent leur propre système. Cependant, tous les systèmes qui furent commercialisés par la suite se devaient d'être quelque peu différents, donc incompatibles avec le système Lego, dès lors que celui-ci était protégé par brevets.*

Cette protection offrit à la société Lego un agréable et utile monopole au départ, dès lors que tout consommateur souhaitant bénéficier de nouvelles pièces (près de 2 000 références différentes sont disponibles aujourd'hui) n'avait d'autres choix que celui d'acheter des produits Lego. On peut donc là encore parler de fidélisation, mais quelque peu contrainte naturellement. Dans ce cas précis, chacun le sait, un brevet est une arme à double tranchant. Il offre une certaine protection, très importante voire fondamentale dans certains cas où la concurrence est vive, au moment du lancement du produit. Mais il n'est pas sans limite. Au-delà de vingt ans, les brevets expirent et pire – compte tenu de la précision avec laquelle le produit est décrit lors du dépôt – fournissent à la concurrence des informations précieuses sur le produit et/ou son mode de fabrication. La contestation, pour contrefaçon notamment, est alors souvent vaine. En 1999, Lego a ainsi été débouté par la Cour de cassation dans le litige l'opposant à la société canadienne Ritvik. Bien entendu, si tout un chacun peut aujourd'hui fabriquer des briques de plastique selon le « standard » Lego, il demeure toutefois interdit d'introduire toute confusion entre la marque Lego et le nouveau venu, lors de la commercialisation, sans l'accord explicite de Lego.

La situation du monopole n'est pas toujours sous-tendue à un brevet. Cette exclusivité commerciale peut découler d'une situation exception-nelle. On parlera alors de monopole de fait. Même, lorsque celui-ci est de courte durée, il peut donner lieu à un cas de fidélisation induite.

Le cas SNCF

Lorsque pendant un voyage en train vous avez eu un jour l'envie de vous restaurer, quatre principaux cas s'offraient à vous.

a : Vous êtes du genre nomade accompli, vous ne vous déplacez jamais sans votre bouteille thermos, votre mallette repas réfrigérée et votre couteau d'officier suisse.

b : Vous êtes du genre sportif, vous sautez du train lors d'un arrêt en gare et vous vous ruez dans la première croissanterie ou sandwi-cherie ouverte.

c : Vous êtes du genre affamé pressé, vous tirez le signal d'alarme à l'approche d'une gare connue et vous vous reportez sur la solution b... en éliminant désormais le facteur précipitation.

d : Vous êtes du genre aventurier téméraire dans l'âme, vous vous dirigez vers le wagon-restaurant.

Plus sérieusement, il est vrai que les wagons-restaurants de la SNCF n'ont jamais véritablement eu bonne réputation. Prix trop élevés, qualité négligée, service à inventer. Mais sous un certain angle, une telle situation était tout à fait compréhensible. La clientèle était captive malgré elle et si elle n'avait pas prévu le petit creux surprise, elle n'avait d'autre choix que celui de s'aventurer vers ledit wagon-restaurant. Sur la base d'une équation purement économique, il paraissait même déraisonné d'envisager améliorer l'offre, puisqu'elle était tout simplement incontournable. Mais la SNCF pris conscience que l'image de l'un de ses services pouvait rejaillir en bien comme en mal sur sa propre image globale.

Même si le service en question est sous-traité, et peut-être même a fortiori si le service en question est sous-traité, c'est d'abord un train de la SNCF dans lequel est monté le passager. Aussi, lorsqu'en 1998, la SNCF confia la gestion de ce service à la Compagnie des wagons-lits, l'objectif n'était pas simplement de mettre en place un vrai service à destination des voyageurs, mais également de maîtriser les prix et d'améliorer la qualité des produits servis, afin de dépasser la solution de facilité offerte par la fidélisation induite. Or, si les voyageurs que nous sommes n'en ont que rarement conscience, ces deux derniers points nécessitent le déploiement d'une logistique extrêmement performante pour y parvenir. Mais c'est à ce prix que l'on peut passer d'une fidélisation induite, toujours risquée, à une fidélisation recherchée toujours appréciable. Si bien que lorsque l'enquête de satisfaction menée par IPSOS en janvier 1999 révéla que le taux de satisfaction était déjà passé de 68 % à 83 %, la Compagnie des wagons-lits reprit l'information en pleine page dans la presse, n'oubliant pas de rappeler qu'il lui restait cependant encore 17 % à conquérir.

CAS D'UN CONTRAT :

Lorsque le lien contractuel est prévu pour s'étendre sur plusieurs mois, voire plusieurs années, on observe également le cas d'une fidélité induite par le fait qu'une rupture entraînerait une pénalité matérielle et/ou financière le plus souvent. L'exemple classique est ici le cas des contrats d'assurance dont les clauses de rupture sont très souvent contraignantes : préavis minimum, possibles pénalités fiscales…

Le cas de la téléphonie cellulaire

L'âpre concurrence que se livrent les opérateurs (Vivendi-SFR, France Telecom-Orange et Bouygues Telecom en France) est telle, que l'on assiste parfois à une surenchère commerciale pour laquelle la prochaine étape consistera à payer le consommateur pour utiliser les services de tel opérateur… Avec déjà plus de 20 millions d'abonnés en France[1] début 2000,

---

1. 350 millions dans le monde et plus de 70 millions rien qu'aux États-Unis.

© Éditions d'organisation

selon le rapport de l'Observatoire des mobiles publié par l'Autorité de Régulation des Télécommunications, le marché s'est développé de manière quasi exponentielle et continue sa progression. Après s'être aveuglément lancés dans une course poursuite d'avantages, de remises et de services, les opérateurs ont fini par comprendre que le chemin du retour sur investissement serait plus long à chaque nouvel avantage. D'autant plus que le téléphone cellulaire constituant, dans l'immense majorité des cas, un moyen de communication supplémentaire, les utilisateurs n'étaient pas aussi attachés à leur numéro qu'ils pouvaient l'être pour leur téléphone principal. De ce fait, nombre d'entre eux rebondissaient d'offre promotionnelle en offre promotionnelle – quel que fut l'opérateur –, interdisant toute rentabilité pour les différents opérateurs concernés. Sachant que les abonnés sont en moyenne chaque année 20 % à 25 % à avoir la tentation de changer pour bénéficier de la prime de bienvenue. On comprend dès lors aisément que pour pouvoir bénéficier de telle ou telle offre promotionnelle, la plupart des opérateurs requièrent de leur client un engagement contractuel de six mois, douze mois ou plus, afin d'induire une fidélité que l'intéressé n'était peut-être pas disposé à respecter au départ ; et qu'ils tentent de le fidéliser naturellement ensuite.

« Le secteur de la téléphonie mobile présente une spécificité en matière de stratégie de fidélisation : le client signe un contrat et reçoit des factures tous les mois. Nous ne sommes pas dans une logique de réachat (sauf pour les offres prépayées type Mobicarte). Le client n'est pas devant un linéaire à se poser la question tous les mois de savoir quel opérateur il va choisir. Dans notre secteur d'activité, un client qui résilie son abonnement pour en reprendre un nouveau chez nous est considéré comme infidèle. Ce qui explique que les offres en acquisition sont souvent pour lui très attrayantes financièrement », expliquait Guillaume de Riberolles, alors chef de produit Fidélisation chez France Telecom Mobiles.

On rappellera toutefois à propos de cette fidélité induite par le biais d'un contrat, que dans le cas particulier des télécommunications, depuis la loi française de réglementation des télécommunications du 26 juillet 1996, à condition d'en informer le prestataire initial, l'abonné a la possibilité de conserver son numéro de téléphone, même s'il décide de changer d'opérateur.

Le cas Columbia House

Columbia House est un club américain de vente par correspondance spécialisé dans les supports musicaux (cassettes, CD …). Comme de nombreuses entreprises exerçant cette activité dans le monde, Columbia House avait cédé à la tentation de l'option de vente négative. En d'autres termes, le consommateur membre du club devait indiquer clairement son refus, pour annuler une procédure de vente automatique. Ce lien contractuel comporte un avantage énorme pour le club, dès lors que si le consommateur néglige ou simplement oublie de commander selon le rythme imposé par le contrat, un envoi lui est fait d'office. Certes, il conserve la possibilité de refuser, mais il doit alors entamer une procédure de retour du livre ou du CD au club, souvent fastidieuse. Une telle fidélisation induite est difficilement concevable aujourd'hui pour des produits de ce type, lorsqu'il est désormais possible de passer commande simplement, 24h/24, sept jours par semaine sur Internet. Alors que de surcroît, le consommateur aspire à plus de liberté et d'indépendance pour sa consommation, cette pratique se devait d'évoluer.

C'est sous la contrainte que Columbia House dut le faire, parce que son activité déclina en 1997 et 1998. Responsable du marketing pour les supports musicaux, Sharon Kuroki modifia la stratégie de l'entreprise en poussant l'idée jusqu'à un mea culpa adressé aux clients de Columbia House. Un premier courrier leur fut envoyé sous la mention : « Nous sommes désolés, mais nous en tirons la leçon… ». Ce courrier indiquait qu'il ne serait plus nécessaire de renvoyer des cartes de refus et que les envois automatiques seraient supprimés. Un second courrier d'explication suivit, sous la double mention : « Nous avons finalement changé nos méthodes » et « Fini les cartes ennuyeuses à retourner. » Le programme baptisé « Play » consistait à offrir initialement 12 CD gratuits au consommateur en contrepartie de l'achat à son rythme, de quatre CD supplémentaires sur une période étendue à deux ans. Dès 1999, la réaction des clients de Columbia House fut positive.

CAS D'UN STANDARD :

L'exemple du secteur de la micro-informatique ou encore de celui de l'audiovisuel illustrent bien ce phénomène. L'utilisateur y est souvent « technologiquement » contraint d'évoluer avec le même système, afin de conserver une bonne compatibilité. Difficile de convaincre le consommateur possesseur d'une caméra vidéo 8 mm de changer pour une caméra, au format VHS-C ou au format DV quand bien même présenteraient-elles de nombreuses fonctionnalités supplémentaires ou une supériorité technique pour un moindre prix. L'incompatibilité de ces formats avec sa vidéothèque 8 mm personnelle le fera sans doute réfléchir à deux fois. C'est en partie cette fidélité induite, qui au milieu des années 1980 a contribué en partie à causer l'échec du standard vidéo européen imaginé par Philips, le Vidéo 2000. Arrivé bien après ses concurrents (le Betamax de Sony et le VHS de Matsushita) et quelles que soient ses avancées technologiques incontestables, il se destinait *a priori* pour les mêmes raisons qu'exposées dans le cas précédent, à de nouveaux achats et non à des renouvellements. Or, même sur ce marché, la pénétration du fabricant néerlandais fut probablement freinée par la même fidélité induite au format. En effet, l'incompatibilité des systèmes rendait impossible l'échange de cassettes entre vidéophiles. Or, si ceux-ci étaient consultés pour l'achat du magnétoscope, leur prosélytisme en faveur d'un nouveau système n'allait très probablement pas être favorable.

Le cas d'un système d'exploitation informatique

Alors qu'était lancé le système d'exploitation Windows 98, le cabinet d'étude IDC évaluait à 69,3 % la part de marché mondiale de Windows 95, à 9,2 % celle de Windows NT et à 7,7 % celle de versions antérieures de Windows et de 2,3 % celle de MS-DOS, soit près de 9 ordinateurs sur 10 fonctionnant avec un système d'exploitation Microsoft. On comprend que le législateur américain se soit inquiété d'un possible abus de position dominante. Mais alors que Microsoft justifiait sa stratégie lors des différentes audiences de son procès débuté en 1998 et gagné par défaut en 2002, le système d'exploitation conçu par le Finlandais Linus Torvalds revint sur le devant de la scène. Microsoft lui-même n'hésita pas à l'utiliser comme argument démontrant qu'il n'était pas en situation de position dominante. Système d'exploitation dérivé d'Unix et développé en 1991, Linux ne fit réellement parler de lui que dans la seconde moitié des années 1990. Jusqu'alors la fidélité induite à Microsoft ne faisait aucun doute, même IBM avec son système d'exploitation OS/2, n'était pas parvenu à renverser la situation.

Dans un premier temps, Linux bénéficia de l'essor d'Internet avec une diffusion gratuite sur le réseau. Mais il séduisit essentiellement les développeurs à la recherche de nouveautés technologiques accessibles au niveau des codes, ainsi que les milieux universitaires toujours séduits par des outils performants et gratuits. En février 1999, le géant mondial de l'informatique, IBM, véritable caution emblématique du secteur, annonça qu'il livrerait désormais des serveurs équipés de Linux. Contrairement au malheureux épisode OS/2, on peut prédire que cette décision finira par peser lourdement en faveur du jeune système d'exploitation. Un tel système, performant et sans cesse amélioré, est séduisant ne serait-ce qu'en raison de la totale liberté de développement qui l'entoure. Même si la forteresse Microsoft restait difficile à pénétrer, Linux fut bien accueilli par le marché. La société d'études américaine IDC estimait qui plus est que dès 1999, près d'un tiers des serveurs web fonctionnait déjà sous Linux. Pas étonnant, dès lors, que des acteurs de poids tels que Hewlett-Packard, Oracle, Intel, Sun, Corel ou Sybase aient opté pour Linux, se délivrant ainsi en partie d'une fidélité induite contraignante à l'égard du puissant Microsoft.

Si la stratégie est risquée parce qu'elle est en général menée par un challenger qui, par définition, dispose de moyens plus limités que ceux à la portée du leader, celle-ci peut parfois contribuer à définir un positionnement en conséquence. Le challenger revendique alors son particularisme et fidélise notamment sur la distinction par rapport à la masse. Il est un marché lié à la micro-informatique qui présente en ce sens et jusqu'à ce jour une situation paradoxale.

Cas d'un lien personnel :

Ce dernier cas de fidélité induite ne tient pas directement au produit ou à la volonté délibérée de l'entreprise, mais davantage au consommateur/utilisateur lui-même. Soit la marque et/ou le produit symbolise fortement sa personnalité, soit elle ou il contribue naturellement à son identification. Tout utilisateur d'Internet et du courrier électronique a, au moins une fois, pesté contre son fournisseur d'accès, parce que ce dernier ne lui permettait pas d'avoir accès à sa boîte à lettres ou au réseau des réseaux pour d'ordinaires problèmes techniques ce jour-là. Vu de l'extérieur, d'aucuns pourraient croire que les fournisseurs d'accès sont encore suffisamment nombreux pour offrir au consommateur mécontent un minimum de concurrence et donc de choix. Certes, mais changer de fournisseur d'accès implique, la plupart du temps, de changer d'adresse e-mail, ce qui constitue l'équivalent d'un déménagement. Les professionnels ou les amateurs avertis expliqueront bien sûr que plusieurs outils de recherche permettent de retrouver la nouvelle adresse de notre internaute. Mais il n'y a aucune certitude et pour peu que l'internaute concerné soit en contact avec de nombreux correspondants, un risque de rupture existe en cas de changement d'adresse.

Ainsi, bien que ponctuellement mécontent du service pour lequel il aura opté, notre consommateur attaché à son adresse conservera la plupart du temps son prestataire. Les nouveaux opérateurs apparus avec la déréglementation du secteur de la téléphonie l'ont bien compris en proposant à leurs premiers nouveaux abonnés le numéro qu'ils avaient précédemment à l'exception du ou des premiers chiffres.

Un avantage relatif et fragile

Attention, s'ils peuvent apparaître séduisants au premier abord tant le consommateur semble pieds et poings liés à l'entreprise, ces cas de fidélité induite, induisant une certaine hétéronomie à l'égard du consommateur, doivent être appréciés avec une grande prudence par l'entreprise qui en bénéficie. À l'évidence, le lien unissant le producteur/fournisseur à son client/consommateur peut rapidement être perçu comme une contrainte par ce dernier. Se crée alors un processus d'évaluation permanente, au centre duquel la fidélité est mise en balance avec les inconvénients qu'entraînerait une rupture. Certes, dans la plupart des cas, le processus d'évaluation fait pencher cette balance en faveur de la fidélité, pour la simple et ordinaire raison que ce choix est perçu par le consommateur/client comme la solution la plus simple et demandant le moins d'effort (éviter une perte de temps, un manque à gagner, des soucis de réorganisation…).

Mais si l'absence de liberté et l'insatisfaction s'amplifient jusqu'à créer un puissant sentiment d'emprisonnement chez le client/consommateur, il se peut qu'un jour il y ait rupture brutale. Et due à sa brutalité, une telle rupture est alors souvent irréversible. Ce cas de rupture doit toujours être envisagé par l'entreprise bénéficiaire d'une fidélité induite, car lors de la survenance d'une rupture, le client/consommateur se fait bien souvent, à l'issue, systématiquement le porte-parole d'un prosélytisme répété très négatif à l'égard de l'entreprise. Prosélytisme que l'on ne rencontrera que rarement, en revanche, dans les cas de satisfaction.

Enfin, il ne faut jamais négliger le cas d'une innovation bénéficiaire d'un positionnement pertinent et favorisée par un effet de mode, orchestré ou non par l'entreprise. Avant l'arrivée de Sony sur le marché déjà très concurrentiel des jeux vidéo, les incompatibilités entre formats paraissaient cloisonner parfaitement le marché entre ses deux principaux intervenants et surtout exclure l'entrée d'un nouvel acteur. Et Nintendo et Sega de se partager un marché lucratif qui finalement semblait bien coexister avec celui des ordinateurs domestiques. Pourtant, en quelques années, la console Playstation imaginée par Sony parvint à leur ravir la première place du marché. Quelques années plus tard Microsoft investissait 500 Millions de dollars dans le lancement de sa propre console la X box, sans pour autant réussir la prouesse qu'avait réalisée Sony. Le marketing du 21e siècle est un marketing de la demande et non de l'offre.

En définitive, cet aspect de la fidélisation, quelque peu contrainte, nous intéresse moins dans le cadre de l'optique marketing qui est la nôtre. Mais il convient cependant de ne jamais perdre de vue les conséquences qu'elle peut avoir. L'utilisation de certaines techniques de fidélisation recherchée peut en effet, à terme, créer naturellement une situation de fidélisation induite. Cette situation ne doit alors jamais être considérée par l'entreprise comme étant un avantage absolu, caractérisé par une pérennité à toute épreuve. Au contraire, il importera toujours de convaincre le client/consommateur que son choix demeure entier et que la contrainte qu'il a pu ou pourrait éventuellement percevoir n'est pas fondée. D'où la nécessité pour cela d'un marketing personnalisé dont étudierons plus en avant les principaux avantages.

La fidélisation recherchée et ses effets indirects

La fidélisation recherchée réunit l'ensemble des éléments visant à séduire le consommateur en toute liberté, jusqu'à sa parfaite fidélisation. Dans son livre, *Permission Marketing*, Seth Godin défend justement l'idée de l'importance du dialogue avec le consommateur pour, en quelque sorte, solliciter sa permission et connaître son souhait ou non de participer au processus commercial, en faisant d'un étranger un ami et d'un ami un consommateur. C'est à ce niveau que l'interactivité numérique comporte un atout majeur selon lui par rapport aux techniques traditionnelles. Mais de surcroît, si la recherche de la fidélité de ses clients peut avantageusement mettre à profit les techniques qui ont été recensées ci-après, il convient de retenir que l'on ne doit jamais envisager la stratégie de fidélisation sous l'angle d'une simple « action ». En effet, la fidélisation est parfois envisagée, à tort, comme un support promotionnel permettant de faire redémarrer l'activité de l'entreprise ou simplement la soutenir temporairement. Nul ne contestera que certaines de ces actions peuvent être extrêmement efficaces pour donner un coup d'accélérateur à l'activité. Mais, pour suivre les traces de Michael Porter, il ne faut pas confondre ici efficacité opérationnelle et stratégie. Il est par ailleurs des erreurs élémentaires à ne pas commettre. En 2002, Darrell Rigby, Frederick Reichheld et Phil Shefter, tous experts des stratégies de fidélisation pour le cabinet conseil Bain, pointaient du doigt quatre périls menaçant un CRM efficace et rentable (tableau 2).

Tableau 2 :
4 erreurs classiques pouvant mettre en échec un projet CRM

① Développer le CRM avant d'avoir conçu une stratégie client.

② Lancer un programme CRM avant d'avoir adapté l'organisation de l'entreprise en conséquence.

③ Supposer que le mieux est un surcroît de technologie CRM.

④ Traquer le consommateur plutôt que de le séduire.

« Nous constatons qu'il existe plusieurs freins à une stratégie de fidélisation. Parmi ceux-ci, citons les dangers de prendre en otage le client et d'omettre l'analyse de l'évolution du marché. Les produits/services permettront-ils réellement de fidéliser ? Il existe également des contraintes financières. Combien faut-il investir pour fidéliser une clientèle ? Un autre danger peut être de ne pas avoir de processus de différenciation dans sa stratégie de fidélisation. Ainsi, à titre d'exemple, le procédé consistant à attribuer des miles aux clients sur le marché des compagnies aériennes devient plus un ticket d'entrée qu'un outil fidélisant », observe Christophe Sabas, consultant chez KPMG.

Fidélisation = objectif stratégique

La fidélisation constitue bien un objectif stratégique. Ce qui implique notamment que l'entreprise raisonne sur le long terme et non sur le court terme. À la fin des années 1940, Arthur Nielsen – fondateur de la société qui porte encore aujourd'hui son nom et qui est leader du secteur des études et recherche – eut l'intuition que pour s'assurer la fidélité de ses clients, il importait de leur offrir une information d'un type nouveau et d'une précision telle que les études traditionnelles par sondage ne pourraient égaler. Il développa alors les premiers appareils d'audimétrie destinés à mesurer avec précision l'audience radiophonique. « Ça nous a pris 17 ans pour devenir rentable. Mon père pensait que cette chose marcherait, alors il persévéra », commente Arthur Nielsen Jr. Pour preuve, la décennie suivante, alors même que l'audimétrie radiophonique n'était toujours pas rentable, la société commençait à équiper d'un procédé similaire des foyers américains possesseurs d'un poste de télévision.

Le cas Unilever

Lorsqu'en 1997 le groupe Unilever a lancé son programme de fidélisation intitulé « Pour tout vous dire », l'objectif clairement annoncé était un travail de fidélisation sur le moyen long terme. En apportant plus de service et surtout plus de valeur ajoutée aux clients, Unilever espère générer une fidélisation inter-marques. Si transfert il y a d'une marque à une autre, le but est que le client demeure captif du groupe.

D'où, des actions d'information sur les différents secteurs d'activité d'Unilever (cosmétiques, détergents, alimentaire) et ses différentes marques. Certes, d'aucuns s'empresseront certainement de crier au cannibalisme suicidaire. Mais il faut bien comprendre que l'objectif n'est pas d'encourager de tels transferts, mais de les contrôler plutôt que de voir passer le consommateur à la concurrence. Sur le long terme, la base de données développée va pouvoir être enrichie au fur et à mesure, des comportements d'achat des consommateurs et de la nature de leur réaction aux différentes actions menées (envoi d'échantillons, promotion individualisée, invitation à des animations…). Ce qui devrait naturellement permettre progressivement de mieux comprendre les motifs de changement. Le projet « path to growth » visant à réduire le portefeuille du groupe de 1 600 à 400 marques devrait par ailleurs permettre de concentrer les efforts sur des marques puissantes.

D'où, la nécessaire réflexion préliminaire sur l'axe de fidélisation adéquat, de même que sur les techniques les plus pertinentes pour permettre d'atteindre l'objectif défini. Qu'il soit entendu une bonne fois pour toutes qu'une stratégie de fidélisation n'est pas un simple cocktail d'outils, pour lequel il suffit de connaître les doses d'utilisation recommandées, pour s'assurer du succès de l'opération. Chaque cas d'entreprise est unique. Et s'il peut s'inspirer avec profit des éléments de ce livre, le praticien devra inévitablement développer un processus de réflexion en amont détaillé, en fonction des caractéristiques de l'entreprise et surtout de la nature de son environnement. Autrement dit, il n'y a pas de solution miracle ; simplement des solutions *ad hoc*, adaptées aux cibles et aux ressources de l'entreprise et tenant compte des contraintes de l'environnement. On peut dès lors résumer en dix points principaux les facteurs qu'il conviendra de considérer en amont de la réflexion stratégique.

© Éditions d'organisation

Tableau 3 :
Les dix principaux facteurs à considérer en amont
de la réflexion stratégique
① Le positionnement de l'entreprise et son secteur d'activité
② La ou les cibles concernées
③ Les forces et faiblesses actuelles de l'entreprise
④ La distance entre l'entreprise et le consommateur/client
⑤ La facilité de mobilisation des partenaires
⑥ Les opportunités conjoncturelles et les menaces potentielles
⑦ L'axe de communication déjà mis en place
⑧ Les axes de communication de la concurrence
⑨ Le budget consacré à la stratégie de fidélisation
⑩ L'implication potentielle de l'ensemble des personnels

Toute stratégie de fidélisation, qui ne reposerait pas au départ sur ces facteurs, comporterait rapidement le risque de se transformer en une simple action de fidélisation, dont les caractéristiques ne pourraient être pleinement cohérentes, avec l'objectif recherché. Or, compte tenu de la large palette de techniques possibles, il importe non seulement de faire le bon choix lors de la sélection, mais également de ne pas commettre d'erreur en matière de mise en application. Parmi les principaux outils et/ou techniques de fidélisation recherchée, pouvant être mises à profit, on peut citer : le merchandising, le trade marketing, l'E.C.R., le service après-vente, le couponing électronique, la carte de fidélité, les cadeaux, le cross-selling, le club de consommateurs, le parrainage, la lettre d'information, le consumer magazine, le numéro vert, le SMS, les call-centers et, bien sûr, le service consommateurs. L'essor de l'Internet a également permis de développer de nouveaux outils dont nous étudierons les principaux, comme les listes Internet ou les technologies push, sachant que la section C sera entièrement consacrée aux atouts potentiels du réseau des réseaux.

Promotions et primes

En tant que telles, primes et offres promotionnelles ne sont donc pas considérées ici dès lors qu'elles constituent le plus souvent une fuite en avant non stratégique de la part de l'entreprise, dans le but de dynamiser temporairement son activité. Certes, des chercheurs de renom comme Gilles Laurent ont apporté la preuve que contrairement aux idées reçues les promotions ne dégradent pas systématiquement l'image de marque.

« C'était justifié à l'époque où seules les marques "premiers prix" réalisaient ce genre d'opération. C'est devenu faux depuis que toutes les marques, même les plus réputées, se prêtent à ce jeu. L'équation « tête de gondole = mauvaise qualité » n'est plus dans la tête du consommateur, ni aux États-Unis, ni en Europe. On a même remarqué qu'une promotion faisait progresser en moyenne de 5 à 6 % les ventes de l'ensemble de la catégorie ! » analyse le professeur Gilles Laurent.

Mais on sait également, qu'en règle générale, non seulement ces promotions n'intéressent pas une majorité des consommateurs/clients, mais surtout qu'elles n'attirent pas majoritairement les clients fidèles. Elles ne peuvent donc être intéressantes qu'à court terme, éventuellement pour faciliter la prospection, et de surcroît sur des marchés pour lesquels l'élasticité de la demande par rapport au prix est très forte. On comprend dès lors qu'elles ne sont pas, de ce fait, cohérentes par nature, avec le fondement même de la stratégie de fidélisation. Elles ne peuvent par conséquent pas constituer une technique de fidélisation au sens propre du terme qui nous intéresse ici. En définitive, lorsque la stratégie de fidélisation repose sur des avantages à court terme, elle se transforme souvent très vite en un coût très lourd pour l'entreprise. Coût qu'il sera, de manière incontournable, nécessaire de renouveler sans cesse, afin de conserver la « fidélité » du consommateur. Naturellement, se crée alors rapidement un processus de surenchère, duquel l'entreprise aura toutes les peines de sortir.

58

Cas Marie Jeanne Godard

En 2002, les parfumeries Marie Jeanne Godard (groupe Séphora) se sont dotées d'une carte de fidélité. De manière ordinaire et classique, la technique fut articulée autour d'un paiement de la carte donnant accès à un système de collecte de points ouvrant droit à des réductions (via des bons d'achat). Rien d'original et qui ne puisse être décliné par le premier concurrent venu. La fidélisation des clientes allait trouver sa source ailleurs. Les porteurs de la carte pouvaient bénéficier d'une leçon de maquillage, d'un diagnostic de peau, de la possibilité d'échanger un parfum mal choisi et d'autres avantages susceptibles de doter l'enseigne d'une offre fidélisante réellement différenciante.

De surcroît, il est rare que d'un point de vue concurrentiel, un tel avantage (monétaire ou en nature) puisse être longtemps spécifique à l'entreprise qui l'a initié la première. On ne parle pas ici de philosophie ou même d'identité d'entreprise, mais d'une ordinaire application de techniques promotionnelles par l'entreprise. Celle-ci s'expose alors à une compétition permanente avec ses concurrents, non plus sur son métier ou son savoir-faire, mais simplement sur les arguments promotionnels qu'elle met en avant. Nul besoin d'avoir pratiqué la gestion d'entreprise toute une vie, pour comprendre que l'on aboutit rapidement à une ordinaire et sordide guerre des prix. Or, est-il besoin de rappeler qu'il n'y a jamais aucun vainqueur, mais uniquement des perdants, parmi les belligérants, aveugles inconscients, d'un tel « conflit » ? Comme le rappelle Sergio Zyman dans son livre *The End of Marketing as we Know it*, ce devrait toujours être le dernier argument à utiliser parce qu'il encourage l'infidélité.

La conception, puis la poursuite, d'une stratégie de fidélisation vise justement à éviter cette surenchère très néfaste, en valorisant les atouts de l'entreprise par le biais de services et d'avantages spécifiques, qui lui permettront de se forger une identité propre et en définitive d'être préférée par ses consommateurs/clients. Hormis le cas particulier des cadeaux dont l'utilisation ponctuelle demeure une technique d'appoint intéressante, l'ensemble des primes, réductions et autres offres promotionnelles ne seront donc pas retenues ici en tant que telles, mais comme simples outils ponctuels permettant de soutenir une technique. Maintenant, au-delà des techniques terrain, il est souvent possible d'orienter d'autres outils marketing et/ou d'autres actions de communication de telle manière qu'ils bénéficient également à la stratégie de fidélisation recherchée qui a été engagée. Ces éléments sont parfois négligés, parfois simplement non perçus comme pouvant contribuer indirectement à entretenir et développer la fidélité des clients/consommateurs de l'entreprise.

Les opportunités de consommation renouvelées

Il est certains cas de produits pour lesquels la fidélité des consommateurs est plus difficile à obtenir, simplement en raison du cycle de consommation des produits. On peut citer le cas général des produits durables et *a fortiori* le cas des produits anormaux, comme l'automobile par exemple. Certes, un consommateur *lambda* ne fait généralement pas l'acquisition d'une automobile au même rythme que la classique baguette de pain. En revanche, l'exemple n'illustre pas fondamentalement la difficulté supplémentaire de la fidélisation, en raison du contact produit qui demeure permanent. En effet, même s'il ne change pas d'automobile, le futur acheteur potentiel demeure, en quelque sorte, en permanence en contact avec son véhicule.

En revanche, le cas du traditionnel sapin de Noël est beaucoup plus représentatif. Voilà un produit qui n'est, par définition, acheté qu'une seule fois par an et qui disparaît de l'univers de consommation le reste de l'année. Pourtant, rien qu'en France et malgré une diminution notable du volume, ces dernières années, il demeure encore quelque 5,4 millions de foyers[1] à faire l'acquisition dudit sapin. Cependant, il y a fort à parier que parmi ces acheteurs, bien peu savent s'ils ont acheté un Nobilis (environ 2,1 % du volume), un Nordman (15,8 % du volume), ou un Epicéa (81 % du volume). Comme, par ailleurs, seule une infime minorité de ces sapins porte une marque, c'est essentiellement le point de vente qui peut éventuellement devenir source de fidélisation. Or, compte tenu d'un approvisionnement variant au gré des négociations d'une part, et de la périodicité

---

1. Ce qui représente environ 5,6 millions de sapins naturels achetés pour 1,4 million de sapins artificiels la même année.

annuelle de l'achat d'autre part, une telle fidélité au point de vente paraît très délicate à obtenir. Ainsi peut-on logiquement retenir qu'une forte saisonnalité des ventes peut constituer un lourd handicap à la poursuite d'une stratégie de fidélisation.

La puissance du nom de marque

Pour qu'une stratégie de fidélisation soit efficace, il faut avant tout qu'elle offre au consommateur un privilège qu'il n'obtiendra pas ailleurs. Dans son livre *Le marketing de la différence*, Brian Woolf écrit que « tout être humain aspire à être reconnu. Les privilèges, récompenses exclusives d'une valeur intrinsèque, répondent à cette aspiration et, pour cette raison, sont très appréciés ».

Mais compte tenu du fait que les concurrents dignes de ce nom s'empresseront de décliner avantages et services offerts par le programme, encore faut-il, dans la mesure du possible, assortir celui-ci d'un maximum de caractéristiques exclusives. D'où l'importance logique du nom de marque. Les grands distributeurs, qui sont plus ou moins contraints d'offrir à leur clientèle les marques nationales de référence dans chaque catégorie, le savent bien. Cela explique en partie les gros efforts qu'ils ont consacrés, ces dernières années, à l'amélioration des marques de distributeur (MDD). Si elles furent longtemps systématiquement assimilées à des produits moins chers, mais de qualité inférieure, la perception qu'en ont aujourd'hui la plupart des consommateurs est bien différente.

Pendant toute la décennie des années 1980, la majorité des grandes enseignes leur ont offert des noms propres afin de les différencier de l'enseigne et du concept grande distribution/prix bas, qui pouvait nuire à leur positionnement qualitatif. Puis, au prix d'une sélection des fournisseurs, tant indépendants locaux que nationaux, acceptant d'ouvrir une ligne parallèle, ces marques propres ont progressivement vu réapparaître le logo et/ou le nom de l'enseigne. Il s'agissait alors d'offrir au consommateur une garantie supplémentaire, une caution de la part de l'enseigne. Certes, leur position est aujourd'hui parfois délicate, prise en étau qu'elles sont, entre les marques premiers prix et les marques nationales. Mais leur atout principal demeure. Marques propres, elles ne sont donc présentes que chez l'enseigne concernée. Bien gérées, elles deviennent alors naturellement de puissants vecteurs de fidélisation de la clientèle du point de vente. En 2000, Marcel Corstjens et Rajiv Lal ont publié des travaux qui font date, sur ce sujet. Ils démontrèrent que la qualité des MDD pouvaient clairement devenir un levier de fidélisation à l'enseigne, tout en renforçant la concurrence sur le prix entre les enseignes.

Le cas Ben & Jerry's

On retrouve également cette approche chez certains fabricants, comme le producteur de crème glacée Ben & Jerry's (Unilever). Le marché de la crème glacée est relativement concurrentiel et les grandes chaînes que sont notamment Häagen-Dazs, Baskin Robbins et Ben & Jerry's le savent bien. D'où l'intérêt d'innover en permanence en proposant aux consommateurs de nouveaux parfums, de nouveaux mélanges. Au-delà de cette innovation nécessaire, Ben Cohen et Jerry Greenfield ont su développer un concept. Des boutiques au décor inspiré des années 1970, des couleurs assez vives, une ambiance tee-shirt et casquette très inspirées de la personnalité des deux cofondateurs. Mais au-delà de ces éléments, Ben & Jerry's a développé toute une série de noms qui lui permet de sortir complètement de l'univers des parfums classiques, sous une appellation générique, certes plus explicite, mais qui demeure la proie facile des imitations. C'est ainsi que l'amateur de crème glacée trouvera chez Ben & Jerry's du « New York Super Fudge Chunk, » du « Chunky Monkey, » du « S'more, » du « Phish Food, » ou encore du « Coffee, Coffee, BuzzBuzzBuzz ! » Ces mélanges pourraient certes être reproduits en tout ou partie par les concurrents du glacier américain, mais ces derniers ne pourront jamais utiliser le même nom, et par conséquent jamais s'approprier totalement l'univers émotionnel du produit original.

Pour qu'une stratégie de fidélisation résiste aux attaques de la concurrence, il est nécessaire qu'elle ne repose pas uniquement sur un système de distribution de privilèges, en contrepartie de tel ou tel comportement d'achat de la part du consommateur. Sur des marchés saturés comme le sont la quasi-totalité des marchés occidentaux, marchés où l'offre est de plus en plus standardisée, la stratégie de fidélisation retenue doit permettre de puiser dans l'avantage concurrentiel de l'entreprise, afin de mettre en valeur une identité propre à cette entreprise. Certains n'hésitent pas, dans ce cas, à parler de lien émotionnel renforcé, entre l'entreprise et ses consommateurs.

Au-delà même de toutes les techniques de fidélisation, il convient également de mettre en garde le praticien sur un point pouvant, à terme, nuancer l'efficacité de chacune d'elles. Dans leur immense majorité, les consommateurs modernes ne sont pas dupes. Ils ont parfaitement conscience des tenants et des aboutissants d'une relation commerciale. Ils perçoivent, pour la plupart, que les privilèges que leur offre l'entreprise n'ont rien à voir avec une générosité naturelle et spontanée. Cet état de fait crée une situation d'une fragilité relative, car il signifie que si les privilèges mis en avant par la stratégie de fidélisation venaient à être remis en cause, la fidélité induite disparaîtrait instantanément.

Il existe deux principes qui, s'ils sont respectés, peuvent permettre de contrebalancer en partie cette situation. Le premier principe est de ne jamais fonder la stratégie de fidélisation sur un simple avantage monétaire. Quel qu'il soit, il ne pourra jamais rester longtemps la propriété exclusive de l'entreprise. Le second principe est de soutenir indirectement la stratégie de fidélisation par des actions qui en sont totalement détachées. La démarche est simple *a priori*, mais souvent difficile à mettre en pratique. L'effet indésirable de la stratégie de fidélisation est qu'elle puisse être perçue par le consommateur comme une sorte de marché de dupe conçu dans le seul but de le faire consommer davantage. Autrement dit : « Notre objectif est de vous offrir ce merveilleux set de table en plastique *made in China* » mais pour cela « il vous suffit d'acheter 724 litres de jus d'orange dans les deux prochains mois » ou encore de consommer « 1 tonne de beurre avant la fin de l'année ». Le développement d'une stratégie de marque permet d'éviter, en partie, certains écueils de ce type.

À *chacun une part de bonne conscience*

Qui dit « stratégie de fidélisation » dit « privilège accordé ». Qui dit « privilège accordé » dit « prix à payer pour l'obtenir ». Qui dit « prix à payer » dit « relation commerciale ». L'obstacle à franchir est donc simple : il s'agit de faire disparaître au maximum la connotation commerciale du programme. On l'aura tout de suite compris, si le problème est simple, la solution finale l'est beaucoup moins. Quelle que soit la nature des programmes de fidélisation mis en place, il importe donc que l'entreprise bénéficie par ailleurs d'une image suffisamment positive pour ne plus voir, dans ledit programme de fidélisation, une simple relation commerciale. Jusqu'à une époque récente, on a pu penser que cette approche institutionnelle était réservée à de grands groupes. Aujourd'hui tout commence avec le produit lui-même. Et le thon britannique en boîte Osprey de mettre récemment en avant la fibre citoyenne, en garantissant l'interdiction d'utilisation de filets dérivants par ses fournisseurs, ce qui permet de s'assurer de la préservation des dauphins. Des entreprises comme The Body Shop ou justement Ben & Jerry's l'ont bien compris depuis longtemps. Au-delà des souhaits personnels de leurs fondateurs, ces entreprises mènent de nombreuses actions afin d'entretenir une image de responsabilité à l'égard de la société qu'elles sollicitent commercialement en parallèle.

On dit parfois que marketing et éthique ne pourront jamais réellement faire bon ménage. D'aucuns semblent pourtant avoir déjà compris que l'effort d'un tel rapprochement est peut-être le prix à payer pour ne pas apparaître simplement comme le marchand dont le seul et unique objectif est de vendre son produit au consommateur. La poursuite d'une stratégie de fidélisation peut aider à développer une telle approche. En effet, l'objectif de l'entreprise n'est alors plus de vendre un produit au consommateur sans se soucier de son appréciation et/ou des conséquences. Son objectif est, à l'opposé, de pleinement le satisfaire et de le rassurer sur le contrôle des éventuelles conséquences. Les entreprises anglo-saxonnes semblent avoir une longueur d'avance en la matière, notamment par le biais de l'association BSR (*Business for Social Responsability*).

Le cas BSR

Fondée en 1992, BSR se définit comme « une association pour des entreprises de toutes tailles et tous secteurs. La mission de BSR est d'aider ses entreprises membres à parvenir au succès commercial à long terme en améliorant les politiques et les pratiques qui honorent des standards éthiques élevés et associer leurs responsabilités à tous ceux qui supportent leurs décisions. » BSR compte aujourd'hui plus de 1 400 membres, parmi lesquels on trouve des entreprises de taille moyenne comme The Body Shop, Ben & Jerry's, Patagonia, Starbucks Coffee ou encore Odwalla, mais également de plus petites comme The Bagelry, Just Desserts, Real Goods ou Eco-Print, ainsi que de très grandes comme Coca-Cola, DuPont Merck, Levi Strauss, Ford, AT & T ou encore Time Warner.

Les grands distributeurs français ne sont pas en reste, même si les avancées sur le terrain de l'éthique et de la citoyenneté ne sont pas toujours facilement conciliables avec le statut de marchand. Pourtant de nombreuses initiatives sont réalisées soit par la création d'une véritable fondation comme pour Auchan ou Boulanger, soit par la mise en place de formations diplômantes comme chez Décathlon, soit encore par des actions de Mécénat comme chez Carrefour et/ou en faveur de la protection de l'environnement comme chez Leclerc.

L'image institutionnelle symbole de fidélité

Faut-il en conclure qu'une active politique de communication institutionnelle pourrait avoir des effets indirects positifs sur la stratégie de fidélisation de l'entreprise ? Bien entendu, si celle-ci repose sur le développement d'une image positive de l'entreprise à l'aide d'actions et d'éléments concrets, ou plus exactement qui puissent être identifiés, compris et appréciés par les consommateurs. La communication institutionnelle permet non seulement à l'entreprise de manifester sa présence sur le marché, mais également d'expliquer et de justifier sa démarche. Toutefois, peut-être le consommateur occidental n'est-il pas encore autant attaché à cette image institutionnelle, que l'est déjà le consommateur japonais ? Lorsqu'en mai 1996 la communication Institutionnelle du groupe automobile Mazda ne prit pas suffisamment soin d'expliquer les raisons de la prise de participation de Ford dans le groupe nippon, les consommateurs japonais désertèrent rapidement les show-rooms de la marque. Alors que Mazda Motor Corp. avait accepté que le groupe automobile américain porte sa participation dans son capital de 25 % à 33,4 %, la presse n'hésita pas à saisir l'opportunité de l'implantation de Mazda à Hiroshima pour qualifier l'événement de seconde explosion atomique. Il n'en fallut pas plus pour faire voler en éclats la fidélité des clients japonais de Mazda.

Aux États-Unis comme au cœur de la veille Europe, les réactions auraient peut-être été plus modérées, mais il n'en demeure pas moins qu'en Occident aussi l'intérêt du « qui » sur le « quoi » commence à prendre de l'importance. Ce qui signifie qu'il est réellement dans l'intérêt de l'entreprise de tout faire pour entretenir une image positive, si elle souhaite s'attacher la fidélité de ses consommateurs. La condition n'est pas suffisante, mais elle est chaque jour davantage nécessaire.

Pour aller plus loin et approfondir les thèmes et sujets traités dans cette section, le lecteur pourra notamment se reporter aux ouvrages proposés ci-après.

- Allard Christophe, *Le management de la valeur client : Comment optimiser la rentabilité de vos investissements en relation client*, Éditions Dunod, Paris (2002).

- Bergeron Bryan, *Essentials of CRM*, Éditions Willey, New York, NY, États-Unis (2002).

- Boisdevésy Jean-Claude, *Le marketing relationnel*, Éditions d'Organisation, Paris (2001).

- Collectif, *Recalculating the loyalty/profitability equation*, Éditions Harvard Business School Press, Boston, MA, États-Unis (2002).

- Descharreaux Jean-Louis, *Le modèle Client-Savoir*, Éditions Dunod, Paris (1999).

- Donaldson Bill et Tom O'Toole, *Startegic Market Relationship : From strategy to implementation*, Éditions Wiley & Sons, Chichester, Grande-Bretagne (2001).

- Netter Olivier et Nigel Hill, *Satisfaction client : De la conquête à la fidélisation*, Éditions Eska, Paris (2000).

- Peel Jeffrey, *CRM : Redefining customer relationship management*, Éditions Digital Equipement Corp. États-Unis (2002).

- Reynolds Janice, *A practical guide to CRM*, Éditions CPM Books, Sacramento, CA, États-Unis (2002).

- Saint-Cast Nicolas, *Organiser sa relation client aujourd'hui le CRM nouvelle manière*, Éditions Maxima, Paris (2003).

- Stone Merlin, Neil Woodcock et Liz Machtynger, *Relationship Marketing : winning and retaining customers*, Éditions Kogan Page, Londres, Grande-Bretagne (2000).

- Timm Paul R., *Seven power strategies for building customer loyalty*, Éditions Amacom, Arial, NY, États-Unis (2001).

☙Avis d'expert : Arthur JACQUEMIN

Directeur marketing et supply-chain, Kouro Sivo groupe spécialisé dans l'animation des réseaux http://www.kourosivo.com

Quelle est votre définition de la fidélisation client aujourd'hui ?

La fidélisation consiste à convaincre un consommateur identifié qu'il a intérêt à continuer de choisir la même marque durant toute son existence. Étant entendu que celle-ci (et l'entreprise qui la gère) met tout en œuvre pour le comprendre, le valoriser et évoluer avec lui vers du toujours un peu mieux et ainsi créer une relation privilégiée, un lien presque affectif dans un cadre de rentabilité globale.

Les moyens mis en œuvre par l'entreprise étant la résultante d'une mobilisation générale des compétences (personnes et savoir-faire) tant marketing, commerciale que logistique. Autrement dit, si la fidélisation de chaque client est bien le but ultime du marketing, elle est aujourd'hui beaucoup trop fondamentale pour ne pas être envisagée de manière transversale, afin de donner à l'entreprise des traits caractéristiques pérennes uniques, que ses concurrents n'auraient pas, pour construire une différenciation de son offre et créer de la valeur perçue.

Le capital marque a sans doute laissé sa place au capital client. Dès lors, la fidélisation client n'est-elle pas condamnée à voir émerger la notion de capital relationnel ? L'entreprise chercherait alors à reconnaître, valoriser, récompenser et donc fidéliser ses publics les plus importants que sont ses clients, mais aussi ses salariés, ses fournisseurs, ses prescripteurs et ses investisseurs.

La démarche fidélisatrice des entreprises a beaucoup évolué ces dernières années. Pour quelles raisons selon vous ? Pourquoi une telle prise en compte aujourd'hui ?

Inutile d'insister sur un fait dont nous avons tous pris conscience, recruter un nouveau client, soit convertir un prospect en client, coûte nettement plus cher que fidéliser un client déjà actif. Aussi, face à des marchés sans cesse plus concurrentiels (multiplication des marques, concentration des acteurs d'un marché, plus grande transparence des prix proposés, espionnage industriel, déréglementation de certains marchés autrefois protégés…), un consommateur au comportement imprévisible (d'où la nécessité de segmenter de plus en plus finement son marché), des cycles de vie des produits qui se raccourcissent (rythme de l'innovation toujours plus soutenu et en même temps, phénomène d'imitation) et des facteurs temps et espace qui rendent nécessaires l'anticipation et la mise en place de solutions fonctionnant en temps réel, la gestion du capital clients devient un enjeu stratégique. Elle requiert une mobilisation générale des compétences (personnes et savoir-faire) tant marketing, commerciale que logistique.

Néanmoins, devant ces quelques fléaux, je ne voudrais pas donner l'impression qu'il n'y aurait que des raisons subies à l'évolution dans la conduite d'une stratégie de fidélisation. En effet, l'émergence du nouveau média, Internet, est une réelle source d'opportunités. Parmi celles-ci, la possibilité de proposer une offre hyper-personnalisée (*via* le process d'identification notamment), une mise à jour à temps réel, disponible en permanence, ouvrant la voie vers un dialogue enfin interactif et ciblé pour un surmesure de masse…

Quel est selon vous le rôle de la confiance dans le cadre d'une stratégie de fidélisation ?

Pour comprendre les besoins de sa cible, une marque doit écouter ses consommateurs, étudier les propositions de ses concurrents. Elle doit donc être en mesure d'instaurer une relation d'apprentissage afin d'impliquer ses futurs consommateurs pour qu'ils retrouvent dans le temps au sein de son offre ce qu'ils désirent profondément.

De cette implication naîtra la capacité pour l'entreprise à répondre, voire anticiper, les attentes en associant à son offre un élément de reconnaissance particulier, distinctif même parfois puisque issu directement de la volonté du consommateur qui s'inscrit de lui-même dans la durée et qui estime utile d'expliquer ce qu'il veut à des représentants de cette marque.

Mais cette capacité de la marque à coller aux envies de ses consommateurs créera également une relation de confiance, acquise au cours du temps et autorisée par cette satisfaction récurrente, lui procurant la possibilité de valoriser son offre au mieux.

En résumé, si j'étais un provocateur, je dirais que la fidélisation n'est autre que le processus qui se traduit par un enchaînement d'étapes et de techniques successives où une entreprise, prétextant de vouloir comprendre son consommateur, lui donne les moyens d'exprimer ses attentes, pour lui proposer les produits qu'il achètera, au final, en étant persuadé que cette marque amie travaille pour lui !

Dans quelle mesure la gestion des réclamations de clients mécontents fait-elle partie d'une stratégie de fidélisation selon vous ?

Chaque entreprise doit faire face à une relation d'après-vente. Ne pas s'y préparer est sans doute le meilleur moyen de ne pas apporter la bonne réponse à la bonne personne dans des délais raisonnables. Et donc de compromettre tous les efforts de reconduite de l'acte d'achat initial.

À travers le multicanal, un client, insatisfait et désireux de se faire entendre, peut le faire par email, courrier, fax, appel téléphonique, sollicitation sur le point de vente, forum Internet, association consumériste…

Attention donc à ce que chaque media soit canalisé par le service marketing et que l'outil informatique de l'entreprise (ou du prestataire si SAV externalisé…) soit suffisamment performant pour accuser réception de la réclamation, la traiter de façon personnalisée et pertinente, et en garder trace.

N'oublions jamais que si la réclamation est une menace à court terme, bien gérée elle devient une réelle opportunité de reconnaissance et de communication de l'importance que l'entreprise donne à ses clients.

Dans ces conditions, quelles sont les limites d'une stratégie de fidélisation ? Et comment les gérer ?

Parmi les principales limites, je citerai le problème d'accès à l'information client. Dans la grande distribution, les producteurs se heurtent à la réticence de certains à partager l'information en sortie de caisses. Mener une vraie stratégie de fidélisation requiert des moyens (personnel, temps et argent) considérables. Même le service marketing des entreprises de très grande taille dispose rarement des ressources nécessaires pour pouvoir traiter tous les éléments constitutifs.

Par ailleurs, il existe une vraie difficulté à faire travailler en même temps des gens de fonctions, d'expériences, de compétences différentes au sein d'une entreprise encore cloisonnée et où chacun a des objectifs propres. En outre, devant certains produits peu impliquants, ou dont le remplacement est très espacé dans le temps, les consommateurs resteront relativement hermétiques à une approche de fidélisation.

Enfin, vous êtes également directeur supply-chain. Quel lien faites-vous entre vos responsabilités marketing et la logistique ?

Devant tous ces bouleversements, la logistique aval devient orientée client. Comme si, inéluctablement, chaque service de l'entreprise devenait non seulement client et fournisseur d'un autre service, mais aussi conscient d'avoir son rôle à jouer dans la capacité de l'entreprise tout entière à satisfaire des clients finaux.

Autre élément à garder présent à l'esprit, la « reverse logistisc » (ou gestion logistique de retours). Il faut être en mesure de livrer un point de vente et/ou un particulier. Mais il faut potentiellement être en mesure aussi d'aller chercher le produit défectueux à cette adresse de livraison ou une autre, l'expédier vers un centre de réparation puis le ré-acheminer vers son destinataire final. Le tout en maîtrisant l'information du consommateur, les délais et les coûts.

2

La démarche marketing de la fidélisation

Si elle aspire à être pérenne, la fidélisation est le résultat d'une démarche stratégique de la part de l'entreprise. Malheureusement, fidélisation est souvent simplement synonyme d'actions visant à offrir un avantage au consommateur visé.

Et George Day, professeur de marketing à la Wharton School de l'Université de Pennsylvanie de rappeler que « de nombreux programmes qui récompensent les hommes d'affaires ou les clients fidèles se sont également révélés décevants. Souvent mis en place à la hâte pour répondre à un concurrent, ils n'ont pas eu d'impact visible sur le marché, mais ont été sources de frais supplémentaires non négligeables. »

La fidélisation : une démarche en 5 étapes

Qui dit « démarche stratégique » dit qu'au-delà des principes de base et des outils fondamentaux sur lesquels nous reviendrons dans le chapitre 3 pour comprendre l'évolution actuelle, l'entreprise doit choisir et exploiter une ou plusieurs techniques qui lui paraîtront parfaitement *adaptées* à son cas particulier. En revanche, la démarche initiale recommandée elle-même est toujours la même et peut être résumée en cinq étapes principales :

Graphique 1

Identifier
↓
Adapter
↓
Privilégier
↓
Contrôler
↓
Évoluer

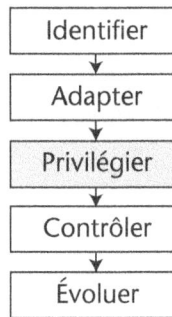

1ère étape : Identifier

La première étape consiste à identifier les clients, les concurrents et les techniques. Il s'agit en fait d'une triple procédure d'audit pour l'entreprise :

- Un audit de son portefeuille clients (attentes, besoins, appréciations de l'ensemble des consommateurs/clients de l'entreprise...)
- Un audit de la concurrence (nature et composition de l'offre concurrente, axe et modalités de communication...)

74

• Un audit des techniques de fidélisation (techniques disponibles, accessibles, déclinables par rapport au secteur…)

Au-delà du simple principe marketing fondamental qui consiste à connaître son environnement et sa cible, il importera ici de parfaitement identifier chacune des catégories de clients auxquelles l'entreprise s'adresse, afin de pouvoir leur offrir l'avantage *ad hoc*, et donc de leur appliquer éventuellement des techniques de fidélisation spécifiques.

Lorsque KPMG est sollicité par un client pour réfléchir sur sa stratégie de fidélisation, il développe une démarche en trois temps. Trois temps considérés comme « trois règles fondamentales » par le cabinet.

Christophe Sabas, consultant chez KPMG, explique que ces trois phases sont : « Se mettre à la place de notre client : *bien avant de rencontrer notre client, nous investissons en amont afin de comprendre l'environnement dans lequel il évolue et identifions les règles du jeu ainsi que les problématiques rattachées.* Évaluer l'urgence d'agir : *une fois que nous sommes d'accord sur les principales problématiques, nous analysons les actions qu'elles appellent et évaluons l'urgence de leur mise en œuvre. Que se passera-t-il si nous ne faisons rien ? Jusqu'où est-il néfaste de ne pas traiter les problèmes définis ? Quels sont les problèmes les plus urgents ? Par extension, il faut définir le coût de ne pas traiter ces problématiques.* Comparer le "coût de faire" et le "coût de ne pas faire" avant de se lancer : *nous identifions les avantages de traiter à fond ces problématiques et, seulement alors, nous proposons notre assistance.* »

2e étape : Adapter

Afin de conserver son avantage concurrentiel et parce que l'entreprise vit rarement dans un environnement figé, il sera, dans la plupart des cas, nécessaire d'adapter les choix d'origine à la cible et surtout aux objectifs stratégiques de l'entreprise. C'est l'objet de la deuxième étape, qui permettra à l'entreprise, tout en utilisant des techniques connues de tous, d'en faire une utilisation qui ne soit pas déclinable à l'identique par le premier concurrent venu. Encore une fois, le but ultime est la différenciation de l'offre qui seule peut permettre d'obtenir une valeur spécifique et donc justifier la fidélité aux yeux du consommateur.

3ᵉ étape : Privilégier

Cœur de la démarche, la troisième étape représente l'action de fidélisation elle-même. Hormis le cas de l'obligation, un consommateur est fidèle parce qu'il perçoit un intérêt tel à continuer à consommer la même marque, le même produit, que l'envie ou simplement l'idée de changer ne lui vient pas à l'esprit ou qu'il la repousse s'il en a conscience. L'action de fidélisation consistera ni plus ni moins qu'à amplifier cet intérêt, en offrant au consommateur un privilège. Non que le marketing aspire à restaurer ce que la Révolution a aboli ; contexte, objectifs et protagonistes sont de toutes les manières très différents. Mais qu'est-ce qu'un privilège en fait ? Une prérogative, un avantage, un droit attaché à un bien ou à un statut, certes. Mais dans l'optique de la démarche marketing qui nous intéresse ici, c'est surtout simplement un avantage que les autres n'ont pas. Les « autres » étant ici les non consommateurs du produit ou de la marque concernés.

4ᵉ étape : Contrôler

La quatrième étape de la démarche consistera systématiquement à vérifier, contrôler l'efficacité de la ou des techniques utilisées. Le but d'une stratégie de fidélisation étant d'instaurer un lien durable entre la marque et le consommateur, il est impératif de s'assurer de la pertinence et de la solidité de ce lien. D'autre part, une stratégie de fidélisation peut parfois mobiliser des moyens financiers très importants. Cette étape de contrôle permet alors de mesurer tout ou partie du retour sur investissement.

5ᵉ étape : Évoluer

Mais le but de la quatrième étape n'est pas uniquement de rassurer le directeur financier du caractère judicieux d'un tel investissement en matière de rentabilité. Dès cette étape, les enseignements doivent permettre de faire évoluer la stratégie elle-même, afin qu'elle demeure le véritable soutien de l'avantage concurrentiel de la marque qu'elle est censée être.

Cette évolution est devenue indispensable aujourd'hui, car le consommateur a *besoin* de nouveauté et de diversité. C'est quand tout va bien qu'il faut s'empresser de réfléchir à changer, afin de continuer à progresser.

© Éditions d'organisation

On perçoit par conséquent que dans son approche classique, la conception d'une stratégie de fidélisation repose sur la séquence d'étapes cons-
titutives d'un processus logique. Pourtant, trop souvent, sous la pression
de l'obtention de résultats à très court terme, le praticien à la recherche
de la fidélité de ses consommateurs se concentre sur la seule et unique
étape 3. Certes, le privilège qu'il va offrir à ses consommateurs lui garan-
tira, dans la plupart des cas, un intérêt plus soutenu pour sa marque et/
ou ses produits, de la part des consommateurs sensibilisés. Malheureusement, ne s'insérant pas dans une logique stratégique marketing, les
résultats d'une telle action seront bien souvent très ponctuels. *A fortiori*,
si les caractéristiques de l'entreprise et le produit concerné ne sont pas
précisément pris en compte. Il suffit d'observer les résultats de l'étude
présentée par le Cetelem pour comprendre que d'un secteur à l'autre les
valeurs dominantes de la fidélité sont très différentes.

Tableau 4 : Les valeurs dominantes de la fidélité						
Secteurs	Satisfaction	Relationnel	Commodité d'accès et de choix	Promotions réductions	Marques	Habitudes
Loisir, sport	51 %	29 %	33 %	32 %	29 %	14 %
Électroménager	47 %	29 %	28 %	33 %	53 %	11 %
Meuble	53 %	31 %	27 %	36 %	16 %	6 %
Télévision, hi-fi	45 %	31 %	27 %	37 %	51 %	11 %
Micro-informatique	44 %	27 %	23 %	29 %	48 %	8 %
Bricolage	50 %	30 %	41 %	39 %	36 %	13 %
Téléphonie mobile	48 %	20 %	24 %	34 %	31 %	9 %
Alimentaire	53 %	35 %	39 %	38 %	41 %	25 %
Vêtements	49 %	31 %	30 %	45 %	35 %	11 %
Rappel général	58 %	53 %	46 %	39 %	35 %	23 %

Source : « L'Observateur Cetelem 99 », 1999, page 39.

Les fondements marketing

La prise en considération attentive et méticuleuse du consommateur est loin d'être une idée neuve. En revanche, cette prise en considération est aujourd'hui devenue une simple question de survie pour l'entreprise productrice ou distributrice de biens ou de services. D'autant plus qu'elle est parfois en partie dictée par l'environnement.

L'évolution du comportement du consommateur

Le consommateur a mis à profit la décennie 1980 pour s'interroger de plus en plus sur le discours commercial et publicitaire auquel il était confronté. Il est aujourd'hui quelque peu confus par la profusion de l'offre, ne retrouvant plus les points de repère auxquels il était habitué. Sur de nombreux marchés, le leader « incontesté » n'a pas plus de 10 points de parts de marché, et des centaines de nouveaux produits envahissent ce même marché chaque année. Il est alors tout à fait compréhensible, voire simplement logique, que le consommateur d'aujourd'hui soit perturbé par cette innovation constante, pléthorique et surtout accélérée. Dans un univers commercial en évolution permanente, le consommateur a de plus en plus de difficultés à mener avec précision son analyse comparative de l'offre. Mais plus désagréable encore, il a désormais conscience de ne plus pouvoir la mener de manière réellement exhaustive. Cela entraîne naturellement le développement d'un sentiment de frustration, accompagné par un sentiment de méfiance, à l'égard des éléments de l'offre auxquels il a accès. Ce sentiment de méfiance, s'il est exacerbé, pour une raison directement liée au produit ou en raison de l'amplification d'un facteur exogène, constitue alors un puissant frein à la fidélisation dudit consommateur.

« Alfa Laval souligne l'importance d'entretenir des relations ouvertes, profondes et durables avec ses clients clés. La gestion de la relation client, tournée vers la satisfaction de ses besoins et attentes, figure en bonne place dans nos priorités. Nos grands clients font face à des défis majeurs. La concurrence plus vive s'accompagne de mouvements de concentration, d'intégration verticale et horizontale, d'internationalisation et de normalisation. Cette évolution influe sur les relations de nos clients avec leurs fournisseurs et sur leurs exigences à l'égard de ceux-ci [...] Chaque client est unique, ses exigences aussi. » souligne Ole Petersen, vice-président de Alfa Laval Sanitary Equipment.

Non seulement ce consommateur ne perçoit plus concrètement l'intérêt réel des produits qu'il a acquis, mais il commence à s'interroger sur ses propres besoins. Il est plus prudent, mais ne renonce pas pour autant aux notions de plaisir, de confort et de sécurité. Il se sent simplement, et à juste titre le plus souvent, submergé par un flot croissant d'informations parfois contradictoires. De plus, même si quelques petits points de croissance économique semblent assurés en Europe, la conjoncture économique, peu favorable ces dernières années, l'a rendu morose, inquiet et souvent perplexe au sujet d'une occasion de dépense et/ou d'investissement supplémentaire. À l'issue de la Coupe du Monde de football durant l'été 1998, les observateurs se bousculaient pour faire l'analyse du moral exceptionnel des Français, et de la solidité apparente de celui-ci, notamment après la victoire des Bleus. Malheureusement, dès le second semestre 1998, les analystes financiers confirmaient que, malgré la suppression d'avantages fiscaux par le gouvernement pour inciter à l'utilisation des milliards de francs épargnés, on assistait à nouveau à la poursuite d'une épargne de précaution révélatrice du sentiment réel des consommateurs français. Le consommateur moderne peut certes vouloir redécouvrir les joies d'une consommation plus affective, il aspire toujours à pouvoir rêver, mais il n'en oublie pas pour autant les leçons de la crise. De plus, il sait que les cycles économiques se contractent désormais et que l'interpénétration des économies les rendent chacune plus sensible aux problèmes des autres.

Cette concurrence permanente conduit le professionnel à une vigilance de tous les instants. Une vigilance qu'il conviendra de décliner en autant de cas particuliers, que la zone d'activité de l'entreprise comportera de marchés. Certes, la mondialisation des échanges et la globalisation des marchés sont deux phénomènes incontestables aujourd'hui. Mais la recherche d'une compétitivité maximum peut rapidement mener à soulever les limites des schémas globaux. Même les icônes médiatiques de la globalisation reviennent aujourd'hui sur leurs pas, afin d'être mieux en contact avec leurs différents marchés et d'intégrer plus efficacement dans leur stratégie l'évolution du comportement du consommateur. Une telle adaptation sans pour autant renier les atouts de la globalisation doit, à terme, permettre de sortir de l'ornière de la prospection permanente pour asseoir le portefeuille de clients de l'entreprise sur une solide base fidèle, que l'on satisfera au-delà de ses attentes.

Ce qui permettait à Jack Greenberg, alors PDG de McDonald's de déclarer début 1999 : « Nous allons adapter notre offre. Nous allons toujours avoir un produit d'appel international : un menu de base, le même dans le monde entier (Big Mac, frites...). Mais nous allons permettre des adaptations locales, comme cela se fait déjà en France, avec les salades, le yaourt Danone... Nous avions déjà permis quelques expérimentations internationales. Ce qui est nouveau, c'est qu'aux États-Unis, nous allons encourager une plus grande régionalisation de l'offre, qui sera plus facile avec notre nouvelle organisation. »

Mais il est également permis d'envisager solliciter, inciter, guider cette évolution du comportement du consommateur. Attention, il ne s'agit pas ici de revenir aux bons vieux schémas des origines de la société de consommation, en pensant que les consommateurs sont toujours aussi naïfs et aussi vulnérables à une proposition commerciale idéalisée. Il s'agit simplement d'essayer de révéler de nouveaux besoins ou tout au moins un nouvel intérêt chez certains consommateurs. Si elle est souvent difficile à mener, car le consommateur vigilant perçoit souvent très vite la tentative de manipulation et la condamne sans appel, l'avantage considérable d'une telle démarche est de permettre un bien meilleur contrôle du développement opérationnel de la stratégie.

Le cas KaBloom

En 1998, Thomas Stemberg et David Harstein firent le constat que si l'on analysait souvent le consommateur américain et le consommateur européen sur un même plan, ils différaient encore fondamentalement sur de nombreux comportements commerciaux et notamment quant à l'achat de fleurs. En effet, si les fleurs coupées constituent un achat assez régulier en Europe, ce dernier est beaucoup plus exceptionnel aux États-Unis. Qui n'a pas un jour remarqué dans un ou plusieurs films américains, le papier cadeau d'un bouquet fleurs tenant plus du papier journal que d'un papier cristal mettant le bouquet en valeur ?

C'est ainsi qu'en 1998, Thomas Stemberg et David Harstein imagi-
nèrent KaBloom, un nouveau concept de fleuristes destiné à réveiller
le marché américain et à inciter le consommateur à une nouvelle
perception de la fleur coupée. La démarche marketing suivie reposait
sur une analyse minutieuse du marché, dans le but d'en gommer les
inconvénients majeurs et en premier lieu le prix. Si les consommateurs
américains achetaient peu de fleurs coupées, c'était avant tout parce
que celles-ci coûtaient relativement cher, environ 35 % plus cher que
l'équivalent en Europe. En réduisant la chaîne d'approvisionnement
et en contractant directement avec les horticulteurs, KaBloom put
positionner son offre à un prix systématique très inférieur à la concur-
rence. Ensuite, sans souhaiter devenir un hypermarché de la fleur, le
concept requérait néanmoins une surface de vente assez grande de
manière à pouvoir proposer à la clientèle plus de 200 variétés, alors
que l'on en trouve en moyenne 40 chez les grands fleuristes et moins
de vingt dans la plupart des boutiques de fleurs américaines. Non
seulement ce nouveau concept – dont il conviendra de suivre
l'évolution – permettait de susciter une évolution du comportement
du consommateur, mais la largeur de l'offre ainsi que son renouvelle-
ment permanent offrait à KaBloom une opportunité de fidéliser le
consommateur. Nous reviendrons d'ailleurs sur ce point essentiel du
renouvellement de l'offre.

Compte tenu de ses implications stratégiques ou tout simplement
commerciales, la fidélité du consommateur est un sujet de discussion
très important, aussi bien chez les chercheurs en marketing que chez les
praticiens. Sans relancer le débat, il est permis de présenter ici douze
facteurs principaux, permettant d'orienter la réflexion vers le constat
que cette fidélité découle d'une combinaison beaucoup plus complexe
que l'on a parfois tendance à l'imaginer. Cette typologie n'est certainement pas exhaustive tant l'alchimie de la formation de l'attitude et celle
du comportement humain sont complexes. Mais elle permet déjà, en
revanche, d'identifier douze facteurs qui, contrôlés, développés et
stimulés, peuvent favoriser la fidélité du consommateur.

Les douze principaux facteurs de la fidélité

Il y a encore quelques années, l'analyse du comportement du consommateur autorisait une équation simple, fondée le plus souvent sur sa seule satisfaction (graphique 2). Sur la base du processus de confirmation –

Graphique 2
La fidélité – satisfaction

Bonne qualité intrinsèque du produit + Prix absolu compétitif du produit = **FIDÉLITÉ induite par la SATISFACTION**

infirmation, un consommateur, qui se trouvait dans une situation ou l'utilisation/consommation d'un produit remplissait totalement sa promesse, était satisfait. En règle générale, si la valeur du bien ou du service qu'il choisissait lui donnait pleine satisfaction, le consommateur lui était en général fidèle. Il suffisait dans ces conditions de concevoir une offre commerciale en maximisant les deux éléments utilisés pour son appréciation de la valeur du bien ou du service concerné, et sans en être totalement assuré, on avait néanmoins de grandes chances de parvenir à obtenir sa fidélité. De nombreux chercheurs en marketing comme Robert Woodruff, Ernest Cadotte, Roger Jenkins et Christian Grönroos ont cependant soulevé plusieurs limites quant aux modalités de formation de la satisfaction et aux innombrables modèles développés pour comprendre son mode de formation optimal. En 2002, dans une approche très pédagogique et enfin salvatrice, Joëlle Vanhamme rappelait que les antécédents de la satisfaction spécifique à une transaction appartiennent à deux groupes de variables (graphique n° 3). Elle concluait son analyse en profondeur de la satisfaction et des principaux travaux de référence à son sujet, sur un constat des plus justes. Il serait « plus judicieux, d'une part, d'essayer de déterminer les conditions et limites d'application des différents modèles mis au jour et, d'autre part, d'envisager le recours à des modèles de formation de la satisfaction multi-standards plutôt que de s'astreindre à identifier LE meilleur modèle. »

Graphique 3

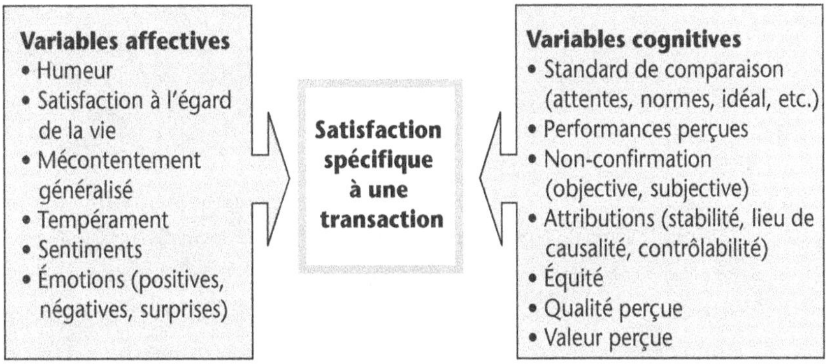

Variables affectives		Variables cognitives
• Humeur • Satisfaction à l'égard de la vie • Mécontentement généralisé • Tempérament • Sentiments • Émotions (positives, négatives, surprises)	**Satisfaction spécifique à une transaction**	• Standard de comparaison (attentes, normes, idéal, etc.) • Performances perçues • Non-confirmation (objective, subjective) • Attributions (stabilité, lieu de causalité, contrôlabilité) • Équité • Qualité perçue • Valeur perçue

D'après Joëlle Vanhamme, « La satisfaction des consommateurs spécifique à une transaction : définition, antécédent, mesures et modes », *Recherche et Applications en Marketing* Volume 17, numéro 2, 2002, pp. 55-85.

Une stratégie de fidélisation qui reposerait aujourd'hui simplement sur la consommation répétée, induite par la satisfaction, rencontrerait inévitablement des limites. En 1997, Sylvie Llosa a proposé un modèle tétra-classe offrant la possibilité de réaliser une analyse de la contribution des éléments de service à la satisfaction. Il permettait notamment de prendre clairement conscience du fait que tous les éléments contribuant à la satisfaction globale du consommateur n'ont pas le même poids. Que si certains de ces éléments sont relativement stables, d'autres, en revanche, fluctuent et sont intimement liés au niveau de performance perçu par le consommateur. Aujourd'hui, l'entreprise qui souhaite obtenir cette fidélité de ses consommateurs/clients, doit considérer dans un premier temps que ses critères d'appréciation se sont multipliés et diversifiés. De plus, seule une action cohérente et simultanée sur l'ensemble de ces facteurs permettra désormais de maximiser la satisfaction de l'intéressé, et de générer alors un terrain favorable à la fidélisation sans pour autant cependant, que celle-ci puisse être systématiquement générée. Cette situation est obtenue tant par le biais des traditionnels avantages promotionnels, que par celui d'une approche plus émotionnelle de la marque.

« Le consommateur de produit alimentaire ou de tout autre produit de grande consommation de demain consommera moins en quantité, mais davantage en qualité et certainement en valeur, à condition que ce prix se justifie en plus en nutrition, santé, plaisir, service ou toute autre demande profonde de l'utilisateur. Notre organisation exemplaire entre le marketing, la recherche et le développement permet un réel travail d'équipe en amont » expliquait Patrick Barthe, alors président-directeur général d'Unilever France.

Les thuriféraires de la promotion n'hésiteront pas à mettre en avant des exemples charismatiques voire exotiques pour justifier leur stratégie, expliquant par exemple que ce qui fait le succès du grand distributeur Metro à Shanghai, c'est tout simplement sa politique promotionnelle très développée, à savoir des actions systématiques toutes les deux semaines et portées à là connaissance de ses quelque 100 000 clients-membres. Dont acte, honorable penseur ! La Chine est un territoire bien particulier, et il est bien connu que les Chinois sont très attentifs à la variable prix. Le consommateur occidental, si toutefois il existe, est en général quelque peu différent.

Gardons-nous par conséquent de faire ici des conclusions quelque peu hâtives et qui risqueraient de nous mener vers des solutions standard, qui ne trouveraient en définitive aucune application concrète valable. En revanche, on peut cependant résumer en 12 points principaux (graphique 4), l'ensemble de ces facteurs que le consommateur/client va combiner pour effectuer son jugement, et que l'entreprise devra considérer pour construire sa stratégie de fidélisation. Encore une fois, la liste n'est pas exhaustive, mais elle constitue déjà une appréciable base minimum.

Graphique 4 :
Les 12 facteurs du jugement du consommateur[1]

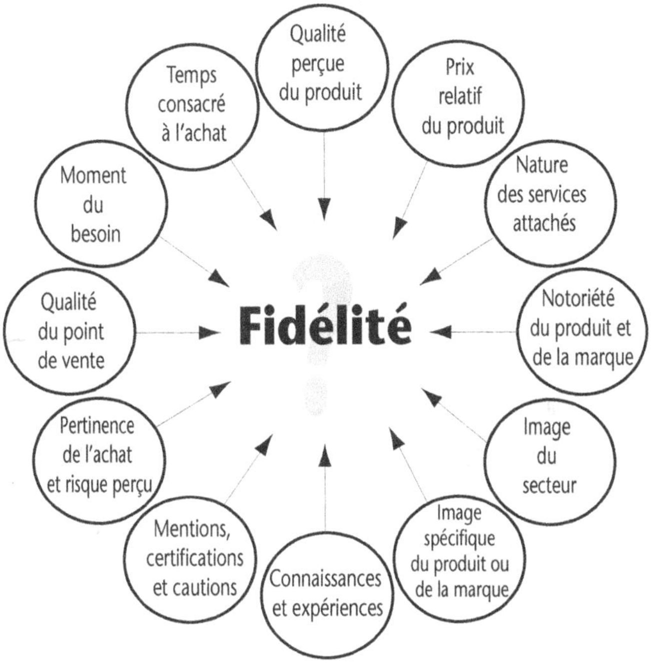

1. D'après *Le marketing interactif*, Éditions d'Organisation, Paris (1996).

1 : *Qualité perçue du produit*

La qualité objective et subjective du bien ou du service considéré est toujours à la base de l'évaluation, mais le consommateur a changé. Il est plus au fait des indices révélateurs d'une bonne ou d'une mauvaise qualité. Des indicateurs officiels sont parfois disponibles. En matière de stratégie de fidélisation, la personnalisation fait aujourd'hui l'objet d'une attention particulière, notamment chez les praticiens du marketing. La qualité perçue d'un mailing se joue déjà au niveau de l'enveloppe. On sait parfaitement aujourd'hui qu'une enveloppe à fenêtre a une connotation administrative forte qui peut être très négative. Lorsque American Express recrute des porteurs potentiels de sa Gold

Card parmi les détenteurs de la carte verte, il leur adresse un courrier dont la bonne qualité du papier de l'enveloppe doit être perçue, de même que l'adresse utilisant une police de caractère « manuscrit » et l'affranchissement à l'aide d'un timbre collection correctement apposé.

2 : Prix relatif du produit

Le prix n'est plus considéré dans l'absolu. On l'apprécie désormais en termes de perte/gain de pouvoir d'achat, de facilités de paiement ou tout simplement à l'aide d'une analyse comparative avec les prix proposés par la concurrence. Les travaux publiés en 2001 par Anna Mattila démontrent que lorsqu'un vrai lien relationnel a pu être tissé entre la marque et le client, celui-ci devient moins sensible au prix. Cette étude confirmait par ailleurs, qu'un avantage *non*-financier pouvait avoir un impact plus important sur les clients valorisés, qu'une simple et classique réduction de prix.

3 : Nature des services attachés

L'évaluation de la proposition commerciale ne se borne plus au seul produit. Le consommateur a appris à apprécier la valeur des services liés au bien ou au service : rapidité d'obtention, sur-mesure, conseil individualisé, livraison, installation, service après-vente… Il sait, la plupart du temps, les valoriser objectivement ou subjectivement pour mieux apprécier, au-delà du prix proposé, la valeur globale du bien.

4 : Notoriété [1] du produit et de la marque

On considérera ici bien sûr la notoriété du produit lui-même, mais surtout celle de la marque et/ou du nom de l'entreprise (ou du groupe). C'est le pouvoir du qui sur le quoi. On comprend alors aisément le rôle important que peut jouer la communication institutionnelle, pour faire connaître l'entreprise, et favoriser un processus de fidélisation.

© Éditions d'organisation

---

1. La notoriété doit ici être appréciée dans son sens marketing, ce qui signifie qu'elle ne représente qu'un niveau de connaissance du produit, de l'entreprise.

5 : Image du secteur

Des études d'image sectorielle complémentaires doivent permettre de percevoir le jugement de valeur des consommateurs/clients à l'égard de la catégorie de produits et/ou à l'égard des professionnels du secteur concerné. À la fin des années 1990, la cigarette n'était plus un produit facile à vendre en occident, *a fortiori* aux États-Unis, où en plus du durcissement de la réglementation, différents procès en série avaient permis de démontrer clairement que des fabricants s'étaient livrés à des manipulations du produit, pour le rendre plus propice à l'accoutumance, en dépit de ses dangers. Une certaine méfiance d'une partie de la cible s'était alors développée. La marque Winston saisit la balle au bond et installa sa cigarette sur un nouveau positionnement : « Pas d'additifs, 100 % tabac, goût pur » afin de conserver ses consommateurs. Dans un marché en repli régulier, la marque enregistra un gain de 3 % en volume sur le seul premier trimestre de 1998.

6 : Image spécifique du produit et de la marque

On considérera ici l'image spécifique du produit, de la marque et/ou de l'entreprise. Au-delà de la simple notoriété, la communication institutionnelle devra se faire l'écho de toutes les décisions et actions de l'entreprise susceptibles de valoriser son image auprès de son public. Depuis quelque temps, le « jeanneur » français Ober développe sa stratégie de marque avec le recrutement d'un nouveau styliste et le lancement de nouvelles références destinées aux 15-25 ans. Le but n'est pas tant de dépasser le succès du jean classique cinq poches qui contribua à faire de Ober le numéro trois français, que de lui permettre de fidéliser ses clients sur sa marque et ainsi d'éviter la dépendance vis-à-vis de la grande distribution et ses négociations sur le prix parfois redoutables.

7 : Connaissances et expériences

Compte tenu de la prudence qui le caractérise, le consommateur/client va désormais associer à ses sources d'information traditionnelles, des sources personnelles et/ou issues du bouche à oreille, de même que ses expériences passées, au sujet du produit et/ou de la marque. Gatorade est une boisson énergétique appréciée de nombreux sportifs américains. Mais fin des années 1990, le constat fut fait que la boisson était extrêmement bien implantée dans des disciplines sportives collectives, alors qu'elle était ignorée de l'adolescent. Afin de mettre à profit la notoriété de la marque, tout en attaquant ce segment de marché, Gatorade opta pour l'extension de gamme tout en veillant à ne pas subir de cannibalisme commercial. Gatorade Frost fut ainsi lancée avec un nom emprunté mais avec packaging différent. En 2003, Line Lervik Olsen et Michael Johnson ont confirmé que la fidélité d'un consommateur puisait sa source non pas dans la satisfaction de son dernier achat, mais dans le cumul de toutes ses expériences passées.

8 : *Mentions, certifications, et autres cautions du produit*

La caution d'un organisme indépendant reconnu (public ou privé), les prix et autres distinctions (ex : *élu produit de l'année par des consommateurs, trophée du meilleur produit de son secteur...*), les tests et les classements favorables de la part d'une association consumériste ou d'un support de presse reconnu sont autant de facteurs supplémentaires permettant de rassurer le consommateur et de le conforter dans son choix. Conscient de l'importance croissante de l'éthique chez le consommateur occidental moyen, de nombreuses entreprises développent des programmes et des actions destinées à valoriser leur image et à obtenir des certifications, symbole de garantie pour le consommateur. En France, le distributeur Carrefour a ainsi travaillé en concertation avec le WWF, afin d'encourager ses fournisseurs papetiers à solliciter le label FSC[1] pour leurs produits.

---

1. Né en 1993, le FSC (*Forest Stewardship Council*) est une organisation non gouvernementale multipartite constituée en 1993, dans le but de définir des critères de gestion intelligente des forêts. La démarche était particulièrement courageuse de la part de l'enseigne de la distribution, dès lors que ce label est encore aujourd'hui souvent contesté en Europe, où les professionnels de six pays (France, Finlande, Allemagne, Norvège, Autriche et Suède) ont développé leur propre label PEFC (*Pan European Forest Certification System*) censé être plus adapté à la spécificité des forêts européennes...

9 : Pertinence de l'achat et risque perçu

On retrouve ici la notion très importante de risque perçu. Lors de sa prise de décision, le consommateur est en général confronté à une incertitude sur la pertinence et le bien-fondé de son choix. La puissance de ce risque perçu peut même, dans certains cas, le conduire à renoncer à la décision d'achat, tant le sentiment de danger lui semble important. Dès 1960, Raymond Bauer proposa quatre composantes de ce risque perçu : le risque physique, le risque financier, le risque de perte de temps et le risque psychologique. Ces quatre facettes devront être considérées simultanément pour s'assurer le choix d'un consommateur rasséréné.

« Chaque situation de choix implique toujours deux aspects du risque : l'incertitude du revenu et l'incertitude des conséquences. L'incertitude à propos du revenu peut être réduite en obtenant et en « maniant » l'information. L'incertitude au sujet des conséquences peut être gérée en limitant les conséquences par le biais d'une réduction de leur nombre ou en différant le choix. Lors d'un choix, le risque peut être interprété en termes de perte potentielle. La perte peut apparaître sous une forme psycho-sociale ou sous une forme économico-fonctionnelle ou encore comme une combinaison des deux » analysait en 1974 le professeur James Taylor, dans un article paru dans la revue Journal of Marketing.

10 : Qualité du point de vente

Sont regroupés sous cette notion de nombreux facteurs qui vont toujours inter-agir sur la décision du consommateur/client : les locaux, l'environnement, l'accessibilité, les heures d'ouverture, le choix offert, l'accueil et la disponibilité du personnel, la connaissance préalable du vendeur… Ce qui implique une sélection minutieuse de la part du producteur. Il n'est d'ailleurs plus rare désormais que certains d'entre eux franchissent le pas et organisent leur propre réseau de distribution afin de s'assurer que le produit arrive dans de bonnes conditions, dans les bonnes mains, au bon prix, générant ainsi la bonne marge. Certes, on ne s'improvise pas toujours distributeur avec succès mais, dans certains cas, la greffe prend bien et le retour sur investissement est à la hauteur des espérances.

11 : *Moment du besoin*

Le moment et les conditions d'apparition du besoin (s'agit-il d'un achat raisonné ou simplement d'un achat d'impulsion, le consommateur répond-il à une offre promotionnelle ou à une opération de vente assortie d'une durée limitée…) font partie des facteurs aisément appréhendables par l'entreprise. De nombreuses enseignes de la distribution élargissent aujourd'hui leurs horaires d'ouverture dans le simple but d'offrir aux consommateurs la possibilité de consommer.

12 : *Temps consacré à l'achat*

Le temps consacré à l'achat (vente à distance, priorité d'accès, possibilité d'achats couplés avec d'autres activités…) est désormais l'un des facteurs les plus importants aux yeux du consommateur/acheteur. Il n'est plus disposé à perdre de temps ou plus exactement, la diversité de l'offre concurrentielle et celle des modes de commercialisation lui permettent de sélectionner son interlocuteur, notamment sur ce critère du temps.

Certes, le consommateur lambda ne considérera pas nécessairement tous ces critères systématiquement et/ou simultanément lors de la formation de son choix. En revanche, le praticien se doit, lui, de considérer qu'il s'agit là de la palette minimum de facteurs aisément à la portée du consommateur, et qu'ils doivent de ce fait être pris en considération pour l'élaboration de la stratégie de fidélisation. Bien entendu, ce problème des critères retenus par le consommateur se pose également pour le distributeur en quête de la fidélité de ses clients.

En 1995, Lucie Sirieix et Pierre Valette-Florence démontraient l'influence de la recherche de variété en matière de fidélisation au point de vente. Leurs travaux révélaient que « le distributeur peut tenter d'augmenter la fidélité des consommateurs en agissant sur les variables susceptibles de diminuer la recherche de variété des consommateurs. » Et Lucie Sirieix et Pierre Valette-Florence concluent que : « Les responsables de magasins pourraient donc, afin de fidéliser leur clientèle, privilégier leur différenciation en mettant en valeur dans leurs actions de communication la spécificité des magasins correspondant à leur formule de vente et en sachant conférer une forte valeur de signe à la fréquentation de leur magasin. Celui-ci ne serait ainsi pas un magasin d'interception drainant sa clientèle du flux de circulation, mais un magasin de destination, constituant par lui-même un objectif de déplacement pour les consommateurs, et ayant une plus forte capacité de fidélisation » faisant ainsi référence au livre sur le marketing dans le commerce de détail de Joël Jallais, Jacques Orsoni et André Fady.

Au vu de cette évolution, on comprend que la démarche marketing ait, elle aussi, évolué. Mais ce constat n'a en définitive rien de surprenant, car n'est-ce pas, après tout, la qualité majeure du marketing que d'être en mesure de s'adapter en permanence à son environnement ?

L'évolution corollaire de la démarche marketing

Le marketing de masse est désormais réservé à quelques rares produits de grande consommation, pour lesquels on assiste le plus souvent davantage à une fidélité à la catégorie de produits qu'à une marque particulière. La raison de ce constat est simple. Le « consommateur moyen » tant recherché hier n'existe plus réellement aujourd'hui. Certes, de nouvelles tendances favorables à l'éthique, au développement durable, à la rationalité, à la prudence, voire à la méfiance, peuvent être isolées chez un certain nombre de consommateurs. En revanche, les modalités d'apparition de même que l'intensité chez chaque individu diffèrent tellement, qu'elles ne permettent plus de les réunir en vastes ensembles stables, clairement définis et localisables avec précision comme par le passé.

Le positionnement, arme absolue du marketing hier encore, est de plus en plus difficile à déterminer avec précision aujourd'hui, tant de multiples micro-groupes temporaires peuvent/doivent être identifiés, isolés, décodés. Percevoir les baby-boomers déçus, les consommateurs activistes de telle ou telle ethnie, les femmes actives célibataires, les nouveaux retraités dynamiques, les jeunes de la génération X ou Y... est souvent déjà délicat, mais c'est également désormais insuffisant. À l'intérieur de ces groupes, de ces segments, se trouvent d'autres profils réunissant une multitude d'individus aux attitudes, aux attentes, aux comportements parfois complètement différents. Partir en quête du plus petit commun dénominateur pour le plus grand nombre de consommateurs aboutit alors souvent à une formulation sans identité du produit. La définition d'un positionnement clair devient alors rapidement un objectif souvent hors d'atteinte.

Un marketing direct inscrit dans une stratégie à long terme

Compte tenu de ses supports de prédilection (catalogue, mailing, coupon-réponse, bus-mailing, téléphone...), le marketing direct représente un ensemble de techniques naturellement propices à cette évolution du marketing et à la diversification des cibles. Toutefois, le marketing direct ne doit plus avoir ici pour objectif premier la simple vente du produit au plus grand nombre. Le marketing direct doit être désormais l'occasion de construire une relation personnalisée pérenne avec un consommateur préalablement parfaitement identifié. Il doit contribuer à l'amélioration, au fil du temps, de la connaissance des caractéristiques de ce consommateur, en permettant d'enrichir au fur et à mesure la base de données de l'entreprise ou du service utilisateur.

Il doit, dans ces conditions, s'adapter pour passer d'une optique généraliste à court terme à une optique individualisée à long terme. Rien d'étonnant alors au fait que l'on ait vu se développer ces dernières années les études qualitatives en parallèle des classiques études quantitatives. Rien d'étonnant non plus au fait que depuis quelque temps, les leaders de l'étude du comportement du consommateur que sont AC Nielsen, Cognizant corp., Kantar group ou Taylor Nelson Sofres, soient de plus en plus sollicités par leurs clients pour réaliser des études stratégiques de fonds plutôt que de traditionnelles études tactiques. Le consommateur est désormais plus versatile, plus insaisissable ? Dont acte ! L'objectif de la recherche marketing ne doit plus se contenter de décrire. Aussi précisément qu'elle ait pu le faire jusqu'à présent, ce n'est plus suffisant, le recours à une société d'études doit désormais pouvoir permettre de répondre également le plus clairement possible aux questions : « Pourquoi ? » et « Comment ? »

Il suffit d'observer les sondages au sujet de l'image des hommes politiques dont certains médias, inconscients de leur propre malaise, se repaissent de semaine en semaine. Il n'est pas rare de voir l'opinion sur un homme politique chuter brutalement de 10 points voire plus, ou au contraire d'augmenter de 10 points ou plus d'une semaine à l'autre. Mais bien loin de s'étonner d'une si soudaine versatilité apparente de l'opinion publique, ces mêmes médias commentent telle ou telle évolution sans hésiter à se contredire la semaine suivante. En développant un marketing plus sociologique et en investissant dans une étude qualitative plus sophistiquée de panels de consommateurs, le marketing tente d'échapper au constat éphémère, pour construire une stratégie la plus pérenne possible. L'approche quantitative ne doit pas être banie, mais la description qu'elle offre demeure parfois bien incertaine. Il est temps de redécouvrir une approche qualitative complémentaire et rigoureuse, afin de comprendre ce qui motive le consommateur dans son comportement. La performance n'a d'intérêt réel que si elle est durable. *A fortiori* lorsque l'on s'attache à développer une stratégie de fidélisation pour ce consommateur instable.

John O'Malley rappelle que « la satisfaction des consommateurs est un marathon et pas un sprint. Son obtention découle en définitive d'une démarche marketing rigoureuse. » Et le président du cabinet américain Strategic Vision de rappeler les dix étapes qui, selon lui, mènent à cette satisfaction recherchée du consommateur. On comprend dans ces conditions que toutes les données recueillies à propos du consommateur, de son attitude et de son comportement puissent faire l'objet d'une étude méticuleuse. Les classiques variables R.F.M. peuvent ainsi devenir de formidables armes stratégiques, même si aujourd'hui encore, bon nombre d'entreprises n'en perçoivent pas encore totalement la puissance. Pourtant, dans ce contexte, le mailing de masse apparaît désormais souvent comme un vestige du passé. Un bon système de gestion de base de données rendra à présent possible le fait de connaître suffisamment de spécificités du destinataire pour personnaliser à l'extrême le contact ; autrement que par la simple substitution du champ « nom » par le patronyme dudit destinataire. Cette connaissance plus précise du consommateur permettra de modifier non seulement la forme, mais également le contenu de ce mailing, et principalement la nature et les caractéristiques du produit en faisant l'objet.

Tableau 5 :
La satisfaction des consommateurs en 10 étapes

① Extraire l'information à propos des styles de vie, des comportements et des cultures des consommateurs.

② Assimiler les informations au sujet des consommateurs afin de déterminer les caractéristiques communes.

③ Déterminer avec précision les souhaits des consommateurs, leurs besoins, leurs perceptions.

④ Définir les souhaits, besoins et perceptions des consommateurs en termes de produits et services qui les aident à s'aider eux-mêmes.

⑤ Développer les produits et les services comme définis par les consommateurs.

⑥ Proposer les produits et services développés d'après une orientation et une perspective consommateurs.

⑦ Satisfaire les consommateurs par le niveau de la proposition et le service.

⑧ Découvrir de nouvelles et meilleures manières de satisfaire les consommateurs en répondant à leurs besoins et en dépassant leurs attentes.

⑨ Allouer suffisamment de ressources et de support de gestion pour faire la différence.

⑩ Faire diligence : revenir continuellement sur chacune des étapes de manière à s'assurer que l'on n'est jamais satisfait avec la satisfaction de ses consommateurs.

D'après le cabinet Strategic Vision, Birmingham, Ala, États-Unis.

« Nous savons beaucoup de choses au sujet de nos clients : qui ils sont, où ils font leurs achats, ce qu'ils aiment et ce qu'ils n'aiment pas. Nous rendons leur vie plus facile avec cette information, et nous pouvons à leur demande procurer aux annonceurs les groupes très ciblés qu'ils veulent atteindre avec des propositions irrésistibles » observe Marcos Rada chez American Express. Et *American Express exploite ainsi les caractéristiques des achats de ces clients porteurs de la carte pour en déduire leurs centres d'intérêt et leur adresser des offres promotionnelles ciblées, jointes à chaque relevé de compte.*

La mixité des compétences pour de réelles synergies

Développer des études permettant de mieux comprendre le consommateur, de découvrir ses attentes et dans le meilleur des cas de pouvoir les anticiper est une chose. Concevoir et développer un produit en conséquences en est une autre. Bien des idées mises en avant par le marketing ne peuvent être réalisées techniquement ou peuvent parfois l'être, mais avec un coût complètement prohibitif. Pourtant la solution est connue par la majorité des professionnels. Des entreprises comme 3M pratiquent la démarche avec succès depuis des années.

Toutefois, bien connue de tous, la solution n'est pas toujours facile à mettre en application sur le terrain objectif est pourtant simple *a priori* : constituer des équipes multi-disciplinaires afin de concevoir et développer de nouveaux produits qui passent simultanément au travers des filtres marketing, technique et financier.

Le cas Kellogg's

Kellogg's est une marque connue pour ses céréales dans le monde entier. Pourtant dans les dernières années du XXe siècle, Kellogg's a vu ses résultats diminuer et ses parts de marché s'effriter. La dernière innovation à succès de l'entreprise, Pop-Tarts, datait en fait de 1964. Certes, tous les consommateurs de céréales avaient en tête les célèbres Toasted Corn Flakes (développés en 1912), les Bran Flakes (1932) et le All-Bran (1944), sans oublier les Frosted Flakes (1952). Autant d'innovations à succès qui de surcroît ont su évoluer depuis.

En fait, à son arrivée à la tête de l'entreprise en 1999, le nouveau PDG, Carlos Gutierrez, prit rapidement conscience que la stratégie de l'entreprise reposait exclusivement sur une démarche marketing dont les travaux n'avaient pas tous porté leurs fruits. Pire, dans certains cas, des innovations à fort potentiel comme Heartwise lancé en 1989 furent stoppées net par les autorités qui exigèrent un changement de nom après lancement. En fait, elles n'avaient pas été consultées alors que le produit revendiquait un positionnement santé en tant que réducteur de cholestérol. Relancé néanmoins sous le nom Fiberwise, le produit subit une trop importante publicité négative pour survivre et dut être retiré du marché en 1993. La nouvelle direction mise en place en 1999 elle-même le reconnaît, leader incontesté, Kellogg's était sans doute devenu trop sûr de lui et même arrogant dirent certains, à l'égard de ses partenaires, qui ne manquèrent pas l'occasion de laisser chuter l'entreprise, lorsque l'opportunité se présenta.

Désormais plus humble, Kellogg's a remanié l'ensemble de sa stratégie au profit d'une diversification de la production et d'une plus grande concertation avec ses partenaires. Lorsque la nouvelle gamme Ensemble fut lancée, clairement positionnée sur une argumentation santé, la Food and Drug Administration (équivalent américain de la DGCCRF) fut sollicitée bien avant que les premiers produits ne soient référencés par les distributeurs, afin d'éviter de répéter l'erreur Heartwise. Plus important encore, sans renier l'apport du marketing, Kellogg's lui associe désormais davantage de créativité et surtout une mixité des équipes réunissant des spécialistes du marketing, des techniciens de l'alimentation et des ingénieurs. Et la réflexion porte sur toutes les caractéristiques du produit. Tant au niveau des céréales, que du packaging, que de la communication, toutes les bonnes idées sont sollicitées et étudiées par l'équipe. En agissant ainsi, Kellogg's a tout simplement compris que quelle que soit la qualité de son produit et la satisfaction qu'il procure, le consommateur moderne a un profond besoin de nouveautés, pour varier ses plaisirs. Et s'il ne trouve pas ces nouvelles sources de plaisirs chez sa marque habituelle, sa relation de confiance avec elle s'érode et la tentation d'essayer de nouvelles marques devient vite irrésistible.

© Éditions d'organisation

Parmi les règles de base, celle qui semble le plus souvent négligée est sans doute la simplicité.

Le programme de fidélisation est alors très élaboré. Sophistiqué au point que le nombre de catégories de clients considérées excède largement les quatre grandes classes retenues habituellement dans la pyramide de la fidélité (voir schéma page 194). Le consommateur se perd alors le plus souvent très rapidement dans les conditions d'utilisation de ses avantages et privilèges et finit par y renoncer avec plus ou moins d'amertume. En fait, si l'on entend respecter une vraie démarche marketing lors de la conception et de la poursuite d'une stratégie de fidélisation, il est des enseignements essentiels, qu'il convient de prendre en compte, au risque de développer des outils et des processus qui ne répondront pas particulièrement bien aux besoins identifiés de l'entreprise.

Pour aller plus loin et approfondir les thèmes et sujets traités dans cette section, le lecteur pourra notamment se reporter aux ouvrages proposés ci-après.

- Brown Stanley A., *Customer Relationship Management*, Éditions Wiley, Éditions Wiley & Sons / PriceWaterHouseCoopers, Chichester, Grande-Bretagne (2000).

- Détrie Philippe, *Les réclamations clients*, Éditions d'Organisation, Paris (2001)

- Foss Bryan, Merlin Stone et Neil Woodcock, *The customer management scorecard: managing CRM for profit*, Éditions Kogan Page, Londres, Grande-Bretagne (2002).

- Goyhenetche Michel, *Le marketing de la valeur : Créer de la valeur pour le client*, Éditions Insep, Paris (1999).

- Hallberg Garth, *All consumers are not created equal : the Differential Marketing strategy for brand loyalty and profits*, Éditions John Wiley & Sons, Chichester, Grande-Bretagne (1995).

- Harrison Jeffrey, *Strategic mangement of resources and relationships*, Éditions Wiley & Sons, Chichester, Grande-Bretagne (2002).

- Hermel Laurent et Albert Louppe, *Évaluation du capital client*, Éditions Afnor, Paris (2002).

- Hill Nigel et Jim Alexander, *Handbook of customer satisfaction and loyalty measurement*, 2e édition, Éditions Gower Publishing Ltd, Adelshot, Grande-Bretagne (2000).

- Johnson Michael D. et Anders Gustafsson, *Improving Customer Satisfaction, Loyalty, and Profit : An Integrated Measurement and Management System*, Éditions Josseay-Bass, San Francisco, CA, États-Unis (2000).

- Lasserre Line et Bernard Legrand, *CRM : La relation client vue par le client*, Éditions VMP-Echos, Paris (2002).

- Netter Olivier et Nigel Hill, *Satisfaction client : de la conquête à la fidélisation*, Éditions Eska, Paris (2000).

- Williams Martin, *Interactive marketing : building customer loyalty*, Editions Prentice Hall, Éditions Prentice Hall, Hemel Hempstead, Grande-Bretagne (1998).

- Zaltman Gerald, *How customers think : Essential insights into the mind of the market*, Éditions Harvard Business School Press, Boston, MA, États-Unis (2003).

☙ Avis d'expert : Yaëlle COHEN

Responsable Marketing, Alcea
http://www.r-town.com

Quelle est pour vous la définition de la fidélisation client aujourd'hui ?

La fidélisation est aujourd'hui une stratégie à long terme, nécessaire à toutes les entreprises et visant à renforcer et développer une relation déjà privilégiée avec ces clients les plus fidèles, qui sont aussi les plus rentables.

Un consommateur fidèle est un atout précieux, de nombreuses entreprises recentrent leur stratégie sur la réactivité de leurs clients en créant des bases de données complètes permettant de développer des offres sur mesure et par là, de satisfaire des personnes qui seront *a posteriori* plus disposées à accepter une nouvelle offre, plus fréquemment…

Investir sur certains clients n'est pas un phénomène nouveau et cela coûte souvent moins cher à une entreprise que d'attirer de nouveaux consommateurs. Ainsi, une clientèle fidèle devient vite un avantage concurrentiel qui récompense l'entreprise par une rentabilité accrue.

La démarche fidélisatrice des entreprises a beaucoup évolué ces dernières années. Pour quelles raisons selon vous ? Pourquoi une telle prise en compte aujourd'hui ?

La démarche fidélisatrice des entreprises a beaucoup évolué car les valeurs du consommateur elles-mêmes ont profondément changé. Tandis que certains marchés arrivent à maturité, la mondialisation a permis à d'autres secteurs de développer leur offre. La concurrence corollaire a alors multiplié les possibilités de choix pour les consommateurs. Ces derniers réagissent en faisant plus attention aux prix, aux services et sont par conséquent incités à être moins fidèles.

L'alternative pour les entreprises est donc évidente. Il faut mener toutes les actions possibles pour fidéliser cette clientèle volage, à travers une offre qui soit en permanence différente, innovante et référente. Dans ces conditions, la fidélisation peut même devenir un des enjeux majeurs de la stratégie marketing des entreprises et un outil de chiffre d'affaires incomparable, lorsque la donne géopolitique change brusquement. On peut citer à titre d'exemple, le fait qu'en 2003, la plupart des grands magasins parisiens ont mis en place en urgence un programme de promotion et d'information <u>à l'égard de leurs clients fidèles</u> « porteurs de leur carte, » pour tenter de limiter la baisse de fréquentation due à la guerre en Irak.

Quel peut être alors, selon vous, le rôle de la confiance dans le cadre d'une stratégie de fidélisation ?

La confiance est le point de départ d'une stratégie de fidélisation. Le consommateur d'aujourd'hui n'a plus confiance en rien. Tout l'y incite : crise de la vache folle avec la remise en cause de toute la chaîne alimentaire qu'elle a causée ; le scandale de l'ARC, avec l'opprobre jeté sur le monde associatif caritatif en général à cause de ce détournement de fond ; l'Erika, avec la confirmation ou une prise de conscience des actions néfastes que l'homme pouvait avoir sur l'environnement… Alors oui, ce consommateur a besoin d'être rassuré.

Attirer le client par une offre promotionnelle est une méthode applicable par tous, son effet peut être fort et immédiat, mais il ne sera pas forcément durable. La fidélité ne se monnaie pas, elle se gagne en gagnant la confiance de son consommateur, en lui démontrant que l'on connaît ses besoins et ses envies au bon moment et que l'on est capable d'y répondre avec des produits et des services à la hauteur de ses attentes. S'assurer une relation à long terme, c'est construire un avenir.

Resserrer ces liens est obligatoire, mais cela doit s'inscrire dans une stratégie à long terme, le client doit impérativement comprendre l'intérêt qu'il a, à rester fidèle à tous moments. Les méthodes qui seront mises en œuvres pour développer ces liens seront un moyen de familiariser le client au système de l'entreprise. Ainsi, les clients Mac sont fidèles à un système spécifique à l'heure où la mondialisation appelle à l'uniformisation. Apple a su répondre à leurs attentes, leurs besoins, de manière différente et innovante, de manière référente. Dans ces conditions, le consommateur sera moins attiré par la concurrence et sera plus apte à informer l'entreprise en cas de déception. Ce feed-back permettra de réagir instantanément, pour le rassurer et préserver cet équilibre toujours instable de la relation existant entre lui et l'entreprise.

Mais lorsque, comme vous, on a la responsabilité de plusieurs marques qui peuvent parfois être en concurrence, n'est-ce pas difficile voire impossible de poursuivre un objectif de fidélisation ?

Pour être efficace, la fidélisation doit être aujourd'hui perçue sous l'angle de la personnalisation. Cette personnalisation est primordiale pour le client et nécessaire à chaque marque d'un même groupe. Une fidélisation réussie est une fidélisation qui repose sur une connaissance minutieuse de sa clientèle et de ses attentes, afin de leur offrir la bonne marque au bon moment. Gérer la fidélisation de plusieurs marques n'est pas l'exercice le plus difficile, lorsque les marques ne sont pas sur le même segment. *A contrario* des marques qui s'adresseraient au même consommateur vont forcément nécessiter une recherche plus poussée des spécificités de la clientèle et des produits, afin de construire des programmes de fidélisation complémentaires et non pas concurrents. C'est sans doute l'étape la plus difficile, car même au sein de l'entreprise cette coordination inter-programme peut être très difficile. Mais c'est la seule solution si l'on veut pouvoir être cohérent. Les consommateurs modernes ont bien compris le « jeu » des programmes de fidélisation. Ils n'hésiteront à aller au plus offrant ou pire à butiner d'un programme à l'autre, si au sein d'une même entreprise, d'un même groupe, ceux-ci entrent en concurrence.

Aujourd'hui, de nombreux groupes ont une stratégie de fidélisation inter-enseignes comme notamment PPR avec Conforama, Fnac, Printemps … C'est indéniablement une force, car le client pour un même produit choisira peut être une enseigne différente, mais il restera dans le groupe. Et c'est bien là l'essentiel. La puissance de programmes comme ceux de Star Alliance ou Skyteam dans le monde de l'aérien est révélateur. Les compagnies aériennes se regroupent toutes, afin de recruter ensemble des clients à travers un système de points, mailing, partage de codes… Et cela, malgré une présence parfois simultanée de compagnies sur les mêmes destinations.

Quelles sont les limites d'une stratégie de fidélisation aujourd'hui ? Comment peut-on les gérer ?

« Trop de fidélisation tue la fidélisation. » À trop vouloir en faire ou à le faire bien mal, les entreprises peuvent amener les consommateurs à se lasser des systèmes de fidélisation qui, pour eux, sont « tous les mêmes » (multiplicité des cartes de fidélité, mailing trop répétés et pas assez ciblés…). Il faut savoir répondre aux besoins du client sans dépasser ses attentes. Là encore pour être au-delà d'une classique surenchère permanente, il s'agit de miser sur une réelle proximité, offrir des services utiles mais également moins onéreux pour l'entreprise et difficilement évaluables par le consommateur, et enfin être extrêmement percutant dans la communication de l'offre.

La meilleure parade est naturellement d'être toujours le plus fort et de tenir compte de tous les moyens à disposition. Les concurrents pourront toujours suivre votre stratégie, mais celle-ci n'aura pas le même effet présentée avec votre marque et avec la leur. La fidélisation se mesure <u>obligatoirement à travers la valeur de la marque qu'elle supporte</u>. Une marque forte aura une capacité à attirer des consommateurs et à les conserver plus facilement. Évaluer le capital marque passe aujourd'hui par deux grandes étapes :

1. Mesurer la fidélité à la marque à travers des statistiques de ventes basés sur des historiques.

2. Évaluer l'attitude du consommateur à l'égard de la marque.

Combiner ces deux notions permet de mettre en exergue la fidélité à une marque, comme l'expression systématique d'une préférence. Mais cette préférence n'est-elle pas influençable ? Mettre le consommateur au cœur de nos préoccupations, c'est nous obliger à le fidéliser naturellement, c'est l'influencer au bon moment, avec le bon produit et le bon prix.

Les enseignements essentiels

Bon nombre de programmes de fidélisation exploités par l'industrie hôtelière pourraient encore aujourd'hui répondre présent à une telle définition, dès lors qu'à l'évidence, ils ne répondaient pas, dès leur conception, à la philosophie EPL. Si les conditions d'accumulation de points ou substituts sont en général très claires, celles concernant leur consommation le sont beaucoup moins : période interdite, conditions de réservation draconiennes, service limité, différences d'une enseigne à l'autre au sein d'un même groupe…

Le cas Starwood

En 1998, l'un des leaders du secteur, le groupe américain Starwood prit pleinement conscience de ce problème et décida de remettre à plat l'ensemble de ses programmes, afin de simplifier la vie de son client fidèle. À l'occasion du lancement du programme Starwood Preferred Guest en février 1999, Starwood décida d'introduire plus d'harmonie entre ses différentes enseignes (Sheraton, Westin Hotels & Resorts, Four Points, Caesars, The Luxury Collection, St Regis, ...), davantage de souplesse pour l'utilisation des points. Dans le fond, les « starpoints » ne seraient désormais plus pénalisés par une durée minimum d'utilisation ou de lieux d'utilisation. De plus, ils pourraient être transformés en miles afin d'être utilisés chez les compagnies aériennes partenaires ou tout simplement consommés dans les magasins ou auprès des entreprises associés (AT&T, The Sharper Image, Saks...). Certes Juergen Bartels, président du groupe reconnaissait que malgré les ambitions internationales avouées du groupe, les partenaires étaient encore essentiellement américains, mais il promettait une rapide ouverture du programme à de nouveaux partenaires à l'étranger.

Deux principes fondamentaux

Dès lors, si, au-delà des techniques terrain, il importait de définir les deux principes fondamentaux qui soutiennent toute stratégie de fidélisation, ceux-ci seraient de manière incontournable :

• l'écoute enrichie du client,
• l'évolution permanente de l'offre.

Ils peuvent paraître ordinairement simples, mais ce sont là les deux principales clés du succès de la conduite d'une stratégie de fidélisation. Toutes les techniques terrain qui sont recensées dans la boîte à outils page 315 ne doivent être considérées que comme des vecteurs d'appui stratégique à ces deux principes de base, et qu'il conviendra d'adapter à l'entreprise en fonction de ces deux principes. Une entreprise qui se contenterait de mettre en application des techniques terrain, sans considérer ces deux principes de base, investirait en vain dans l'immense majorité des cas.

SATISFACTION ≠ FIDÉLISATION AUTOMATIQUE

Comme le rappelèrent en 1989 les chercheurs Jean Dufer et Jean-Louis Moulins, de nombreuses études ont développé le lien entre la satisfaction et la fidélisation (la relation S-F). En 2000, Eugene Anderson et Vikas Miltal ont même démontré la possibilité d'un renforcement de la chaîne : Performance → satisfaction → rétention → profit. Des travaux furent développés sur les techniques de fidélisation mettant en avant la seule et unique satisfaction des consommateurs/clients. Cependant d'autres études sont rapidement venues démontrer clairement que l'équation pouvait être nécessaire, mais NON suffisante, *a fortiori* aujourd'hui. D'autant plus que la satisfaction elle-même est de plus en plus acceptée comme étant multi-attributs. Des travaux, comme ceux développés par Véronique Plichon en 1998, ont confirmé que la satisfaction « ne serait plus uniquement provoquée par un processus cognitif mais aussi par des expériences affectives reliées à la consommation. » En 1999, dans une étude en profondeur, Susan Fournier et David Glen Mick ont insisté sur la notion complexe que représentait la satisfaction, sur sa caractéristique évolutive et sur son orientation sociale. D'où la précaution extrême à prendre pour la mesurer, *a fortiori* pour l'associer à la fidélité.

65 % à 85 % des consommateurs/clients qui cessent de consommer ou d'acheter un produit de marque A pour un produit de marque B déclarent être satisfaits ou très satisfaits de la marque A d'après le cabinet conseil américain Bain & Cie, spécialiste des stratégies de fidélisation. En fait, il existe bien un lien positif entre la satisfaction et la fidélité en ce sens où un consommateur satisfait sera *a priori* enclin à une certaine fidélité. En revanche, comme le met en avant Steven Schnaars dans la seconde édition de Marketing Strategy parue en 1998, seuls les consommateurs « complètement » satisfaits deviendront fidèles. Chez Procter & Gamble, James Stengel, global marketing officer, parle d'« ADN

104

institutionnelle » pour décrire la volonté de P&G de toujours mieux comprendre le consommateur pour le satisfaire. C'est d'ailleurs cette meilleure compréhension du consommateur qui a permis au groupe d'investir de nouvelles catégories de produits, alors qu'il devenait une entreprise globale présente dans plus de 140 pays. On a souvent reproché à P&G son manque de réactivité dans le passé. Son approche est bien différente aujourd'hui et à la réactivité nécessaire s'ajoute une proactivité efficace. Le lancement de Crest Whitestrips (système de blanchiment des dents à domicile) sous forme de kit est un exemple révélateur.

Il est en fait devenu aujourd'hui impossible de concevoir et développer une stratégie de fidélisation sans privilégier, en amont, l'écoute et le dialogue avec le consommateur. Les praticiens qui croient encore que l'utilisation de techniques terrain performantes peut suffire se trompent lourdement. Elles ne parviendront dans le meilleur des cas qu'à permettre une certaine rétention de clientèle, dont le coût de conservation risque, à terme, de mettre en péril la rentabilité de l'entreprise. McDonald's a découvert que près de 75 % de ses consommateurs lisaient le menu *après* avoir commandé leur repas ! Autrement dit, leur venue dans le restaurant était motivée bien avant la prise en considération des caractéristiques de l'offre *in situ*.

De l'écoute du client au dialogue

Si l'on part du principe que la stratégie de fidélisation développée par une entreprise est un élément né de et développé pour la stratégie marketing, c'est presque un poncif de rappeler que le premier enseignement fondamental en la matière est l'écoute du client. Pourtant cette écoute est bien la première et indispensable étape permettant de développer une stratégie qui réponde le plus précisément possible aux besoins du marché. Que cette écoute soit directe par le biais d'enquêtes, de focus group, de remontées du service consommateurs et/ou indirecte par un datamining sophistiqué de la base de données, par exemple. Tous les grands opérateurs de la téléphonie mobile utilisent aujourd'hui une solution informatique évoluée pour décrypter les signaux inconscients qu'un client émet, par rapport au service auquel il est abonné. But de cette analyse minutieuse de sa facture : détecter avant que l'irrémédiable ne se produise le client qui est sur le point de changer de prestataire. L'entreprise peut alors offrir le ou les services *ad hoc* censés inverser l'intention. Certes, ces nouveaux avantages ont un coût. Mais un coût qui reste incontestablement supportable, par rapport à celui qu'il aurait supporté à l'occasion d'une opération de prospection/ remplacement. Nous constaterons plus loin comment SFR est parvenu à cette anticipation.

> *« Les relations qui procurent de la valeur aux clients requièrent une certaine forme d'interaction personnalisée. Elles reposent sur la connaissance que toute relation est différente, s'appuient sur une communication à double sens et doivent se poursuivre au fils du temps »* observe le professeur George Day.

D'aucuns ont pu critiquer que le marketing moderne s'aventurait désormais trop sur les terres de la vente et ainsi, pouvait finir à aspirer à la création de besoins. En fait, il ne paraît pas que l'analyse soit aussi simpliste que cela et que le choix qui s'offre au praticien soit dichotomique : répondre aux besoins identifiés ou créer ces besoins. Il serait plus que suicidaire de penser qu'aujourd'hui la création de ces besoins puisse revêtir un caractère pérenne. Certes, la vente pourra dans bien des cas être obtenue, mais qu'adviendra-t-il à l'issue si le bien ou le service acquis ne permettent pas d'assouvir un besoin chez le consommateur ? Inutile d'envisager dans ce cas l'éventualité d'un réachat et *a fortiori* la fidélisation dudit consommateur. Doit-on pour autant s'en remettre à la solution d'une simple réponse aux besoins déclarés ou constatés de ce consommateur ? En d'autres temps, cette approche a pu suffire, mais on peut douter de son efficacité systématique aujourd'hui. Certains, comme Gregory Carpenter à la Kellogg Graduate School of Management de l'Université Northwestern, parlent d'éducation nécessaire du consommateur. Le terme est peut-être un peu fort, mais il est indéniable qu'il faudra parfois aller au-delà de l'écoute pour parvenir à user un dialogue parfois éducatif dont chacun des interlocuteurs s'enrichira. Dans cette optique, une certaine forme de vente peut être associée à la démarche marketing, en prenant son relais sur le terrain, d'une manière cohérente. En 2003, Anthony Capraro et ses collègues ont étudié le rôle de la connaissance dont jouissait le consommateur, dans la relation satisfaction-défection. Les résultats de leurs travaux montrent que plus le degré de connaissance est élevé, plus la probabilité de défection est grande. Sans un véritable dialogue, un véritable échange d'information, le consommateur moderne aura naturellement tendance à aller chercher ailleurs l'information dont il a besoin. Ce dialogue doit être le vecteur nourricier d'une réelle relation gagnant-gagnant.

Le dialogue de la marque lui permettra tantôt d'approfondir les raisons fondamentales cachées qui occasionnent la consommation de ses produits ou au contraire leur rejet, tantôt de sortir ses produits d'un anonymat qu'un achat routinier et peu instructif aura progressivement créé, tantôt de déboucher sur le développement d'un réel avantage concurrentiel.

Le cas Whitestrips

Comme évoqué plus haut, Whitestrips est un kit de blanchiment des dents à domicile. Le produit a été développé par Procter & Gamble en 1997 et commercialisé en grande distribution à partir de 2001 avec une gigantesque campagne publicitaire de prélancement aux États-Unis. Mais à l'issue de son développement, le produit a d'abord été proposé sur l'Internet. Intérêt : réduction considérable des coûts et surtout la possibilité de suivre les consommateurs dans leur utilisation, pour savoir ce qu'ils appréciaient et ce qui ne convenait pas. Quatre groupes étaient visés : les adolescentes, les jeunes filles se préparant au mariage, les jeunes hispaniques et les gays. Lorsque le produit fut lancé, P&G avait eu la possibilité de peaufiner son offre, de positionner la marque plus précisément et de mieux sélectionner les media. Du marketing, rien que du marketing !

En 2002, Bernard Jaworski et Katherine Jocz ont analysé la redécouverte du consommateur que permettait l'Internet. Et les deux chercheurs du Marketspace (Monitor Group) de recommander de réunir segmentation de marché et individualisation, de redéfinir où l'échange avec le consommateur devait avoir lieu, de se concentrer sur la relation client et d'agir d'après les données client récoltées. L'interaction du consommateur avec les technologies de l'information crée de nouvelles attitudes et de nouveaux comportements qu'il importe de prendre en considération.

La révolution permanente de l'hypermarché

L'appellation « hypermarché » fut créée par Jacques Pictet en 1966 dans les colonnes du magazine *LSA*. Ce point de vente au détail, en libre-service – pour la majorité des produits –, sur un seul niveau (sauf exception), à prix et marges réduits, offre un très vaste assortiment et de larges horaires d'ouverture. Le paiement de la plupart des articles se fait en une seule fois, aux caisses situées à la sortie. Sa surface est supérieure à 2 500 m^2 et il est le plus souvent situé en dehors du centre-ville, pour des raisons de taille et afin de disposer d'un parc de stationnement suffisant pour accueillir de nombreux visiteurs en même temps ; parc de stationnement lui-même doté le plus souvent d'une station-service. Tel est, dans ses grandes lignes le profil de l'hypermarché tel que le concept fut imaginé par Marcel Fournier en 1963. Chacun sait qu'il ouvrit le premier magasin de ce type en France à Sainte-Geneviève-des-Bois, sous l'enseigne Carrefour.

Le cas Carrefour

Arrivée dans les années 1990, l'enseigne Carrefour était présente aux quatre coins du monde, notamment parce que des dispositions légales vinrent limiter en France l'extension de ces très grandes surfaces, dont certaines ne furent pas impressionnées par le dépassement des 20 000 m^2. Symbole par excellence d'une certaine image de la société de consommation, il était probablement sociologiquement nécessaire de repenser le modèle original à la fin des années 1990. Tout simplement parce le comportement du client avait lui-même évolué. Ainsi par exemple, si la durée moyenne d'une visite dans un hypermarché dure aujourd'hui moins de 50 minutes, le consommateur y passait encore 1 h 30 en 1980. En revanche, la fréquence de ces visites a augmenté, *passant d'une visite tous les quinze jours à une visite par semaine en moyenne. Ajouté à cela la considérable intensification de la concurrence, en France notamment, et l'on comprend qu'une innovation s'imposait. Qu'il ne soit pas dit qu'aucune innovation n'avait été faite à ce jour, car si la grande distribution aspire avant tout à vendre, elle s'intéresse souvent aux innovations tant technologiques que marketing. Les différentes techniques promotionnelles, le code barres et le scanning, le merchandising, le trade marketing et l'ECR, ont souvent trouvé des oreilles intéressées chez les grands distributeurs.*

Après avoir préparé pendant près de deux ans le projet répondant au nom de code Mag-Ali, Carrefour a intégré les enseignements que lui avait apporté l'écoute de ses clients. Au-delà de la disparition des réserves qui permettait d'agrandir la surface dédiée à la vente en contournant la réglementation, la nouvelle disposition fut réellement empreinte d'une rigoureuse démarche marketing, en ce sens où la disposition du magasin était désormais pensée au regard des besoins et de la hiérarchie classique de la liste des courses de ses clients. À titre d'exemple, pendant des années le consommateur entrant dans un hypermarché se devait de traverser tout le point de vente, pour atteindre le rayon des eaux minérales. Identifié comme un point de passage quasi systématique, les merchandisers l'avaient naturellement localisé de telle manière que le client devait traverser de multiples rayons avant d'y parvenir, ce qui multipliait par la même occasion les opportunités d'achat d'impulsion d'autres produits. Mais après avoir écouté ses clients, Carrefour découvrit que le client moyen n'appréciait que modérément devoir déposer un lourd pack de bouteilles d'eau minérale, sur les achats qu'il avait déjà placés dans son chariot et qui allaient se trouver inévitablement écrasés. Avec les produits lourds et encombrants disposés désormais en entrée de magasin, Carrefour envoyait un signal discret mais clair à son client, sui une approche désormais plus marketing que mercantile.

La première étape stratégique pour obtenir la fidélisation de sa clientèle est donc bien souvent de remettre à plat les caractéristiques de l'offre. Mais cette approche de la fidélisation suppose souvent une réorganisation de l'entreprise à laquelle bon nombre ne sont pas prêtes à satisfaire.

Dans le secteur de la grande distribution, la concurrence est souvent très vive, compte tenu du fait que l'assortiment et le niveau de prix de deux points de vente situés dans la même zone de chalandise diffère rarement de beaucoup. Le service client est alors une solution pour se différencier et ainsi fidéliser les clients. Encore faut-il que ce service corresponde réellement aux attentes de la clientèle, voire qu'il les anticipe. C'est aujourd'hui devenu un préalable incontournable que de toujours mieux connaître le consommateur/client, afin de pouvoir devancer ses attentes. En 1996, le professeur Patrick Hetzel décrivait à juste titre comme une dimension importante du succès des entreprises, le fait de « satisfaire le besoin d'inattendu des consommateurs. »

Une attention particulière pour comprendre et anticiper

En 1998, Jean-Claude Liquet et Dominique Crié, tous deux professeurs associés à l'université de Lille ont démontré explicitement le besoin d'une étude minutieuse de la base client d'un support de presse, afin de pouvoir anticiper à temps une procédure de désabonnement, et donc envisager l'action de fidélisation *ad hoc*. Les chercheurs mirent par exemple en évidence, pour le support étudié, que « l'âge, le mode d'abonnement, le mode de distribution ainsi que le mode de paiement semblent influencer de manière significative les probabilités de survie [...]. Ayant estimé le modèle, il est aisé de calculer pour chaque abonné, en fonction de son profil et pour un horizon de temps fixé, sa probabilité de survie en tant que client. On pourra alors, en fonction de ces profils, programmer des actions de fidélisation dans le temps. » Et l'enquête de démontrer que le calcul de la valeur client était, dans ce cas précis, fonction de l'origine de la conquête du client.

Le cas SFR

Si dans le monde et plus particulièrement en France, la téléphonie mobile constitua une véritable révolution tant technologique, que commerciale et sociétale à la fin des années 1990, les opérateurs furent rapidement confrontés au problème d'une clientèle très volatile. Dès lors que consécutivement à l'intensité concurrentielle de ce marché, le coût d'acquisition d'un client devenait de plus en plus élevé, la fidélisation apparaissait comme une stratégie indispensable afin de pouvoir rentabiliser la démarche. Certains opérateurs redoutaient essentiellement qu'au moment où tel client allait devenir rentable, il ne profite d'une offre de la concurrence pour changer de téléphone. Un problème qui deviendrait encore plus inquiétant lorsque le marché parviendrait à maturité. Conscient de ce problème, SFR décida de l'anticiper en déduisant de l'étude de sa base clients ceux qui seraient prochainement les plus propices au départ. Le client ainsi identifié était alors contacté par téléphone pour savoir s'il avait envisagé changer de téléphone. Si la réponse était positive, il se voyait offrir une prime de fidélité de la part de SFR sur une gamme de portables s'étalant du modèle économique au modèle très sophistiqué. Pour SFR, il s'agissait simplement d'anticiper une éventuelle démarche du consommateur. Pour ce dernier, c'était une opportunité de changer à moindre frais tout en ayant la possibilité de commander à distance, de recevoir son nouveau portable sous 48 h et surtout d'avoir l'avantage de conserver son numéro d'appel.

Le cas Leclerc

Bien que de taille modeste – pour un hypermarché – le centre E. Leclerc de Saint-Isidore n'a pas hésité à se doter d'une chargée de relation avec la clientèle. Certes, l'hypermarché est diffuseur de la carte de fidélité maison, mais l'objectif numéro 1 est d'être à l'écoute de la clientèle, pour des problèmes et des souhaits directement liés aux produits, à leur référencement ou à leur présentation, comme pour tout ce qui concerne l'amélioration des services au point de vente. Au-delà du principe de la boîte à idées et de la remontée des réclamations, (l'hypermarché réunit toutes les trois semaines quelques clients pour une discussion libre au sujet des améliorations possibles. Il existe ainsi quantité de petits plus qui, relevés par les clients, ont souvent un coût limité, mais un impact considérable s'ils sont concrétisés. En effet, non seulement l'entreprise est assurée de répondre à un besoin réel de certains de ces clients. Mais, si de surcroît tout est intelligemment mis en œuvre pour expliquer que c'est la proposition du client X qui a permis d'améliorer tel ou tel service, le résultat est double. D'une part, l'ensemble des clients prend conscience de l'écoute portée à la clientèle, mais le client initiateur, ainsi valorisé, devient de surcroît un support favorable de prosélytisme en faveur de l'enseigne ou tout au moins du point de vente. Et l'hypermarché Leclerc de Saint-Isidore de revendiquer non seulement une augmentation d'un nombre de cartes de fidélité distribuées (de 6 000 à 15 000 porteurs en un an et demi) mais également une augmentation moyenne de 20 % du ticket de caisse des clients fidèles.

Le cas United Airlines

Lorsque United Airlines traduit sa signature originale « rising » par « devancer vos désirs, dépasser vos attentes », la compagnie aérienne se situe exactement dans cette optique. Ainsi, pour un transporteur aérien, pourrait paraître étrange a priori le fait d'offrir une douche à des passagers potentiels, et d'axer une campagne de communication en ce sens. Mais en créant le service « Arrivals by United » dans le cadre du programme Red Carpet Club, United Airlines permettait à ses voyageurs d'affaires d'accéder à une plate-forme, non seulement parfaitement équipée sur le plan technique (téléphone, télécopie, Internet …) mais susceptible de rivaliser avec certains services de chambre de grands hôtels. Pour le voyageur d'affaires en question, ce service constituait la possibilité d'effacer toutes traces physiques et/ou vestimentaires d'un long voyage, quand bien même celui-ci eut été confortable.

Les consommateurs/clients évoluent, changent de plus en plus vite. Si une marque de biens ou une enseigne de la distribution souhaite conserver ces mêmes consommateurs/clients, elle doit impérativement faire évoluer son offre en conséquence. Pour comprendre le mieux possible les évolutions dont ils sont l'objet, l'entreprise en quête de fidélisation se doit de solliciter explicitement le dialogue, le plus direct possible, en permanence, avec ses consommateurs/clients.

Si dans le passé, l'objectif stratégique a longtemps été de fidéliser les clients satisfaits, il importe davantage aujourd'hui de satisfaire pleinement les clients fidèles. Gare à celui qui ne voit là qu'une pirouette syntaxique ! En engageant un dialogue avec ses clients, l'entreprise peut s'assurer, au fil du temps, de la nature de leur satisfaction sur les critères qu'elle a définis, pour parvenir à conserver leur fidélité. Il existe de nombreuses méthodes et techniques de mesure de la satisfaction. Le lecteur plus particulièrement intéressé par ce sujet est invité à se reporter à l'excellent livre de Daniel Ray intitulé *Mesurer et développer la satisfaction clients*. Maintenant, si relativement peu d'entreprises s'investissent dans une telle mesure, c'est que la tâche leur paraît souvent complexe et les résultats difficiles d'interprétation. Alors rappelons une méthode de base simple en 3 étapes qui a fait ses preuves de par sa simplicité et son efficacité.

Première étape : L'entreprise construit un petit questionnaire comportant des questions d'évaluation simples sur les différents points de différenciation concurrentielle qu'elle pense être représentatifs de son offre et de sa valeur ajoutée. Chaque critère porte sur deux questions en proposant une échelle chiffrée ou une échelle sémantique de type Likert, en cinq ou sept points.

Exemple de question utilisant une échelle de Likert en cinq points :

Q12a : Depuis le début du mois, notre magasin a élargi ses horaires d'ouverture sans interruption de 8 h à 22 h. Vous pensez que cette modification est :

Très accessoire	Plutôt accessoire	Sans opinion	Plutôt important	Très important
Valeur − 2	− 1	0	+ 1	+ 2

Q12b : Concernant ces nouveaux horaires d'ouverture, vous diriez que vous êtes :

Très mécontent	Plutôt mécontent	Sans opinion	Plutôt satisfait	Très satisfait
Valeur − 2	− 1	0	+ 1	+ 2

Deuxième étape : Après administration, les réponses sont transformées en scores. La moyenne de ces scores pour l'ensemble des répondants, fournit une ordonnée (critère important *versus* critère accessoire - Qa) et une abscisse (satisfaction *versus* mécontentement - Qb) pour chaque question. Les questions peuvent alors être placées sur un système d'axes à deux dimensions comme le montre l'exemple de quatorze questions placées sur le graphique A.

Troisième étape : L'interprétation est simple, puisque le graphique ne présente que quatre cadrans. Une zone de réaction nécessaire, une zone de prudence recommandée, une zone d'intérêt secondaire et une zone d'intérêt superflu (graphique B). Chacun des cadrans fournissant une indication élémentaire quant aux mesures à prendre ou non.

Dans l'exemple ci-après, le critère faisant l'objet de la question Q1 est très préoccupant et il nécessite à l'évidence d'être corrigé au plus vite. Alors que le critère traité dans la question Q13 devrait lui aussi être corrigé, mais ce n'est pas une priorité aux yeux des clients. L'entreprise investira dans la mesure de ses possibilités et après avoir réglé les problèmes de la zone de réaction nécessaire. Le critère évoqué dans la question Q6 est positivement perçu, mai à l'évidence, ce n'est pas sur ce point qu'il aurait fallu investir car il n'est pas perçu comme important par la clientèle. En revanche, le critère sous-jacent à la question Q12 mérite toutes les attentions et devra bénéficier d'un investissement soutenu (il semblait donc judicieux d'élargir les horaires d'ouverture dans cet exemple précis). Ce sont là quatre cas explicites. Lorsque les points repères se situent près des axes, l'interprétation nécessite une appréciation relative et la prise en compte de la tendance d'évolution par rapport à la précédente étude.

La pratique régulière de cette analyse permet de voir évoluer les critères d'un graphique à l'autre et de percevoir ainsi très rapidement si les efforts réalisés ont porté leurs fruits, s'il convient de continuer ou au contraire de modifier certaines priorités. Le rythme des études varie naturellement avec le cycle moyen d'activité de l'entreprise. Plus le cycle est court, plus la fréquence sera élevée (tous les trimestres par exemple). Plus le cycle est long, plus la fréquence sera faible (tous les ans ou tous les deux ans). Cette méthode peut s'appliquer aisément, aussi bien au producteur qu'au distributeur.

Graphiques 5

Analyse opérationnelle de la satisfaction
Graphique A

Critère jugé très important

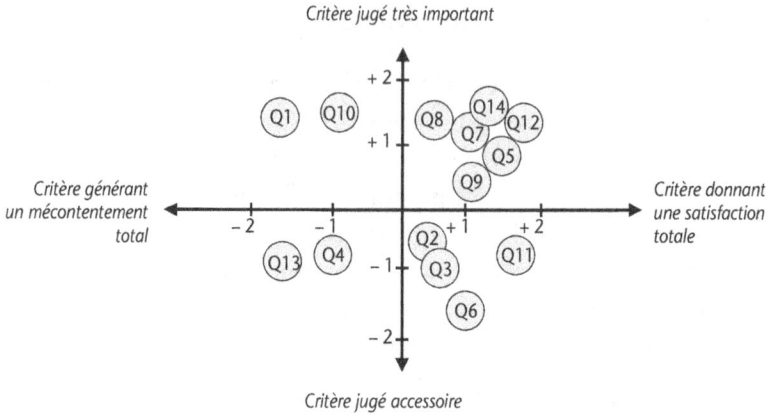

Critère générant un mécontentement total — *Critère donnant une satisfaction totale*

Critère jugé accessoire

Analyse opérationnelle de la satisfaction
Graphique B

Critère jugé très important

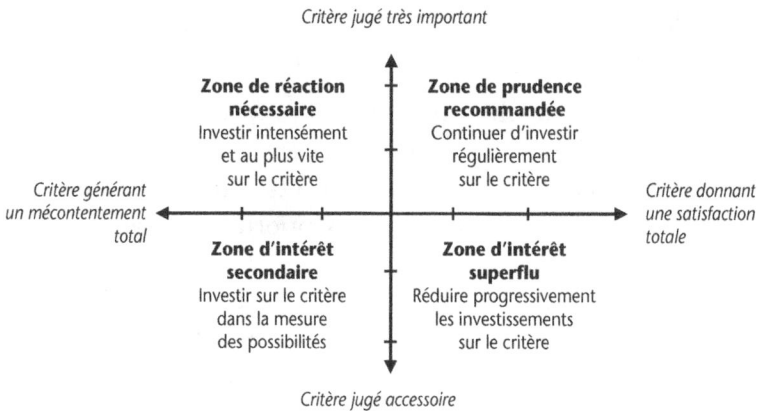

Zone de réaction nécessaire
Investir intensément et au plus vite sur le critère

Zone de prudence recommandée
Continuer d'investir régulièrement sur le critère

Critère générant un mécontentement total

Critère donnant une satisfaction totale

Zone d'intérêt secondaire
Investir sur le critère dans la mesure des possibilités

Zone d'intérêt superflu
Réduire progressivement les investissements sur le critère

Critère jugé accessoire

C'est pourquoi la valeur est une notion primordiale liée à la fidélisation, dès lors qu'elle permet de dépasser le simple stade de la satisfaction. Une approche marketing plus directe, à l'écoute du consommateur/client, permet de réinventer une valeur partagée entre lui et l'entreprise. Dans cette optique, une entreprise ne demeurera leader sur son marché que parce qu'elle aura su développer cette valeur aux yeux du consommateur. C'est parce qu'elle aura écouté et compris ses consommateurs, que l'entreprise pourra immédiatement percevoir s'il lui faut créer cette valeur ou « simplement » la réinventer, au vu des évolutions des attentes exprimées. Le moment de vérité est atteint lorsque le consommateur interrogé estime, naturelle, correcte, conforme à ses attentes, cette valeur de l'offre. Sa fidélité n'est alors plus achetée, mais naturellement constatée.

La date idéale du lancement du programme de fidélisation

Si l'objectif de la fidélisation est désormais clair, continue de se poser la question de savoir quel est le moment le plus propice pour activer la stratégie. Il est naturellement impossible d'édicter ici des règles applicables quel que soit le secteur d'activité. Certains produits demeureront toujours attachés à un âge particulier ou à une tranche d'âge particulière. En revanche, il importe néanmoins de ne plus considérer la fidélisation du consommateur comme une simple action après-vente, car dans ce cas, le risque de tomber dans le piège d'une opération élémentaire de rétention est grand.

En fait, il convient uniquement ici de considérer que la fidélisation du consommateur est une démarche marketing et qu'à ce titre, elle découle d'une compréhension voire d'une anticipation des attentes du consommateur, bien avant que le produit ou le service ne soit commercialisé. Dans cet esprit, une stratégie de fidélisation devient une procédure d'accompagnement du consommateur, bénéficiant en permanence du dialogue initié entre lui et l'entreprise, pour s'adapter à ses attentes et dans le meilleur des cas les percevoir avant qu'elles ne se formalisent. Pas d'action miraculeuse à une date déterminée donc, mais une démarche méthodique et rigoureuse sur le long terme. Il n'en demeure pas moins que certains professionnels continuent de préconiser un contact le plus tôt possible, convaincus qu'il est plus facile de séduire un nouveau consommateur pour la catégorie de produits, plutôt que de l'amener à changer de marque. Aux États-Unis, le programme First Moments du groupe Parenting est présent dans les maternités, afin de distribuer aux jeunes mamans des kits comprenant des échantillons fournis par ses partenaires (Procter & Gamble, Johnson & Johnson, *Time magazine*…).

Quelques informations socio-démographiques sont sollicitées auprès des nouveaux parents et sont ensuite intégrées dans la base de données, de Parenting, pour des opérations ultérieures. Un jeu concours est même proposé, avec pour principal prix, une bourse d'études secondaires pour l'enfant qui vient de naître…

Un contact aussi précoce avec le consommateur confère-t-il l'assurance de sa fidélité ? Certainement pas, il ne permet que de bénéficier de la prime au premier et de s'installer dans une mémoire parfois encore vierge. Si la démarche est *a priori* interdite aujourd'hui en France, certains établissements scolaires américains n'ont pas hésité à signer des contrats de partenariat avec des marques commerciales ou avec des intermédiaires spécialisés. De tels contrats permettent d'introduire de la publicité commerciale à l'intérieur des établissements, en contrepartie d'un paiement en nature ou en espèces. Les partisans affirment que, bien contrôlé quant à la nature des publicités ainsi qu'à la durée d'exposition et aux supports utilisés, le système peut permettre à l'établissement de se doter de moyens financiers et/ou matériels auxquels il n'aurait jamais accès sans cela. Les opposants mettent en avant que l'école n'est pas le lieu d'un discours commercial et que de telles publicités introduisent un biais dans le message délivré par les enseignants. Quoi qu'il en soit, lorsque de tels contrats existent, ils constituent une opportunité sans pareille pour l'annonceur qui est assuré d'une exposition du jeune consommateur à sa marque plus de 50 % des jours que compte une année. De là à dire que la fidélité à sa marque peut être ainsi assurée, serait sans doute présomptueux. En revanche, la notoriété de ladite marque bénéficiera indubitablement d'une trace mémorielle qui dans certains cas, notamment de produits peu impliquants, peut se révéler suffisante pour déclencher l'achat.

Anticiper la fin, dès le début

Il pourrait paraître paradoxal à certains, voire très pessimiste, de réfléchir à la fin d'un programme de fidélisation, lors de sa conception. Pourtant, loin d'être accessoire, ce point risque de mettre en péril l'investissement réalisé pour conquérir la fidélité des consommateurs, s'il n'est pas très tôt pris en considération. Si le programme de fidélisation prévoit certains avantages matériels, ces derniers ont un coût pour l'entreprise, même si ce coût est censé être couvert dans le temps, par le flux d'activité supplémentaire généré par le client fidèle. Ce qui signifie que l'entreprise devra logiquement provisionner le montant de ces avantages. On imagine alors aisément les réticences du responsable financier à voir cette provision reportée d'exercice en exercice, et dans le pire des cas croître d'exercice en exercice, avec son incidence sur le résultat. Plusieurs causes peuvent être à l'origine d'une telle situation : un programme inadapté et des consommateurs fidèles qui ne trouvent pas intéressant d'utiliser leurs points ; des consommateurs fidèles qui le sont pour des raisons plus naturelles par rapport au produit, que le simple bénéfice des avantages du programme et qui négligent, oublient de consommer leurs avantages ; le cycle de vie du programme qui n'a pas été correctement envisagé lors de sa conception...

En réalité, le cycle de vie d'un programme de fidélisation est une variable très difficile à déterminer. S'il existe quelques principes de base, il n'existe pas de règle applicable à toutes les entreprises, quel que soit leur secteur d'activité. Le premier facteur à retenir pour sa définition est naturellement la périodicité naturelle de consommation, par rapport à la nature des produits et/ou des services proposés par l'entreprise. Plus cette périodicité sera étalée dans le temps, plus la validité des avantages offerts en contrepartie de la fidélité devra être longue. Ensuite, il importera de faire converger les souhaits de l'entreprise en matière d'efficacité du programme et ceux de ses consommateurs en matière d'exercice de leurs droits et de bénéfice de leurs avantages. Si le programme est assorti d'avantages matériels, tels que des cadeaux, il sera nécessaire d'associer les facteurs précédents au nombre de points nécessaire pour obtenir les différents cadeaux proposés. En effet, si le programme prévoit des cadeaux pour lesquels la grande majorité des consommateurs doit collectionner des points pendant plusieurs années, une validité annuelle du programme pourrait être très mal perçue, par des consommateurs se rendant compte qu'ils n'obtiendront jamais satisfaction, sauf au prix de consommer trois ou quatre fois plus de produits de l'entreprise dans l'année qu'ils le souhaitent.

On l'aura compris, l'équation à résoudre est des plus difficiles. D'un côté, il importe de concevoir un programme qui soit subtilement incitateur pour le consommateur, ce qui implique le plus souvent une date limite pour faire valoir ses privilèges obtenus en contrepartie de sa fidélité. D'un autre côté, il est absolument nécessaire que ledit consommateur ne perçoive pas cette incitation comme une contrainte, ce qui aurait pour conséquence d'auréoler le programme de fidélisation d'une connotation commerciale très négative. Quelle que soit la validité retenue, les principes fondamentaux qu'il convient de respecter sont de prévoir cette validité dès le lancement du programme, d'en informer très clairement le consommateur, et dans la mesure du possible, de lui remémorer périodiquement l'échéance de ses privilèges et avantages. Enfin, le développement d'une stratégie de fidélisation devant permettre l'articulation synergique de différentes techniques, certaines d'entre elles peuvent être programmées pour une exploitation dont la durée de vie est limitée. Il sera alors nécessaire de prévoir la sortie de ces techniques à usage ponctuel, pour les différents consommateurs qui en seraient les bénéficiaires. En matière d'anticipation, on ne négligera pas non plus d'envisager le sort de ces privilèges et avantages, dans le cas malheureux du décès du consommateur bénéficiaire. De nombreux responsables de programmes de fidélisation se voient chaque année réclamer par les descendants ayants droit de consommateurs décédés, tantôt ses points de fidélité, tantôt la réduction ou le cadeau auquel ils avaient droit…

L'évolution permanente de l'offre

En 1998 était publiée en France sous le titre : *L'innovation : un cercle vertueux* la traduction d'un ouvrage très illustré de Tom Peters, qui mettait en garde l'entreprise qui négligerait cette composante désormais ordinaire de la vie économique : l'innovation. Si l'offre devient un facteur stratégique, parce que nous sommes au cœur d'une démarche marketing qui aspire à répondre aux attentes exprimées ou non du consommateur ; considérer la stratégie de fidélisation simplement comme un artifice permettant de masquer les points faibles de cette offre serait commettre une grave erreur d'appréciation sur la maturité et la perspicacité du consommateur. L'objectif de proposer au consommateur une offre sans cesse renouvelée et diversifiée au maximum peut rapidement devenir hautement stratégique. Le site de la société Marcopoly (société du groupe Wanadoo) est spécialisé dans la vente, sur l'Internet, de biens d'équipements ménagers. Il a su résister au reflux de la vague Internet et fidéliser ses clients, notamment en comprenant très vite la nécessité stratégique d'élargir son offre. Les biens d'équipement subissent des cycles de renouvellement relativement longs. Pour fidéliser l'acheteur d'un réfrigérateur, il fallait pouvoir lui proposer aussi une télévision. Pour fidéliser l'acheteur d'une télévision, il fallait pouvoir lui proposer aussi un magnétoscope ou un lecteur de DVD… Et Stéphane Cantin, responsable marketing, d'analyser que c'est l'élargissement de la gamme qui permet un retour de l'internaute. Mais Marcopoly a également développé différentes newsletters suivant les clients. Succès de l'initiative, car le taux de transformation des clicks menant à l'achat est supérieur lorsqu'ils proviennent de la newsletter que *via* une visite spontanée.

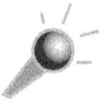

Barbara Khan, professeur de marketing à la Wharton School de l'Université de Pennsylvanie écrivait en 1998 que : « l'avantage de ce type de stratégie est que les praticiens du marketing peuvent proposer un produit qui corresponde spécifiquement aux besoins du consommateur, et peut-être d'une manière telle qu'il puisse engendrer une puissante fidélité ».

Le cas Saturn

Pendant, la première moitié des années 1990, la toute nouvelle marque automobile Saturn fut citée en exemple, tant cette marque du groupe GM avait su développer une approche porteuse, complètement orientée vers le consommateur avec une gamme extrêmement restreinte et un service édifiant, ainsi qu'un mode de production socialement exemplaire. Mais dès 1995, sans renouvellement d'une gamme réduite à sa plus simple expression, sur un marché hyperconcurrentiel, les atouts de Saturn commencèrent à s'estomper. Ses ventes reculèrent. En 1999, GM prit enfin conscience qu'il fallait réagir et lança la nouvelle série LS plus spacieuse, dont les caractéristiques correspondaient davantage aux nouvelles exigences du marché. En revanche, à cette occasion les fondements du concept Saturn d'origine furent malheureusement partiellement rattachés à ceux de GM ; rationalisation des coûts oblige. Face à un renouvellement tardif de l'offre et à une telle évolution du concept, il sera très intéressant de suivre la réaction de l'acheteur Saturn et l'évolution corollaire de sa fidélité sur les dix années suivantes.

Déjà en 1996, une étude BVA réalisée en France révélait que le premier critère retenu par les consommateurs était désormais le choix. Sur le plan de la fidélisation du consommateur/client, le deuxième benchmark mené par Ernst & Young et C-link en 1998 confirmait que les consommateurs souhaitaient des nouveautés de la part des entreprises. Cela signifie qu'une entreprise ne résistera pas longtemps à la pression concurrentielle, si elle n'innove pas afin d'offrir ce choix recherché. Certes l'innovation peut représenter un lourd investissement, mais le leadership est souvent à ce prix.

> *« En cent trente ans, Nestlé est devenue la première entreprise alimentaire au monde en créant des marques et des produits de qualité appréciés par des consommateurs grâce à une innovation permanente. Celle-ci est fondée sur une recherche fondamentale : plus de 3 milliards de francs y sont consacrés cette année » déclarait en 1999 Lars Olofson, président-directeur général de Nestlé France, pour qui il a imaginé un « laboratoire » de l'innovation.*
>
> *On note également, chez le géant helvétique, « un prix interne de l'innovation qui est remis chaque année à l'équipe ayant développé une innovation recueillant les suffrages de notre jury suprême, le consommateur. »*

D'autre part, dans des marchés quasi saturés, l'innovation est l'une des rares armes de salut. Les industriels japonais du jouet et/ou de l'électronique grand public, l'ont bien compris en surfant d'un effet de mode à l'autre. Par ailleurs, dans le contexte d'une inflation maîtrisée voire d'une tendance à la baisse des prix sur certains secteurs, l'innovation peut être un facteur justifiant une réévaluation du prix. Lorsque Gillette lança le rasoir Mach3, nombreux furent les analystes à avancer que le positionnement prix beaucoup plus élevé que les autres produits de la marque était purement suicidaire. Aujourd'hui, le Mach3 et ses évolutions successives est le produit leader du secteur parce que le consommateur a estimé que l'innovation offerte justifiait ce prix, confirmant ainsi les études du groupe américain. Une stratégie de fidélisation EPL n'est performante que si l'entreprise initiatrice sait en permanence rester en contact direct avec son environnement. Un contact si intime, que de cette intimité naîtra une évolution coordonnée presque naturelle des deux. Poussée à l'extrême, cette symbiose permet une anticipation performante, propice à développer un réel avantage concurrentiel. Yoplait fut le plus rapide à percevoir le nomadisme sous-jacent du comportement du consommateur moderne. Son innovation en matière de « yaourt portable » lui valut de nombreux points de parts de marché, y compris aux États-Unis ou en partenariat avec General Mills il a lancé Go-Gurt, une déclinaison du désormais bien connu Zap. Sur ce même marché américain, le dynamisme de Yoplait lui permit même de ravir la première place à Danone en 1999.

La contraction du temps et de l'espace

Force est de constater que le rythme même de l'innovation n'a cessé de s'accélérer ces dernières années. Les progrès de la science et la meilleure maîtrise de certains processus de fabrication, ainsi qu'une permanente et croissante émulation concurrentielle contribuent à expliquer en partie ce phénomène. Les impératifs de ce rythme variant toutefois en termes de jours, semaines, mois ou années suivant les secteurs considérés. Mais nul n'est épargné, d'autant que certains stéréotypes, comme celui de la contrefaçon venue du sud-est asiatique, perdurent encore aujourd'hui, pénalisant lourdement certains secteurs.

> *« Le rythme des innovations s'accélère. Chaque gamme de produits ne dure que trois ou quatre ans et, à peine quelques mois après son lancement, est déjà copiée, notamment par l'industrie asiatique. Ainsi, le délai de mise sur le marché devient de plus en plus une question majeure : les chercheurs doivent trouver et trouver vite. Dans ce contexte, le management de l'innovation est essentiel. « Innover, dit-on chez nous, c'est faire se rencontrer un vrai besoin avec une solution techniquement réalisable à un coût acceptable » [...] La finalité de notre entreprise est la satisfaction des consommateurs du monde entier. Leurs goûts et leurs besoins évoluent sans cesse, de plus en plus vite, et c'est seulement par l'innovation que nous pourrons, demain, continuer à les séduire et à les fidéliser » analyse Jacques Gairard, président-directeur général de Seb.*

Même les produits qui paraissent identiques depuis leur création, et qui demeurent aujourd'hui leaders innovent sans cesse. Le cas de Coca-Cola est révélateur pour comprendre que, de surcroît, le consommateur n'est pas disposé à accepter n'importe quelle innovation. Le packaging de la boisson vendue chaque jour à plus d'un milliard d'exemplaires ne cesse d'évoluer. Pourtant dans ce cas précis, le produit demeure basiquement le même ; la dernière grande modification de fond de 1985 (lancement du New Coke) ayant été rejetée par les consommateurs. L'innovation est donc un constant dosage entre nouveauté et pérennité, car hormis s'ils sont conçus et développés pour répondre à un effet de mode, les produits ont besoin d'une certaine durée d'exploitation afin de générer la rentabilité à laquelle aspirent le producteur comme le distributeur.

> *« Les meilleures innovations sont celles qui sont capables de durer dans le temps, trop de produits éphémères ont en effet envahi les linéaires ces dernières années pour finalement disparaître aussi vite qu'ils étaient venus. Nous devons être particulièrement vigilants sur ce point et être très sélectifs en matière d'innovations pour ne pas abuser du linéaire des distributeurs avec des produits à faible rotation. Nous devons aussi veiller à ne pas négliger les produits les mieux établis, ceux pour lesquels la communication a été la plus efficace et dont la rotation rapide en linéaire crée de la valeur que nos distributeurs sont en droit d'attendre »* analyse Patrick Barthe, alors président-directeur général d'Unilever France.

L'entreprise se doit d'innover en permanence, encore une fois parce que la satisfaction du consommateur pour les produits existants, ne suffit plus pour s'assurer de sa fidélité.

> *« Dix ans d'innovations nous valent la confiance du consommateur. En innovant sans cesse pour améliorer la composition de nos laits et la praticité de leurs emballages, nous avons fidélisé les consommateurs »* affirme Jacques Joux chez Candia.

La découverte d'une innovation attirante chez un concurrent peut souvent occasionner un essai qui, dans le meilleur des cas se conclura par le retour à la marque d'origine, dans le pire des cas par son abandon et dans certains cas par une consommation alternée des différentes marques. Attention :

l'innovation n'est pas une formule miracle qui doit être pratiquée sans précaution. Pour porter ses fruits, elle doit être initiée par une véritable démarche marketing. Elle doit découler directement de l'écoute du client, afin d'anticiper au mieux ses besoins et ses désirs.

Faire disparaître l'intérêt pour la concurrence

L'un des secrets fondamentaux de la fidélisation est non seulement d'offrir au consommateur des produits qui le satisfassent, mais surtout de lui offrir en permanence un choix suffisant et renouvelé, de telle manière qu'il n'éprouve pas la nécessité de rechercher autre chose, auprès de concurrents de l'entreprise. Car c'est désormais une composante de l'équation de la fidélisation que les praticiens connaissent bien, les consommateurs recherchent souvent la variété. Différentes approches permettent d'ailleurs de mesurer avec précision, cette recherche de variété par le consommateur. L'identification du phénomène n'en demeure pas moins complexe.

> Philippe Aurier, spécialiste de la question, indique qu'il importe de la mesurer pour caractériser et comprendre les transferts entre marques sur un marché. Il explique d'autre part que « deux marques peuvent être effectivement en concurrence sur un marché sans pour autant être substituables, dans la mesure où elles ont été achetées pour satisfaire des besoins complémentaires liés à la recherche de variété. Pour une relation de concurrence donnée, mesurée au niveau du marché (à partir des comportements), peuvent ainsi, en fonction de la présence ou de la non-présence de recherche de variété, correspondre respectivement deux types de relations dans l'esprit du consommateur : de la complémentarité ou de la substituabilité. »

Bien entendu, il n'existe *a priori* là encore pas de solution miracle, pour faire disparaître de l'esprit du consommateur, ce besoin de recherche de variété. En revanche, l'innovation permanente peut permettre de contourner le problème, dans une certaine mesure, en offrant au consommateur cette variété, au sein d'une gamme de produits sans cesse renouvelée. La recherche de variété n'est pas éliminée, mais la relation de confiance obtenue grâce à la stratégie de fidélisation peut permettre d'espérer conserver néanmoins le consommateur amateur de diversité. L'innovation devient alors un objectif stratégique absolu.

> « *Écouter, comprendre et anticiper les besoins ou envies des consommateurs dénote, pour un groupe comme Danone, qui parle et produit chaque jour pour l'ensemble de la planète, un véritable enjeu d'innovation. Car chaque jour dans le monde, 61 millions de personnes consomment nos produits laitiers, 68 millions nos biscuits et 56 millions de l'eau du groupe Danone [...] L'innovation est une véritable valeur quotidienne de l'entreprise, car elle nécessite d'abord un état d'esprit, ensuite une compétence extrême pour garantir la qualité de nos produits ; enfin, une créativité de tous les instants et partout* » explique Franck Riboud, président-directeur général de Danone.*

Poussée à l'extrême dans l'optique de la fidélisation, cette démarche doit, en fait, permettre de rendre le consommateur insensible aux attraits de l'offre concurrente.

> « *Dès que les relations reposent sur des bases solides de valeur ajoutée et de confiance, il est temps de resserrer les liens. L'objectif consiste à faire en sorte que le client ait intérêt à rester fidèle et qu'il lui soit difficile de s'adresser à un concurrent* » commente George Day.

On comprend alors aisément qu'il s'agit non seulement d'un combat de tous les instants, mais également d'un combat qui ne doit jamais renier son indispensable fondement marketing. L'innovation pour l'innovation risque de desservir l'entreprise autant sinon plus, que l'absence d'innovation. Philips n'est jamais parvenu à séduire le consommateur avec sa cassette audio numérique DCC et le marché du vidéodisque Laservision n'a jamais véritablement décollé. Non seulement il importe que l'innovation soit réelle, mais qu'elle paraisse totalement justifiée aux yeux du consommateur par rapport à ses attentes et ses besoins. Le DVD fut lancé commercialement en 1996 au Japon, puis aux Etats-Unis l'année suivante. Il fut introduit en Europe en 1998. Les espoirs que les industriels avaient fondés dans cette innovation étaient sans limite. Tous

126

prédisaient dès 1996, un phénomène comparable à celui rencontré avec le disque compact. Pourtant, ce n'est que fin 1998 que les consommateurs commencèrent progressivement à répondre favorablement à cette innovation. Depuis, l'innovation s'est implantée pour remplacer progressivement la vidéo cassette.

Quel que soit son secteur d'activité, si aujourd'hui l'entreprise n'innove pas, ses concurrents le feront à sa place. Et tout satisfait qu'il soit des produits de l'entreprise, le consommateur risque bien alors d'essayer un jour l'un de ces produits innovants proposés par la concurrence. En 2002, KLM a modifié son programme de fidélisation Flying Dutchman (passant notamment d'une unité de mesure en points à une unité en miles) afin d'être en harmonie avec son partenaire Northwest Airlines. Le programme s'élargissait, innovait et pouvait être beaucoup plus généreux avec les clients très fidèles. Paradoxalement parce qu'il a parfois moins de moyens que le leader, le challenger d'un marché doit néanmoins tout faire pour utiliser l'innovation comme levier de croissance, lui permettant de fragiliser la fidélité relative que les consommateurs portent au leader. Lorsque par chance, ces challengers disposent de moyens et ne sont au second plan que parce qu'ils sont arrivés plus tard sur le marché, alors l'innovation n'a souvent pour limites que l'imagination des praticiens du marketing.

Pendant toute la décennie 1990, en partie dopés par la croissance du marché la décennie précédente, les fabricants de chaussures de sport comprirent qu'il fallait aller au-delà de la simple séduction de la cible des consommateurs actuels et la pousser au renouvellement permanent. Dès lors que le marché semblait être parvenu à une relative maturité, les grandes marques multiplièrent les modèles. Ce, dans l'espoir de développer chez la « génération basket » une soif constante de changement, étanchée par d'innombrables nouveaux modèles. Mais à la fin des années 1990, les géants du secteur subirent non seulement la relative saturation du marché et la crise asiatique, mais également une évolution du marché vers des produits dont la connotation sportive n'était plus fondamentalement recherchée. La fidélité de l'acheteur que l'on croyait pérenne n'était-elle qu'un simple phénomène de mode ? Figurant parmi les leaders du marché, Reebok perçut assez bien cette évolution et modifia alors sa stratégie. La gamme fut épurée, pour en éliminer les innombrables modèles dont le chiffre d'affaires était très/trop marginal. Le rôle du design fut revalorisé face à l'aspect technologique qui ne semblait plus être la préoccupation majeure du consommateur. Afin de mieux suivre les aspirations de ce dernier, l'organisation générale de l'entreprise elle-même fut modifiée, vers une orientation encore plus marketing. Délaissant le traditionnel découpage fonctionnel, Reebok annonça début 1999 sa réorganisation en six centres de profits reposant sur les types de produits commercialisés et non plus sur les fonctions classiques de la gestion d'entreprise.

Apprivoiser la mode et dompter les tendances

En fait, la fidélisation, soutenue par le renouvellement de l'offre, se heurte assez fréquemment à une évolution de la mode, à laquelle le concept original a du mal à répondre.

Le cas Body Shop

Dans la seconde moitié des années 1980, de nombreux analystes financiers, même parmi les plus conservateurs, trouvaient un certain charme aux slogans quelque peu révolutionnaires d'une certaine Anita Roddick. Et la fondatrice de l'enseigne Body Shop de mettre en avant les vertus d'un management social et d'un marketing éthique. Pas de communication produit, une simple communication institutionnelle et la commercialisation de produits respectueux de l'environnement et des populations locales. Le recul que nous offrira un jour l'histoire démontrera probablement que le besoin d'un tel respect social et écologique sera tout aussi important aujourd'hui qu'il ne l'était dix ou quinze ans auparavant. Mais si aujourd'hui un produit se doit d'être respectueux de l'environnement, il se doit également d'avancer d'autres arguments pour continuer à séduire ses consommateurs. Non que ceux-ci se soient détournés de l'argumentation écologiste, mais simplement parce qu'elle est aujourd'hui présente chez presque toutes les marques.

Toutefois, comme en témoignent les résultats de l'enseigne dans la seconde moitié des années 1990, le message écologico-éthique était important mais non suffisant pour assurer la croissance. Les consommateurs « responsables » de Body Shop demandaient manifestement plus. En 1999, alors que la tendance à l'unisexe en parfumerie et en cosmétologie battait son plein, Body Shop innovait en inversant les codes et en proposant une ligne de produits « of a man » destinée clairement à l'homme ; parfaitement distincte de la ligne « of a woman » clairement destinée à la femme. Si la forme des packagings permettait de repérer que ces deux lignes appartenaient à la même famille de produits, des codes couleur différents (jaune vert pour l'homme, bleu outremer pour la femme) réintroduisaient parfaitement la différence entre les deux sexes. Le packaging est en ce sens, un élément du mix de plus en plus remarqué par le consommateur poly-sensoriel.

Le cas Luxottica

Dans la plupart des régions du globe, c'est un produit dont l'utilisation subit le rythme des saisons, d'où a priori une usure ralentie et un besoin de renouvellement limité. De surcroît, si la technologie des verres protecteurs continue d'évoluer, elle est rarement significative au point de susciter un renouvellement de la part du consommateur, sur ce seul critère. D'où l'importante connotation mode du secteur, simplement parce que la mode est en elle-même un puissant critère de renouvellement pour un bien qui demeure, à bien des égards, ostentatoire. Leader mondial de lunetterie, Luxottica l'a parfaitement compris en renouvelant en permanence ses gammes de produits. Groupe de l'exemplaire self-made-man italien Leonardo del Vecchio, Luxottica qui commercialise chaque année plus de 30 millions de paires, a racheté, en 1999, la marque américaine emblématique Ray Ban.

Dans certains cas, cette évolution permanente de l'offre peut enfin pousser l'entreprise à faire évoluer son métier de base. Cette observation est naturellement valable pour les secteurs d'activité pour lesquels la technologie est importante, mais il est possible d'observer des cas similaires dans des secteurs plus classiques. Nous avons déjà cité le cas de producteurs devenus distributeurs de leurs produits. En partie en raison de ce déplacement stratégique, certains distributeurs n'hésitent pas, aujourd'hui à faire le chemin inverse.

Le cas Neiman Marcus

Aux États-Unis, si vous entrez dans un magasin Neiman Marcus, vous êtes presque assuré d'y trouver des produits de marque Ralph Lauren, Gucci, Louis Vuitton… Autant de marques que le consommateur peut alors retrouver dans n'importe quel magasin de luxe concurrent. Depuis plus d'un siècle, les distributeurs savent que le levier classique de différenciation absolue d'un distributeur, c'est de créer sa ou ses propres marques. Mais dans ce cas particulier, on se heurte rapidement à un double obstacle. Le premier est traditionnel des marques de distributeurs. Il s'agit de leur prix relativement plus bas et des marges réduites qu'elles procurent parfois sans revenir sur l'image de moindre qualité dont elles souffrent en général. Le second tient au secteur d'activité de Neiman Marcus, la distribution de produits de luxe à la mode. Pour cette raison, la cliente de Neiman Marcus s'attend à y trouver des marques dont la notoriété et l'image sont cohérentes avec ses attentes.

La nouvelle stratégie de l'enseigne censée lui permettre de résister aux évolutions du marché en gardant captive sa clientèle, a été développée à partir de 1998. Dans le but de fidéliser sa clientèle tout en contournant les deux obstacles présentés ci-dessus, Neiman Marcus a commencé à prendre des participations dans de nouvelles marques à la mode et déjà référencées dans les points de vente Neiman Marcus, ainsi que dans son enseigne sœur, Bergdorf Goodman. La première prise de participation visait la société Gurwitch Bristow Products désormais détenue à 51 % pour un investissement de 6,7 millions de dollars. Gurwitch Bristosw est le fabricant des produits cosmétiques vendus sous la marque Laura Mercier. Le second investissement réalisé au tout début de 1999 concerna Kate Spade LLC – désormais détenue à hauteur de 56 % pour un coût de 34 millions de dollars – dont les sacs à main sont devenus un produit très demandé. Certes, l'intelligence stratégique de Neiman Marcus est d'avoir conservé le management d'origine. On notera toutefois qu'au-delà du pari sur l'avenir de la notoriété et de l'image de ces marques montantes, l'évolution d'une telle stratégie demeure délicate. L'objectif est de pouvoir revendiquer la spécificité du référencement, dans l'espoir de développer la fidélité des clientes. Il faut enfin espérer que ces prises de participation ne justifieront pas à moyen terme, le déréférencement des marques Kate Spade et Laura Mercier des points de vente des enseignes de la concurrence de la distribution de produits de luxe.

Sans pour autant jouer la carte de l'aventure capitalistique, il est également possible de faire évoluer l'offre par le biais d'un partenariat entre producteur et distributeur. Le groupe américain Venator a ainsi récemment signé un contrat avec le célèbre fabricant de chaussures de sport Nike, afin de référencer dans ses magasins Foot Locker, un produit original et spécifique. C'est ainsi qu'est né le modèle Tuned Air, une paire de chaussures vendue à 130 dollars exclusivement chez Foot Locker. D'aucuns, tristes sires, ont pu analyser que Nike, durement éprouvé notamment par la concurrence d'Adidas et par la conjoncture économique, n'avait eu d'autre choix. Objectivement, il faut bien admettre que ce partenariat fut profitable aux deux signataires. Plus d'un million de paires de chaussures furent commandées à Nike lors de la signature et pour le distributeur, cet accord lui permettait d'être un gagnant potentiel sur deux tableaux. D'un côté, le modèle Tuned Air devenait un levier de fidélisation absolu, puisque tout consommateur intéressé ne pouvait se le procurer que chez Foot Locker. D'un autre côté, une telle exclusivité offrait à l'enseigne la possibilité de ne pas avoir à lutter contre d'autres enseignes, pour ce modèle, sur la variable « prix. » Faire le pari de l'évolution permanente de l'offre, c'est aussi prendre pleinement conscience que le marché vit et évolue désormais en temps réel.

Le cas H & M

Lorsqu'en 1947, le Suédois Erling Persson ouvrit son premier commerce à Västeras, il n'imaginait certainement pas que son fils Stefan serait aujourd'hui à la tête d'un réseau de plus de 550 magasins d'habillement Hennes & Mauritz. Pourtant, l'un des ressorts du succès de H & M réside dans le fait qu'il ne possède aucune usine de fabrication. En revanche, 15 bureaux de production répartis dans le monde sont en étroite relation avec plus de 1 600 fournisseurs. Certes, cela impose un planning de production et d'approvisionnement assez sophistiqué, notamment lorsque l'on sait que H & M vend en moyenne un million de pièces chaque jour. Mais surtout, ce système lui permet d'être en contact permanent avec les évolutions du marché. En effet, chaque tendance, chaque mode peut être immédiatement introduite dans le processus et donner lieu à une évolution de la gamme. De plus, avec vingt marques différentes, H & M est en mesure de segmenter son offre et de viser des groupes de consommateurs aux goûts différents, pour des positionnements prix différents. Cette évolution permanente se retrouve également au niveau de la communication publicitaire. Alors en pleine gloire médiatique, les top models Cindy Crawford, Helena Christensen ou encore Naomi Campbell sont apparues sur des publicités H & M. Mais lorsque l'on perçut un regain d'intérêt pour l'utilisation de vraies stars en publicité, H & M sollicita notamment Geena Davis, Patricia Arquette, Kylie Minogue, Isabelle Rosselini ou encore Johnny Deep.

Mais l'innovation est-elle sans limite ?

Si d'un point de vue technique ou même au regard du packaging, l'innovation paraît illimitée, il en va tout autrement quant au marketing et à la rentabilité à terme, de l'entreprise. Une innovation non maîtrisée peut, en effet, rapidement coûter plus cher à l'entreprise que le retour sur investissement escompté. Non seulement parce que la durée du cycle de vie des produits tend à se réduire pour la plupart des biens de consommation, réduisant d'autant les opportunités de retour sur investissement. Mais également parce que le coût de la recherche et du développement peut parfois excéder les prévisions les plus pessimistes. Sur le plan marketing, cette innovation doit naturellement s'inscrire dans une gestion stratégique rigoureuse de la gamme et/ou de la marque[1] afin d'éviter tout cannibalisme et de justifier aux yeux du client, la légitimité de l'innovation.

Le cas particulier du B to B

Le marketing *Business to Business* (B-to-B) regroupe l'ensemble des techniques marketing utilisées par des professionnels à l'attention d'autres professionnels. On oppose le B-to-B au B-to-C (*Business to Consumer*), autrement dit lorsque le professionnel s'adresse au consommateur. La communication B-to-B nécessite de ce fait l'utilisation d'arguments et de supports spécifiques, propres à toucher cette cible. La distinction est importante car les exigences ne sont pas les mêmes dans leur fond et/ou dans leur forme si le client est un consommateur final particulier ou un professionnel distributeur ou utilisateur du bien. Sur le plan de la disponibilité d'un bien par exemple. Un consommateur final particulier peut, dans certains cas, accepter de patienter quelques jours voire quelques semaines avant d'obtenir son bien. Pour un distributeur, une attente trop longue sera souvent synonyme de perte potentielle d'activité. Ce qui fait la force du groupe italien Zucchi, leader européen du linge de maison et notamment propriétaire des marques françaises Descamps, Béra et Jalla, c'est qu'il est en mesure de réapprovisionner le point de vente d'une enseigne de la distribution en moins de 48 heures le plus souvent.

Aujourd'hui, il est tout à fait possible d'envisager une approche marketing individualisée B-to-B propice à la fidélisation, même dans des secteurs pour lesquels les standards apparaissaient hier encore comme la seule source de salut. Il importe alors seulement de bien considérer la spécificité de la cible ainsi que l'évolution récent de l'environnement. Auparavant, les activités B-to-B étaient représentatives de cycles longs nourris d'échanges répétés sur des bases quasi-automatiques et/ou de tacite reconduction. Ce n'est désormais plus le cas et le développement

---

1. Voir page 262 le cas des extensions de gammes et des extensions de marques.

d'un service client performant peut devenir – comme en B-to-C – un atout majeur pour l'entreprise. Pour les entreprises industrielles, les travaux de recherche publiés en 2000 par Nikolaos Tzokas et ses collègues, sur l'engagement de la direction de l'entreprise en faveur du service client, le confirment bien.

> « Alors que dans le passé de telles relations étaient élaborées naturellement sur le long terme et par le biais d'échanges répétés entre entreprises, à présent, le besoin de relations accélérées devient de plus en plus évident. Dans cette nouvelle réalité des affaires, le comportement des employés de contact direct avec le client est un premier signe du type de relations d'affaires qu'on peut attendre de l'entreprise » conviennent Nikolaos Tzokas, Bill Donaldson et Abu Bakar Sade.

En 1996, Jocelyne Pinard-Legry, Marion Frédéric et Robert Salle mettaient le praticien en garde s'il souhaitait mener une étude de satisfaction clients en milieu B-to-B. En réalité, les programmes de fidélisation B-to-B sont le plus souvent beaucoup plus complexes que leurs *alter ego* destinés au consommateur. Si les consommateurs sont devenus plus exigeants, les professionnels sont par nature très exigeants.

L'adaptation nécessaire à un public particulier

Les programmes de fidélisation à l'attention des professionnels sont plus sophistiqués la plupart du temps, tout simplement parce qu'il s'agit de professionnels. Cette difficulté d'élaboration se rencontre dès le processus d'identification de la cible. Pour les consommateurs, en cas de doute, le programme s'adressera au foyer. S'adresser à l'entreprise voire au groupe serait un investissement en pure perte. Il importe donc d'identifier l'interlocuteur décideur des achats et/ou de la signature de contrats de prestations. De plus, une entreprise travaillant en B-to-B peut avoir des clients professionnels de nature et de secteurs très différents, ce qui nécessitera là encore une identification au cas par cas. On notera d'ailleurs que si le coût des programmes de fidélisation à destination des consommateurs tend à diminuer progressivement en raison de la maîtrise des coûts et des techniques utilisées, les professionnels sont nombreux à reconnaître que les coûts des programmes de fidélisation à destination des professionnels restent quant à eux très élevés. D'autant plus que, relation économique oblige, dans l'immense majorité des cas, l'avantage apporté par le programme se situera le plus souvent au niveau du prix du bien ou de la prestation vendus. Rick Barlow, président de l'agence américaine Frequency Marketing, basée à Cincinnati estime que si l'on est parvenu à un coût unitaire de 2 $ à 8 $ par client et par an pour un programme de fidélisation alors que quinze ans auparavant il fallait compter 10 $ à 20 $ par client et par an. En revanche, il analyse que ce coût de 10 $ à 20 $ par client et par an reste valable aujourd'hui encore pour des programmes B-to-B.

La mise en place d'une stratégie de fidélisation EPL à ce niveau, implique donc adaptation et précaution. En premier lieu, parce qu'il s'agit de clients professionnels, leur nombre est en général beaucoup moins important qu'une cible grand public. D'aucuns y verront alors une cible plus facile à appréhender. Certes, c'est souvent le cas, mais il ne faut alors jamais oublier que parce qu'elle est professionnelle, cette cible est souvent reliée à l'entreprise par un système relationnel de contacts *intuitu personae*, la plupart du temps, qu'ont su progressivement tisser vendeurs et représentants. Ce rappel est fondamental avant d'envisager tout programme de fidélisation. Pourquoi ? Simplement parce que la fidélité dont il est ici question repose en majeure partie sur ce système relationnel. Quelle que soit alors la stratégie de fidélisation qui sera développée, celle-ci ne doit impérativement pas se suppléer à ce système relationnel, mais au contraire, être réfléchie et développée en parfaite cohérence avec lui.

Le cas Rubbermaid

C'est essentiellement un déplorable service clients qui causa les problèmes de Rubbermaid, le géant américain des boîtes et autres objets domestiques en plastique, à la fin des années 1990. Or, lorsque l'un de vos clients mécontents s'appelle Wal-Mart et qu'il commence à déréférencer vos produits au profit de ceux de la concurrence, la solution doit être rapidement trouvée. Spécialiste du rachat-restructuration, John McDonough ne s'y est pas trompé lorsque Newell investit 6 milliards de dollars en 1998 pour le rachat de Rubbermaid. La gamme des produits fut restructurée et désormais les livraisons se font en flux tendus à l'extrême. Wal-Mart offre chaque jour à Newell un créneau de deux heures seulement pour effectuer la livraison de ce qui a été commandé la veille. En cas de ratage, Newell s'engage à compenser financièrement la marge perdue. L'un des secrets de Newell est de disposer d'un système informatique propre très performant et qui a fait ses preuves en matière de gestion de la relation client pour les autres marques de Newell (Burnes, Bernzomatic, Sharpie…). Pas étonnant qu'en arrivant à la tête de Rubbermaid, John McDonough n'ait pas hésité une seconde à ranger le système SAP sophistiqué de 62 millions de dollars qui, deux ans après son installation, n'avait toujours pas fait ses preuves, pour installer le produit maison.

Le fait qu'il s'agisse d'une cible professionnelle rend plus aisée la possibilité de fixer un prix d'accès au programme de fidélisation. D'autant plus que les chercheurs américains Akshay Rao et Mark Bergen ont démontré que le paiement d'un prix, et plus particulièrement d'un prix élevé, pouvait s'interpréter par le fait, pour le professionnel, de penser s'assurer ainsi un haut niveau de qualité. La valorisation dudit programme sera alors immédiate aux yeux des clients et la distinction d'avec une opération promotionnelle, totale. Le droit d'entrée dans un programme de fidélisation B-to-B peut être, bien entendu, beaucoup plus élevé que lorsque que la cible est grand public. Cela implique que l'entreprise initiatrice devra offrir en contrepartie avantages et bénéfices justifiant le coût du droit d'entrée. Mais si le programme de fidélisation est à la hauteur, alors ce coût sera perçu par le client comme un véritable investissement qu'il aura envie de réaliser.

D'autant plus que dans certains cas, le contexte de la stratégie de fidélisation est très proche d'une situation où cette fidélisation serait en partie induite. Staci est un prestataire logistique qui gère un peu plus d'un million de colis par an avec 200 000 destinataires permanents.

« Lorsque l'on interroge Jean-Pierre Masse sur l'importance de la fidélité de ses clients, la réponse est explicite : « Elle représente 90 % de notre chiffre d'affaires de l'année suivante. » Pourtant, le président de Staci reconnaît naturellement que les techniques de fidélisation ne sont pas les mêmes qu'en B-to-C : « elles sont beaucoup plus personnalisées et beaucoup plus ciblées. Notre activité comporte des avantages pour développer des programmes de fidélisation, puisque les clients sont récurrents et ont déjà une informatique organisée avec nous. Or, les coûts de leur transfert représenteraient de 15 % à 20 % de leur prestation annuelle.

Pourtant l'entreprise, qui a pour maxime révélatrice « fabricant d'économies budgétaires », a conscience que cet avantage relatif peut néanmoins être remis en question en cas d'insatisfaction réelle de sa clientèle. Aussi développe-t-elle en permanence des programmes qualité, des plans de progrès ainsi qu'un indice de satisfaction. C'est là le prix ordinaire de la réussite. Avec plus de 190 millions de francs de chiffre d'affaires en 1999, c'est une activité multipliée par 20 en seulement dix ans.

Lors du 15ᵉ Congrès International de l'AFM à Strasbourg, en 1999, Michelle Bergadaa, Stéphane Graber et Hans Mühlbacher ont expliqué que « le seul fait réellement significatif est la liaison étroite entre le type de dyade et l'ancienneté de la relation. Ainsi la recherche d'une relation gagnant-gagnant semble bien être le fruit d'un processus de maturation de la relation. La qualité de cette relation établie a priori va ensuite déterminer la nature de la relation plus ou moins vive entre le client et le vendeur. » Trois cas de figure sont alors clairement identifiés par les chercheurs : « Lorsque la dyade est sereine, mais neutre, le vendeur semble simplement exposer sa proposition et répondre au client. Lorsqu'une forme de partenariat est plus engagée, partenariat dans lequel chaque partie cherche à établir son pouvoir relatif, le nombre de relations et de stratégies dans la négociation croît significativement. Quand enfin le partenariat est établi, dans une troisième étape, il n'y a pas de relations significatives établies avec le nombre de relations ou de stratégies employées. Tout dépendra en fait du sujet traité lors de la négociation ce jour-là. »

On comprend que, dans le cas précis de la mise en place d'une stratégie de fidélisation, celle-ci ne puisse pas, par conséquent, être utilisable de manière standard à l'attention de l'ensemble des clients de l'entreprise.

Le cas du groupe Danone est lui aussi particulièrement intéressant ici, en ce sens où compte tenu de son activité, il est concerné aussi bien par du B-to-B que par du B-to-C. Le souhait de développer un programme de fidélisation avec des partenaires peut rapidement rencontrer des limites.

Et Franck Meunier, Directeur Logistique et Système d'Information de Danone International Brands (DIB) d'expliquer que « les limites de cette stratégie sont les limites des responsabilités de chacun. Dib est et reste un exportateur qui ne sera pas un distributeur local. Nous ne souhaitons pas intégrer une partie de la tâche de nos distributeurs ou de nos importateurs locaux. D'autre part, au grand export, nous sommes tributaires des évolutions locales de la distribution et nos schémas sont à adapter aux ressources ou méthodes locales. Il ne peut exister de normes (différence entre USA, Liban, Afrique ou Japon). Les coûts unitaires et donc les contraintes ne sont pas les mêmes ». Franck Meunier observe d'ailleurs sur ce point que « la fidélisation permet de concevoir et de développer des schémas logistiques plus fins et offrant de réels avantages aux consommateurs finaux ainsi qu'à nos clients. Par exemple le repeat business *nous permet de modéliser une demande client et donc d'optimiser finement l'ensemble de notre chaîne logistique (zéro stock,* leadtime court*, etc.) qui en général génère des économies pour nos clients, mais permet aussi d'améliorer la "fraîcheur" de nos produits et donc d'augmenter la "valeur consommateur" de nos produits. »*

On l'aura compris, un programme de fidélisation B-to-B aspire avant tout à constituer un véritable réseau d'entreprises et/ou d'organisations travaillant ensemble, parce qu'elles y perçoivent un réel avantage mutuel. En 2002, Philip Kotler, Dipak Jain et Suvit Maesincee ont clairement insisté sur ce point dans *Le Marketing en mouvement*. De ce fait, en raison de l'aspect professionnel de la cible, il est préférable que le programme de fidélisation remplisse certains critères principaux (voir tableau page suivante).

Tableau 6 :
Principaux critères d'efficacité
d'un programme de fidélisation B-to-B

Il s'agit des professionnels en affaire avec l'entreprise, il importe donc de continuer à les traiter comme de véritables partenaires qui vont participer au programme et non comme de simples clients.	→	**Programme de partenariat pour le bénéficiaire**
	⊗	
Parce que la cible est, en volume, peu importante (ou en tout cas moins importante que sur un marché grand public), il est nécessaire d'entretenir et de développer les relations tissées avec les clients.	→	**Programme personnalisé pour chaque client**
	⊗	
Essentiellement du fait de la concurrence, l'entreprise initiatrice développe probablement déjà des programmes publicitaires et promotionnels qu'il convient de prendre en compte.	→	**Programme complémentaire de la stratégie marketing**
	⊗	
À l'inverse du grand public, les professionnels connaissent, en général, beaucoup mieux l'entreprise. Le programme de fidélisation n'aura donc pas les mêmes objectifs quand au rapport émotion/rationalité.	→	**Programme fondé sur un avantage rationnel et non un lien émotionnel**
	⊗	
Compte tenu de leur statut de professionnels, il est fort à parier qu'ils ne seraient pas réellement intéressés par de simples primes et autres avantages traditionnels d'un programme destiné au grand public.	→	**Programme orienté services ou produits de l'entreprise initiatrice**
	⊗	
La fréquence des contacts entre professionnels est souvent plus espacée que celle rencontrée entre un professionnel et le grand public, notamment pour des produits de grande consommation.	→	**Programme adapté au rythme d'affaires de l'entreprise**

139

Pour aller plus loin et approfondir les thèmes et sujets traités dans cette section, le lecteur pourra notamment se reporter aux ouvrages proposés ci-après.

- Akao Yoji, *QFD : Prendre en compte les besoins du client dans la conception du produit*, Éditions Afnor, Paris (2000).
- Alard Pierre et Damien Dirringer, *La stratégie de relation client*, Éditions Dunod, Paris (2000).
- Avoine Bernard Edmond, *Le management de projet orienté client*, Éditions d'Organisation, Paris (2002).
- Blattberg Robert C., Gary Getz et Jacquelyn S. Thomas, *Customer equity : building and managing relationships as valuable assets*, Éditions Harvard Business School Press, Boston MA, États-Unis (2001).
- Collectif, *Services : organisation et compétences tournées vers le client*, Éditions de La Documentation Française, Paris (2001).
- Diridollou Bernard et Charles Vincent, *Le client au cœur de l'organisation*, Éditions d'Organisation, Paris (2001).
- Ford David, Lars-Erik Gadde, Hâkân Hakansson, et Van Snehota, *Managing Business Relationship*, 2e édition, Éditions Wiley & Sons, Chichester, Grande-Bretagne (2003).
- Foss Bryan et Merlin Stone, *Sucessful customer relationship marketing*, Éditions Kogan Page, Londres, Grande-Bretagne (2001).
- Lacroix-Sablayrolles Hélène, *Êtes-vous vraiment orienté clients ?*, Éditions Dunod, Paris (2002).
- Gordon Ian, *Relationship Marketing : New strategies, techniques and technologies*, Éditions Wiley & Sons, Chichester, Grande-Bretagne (1998).
- Moisand Dominique, *CRM : Gestion de la relation client*, Éditions Hermès, Paris (2002).
- Nederlof Ad et Anton Jon, *Customer obsession : your roadmap to profitable CRM*, Éditions The Anton Press, États-Unis (2002).
- Reichheld Frederick F., *L'effet loyauté*, Éditions Dunod, Paris (1996).
- Scheelen Franck M. et Lévitte Marc, *Acheteur, Vendeur, à chacun son style !*, Éditions d'Organisation, Paris (2001).
- Terrill Craig et Arthur Middlebrooks, *Market leadership strategies for service companies : creating growth, profits, and customer loyalty*, Éditions McGrawHill, New York, NY, États-Unis (2000).
- Ulwick Anthony W., *Do you really know what your cutomers are trying to get done ?*, Éditions Harvard Business School Press, Boston, MA, États-Unis (2003).

Avis d'expert : Paul-Marie EDWARDS

Directeur Général, Konématic
http://www.kone.com/fr

Quelle est votre définition de la fidélisation client aujourd'hui ?

Un client fidèle est un client qui souhaite garder le même fournisseur, quelles que soient les propositions de la concurrence, et ce, parfois de manière irrationnelle. C'est aussi quelqu'un qui est indulgent, dans une certaine limite, mais qui fait aussi appel à son fournisseur pour des questions qui peuvent relever de domaines connexes à ceux habituellement abordés.

Attention : il existe des clients fidèles, que j'appellerai des otages, car ils n'ont pas le choix du fournisseur qui est seul sur cette niche, ou bien le client n'a ni le temps ni les moyens de chercher un concurrent. Mais cette fidélité est temporaire ; tout se paie !

Je rajouterai un élément important : on a parfois trop tendance à mélanger satisfaction du client et fidélité : si les clients fidèles sont dans l'ensemble assez ou très satisfaits, la réciproque n'est pas automatiquement vraie. En effet, un client peut être satisfait de vos services, de la similitude entre service perçu et service attendu, mais, pour des raisons qui sont parfois liées à la coïncidence (une rencontre, une ressemblance de situation…) voire une curiosité, un client peut avoir envie à un temps T "d'aller voir ailleurs". Nous le savons tous, l'herbe est toujours plus verte dans le pré du voisin. Et si c'était vrai ?

La difficulté pour le client sera de vous expliquer pourquoi il a fait cette démarche, mais ensuite il vous faudra essayer de le reconquérir. Il vous faudra beaucoup d'énergie, des arguments extrêmement solides et sans doute beaucoup d'argent pour y parvenir.

Le client otage, cité plus haut, qui prend conscience de son état d'otage, même s'il est satisfait de votre collaboration, vous le fera payer.

Dans certains couples dits heureux, il est des divorces qui ne s'expliquent pas… l'appel du large, des sirènes !

Vous vous adressez à une cible professionnelle. Perçoit-on une différence en termes de fidélisation dès lors que l'on se situe sur le B to B ?

La fidélisation pour un particulier est plus liée à la marque ou à un produit défini dans une marque. En B to B, la fidélisation est plus liée au peu d'espace qu'il y aura entre service attendu et service perçu. Mais attention, ici aussi l'irrationnel, l'affectif entrent en jeu : on aime un produit, une marque, une personne. Pourquoi les adolescents font-ils dépenser autant d'argent à leurs parents pour des marques de chaussures de sport dont la supériorité en matière de qualité n'est pas démontrée ? Pourquoi, en B to B, certains acheteurs suivent-ils "leurs" commerciaux ? Pourquoi préfèrent-ils acheter un peu plus cher "mais avec eux je suis tranquille" ?

Une autre raison encore : un client en difficulté qui aura été dépanné par une société X "en dêhors des liens contractuels qui les lient" n'oubliera pas le geste qui aura peut-être sauvé son entreprise d'une passe difficile, son propre poste ou un projet important à ses yeux.

Le responsable de la fidélisation client dispose aujourd'hui de très nombreux outils et diverses technologies ? Est-ce suffisant ?

À mon avis non. Il ne faut pas oublier le côté affectif. De plus en plus de commerciaux notent les dates anniversaires de leurs clients, leurs goûts… et n'hésitent pas à marquer le coup. Pour certains produits, Internet ne fonctionnera jamais. Il suffit de voir les difficultés des banques directes : le face à face est indispensable. On ne culpabilise pas si l'on est infidèle à un site Internet ou à une adresse e-mail ; c'est moins évident vis-à-vis d'une personne qui a toujours été attentive avec vous.

La fidélisation doit-elle être dissociée de la fidélisation de l'interne selon vous ? Pour quelles raisons ?

Non bien sûr. Tout d'abord parce que nos clients ne veulent pas avoir à changer d'interlocuteur tous les six mois. Ils s'attachent et entendent garder leurs relations. On le constate lorsqu'un commercial depuis longtemps en poste part à la concurrence : le client est fidèle… à SON commercial ! Ensuite, parce que c'est une question de bon sens : on ne peut vouloir garder ses clients longtemps et accepter un turn-over interne élevé : il y a opposition entre ces deux attitudes.

Enfin, quelles sont pour vous, les conditions indispensables aujourd'hui pour développer une "bonne" stratégie de fidélisation client ?

Avoir le courage et la volonté de garder un contact avec ses clients ; avoir le courage pour un dirigeant de donner sa ligne directe. Aller avec ses collaborateurs sur les "coups difficiles" même si le chiffre d'affaires n'est pas important. Ne pas écrire aux clients qu'on les aime, mais leur montrer par des petites attentions.

Les atouts potentiels d'Internet

Que le lecteur se rassure, l'objet de cette section n'est pas de lui raconter comment on a transformé un réseau informatique militaire en une gigantesque toile numérique planétaire ou pourquoi la vague de 2001 a emporté bon nombre d'acteurs. Il n'est pas non plus question ici de se lancer dans une course poursuite aux derniers chiffres caractéristiques quant au nombre d'Internautes et encore moins d'expliquer avec assurance quels seront demain les sites ou les portails les plus fréquentés du Web. L'origine et l'économie d'Internet ont déjà été développées à maintes reprises, dans maints supports et l'objectif de ce livre n'est pas de contribuer sous une forme ou une autre à la futurologie hasardeuse du medium. D'autant plus, que chacun s'accorde aujourd'hui à tirer le constat qu'Internet a bouleversé la vie économique et sociale de nombreux individus, de nombreuses entreprises et probablement de nombreuses sociétés, sans qu'elles en aient nécessairement encore pleinement conscience.

À portée de clic, de nouveaux marchés accessibles

Dans le cadre qui nous intéresse ici, l'objectif est d'analyser dans quelle mesure Internet peut être mis à profit pour développer et/ou entretenir la fidélité des consommateurs d'une entreprise.

Si l'une des principales icônes du commerce électronique, favorite de Wall Street et spécialiste de la vente de livres et de disques – Amazon.com[1] –

---

1. Voir également la leçon d'éthique de Jeff Bezos analysée page 168.

n'a enregistré ses premiers résultats positifs qu'en 2002, elle semble avoir réussi le pari de la fidélisation client avec une vraie stratégie en ce sens.

Le cas Dell

Dell Computer est un autre exemple pertinent. Avec plus de 14 millions de dollars d'ordinateurs vendus chaque jour sur ses sites, Dell Computer réalisait déjà en 1999, plus de 25 % de son chiffre d'affaires total sur le Net, même en France avec 150 000 euros minimum d'activité réalisée en ligne chaque jour. Mais même si son activité continue de croître annuellement à un rythme à deux chiffres, son PDG Michael Dell a expliqué dès le début de 1999, que l'entreprise allait offrir de plus en plus de services en parallèle des configurations informatiques qui ont fait son succès. D'où le développement d'une offre de services, de pièces détachées et de périphériques complémentaires de la gamme des produits habituels. Par ailleurs, l'ergonomie du vecteur Internet étant très souple, Dell développe de plus en plus des pages spécifiques à ses clients professionnels comme Toyota, afin de les conserver sur son site le plus longtemps possible, et donc de leur offrir le maximum d'opportunités d'acheter des produits Dell, dans un environnement familier. De plus, là où le prix d'un ordinateur fixé à 999 $ peut servir de prix d'appel, les marges générées par les consommables et surtout les services annexes sont beaucoup plus confortables. Michael Dell n'a-t-il pas expliqué aux analystes financiers qui voulaient bien l'entendre : « nous cherchons des profits, pas des ventes à tout prix ? »

En ligne, une technologie accessible

Chaque jour, de nouvelles technologies viennent améliorer la puissance, la sécurité et la convivialité d'Internet. C'est un aspect fondamental, car la relation entreprise-client n'est plus tout à fait la même sur Internet. Le contact physique avec le client disparaît.

Le cas Ikea

Ikea a développé depuis plusieurs années un site Internet (http:// www.ikea.com) complété par des déclinaisons nationales les implantations de l'enseigne. Au-delà de la transposition progressive du catalogue Ikea pour un investissement dans le commerce électronique, le groupe suédois a développé sur son site des logiciels d'aide à l'assemblage de ses principaux produits. Une agréable présentation en situation en magasin, associée à un prix psychologique peuvent contribuer à déclencher l'achat. Mais il se peut, malgré une notice explicative relativement claire dans la plupart des cas, que le consommateur éprouve des difficultés à monter son étagère et que sa frustration devant son incompétence le retienne d'une nouvelle visite chez Ikea dans le futur. Internet peut, ici, venir au secours de la stratégie de fidélisation. De petites applets ont été développées et rendues accessibles sur le site. Une liste graphique de contrôle des pièces nécessaires et de leur nombre, un effet de trois dimensions, une animation des différents éléments et des explications claires permettent ainsi au consommateur de visualiser parfaitement chacune des étapes qu'il lui reste à atteindre.

De plus, en raison de sa disponibilité permanente, Internet est un vecteur naturellement favorable à la fidélisation de la clientèle.

Le cas Estée Lauder

Le groupe Estée Lauder est ici particulièrement révélateur des différentes stratégies Internet possibles au sein d'un même groupe. Origins est une marque de cosmétiques d'entrée de gamme. À environ trois dollars le produit, il n'est pas envisageable de développer un programme de commercialisation sur Internet, au risque de ne jamais pouvoir supporter les coûts logistiques afférents. Peu connue, Bobbi Brown est une autre marque de cosmétiques du groupe américain, diffusée dans environ 125 points de vente. Le positionnement prix ainsi que le faible circuit de distribution de la marque ont incité Estée Lauder à développer un espace marchand, sur le site institutionnel de la marque. Le but avoué est ici très clair : bénéficier d'Internet pour faire croître le potentiel de cette marque et accéder le plus rapidement possible à des volumes propices à une activité rentable. Troisième cas, toujours tiré du portefeuille de marques Estée Lauder : Clinique. Contrairement à Bobbi Brown et Origins, Clinique, positionnée haut de gamme, est diffusée dans plus de 7 000 points de vente dans le monde. Mais dès le début de 1999, le groupe a néanmoins offert à ses consommatrices américaines la possibilité d'achats de produits Clinique en ligne, sur le site institutionnel de la marque. Toutefois, l'objectif est ici complètement différent. Il est hors de question d'attaquer frontalement le circuit de distribution en développant une puissante concurrence, au risque de subir un cannibalisme commercial, rapidement suivi par un potentiel déréférencement pénalisant. En revanche, l'initiative permet non seulement à Clinique de développer un marketing relationnel (plus d'un demi-million de coordonnées enregistrées à ce jour) mais également d'offrir à ses consommatrices la possibilité d'accéder en permanence aux produits de la marque et donc de lui rester fidèles, alors que leur distributeur habituel ne disposait plus de la référence souhaitée.

Du réel au virtuel, l'indépendance accessible ?

Mais Internet peut aussi se révéler être une échappatoire très séduisante, pour des entreprises en position de relative faiblesse vis-à-vis de leur réseau de distribution. En France, sur certains secteurs comme les articles de sport ou les produits culturels, la prédominance manifeste de certaines enseignes de la distribution pourrait bien inciter à faire réagir des fabricants en quête de marges plus confortables, assorties d'une relation plus directe avec le consommateur. Sur le marché des articles de sport, certains fabricants comme Nike, ont opté pour le développement de leur propre réseau de NikeTown. Mais le coût en termes d'infrastructure est très lourd comparativement à un site Internet. L'aventure n'est certes pas sans risque. En effet, les distributeurs du monde réel voient parfois d'un mauvais œil les initiatives de leurs clients pour développer

146

ce qui n'est autre qu'une forme de concurrence. Certaines de ces marques productrices leaders réalisent aujourd'hui un tiers, voire plus, de leur chiffre d'affaires avec une seule et même enseigne. Seront-elles alors prêtes à risquer tout ou partie de ce volume d'activité quasi assuré, pour céder aux appels des sirènes du réseau des réseaux ? D'autant plus, que certains distributeurs, comme Décathlon ou la Fnac par exemple, les ont devancés le plus souvent et sont déjà bien présents sur Internet. Le choix stratégique nécessitera alors inévitablement le recours à une démarche marketing pour connaître les aspirations du consommateur et ses préférences, pour des sites propres aux marques et donc exclusifs ou des sites marchands de distributeurs proposant un assortiment de marques pour une même catégorie de produits. Il convient donc de relativiser la toute puissance d'Internet, *a fortiori* s'il s'agit de révolutionner les techniques de fidélisation.

Mais l'Internet ne représente pas seulement un potentiel extraordinaire. Il semble qu'en matière de fidélisation, le réseau des réseaux soit également source de préoccupations de la part des utilisateurs.

Le cas Tower Records

Le disquaire américain Tower Records utilise les techniques du collaborative filtering *pour cibler ses consommateurs par rapport au(x) type(s) de musique qui les intéressent. Lorsqu'une promotion est mise en place, l'ensemble des internautes recensés pour ce genre de musique est informé directement par e-mail, avec un lien hypertexte pour se rendre directement dans le répertoire du site concernant l'offre. Et John Feidner, directeur général de Tower Records de commenter : « Qu'ils achètent ou non quelque chose immédiatement n'est pas aussi crucial que de s'assurer du fait qu'ils restent conscients que nous sommes là. »*

Mais quelle que soit sa forme et quelles que soient les précautions qu'il requiert, à n'en pas douter le commerce électronique s'installe néanmoins, progressivement dans les esprits et nous ne sommes plus au stade du simple effet de mode. Dans ces conditions, mieux vaut appréhender au plus vite ses principales caractéristiques, au risque de manquer éventuellement les opportunités stratégiques qui peuvent se présenter à l'entreprise.

Les caractéristiques du commerce électronique

Jamais dans l'histoire des médias, un médium n'aura suscité autant de commentaires et d'analyses sur sa naissance, son développement et son avenir. Internet est un véritable phénomène de société, ne serait-ce que par la course aux prédictions qu'il engendre. Le nombre d'internautes, l'évolution du nombre de transactions, les activités les plus porteuses, l'éclatement de la bulle en 2001-2002... tout est sujet à prédiction, analyse ou commentaire, car une nouvelle économie a pris place sous nos yeux. Le seul inconvénient réside dans la pertinence de ces prédictions. Quelles que soient édictions, elles demeurent souvent très intéressantes et parfois très utiles, tant qu'elles ne concernent pas le futur... Quand bien même l'on déciderait de se cantonner à des organismes reconnus pour le sérieux de leurs études, des variations du simple au double voire au triple demeurent.

Le commerce électronique va-t-il, à terme, supprimer d'autres modes de commercialisation ? Internet va-t-il supplanter d'autres médias ? Les pronostics réalisés pour répondre à des questions de ce type sont toujours hasardeux. Certes, il ne faut pas être devin numérique pour percevoir, pour plusieurs années encore, une évolution rapide du meta-medium, en parallèle des autres médias. À court terme en effet, l'accès au Web nécessite les médias classiques, ne serait-ce que pour informer l'internaute de l'existence d'un site et lui fournir son adresse exacte.

Instantanéité, communauté et rentabilité

Particulièrement séduisant, car partiellement maîtrisé, Internet est un médium dont le coût d'utilisation peut être très inférieur à celui des autres médias, tant en matière de communication que d'activité commerciale. Certes, tous les secteurs ne sont pas concernés avec la même intensité. En revanche, il n'y a aucun doute sur le fait qu'ils soient tous concernés. En 1997 déjà, Booz Allen & Hamilton présentait les résultats d'une étude comparative particulièrement révélatrice à ce sujet. Dans le secteur bancaire une opération réalisée par un particulier au guichet de l'établissement dont il est client coûtait en moyenne 1,07 $, la même opération traitée par voie postale coûtait en moyenne 73 cents, la même opération réalisée à l'aide d'un guichet automatique (ATM) revenait à 27 cents, soit un quart du coût initial. La même opération traitée par le biais d'une connexion Internet coûtait alors environ 1 cent. Ce simple exemple, à tous ceux qui s'interrogeaient encore sur la motivation débordante de certains directeurs financiers pour les nouvelles technologies de l'information. Nombreux praticiens responsables commerciaux y virent également l'ultime vecteur de prospection idéal, en ce sens où il permettait d'accéder au potentiel de consommateurs de l'ensemble de la planète. Quelle autre frontière pouvait bien exister après celle-là ?

De par la quasi-instantanéité de circulation de l'information numérique aux quatre coins de la planète, Internet est l'illustration la plus parfaite à ce jour d'un environnement désormais conditionné pour vivre et évoluer en temps réel. S'y sont développées et s'y développent chaque jour davantage, des communautés virtuelles dont on ne soupçonnait absolument pas les affinités potentielles hier encore. Des communautés dont les membres s'ignoraient et continueront parfois de s'ignorer dans le monde réel. Des communautés dont les membres sont, presque en permanence, reliés entre eux par l'information numérique. On peut légitimement parler ici d'une sorte d'intelligence artificielle, dont la capacité de développement spontané à la vitesse de la lumière et la propagation universelle échappent, dans la plupart des cas, très vite, à ces géniteurs. Concrètement, sur le terrain de la fidélisation qui nous intéresse ici, les avantages et l'intérêt d'un programme de fidélisation particulier vont, quasi instantanément, être connus par une cible qui dépassera très largement celle qui était visée initialement. Effet de contamination naturelle oblige. Sensibilisée, elle pourra alors immédiatement souhaiter participer, elle aussi, à tel programme, afin de bénéficier de ses avantages. On imagine aisément la rentabilité potentielle qui s'offre ainsi à l'entreprise, qui a alors la possibilité de séduire une vaste cible dont elle ignorait parfois même l'existence. S'il faut accorder aux puristes que ça n'est plus tout à fait de la fidélisation, ça n'est pas non plus tout à fait de la prospection. Les caractéristiques particulières du réseau des réseaux font qu'il s'agit en fait d'une forme hybride de prospection spontanée naturellement induite par une opération de fidélisation. Mais jamais il ne sera défendu qu'une excellente stratégie de fidélisation dispensait d'actions de prospection. Fidélisation et prospection sont et demeureront toujours complémentaires.

Certes en termes de croissance d'activité, le résultat est bien celui qui était recherché à l'origine. Il est même, en général, obtenu plus rapidement et plus massivement que s'il avait eté supporté par des médias traditionnels. En revanche, parce que nous sommes en présence d'un médium pour lequel le contrôle absolu est illusoire et dont l'évolution est permanente, il importera de garder à l'esprit que ce résultat virtuellement obtenu, demeurera inévitablement très fragile dans le temps. La raison fondamentale est simple. Une telle situation naît de l'interaction naturelle et/ou recherchée qui existe entre les internautes. Le même effet de contamination dont une entreprise aura bénéficié à un instant t, pourra bénéficier à une autre à un instant t + 1. L'inconvénient pour lesdites entreprises est toutefois que lorsque l'on parlait de semaines voire de mois dans le monde réel, on parle plus couramment de jours voire d'heures dans le monde virtuel, et pour certaines communautés fortement interconnectées de minutes voire de secondes. On comprend dès lors que c'est toute l'organisation de l'entreprise qui devra être reconsidérée en conséquence. À l'instar de l'aéronautique spatiale, Internet offre des fenêtres de tir qu'il est parfois possible de générer, mais qu'il convient de ne pas négliger lorsqu'elles se présentent. En effet, compte tenu de l'extraordinaire contraction de l'espace temps sur le réseau des réseaux, l'opportunité de tir demeure souvent très limitée. L'entreprise intéressée par le « lancement » d'un projet devra donc être en mesure de saisir immédiatement l'opportunité se présentant à elle, au risque de devoir attendre une autre hypothétique « fenêtre de tir » et/ou au risque que l'internaute s'intéresse rapidement à un autre projet, lancé cette fois par la concurrence…

La toute-puissance de la variable prix

Si au départ du phénomène, au début des années 1990, nombreux furent les annonceurs à louer les caractéristiques d'Internet, ne serait-ce que parce que le réseau des réseaux leur donnait accès instantanément à un nombre d'acheteurs potentiels auxquels ils n'auraient même jamais osé rêver, certains commencent aujourd'hui à prendre conscience des possibles effets pervers. La technologie d'Internet est sa colonne vertébrale. Mais comme celle d'un enfant, cette colonne vertébrale se développe, évolue, se métamorphose avec lui et se fortifie chaque jour un peu plus. Quel journaliste n'a-t-il pas un jour assimilé Internet à une jungle épaisse où l'on pouvait aisément s'égarer ? Mais progressivement, les agents chercheurs se sont développés, améliorant leur technologie de recherche, notamment depuis l'apparition des premiers codes XML (*extensible Markup Language*) beaucoup plus performants que le HTML.

> « Il y a un paradoxe dans notre système économique. L'offre veut vendre, vendre, vendre. Pour cela elle a besoin de plus en plus d'informations sur son consommateur/client. Et dans les années à venir ce dernier va trouver cela ennuyeux par rapport à sa vie privée. Si le consommateur ne veut plus que l'on sache tout ce qu'il fait, comment l'offre va-t-elle pouvoir vendre ? Certes, les techniques de fidélisation vont continuer, mais vont probablement apparaître sur l'Internet de nouveaux types d'intermédiaires que Hagel, dans son récent livre, appelle des infomédiaires. Ces derniers ne seront plus à la solde de l'offre, mais de la demande, du consommateur. Ils seront chargés par le consommateur de lui trouver les meilleurs deals » analyse Jean-Michel Billaut, directeur général de l'Atelier de Veille Technologique du groupe BNP-Paribas.

Les plus optimistes trouveront que cette possibilité de comparaison en temps réel fait disparaître d'un arsenal « suicidaire » une variable prix qui ne servait qu'à retenir certains consommateurs, mais certainement pas à la fidélisation. L'utilisation de la variable prix génère un coût : une stratégie de fidélisation repose sur un investissement.

Ayez confiance...

Aujourd'hui encore, dans l'immense majorité des cas, les internautes demeurent inquiets quant aux garanties qu'offre une transaction sur Internet, tant au niveau de sa concrétisation physique (livraison du bien commandé, paiement du prix affiché) qu'au niveau de l'exploitation des informations fournies (détournement de numéro de carte de paiement, circulation des données signalétiques du client…) ou de la possibilité d'un recours légal *a posteriori* en cas de problèmes. Lorsqu'il se trouve sur un site Internet marchand, le chaland internaute est seul, face à son écran, pour apprécier la crédibilité de la source et conserve de surcroît à tout moment, la liberté d'interrompre le processus ou même de le reprendre sur un site concurrent.

Si par le passé, la méfiance de ce dernier a pu être limitée, le consommateur moderne est plus et mieux informé, donc légitimement potentiellement plus méfiant. De ce fait, l'impact du discours commercial dépend de la crédibilité de la source émettrice. De plus, compte tenu de la facilité relative à développer une activité commerciale sur Internet, le réseau des réseaux a vu, en quelques années seulement, se multiplier les sites marchands de commerçants peu ou pas du tout connus dans le monde réel. En d'autres termes, ces nouvelles enseignes de la commercialisation numérique n'avaient, pour la plupart, aucune expérience vérifiable à mettre en avant, et leur notoriété limitée ou inexistante permettait difficilement de leur accorder une quelconque confiance. Le point le plus sensible étant celui du paiement, très vite se sont développés des protocoles, afin de crypter la transaction de manière à la sécuriser. Même s'il est reconnu pour ne pas être le plus performant, le plus répandu est encore aujourd'hui le protocole SSL (*Secure Socket Layer*). Il utilise en fait un chiffrement de toute la connexion, entre le navigateur et le serveur Web. Son principal avantage est qu'il est compatible avec la grande majorité des navigateurs. En réalité, la France a longtemps été pénalisée par une législation limitant l'utilisation d'une cryptographie évoluée, autrement dit vers un cryptage codé sur 128 bits, alors que jusqu'en mars 1999, la loi n'autorisait qu'un cryptage avec une clé codée sur 40 bits. On peut donc penser que des normes plus sûres, comme la norme TLS (*Transport Layer Security*) soutenues par l'Internet Engineering Task Force et/ou les normes SET (*Secure Electronic Transaction*) et C-SET (*Chie-Secure Electronic Transaction*) développées à l'instigation de Visa et Mastercard, finiront par s'imposer.

Les marques existant dans le monde physique bénéficient d'un double avantage, aux yeux de l'internaute, susceptible de générer et/ou d'entretenir sa confiance. Le passé de la marque est le premier de ces avantages. Si la marque est déjà connue et qu'elle a eu, à temps, le réflexe d'enregistrer un nom de domaine homonyme du nom commercial connu de tous, le transfert de notoriété et d'image mentionné ci-avant peut s'effectuer naturellement sur un site dont le nom est le même. Le second avantage est que ces marques « existantes » existent justement. En d'autres termes, elles ne sont pas qu'un simple code informatique symbolisant l'adresse télématique d'un site Internet. Elles existent physiquement et le simple fait qu'elles disposent d'une adresse dans le monde réel matérialise naturellement leur existence aux yeux du consommateur. Cependant, une étude réalisée par la société américaine Cheskin Research en collaboration avec Studio Archetype/ Sapient et publiée début 1999, a révélé que le nom de marque était utile pour susciter la confiance, mais non suffisant. Au-delà de la marque, les résultats de l'étude montrent que parmi les éléments constitutifs de la confiance, on trouve la qualité de navigation, le processus de traitement des commandes, l'aspect général du site, l'utilisation d'une technologie de pointe, ainsi que la présence de logos d'organismes certificateurs. S'ils sont encore peu présents sur les sites marchands français, la présence de ces derniers est presque devenue systématique sur les sites anglo-saxons, et notamment sur les sites marchands américains. En France, la Fevad et la Fcd ont développé L@belSite sur des bases rigoureuses, dans cette idée de rassurer le consommateur internaute.

La spécificité de la fidélisation *via* Internet

Une étude publiée en 2002 et menée par Éric Lesser et Michael Fontaine du centre IBM, Institute for knowledge-Based Organizations, insistait sur la capacité de l'Internet à réunir des consommateurs sur des intérêts communs. Et les deux chercheurs de recommander l'écoute attentive de ce que les consommateurs disent sur le Net, pour découvrir leurs motivations nouvelles et renforcer ainsi la fidélisation client.

« L'ensemble des internautes ne représente en aucun cas un échantillon exhaustif de la population. Zappeur, exigeant et de plus en plus éduqué, il demeure difficile de le fidéliser. En marge de la population, l'internaute ne possède pas les mêmes comportements d'achat et reste très sensible à sa liberté de décision. De nouveaux outils de recherche et des automates de comparaison de prix permettent à l'internaute de zapper entre les sites nonobstant la qualité de ceux-ci. La fidélisation électronique va permettre de raccourcir notablement le processus décisionnel » met en garde Christophe Sabas, consultant chez KPMG.

153

Internet a introduit une nouvelle caractéristique dans la démarche de consommation du chaland net-surfer. Si l'on observe ce qui a changé depuis un demi-siècle, on pourrait dire que le consommateur est passé d'une ère de restriction à une ère de consommation, puis à une ère de réflexion due à la crise pour entrer aujourd'hui dans une ère de comparaison. Certes, cette action de comparaison a toujours existé. Mais avec Internet, elle devient plus exhaustive, plus simple, plus rapide, plus efficace. Des agents de recherche, voire des sites agrégateurs, permettent aujourd'hui de surfer sur l'ensemble de la toile pour trouver le compromis produit-prix-marque-service le plus performant. Compte tenu de l'automatisation du processus de recherche et du peu d'efforts corollaire qu'elle implique, le consommateur internaute ne peut qu'être séduit par le processus et donc incité en permanence à une potentielle infidélité.

Le temps réel à portée de tous

La fonctionnalité « temps réel » qu'offre Internet pourrait être un excellent argument pour le développement d'une démarche B-to-B. Certes, le Minitel a, en son temps en France, bien rempli sa mission. Mais la souplesse technologique d'Internet permet une personnalisation des interfaces que n'autorisait pas le Minitel. La consultation d'un compte, la confirmation d'un virement, la gestion de trésorerie… sont autant d'opérations qu'une entreprise apprécierait pouvoir gérer de manière personnalisée, économique, confidentielle, à distance et en temps réel. Or, compte tenu de moyens de sécurisation des transactions améliorés depuis qu'est autorisée en France une cryptographie plus élaborée, avec notamment des clés codées sur 128 bits (depuis mars 1999), Internet apparaît être un vecteur idoine pour une telle offre de services. D'autant plus qu'avec le développement de l'Internet à haut débit (ADSL, câble, satellite) et l'utilisation du langage XML en remplacement du HTML, les potentialités d'Internet se trouvent décuplées. Comparé par certains à une « pierre de Rosette » numérique, XML a souffert d'une standardisation difficile au départ.

Pourtant comparé à l'ancien HTML, ses potentialités pour des recherches accélérées et plus précises, pour le développement d'interfaces personnalisables ou pour l'utilisation de matériels nomades sont énormes.

Pour exploiter les atouts potentiels d'Internet en marketing, il importe de considérer le vecteur qu'il représente comme un meta-medium à part entière. Ce qui signifie qu'il serait extrêmement risqué d'y décliner simplement les enseignements reçus de l'utilisation des autres médias. C'est un point très important car aujourd'hui encore, compte tenu d'une « culture Internet » peu développée, certains conseils et/ou certains annonceurs pensent que le meta-medium peut être dompté avec les outils et les techniques utilisées depuis toujours. Internet est un vecteur spécifique. Un facteur qui peut être positif et négatif pour la stratégie marketing. Un facteur qui nécessite la prise en considération de variables internes et externes spécifiques (voir tableau 7). Si l'entreprise parvient à les maîtriser, alors l'interactivité permise par l'Internet devient un vecteur porteur pour la fidélisation. En 2002, les travaux de Bill Merrilees ont confirmé l'intérêt de cet atout potentiel, concluant que l'interactivité offerte sur le Web favorise la confiance en ligne, l'engagement ainsi que l'intégrité.

Tableau 7 : **Principales variables internes et externes à considérer pour intégrer le facteur Internet dans la stratégie marketing**
Principales variables internes
• La modification des modalités de veille concurrentielle, afin de tenir compte de l'accélération de la vitesse de circulation de l'information. • L'intégration complète d'Internet dans le plan marketing, non plus comme simple support potentiel, mais en tant que métamedium à part entière. • L'adaptation du processus de fabrication et du système logistique corollaire, afin de pouvoir faire face à un accroissement massif et soudain de la demande. • Le développement d'un marketing plus interactif, afin de raccourcir au maximum le délai de réaction de l'entreprise. • La réflexion stratégique de plus en plus globalisée d'un marché devenu réellement planétaire.

Principales variables externes
• La montée en puissance probable d'une nouvelle forme de consumérisme soutenue par l'interconnexion des consommateurs au niveau mondial.
• Le développement d'une nouvelle forme de bouche à oreille planétaire quasi-instantanée désormais accessible par l'intermédiaire d'Internet.
• La croissance du nombre de sites Internet impliquant la gestion, actualisée en permanence, de liens avec le site de l'entreprise.
• Une population d'Internautes encore très mal connue, en évolution constante et très variable suivant les pays.
• Les nombreux facteurs exogènes (vitesse de diffusion de l'information, absence de frontières, possibilités de communication parasitaire, sites privés en rapport avec le produit et/ou l'entreprise, marché parallèle sur Internet...) limitant le contrôle des actions de communication.

Source : « Internet, facteur positif et négatif pour la stratégie marketing », *Décisions Marketing* n° 11, mai-août 1997.

Leçon d'éthique en pleine jungle amazonienne

La tentation est grande pour tous les acteurs économiques qui se présentent sur Internet de faire fi des règles élémentaires en matière d'éthique et de déontologie. Pourtant, la tentation est grande, tout simplement parce que les taux de croissance de la population internaute sont tels que la prospection paraît presque inutile, tant les clients potentiels sont chaque jour plus nombreux. Quant à la fidélisation, elle semble superflue pour les mêmes raisons. Ce serait commettre une erreur très grave que de raisonner de cette manière, pour deux raisons majeures. La première est tout simplement que la croissance de cette population est certes bien réelle, mais les nouveaux arrivants n'appartiendront peut-être pas à la cible dont on a délaissé ou trompé certains éléments. La seconde raison repose sur l'un des fondements d'Internet : le principe de la communauté virtuelle et de l'interconnexion de la plupart de ses membres. Certes, il y a des escrocs sur Internet et il continuera d'y en avoir. L'escroquerie a toujours accompagné l'activité marchande à travers les siècles, à des degrés variés. Internet n'avait, *a priori*, aucune raison d'y échapper. Aucun marché, y compris en économie fermée, n'existe sans cette regrettable mais incontournable composante. En revanche, l'information circule beaucoup plus vite sur Internet qu'elle ne le peut sur un marché réel. La réputation négative d'un site peu recommandable ne tardera pas à faire le tour de la planète. Les pessimistes s'empresseront de dire que la rapidité et la facilité de mise en place d'un site permettront à ces marchands mal attentionnés de poursuivre leurs méfaits sous d'autres cieux numériques. La vigilance du consommateur net-surfeur devra donc demeurer active à l'égard des nouveaux venus.

Le cas Amazon

L'homme qui faisait la couverture du magazine américain Wired *en mars 1999, celle de* Fortune *quelques semaines après, et celle de* BusinessWeek *quinze jours plus tard, nommé marketer de l'année en décembre par* Advertising Age, *était très peu connu du grand public en fait. Pourtant, il est impossible d'avoir un jour assisté à une conférence ou à un colloque se rapportant de près ou de loin à Internet, sans que le nom de l'entreprise créé par Jeff Bezos ne soit citée, présentée, admirée ou critiquée. Jeff Bezos fait parti de ces rares individus dont le cerveau gauche est parfaitement développé et tout autant que le droit. Lorsqu'en juillet 1995, la station Sun Sparc de l'entreprise fut connectée au réseau, l'adresse (http:// www.amazon.com) devint accessible pour la première fois. Le reste appartient à présent à la légende de l'entreprise et fut raconté maintes fois dans le détail par des médias, toujours amateurs des belles histoires d'entreprises. Mais quel que soit le futur d'Amazon, ce qui fait la force de Jeff Bezos, c'est avant tout sa lucidité et sa capacité d'interprétation des tendances, toutes deux couplées à une extraordinaire réactivité. L'activité d'Amazon décolla avant même que le nom d'Internet n'envahisse systématiquement l'ensemble des médias. Cette fulgurante progression associée aux prévisions plus optimistes les unes que les autres à propos du futur d'Internet, permettait sans doute d'expliquer l'ascension indescriptible de l'action Amazon à Wall Street.*

Lorsqu'il recherchait des capitaux pour lancer Amazon, Jeff Bezos refusa l'offre d'un capital-risqueur compte tenu du fait que celui-ci se montrait trop gourmand quant au capital contrôlé en contrepartie. Refusant de revenir sur son offre, ledit capital-risqueur paria alors sur le fait qu'il suffirait au célèbre Barnes & Noble de venir sur le Net pour effacer d'un clic l'histoire d'Amazon. Mais cette histoire fut écrite autrement. Toutefois, celle-ci, aussi merveilleuse soit-elle pour Amazon, n'est pas assurée pour l'éternité a fortiori parce que l'on se situe sur Internet. Lorsqu'un consommateur se rend dans un magasin, son déplacement correspond à un certain investissement temps. Si le produit qu'il est venu chercher ne lui convient pas, il conserve la possibilité d'y renoncer et de poursuivre ses recherches dans un autre point de vente. Mais se pose alors la question de savoir si l'investissement temps-coût-fatigue est justifié. Sur Internet, cette appréciation ne repose plus sur les mêmes bases : la proposition commerciale concurrentielle suivante se trouve juste à un clic de la précédente, à quelques secondes seulement, et sans fatigue particulière de l'internaute a priori. Associé au fait que la lecture des pages web est souvent très cursive, la rétention de l'internaute peut parfois s'avérer une tâche quasiment impossible.

On commence alors à percevoir la fragilité du lien commercial unissant l'internaute à un site de commerce électronique particulier et par voie de conséquence, l'impérieuse nécessité de tout faire pour favoriser la fidélisation. Dans le cas d'Amazon, on peut penser que la renommée du nom, médiatiquement entretenue consciemment ou pas par les médias, a fortement joué en sa faveur. Certes, les prix offerts par le libraire virtuel sont la plupart du temps discountés, ce qui constitue un avantage réel pour l'internaute acheteur en quête de la meilleure offre. Mais les prix proposés par Amazon ne sont plus une exclusivité aujourd'hui et il est possible de trouver d'aussi bons prix sinon de meilleurs sur d'autres sites. La puissance du modèle Amazon réside dans le fait que ses clients lui sont fidèles. La raison d'une telle fidélité est rapidement perceptible à tout visiteur régulier du site Amazon. Le site est en évolution permanente. Il offre une démarche one-to-one par le biais de présélections personnalisées. Des services sécurisés rapides tels que le one-click-shopping, permettent à l'acheteur fidèle pressé de ne pas avoir à ressaisir adresse, choix de mode d'expédition et numéro de carte de crédit. Des listes d'informations peuvent être souscrites pour être tenu informé par e-mail des nouveautés dans les genres sélectionnés. Il est possible d'écouter en ligne des extraits d'un CD inconnu avant de l'acheter ou de lire différentes critiques sur tel ou tel livre. Et dès 1999, Amazon diversifia ses activités pour entretenir l'attrait naturel de son site. Tous ces services permettent à Amazon de fidéliser ses clients et à terme, seule cette fidélisation permettra à l'entreprise de conserver sa rentabilité. Un client internaute fidèle, c'est un client sécurisé du point de vue de ses références bancaires. C'est un client sécurisé du point de vue de sa localisation géographique (adresse exacte et choix du mode d'expédition). C'est un client sécurisé quant à sa connexion qui sera plus rapide donc moins sujette aux coupures. C'est un client partiellement sécurisé sur le plan marketing, car l'historique de ses achats peut permettre de lui soumettre des produits dont il n'avait pas nécessairement connaissance, mais qui correspondent parfaitement à ses centres d'intérêt. Alors, compte tenu de tous ces éléments, on comprend aisément que Jeff Bezos ait réagi très promptement en 1999 à ce que les observateurs, tous médias confondus, n'hésitèrent pas à qualifier de « gaffe ». L'une des traînées de poudre qui mit le feu à la forêt amazonienne parut en première page du respectueux The New York Times le 8 février 1999. La journaliste Doreen Carvajal y expliquait qu'à titre expérimental, pendant l'été 1998, Amazon avait offert aux éditeurs la possibilité de payer pour une critique favorable de leur livre. L'information n'avait rien d'exceptionnelle a priori. Depuis que la presse existe, se pose l'éternelle question de la frontière entre l'éditorial et le publicitaire. Et les publi-informations et autres publi-reportages nous rappellent chaque jour, ô combien ladite frontière est aussi réelle que le sont les frontières nationales à l'intérieur de l'espace Schengen…

Et l'article d'indiquer que le coût d'une telle « critique » pouvait désormais avoisiner les 10 000 dollars. Tout irait pour le mieux dans le plus commercial des mondes, si Amazon n'avait développé au fil du temps une image de site indépendant où les critiques objectives de l'équipe d'Amazon guidaient les lecteurs acheteurs, en toute confiance. Le jour même, d'innombrables messages de protestation parvinrent dans la boîte aux lettres électronique du libraire. Plusieurs journalistes prirent la plume pour, tantôt s'offusquer, tantôt fermement critiquer un tel comportement. Or, comme sur les cimes de la canopée, le feu se propage très vite sur Internet. Avant tout jugement, il faut comprendre que sur le simple plan commercial, la démarche était logique. Amazon a un réel besoin de ce type de revenus complémentaires, pour améliorer le résultat de son activité. Mais la méthode a choqué, simplement parce que le consommateur internaute n'avait alors aucun moyen de repérer la critique payée, de la critique gratuite. Le cours de l'action cotée au Nasdaq chuta brutalement. Mais immédiatement Jeff Bezos réagit et expliqua que les livres qui ne remplissaient pas les critères de qualité n'étaient pas retenus, même avec paiement de la part de l'éditeur. Mais conscient que l'affaire était grave, il indiqua également qu'à partir du Ier mars, les critiques publicitaires seraient identifiées. Enfin, comme pour faire amende honorable, le fondateur d'Amazon annonça que le libraire rembourserait sans condition tout livre ayant été vendu sous l'étiquette d'une recommandation publicitaire payée. « Peu importe qu'il soit écorné ou déchiré. Même si vous avez arraché des pages tellement vous trouviez que le livre était mauvais, vous pouvez quand même nous retourner les morceaux pour un remboursement intégral » déclara alors Jeff Bezos. Sur ce cas et à propos de la frontière entre rédactionnel et publicité, l'éditorialiste Scott Donaton commentait dans les colonnes du magazine AdvertisingAge que « la frontière est floue, mais c'est un problème, pas une opportunité. Le Web a une capacité permettant de faire la distinction là où les autres médias échouent. »

La fidélisation est une leçon permanente et *a fortiori* sur Internet, où la vie en temps réel n'a jamais de cesse. Non, les consommateurs ne sont pas des numéros avec lesquels on peut s'amuser librement. Oui, le consommateur requiert respect et considération. En définitive, la moralité de cette histoire pourrait être la satisfaction de constater qu'au moment où certains médias classiques ne prennent plus la peine de publier les *errata* ou s'offrent le luxe de faux directs ou de reportages reconstitués, Internet pourrait bien offrir quelques îlots d'objectivité éthique repérables, dans un océan d'informations invérifiables et incontrôlables. Il appartiendra alors à l'internaute de préciser ses exigences.

Pour parvenir à la conception et à la réalisation d'un site aussi performant que celui d'Amazon, il faut pouvoir disposer de moyens très importants. Souvent le réseau des réseaux est présenté comme le support d'une démocratisation absolue, tant son coût d'entrée est décrit comme étant très bas. Certes, l'accessibilité est permise au premier marchand individuel venu. Maintenant, si l'ambition commerciale de l'investisseur est de tirer pleinement partie de la spécificité d'Internet, d'y développer un marketing adapté avec la stratégie de fidélisation *ad hoc*, alors les fonds nécessaires peuvent dépasser rapidement les montants couramment rencontrés dans la presse. Mais même après l'éclatement de la bulle au début des années 2000, Marco Vriens, vice-président responsable de la recherche chez Millward Brown IntelliQuest et Mike Grigsby, directeur des sciences marketing, ont insisté sur la possibilité d'utiliser l'Internet pour favoriser la création de relations profitables et durables avec le consommateur. La source de connaissance que représente le Net est incontestable. Et les chercheurs d'insister sur le fait que cette connaissance est si riche qu'elle doit permettre d'aboutir à des prédictions fiables. Des prédictions qui doivent permettre de faire des recommandations en termes d'offres personnalisées notamment.

Internet : naturellement propice, mais technologiquement fragile

Lorsque dès la fin des années 1990, on a vu se développer sur le Web les adresses de sites, plus rapidement que la bible ne décrit la multiplication des pains, de naturelles interrogations naquirent. En fait, cette pléthore de destinations possibles pour l'internaute a rapidement effrayé certains analystes, qui ont commencé à s'interroger sur la réelle capacité d'un site à fidéliser sa clientèle, dès lors que celle-ci serait exposée en permanence à une offre grandissante. Nombreux furent les sites à proposer à leurs visiteurs un service gratuit de courrier électronique de manière à la fidéliser indirectement au site en y revenant pour la consultation de leur courrier. Cela contribue à expliquer en partie l'explosion extraordinaire du nombre d'adresses électroniques dès la fin des années 1990, de nombreux utilisateurs bénéficiant de multiples adresses. Le dégonflement de la bulle Internet et la crise qui s'en suivit au début des années 2000 contribuèrent à faire rapidement disparaître du marché les amateurs et les inconscients, à l'évidence mal préparés à la spécificité du réseau.

Contrairement aux idées reçues, Internet est un medium naturellement propice à la fidélisation sur site. Cette affirmation fut confirmée en 2002 par Hans Bauer et ses collègues dans l'étude qu'ils publièrent dans *Journal of Relationship Marketing*. Les travaux de Jasmin Bergeron, publiés l'année précédente dans *Recherche et Applications en Marketing*, avaient révélé que la sélection des produits et/ou services était un critère discriminant majeur entre internautes fidèles et internautes infidèles. De même, la qualité de service, la capacité de l'entreprise à faire gagner du temps à ses clients, la compétence de l'entreprise, la fiabilité de l'entreprise, l'esthétique (beauté perçue) et le degré de divertissement du site et enfin les prix et rabais offerts, sont eux-aussi sources manifestes de différenciation entre fidèles et infidèles. En premier lieu, quelle que soit la capacité de stockage du repertoire électronique de l'internaute, les noms de sites spontanéments présents dans son esprit subissent le même phénomène que celui rencontré pour les marques. Les praticiens du marketing emploient ici le terme d'ensemble évoqué ou ensemble de considération. Dans le processus d'évaluation/décision suivi par un individu, l'ensemble évoqué regroupe les différentes alternatives qui s'offrent à lui. Ainsi, dans le processus d'achat d'un bien, l'ensemble évoqué rassemble tous les produits et/ou toutes les marques que le consommateur va considérer avant de faire son choix. La capacité mémorielle de l'individu étant limitée, le nombre de noms de sites le sera également. Le phénomène est d'autant plus vrai que le souvenir d'une adresse Internet est en général beaucoup plus délicat à mémoriser avec précision que celui d'un nom de marque. Un caractère erroné ou mal placé et l'adresse est fausse. Certes, un bon agent chercheur vous permettra de retrouver l'adresse exacte à la simple saisie du nom. Mais il se peut que les premières réponses proposées ne soient pas celles que vous recherchiez, bien que faisant état du nom objet de la requête.

La deuxième raison supportant l'idée d'un medium propice à la fidélisation est corollaire à la précédente. En raison de cette difficulté de mémorisation des adresses exactes, tous les navigateurs proposent la constitution de répertoires personnels. Ces répertoires constituent alors des aide-mémoire pour l'internaute mais des aide-mémoire constitués exclusivement des noms préalablement enregistrés par lui. S'ils ne sont pas régulièrement mis à jour et renouvelés, ces répertoires peuvent alors eux-mêmes constituer un frein à la découverte de nouveaux sites.

La troisième raison tient au lien interactif tissé la plupart du temps par les sites commerciaux avec leurs clients. L'internaute amateur de shopping électronique sera inévitablement sollicité pour communiquer une identité relativement complète, permettant de connaître

© Éditions d'organisation

l'ensemble des informations nécessaires pour la livraison des biens commandés, comme pour leur paiement. Si elle doit être renouvelée à chaque achat différent sur un site différent, cette procédure peut vite se transformer en un frein au changement auprès d'une population qui utilise justement le Net en partie pour éviter l'attente. En développant la technologie *one-click-shopping*, des sites comme Amazon.com ont compris que le consommateur internaute était un consommateur pressé, qui pouvait également être fidélisé par ce biais. Invité à décliner en détail son identité lors de sa première venue sur le site, il est ensuite automatiquement reconnu à chaque nouvelle venue, par des routines informatiques aujourd'hui classiques. Notre consommateur peut alors naviguer et acheter à sa guise comme tout client respectable, dont on connaît déjà les souhaits quant au conditionnement et à l'expédition, les caractéristiques quant au mode de paiement et aux combinaisons services/tarifs souhaités.

Un processus de ce type est toujours associé à un code secret choisi/communiqué à l'internaute. Ce code peut être éventuellement sollicité lors d'une nouvelle venue, dès lors que l'internaute n'utilise pas son ordinateur habituel. Ce qui signifie qu'une telle procédure, nécessaire pour assurer la sécurité de l'internaute comme celle du site commerçant, implique un code distinct pour chaque site pour une réelle sécurité. On retrouve alors le même frein que celui qui était associé à la première raison, cette abondance de codes secrets n'est pas faite pour inciter le consommateur à multiplier les sites où il est client. D'où la notion de fidélité induite qui réapparaît, même si elle diffère quelque peu dans sa forme de celle présentée dans les premières pages.

Maintenant, ces facteurs sont, certes, tous propices à la fidélisation du consommateur, mais ils ne sont que propices et en aucun cas ne permettent de s'assurer éternellement la fidélité de l'internaute concerné. Sur le plan technologique, la fidélité d'un consommateur internaute demeurera toujours très fragile. Dans la réalité, l'insatisfaction rencontrée auprès d'une entreprise motivant son abandon au profit d'une autre occasionne toujours une pénalité temporelle pour le consommateur, qui va devoir rechercher un autre distributeur et éventuellement en retenir un qui n'est plus aussi avantageux sur le simple plan géographique. Pour sa part, Internet fonctionne sur le principe de la répartition solaire. À l'instar du système solaire, le consommateur est au centre, et les commerçants gravitent tous autour de lui à équidistance numérique. Certes, *a posteriori* certaines planètes-commerçants peuvent être plus ou moins éloignées du soleil-consommateur en raison de la localisation de leur centre logistique notamment. Cela peut alors éventuellement occasionner une différence dans le délai d'expédition. Mais en ce qui concerne l'accès au choix, toutes ces « planètes » sont à la portée d'un même clic.

Protection légale impossible ou difficile ?

On peut naturellement s'interroger sur une éventuelle protection légale des données, de même qu'au sujet du simple respect de la vie privée sur le Net. En guise de réponse, il suffit de rappeler que l'un des fondements majeurs de l'Internet, c'est la fantastique liberté sous-jacente de l'information. Aussi honorable et même souhaitable que soit *a priori* cet aspect, il implique également une absence corollaire de contrôle, tant qu'il n'existera pas une haute autorité supranationale en mesure de faire respecter non pas sa loi, mais la loi en tout point du globe. Dès lors, on comprend aisément qu'un tel contrôle, s'il demeure envisageable techniquement, n'est pas concevable politiquement à court ou moyen terme. Certes, des avancées ont pu être constatées, en France notamment, où la Cour d'Appel de Paris a reconnu comme étant responsable de son contenu l'hébergeur d'un site. Le verdict repose sur le fait que l'hébergeur n'est alors plus assimilé à un simple transmetteur d'information, d'où sa responsabilité. On perçoit toutefois qu'une telle co-responsabilité peut avoir des effets secondaires sur la liberté d'expression, mais également sur la diffusion d'informations que l'hébergeur refusera sur le seul motif qu'il n'aura pas les moyens de la contrôler *a priori*.

Au nom du premier amendement de leur constitution, les Américains sont favorables à une liberté quasi totale et parfois malgré la volonté du législateur, conscient des possibles dérives. On se souvient qu'en novembre 1998, un juge fédéral décidait de suspendre l'application d'un texte devant permettre aux procureurs de poursuivre les hébergeurs de sites à caractère pornographique accessibles aux mineurs. Bien que ce texte avait été paraphé par le président Clinton lui-même et voté un mois plus tôt par le Congrès, cette décision ne surprit pas les analystes spécialistes de la question. En effet, ce texte s'inspirait fondamentalement du

« Communication Decency Act » rédigé dès 1996, mais qui lui aussi avait été jugé inconstitutionnel par la Cour suprême. Si, essentiellement depuis 1998, l'Europe a, elle aussi, commencé à s'interroger sur un possible encadrement, la mise en application concrète est très difficile. L'optique européenne se veut clairement plus restrictive que l'optique américaine. Chaque Etat membre a pouvoir pour valider ou non un site présent sur son territoire. Appliqué avec conscience et prudence, un tel pouvoir peut *a priori* paraître salutaire. Mais qu'en reste-t-il, dès lors que l'architecture d'Internet repose sur l'interconnexion de réseaux qui peuvent être physiquement installés, sans réel préjudice technique, dans des zones de non-droit ? Une fois encore, on perçoit l'utopique harmonisation et la chimérique concertation mondiale requise pour la mise en place d'un tel contrôle.

Le cas Intel

En 1999, le géant américain de la fabrication de microprocesseurs, Intel, lança le premier maillon d'une nouvelle génération de puce, le Pentium III. Lors du lancement, le fondeur, n° 1 mondial, insista sur les évolutions techniques du dernier-né de la famille Pentium et notamment sur ses capacités à mieux répondre aux exigences d'Internet, de même que sur ses performances en termes de rapidité de traitement de l'information. La lecture de la presse spécialisée permettait alors aux « technonerds » d'apprécier AGP, SIMD, NSP, DSP et autres SECC du nouveau processeur. Pourtant c'est le sigle PSN qui retint presque à lui seul l'attention des grands media.

PSN pour Processor Serial Number, autrement dit, le numéro individuel du microprocesseur. Un numéro connu lors d'une connexion à distance, par le site sur lequel l'ordinateur était connecté. Un tel numéro d'identification comporte d'indéniables avantages. Il permet d'envisager de multiples applications sécurisées en matière de commerce électronique. Il offre également aux entreprises la possibilité d'une meilleure gestion identifiée de leur parc de micro-ordinateurs. Certes, mais un numéro demeure un numéro. Au cours de la symptomatique année 1968, l'acteur Patrick McGoohan déploya toute son énergie pour convaincre le téléspectateur qu'il n'était pas un numéro. Pourtant, Prisonnier il demeurera sous l'appellation du *n° 6, au cours des dix-sept épisodes de la mythique série télévisée. C'était la première fois qu'un fondeur intégrait une telle information dans un processeur, ouvrant ainsi toute grande la porte à une infaillible traçabilité de la machine, car bien entendu aucun lien direct ne pouvait a priori être fait avec l'utilisateur. Toutefois, le nombre de ces utilisateurs demeure restreint dans le cas d'un acheteur particulier, d'où les profondes inquiétudes manifestées de part et d'autre de l'Atlantique. Aussi, les responsables d'Intel, Craig Barret en tête, intervinrent pour expliquer que le consommateur conserverait la possibilité logicielle de l'activer ou non. Il est vrai que la part de marché mondiale d'Intel n'avait cessé de diminuer sur les cinq derniers trimestres, et à 300 millions de dollars la campagne de lancement mondiale du Pentium III, on comprend que les responsables d'Intel aient pu être légèrement agacés par la polémique naissante autour du nouveau processeur.*

Réussir du premier coup ou tomber dans l'oubli

Parce que le consommateur internaute est confronté à un choix mondial qui peut parfois paraître démesuré. Parce que des agents chercheurs sophistiqués permettent une recherche de la meilleure offre simplement et rapidement. Parce que l'efficacité de la veille concurrentielle occasionne très vite des évolutions des offres concurrentes, atténuant ainsi rapidement l'avantage concurrentiel développé. Pour toutes ces raisons, le consommateur internaute est, *a priori*, un sujet plus difficile à gérer que son *alter ego* dans le monde réel. Il convient ici de mettre en garde, une nouvelle fois, les nombreux apprentis marchands électroniques, sur la spécificité du meta-medium. Comme dans le monde réel, on rencontre sur Internet, des comportements commerciaux très différents les uns des autres. Éliminons d'emblée *l'escroc patenté* qui a immédiatement compris la potentialité extraordinaire que représentait Internet pour y exercer ses méfaits. Il faudrait être naïf pour croire qu'Internet aurait pu échapper à de tels individus. D'où, notamment, le développement de sceaux caution, comme nous l'avons vu, pour garantir en partir l'internaute sur la qualité et le sérieux du site fréquenté.

À l'autre bout de la chaîne de comportements, on trouve également parmi ces marchands, le *professionnel aguerri*. Il exerce en général une activité commerciale dans le monde réel, mais a parfaitement compris qu'une transposition sur le Net nécessitait une adaptation aux caracté-ristiques du meta-medium. Il a surtout conscience des conséquences du moindre faux pas, d'où une démarche prudente et respectueuse du consommateur. Il a intégré la variable temps dans son business plan et sait que la capitalisation sera payante à terme. Entre ces deux extrêmes, on trouve de nombreux cas différents.

On peut notamment citer le cas de *l'opportuniste incompétent*. Impres-sionné par la facilité apparente de l'Internet, il a ouvert un site parfois très alléchant, en négligeant tout ou partie des fonctions capitales de back office comme la logistique ou la gestion des paiements. Dans la plupart des cas, son incompétence relative s'explique par son incons-cience, elle-même nourrie par une méconnaissance de la gestion des entreprises et des règles élémentaires du commerce, tant dans le monde virtuel que dans le monde réel.

Intéressant également est le cas du *parieur prospecteur*. Il est souvent comparable au cas précédent en ce sens où il néglige totalement le service apporté au client, à la différence qu'il le fait cette fois-ci en toute conscience. Il n'est pas sur Internet pour faire du marketing, mais de la vente. Le profit immédiat est son leitmotiv et la capitalisation n'a pas droit de citer dans son vocabulaire. Il a conscience du réservoir extraor-dinaire de consommateurs internautes et mise sur un renouvellement permanent de ses clients, en espérant qu'aucune communication néga-tive entre internautes ne viendra pas perturber ses plans à court terme.

On notera aussi le cas du *testeur inquiet*. Il fait du commerce électro-nique sur Internet soit parce que, pressé par les initiatives de ses concur-rents, il ne peut pas faire autrement. Soit parce qu'il pense que cela peut représenter une opportunité sans pour autant en avoir l'assurance. Très souvent commerçant déjà dans le monde réel, il se hasarde prudemment sur Internet avec quelques produits. Il n'a aucun caractère pionnier et décidera de développer l'expérience ou non au vu des résultats.

Enfin le cas du *leader inconscient*. C'est sans doute le cas le plus triste, en ce sens où la volonté initiale était supportée par d'importants moyens lui permettant de figurer, *a priori*, parmi les principaux acteurs du marché. Pourtant, de mauvais choix des partenaires (fournisseurs de biens, logisticiens et transporteurs, fournisseurs d'accès…) ainsi qu'une gestion clients des plus rudimentaires ont hypothéqué son avenir.

Maintenant, pour ceux qui décident de mettre à profit le réseau des réseaux pour y développer un marketing adapté, le prix est sans aucun doute la variable stratégique à ne pas négliger. Sachant qu'encore une fois, celle-ci doit être envisagée au regard de la spécificité du meta-medium bien entendu.

L'accès à un *yield management* global

Dès les premières pages de ce livre était rappelé le fait que, s'il considère à nouveau pleinement la facette émotionnelle dans son processus d'achat, le consommateur moderne n'en abandonne pas pour autant l'enseignement de la crise, en matière de rationalité et d'économie. Si la marque a un prix, celui-ci doit désormais être justifié. Dans ces conditions, le prix devient une variable importante que le praticien du marketing va également pouvoir mettre à profit dans le cadre de sa stratégie de fidélisation EPL.

« La nouvelle maturité du consommateur rend désormais inévitable la prise en compte de la fidélité. Devenu expert, le consommateur se prépare à acheter, se regarde acheter, puis consommer et ne cesse d'adapter ses pratiques à la recherche d'un équilibre raison-satisfaction. Cette attitude débouche sur la constitution de repères de plus en plus clairs. Le consommateur à tendance à quadriller ses besoins, à normer ses pratiques » pouvait-on lire dans la version 1999 de l'Observateur Cetelem.

« Je pense que le consommateur internaute est un peu différent du consommateur "physico-réel" . À terme, le consommateur internaute ne voudra plus être ennuyé par le bruit de fonds de la pub, du marketing direct, qu'il soit traditionnel ou on line. Il veut du "more convenient", du "more efficient" (il veut des prix, des prix, et des prix…) » explique Jean-Michel Billaut, directeur général de l'Atelier de Veille Technologique du groupe BNP-Paribas.

Internet est un vecteur à manier avec précaution au sujet de la variable prix. Le consommateur lambda peut, en effet, mettre à profit nombre d'agents chercheurs sophistiqués pour obtenir le prix le plus bas d'un produit donné, selon des critères qu'il aura prédéterminés. C'est pourquoi, même si elles sont attirées par les sirènes du World Wide Web, certaines entreprises sont encore réticentes à franchir le pas.

Vers une gestion performante de la variable prix

Certes, le coût d'accès à Internet est relativement bas dans l'absolu. Plusieurs constructeurs informatiques proposent aujourd'hui des solutions clé en main viables pour moins de 6 000 €. Mais ce ne sont là que les coûts techniques initiaux ; il faut ensuite pouvoir absorber les coûts de fonctionnement. Et là, on comprend très vite pourquoi de nombreuses valeurs Internet vedettes de la Bourse n'ont pas encore rentabilisé leur activité. Il faut vite abandonner l'idée préconçue et fausse qu'Internet est bon marché, voire gratuit. Si le coût d'accès est beaucoup plus réduit que la mise en place d'un vecteur de distribution physique, il n'en demeure pas moins que, hormis les quelques biens et services dématérialisés, l'intervention d'un processus de distribution physique sera toujours nécessaire au moins en bout de chaîne. En revanche, dans de nombreux cas, Internet peut être utilisé pour rendre plus performant le marketing mix.

Internet peut notamment être mis à profit dans certains cas, pour exploiter au mieux la variable « prix » et ainsi maximiser les revenus générés. Depuis longtemps le praticien sait faire varier le prix, dans le cadre d'opérations promotionnelles en particulier, et des outils aussi rudimentaires que le coefficient d'élasticité de la demande par rapport au prix lui permettent de savoir dans quelle mesure, telle action sur le prix est ou non rentable. Mais la variable « prix » est sans doute l'une des plus délicates à manipuler, en ce sens où elle supporte assez mal les retours en arrière. Aussi, a-t-on développé des techniques sophistiquées de fixation du prix qui, intégrant un très grand nombre de variables, permettent d'aspirer à optimiser le revenu global.

Spécialistes reconnus de la variable prix, Pierre Desmet et Monique Zollinger, expliquent que « la gestion par le rendement (yield management) consiste à gérer de manière dynamique l'offre quantitative allouée à chaque composante d'une offre segmentée (un produit-service, un prix, un segment visé). Ainsi, pour une compagnie aérienne comme American Airlines, il s'agit de "vendre les bonnes places prévues aux clients correspondant aux meilleurs prix". »

Lorsqu'une entreprise dispose de capacités fixes à gérer et que ces capacités s'offrent à une demande fluctuante, elle devient une utilisatrice potentielle du *yield management* également appelé *revenue management*, si elle souhaite gérer ses capacités avec efficacité et de la manière la plus rentable qui soit. L'objectif ultime devient alors l'optimisation du revenu global, à l'aide d'une gestion des capacités permettant la prise en compte de la spécificité et de la rentabilité des différents produits/services offerts. C'est la raison pour laquelle, un *yield management* efficace ne peut être envisagé sans l'utilisation d'une modélisation sophistiquée, parfaitement adaptée aux caractéristiques de l'activité de l'entreprise et supportée le plus souvent par un puissant système informatique. Certes, rien n'interdirait *a priori* que l'analyse soit menée manuellement, mais l'efficacité recherchée implique la prise en considération simultanée de multiples variables (plusieurs centaines parfois), d'où la nécessité d'un moteur de calcul informatique, pour un traitement plus performant.

L'industrie touristique, utilisatrice désignée

L'exemple des compagnies aériennes, et notamment American Airlines, est souvent cité car elles furent les premières à développer ces systèmes, pour gérer plus efficacement le taux de remplissage de leurs avions. La plupart des logiciels disponibles utilisent le standard EMSR (*Expected Marginal Seat Revenue*), un algorithme utilisé par les développeurs pour optimiser la recommandation faite au client, tout en tenant compte des politiques particulières de chaque compagnie, ainsi que des contraintes du trafic aérien. Mais pour que le yield management soit concrètement praticable, il est en particulier nécessaire que la demande soit sensible au prix et puisse être segmentée sur ce critère.

En d'autres termes, il faut pouvoir disposer d'un ou plusieurs segments susceptibles d'accepter une modification des caractéristiques de l'offre, en contrepartie d'un avantage sur la variable prix. Mais la potentialité d'un important retour sur investissement explique pourquoi, dans le secteur du tourisme par exemple, des entre comme Air France, British Airways, Le Club Med, Eurodisney, Hilton International, Accor, Marriott, Norwegian Cruise Lines, Princess Cruises, Quantas Airways, Shangri-La Hotels & Resorts, Virgin Atlantic Airways Ltd... utilisent déjà ces techniques d'optimisation.

Mais de surcroît, qu'ils soient transporteurs, tours-opérateurs ou hôteliers, tous ces groupes et toutes ces entreprises sont déjà présents, sous une forme ou une autre, sur Internet avec leur propre site. Tous sont donc d'ores et déjà en mesure de communiquer avec l'ensemble de la planète 24 heures sur 24, 7 jours sur 7. La raison est simple. Nouveau vecteur de commercialisation de biens et de services, Internet peut également devenir un précieux outil pour les praticiens du marketing, notamment en matière de yield management. D'autant plus que l'entreprise utilisatrice a même alors la possibilité de réagir en temps réel. Cette démarche interactive est qualifiée de « commerce dynamique » *(dynamic trade)* par George Colony, fondateur et président de la société américaine Forrester Research Inc., l'une des sociétés d'études les plus réputées pour ses analyses sur les nouvelles technologies de l'information et l'évolution des caractéristiques du marché qu'elles génèrent.

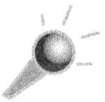

Et George Colony d'expliquer que « le commerce dynamique repose sur la capacité à apporter une réponse personnalisée à la demande courante. Il implique donc que l'entreprise soit capable de créer des ensembles de produits et de services associés correspondant aux préférences réelles des consommateurs. L'exploitation de données recueillies à l'occasion des transactions électroniques est fondamentale pour s'adapter aux changements du marché. Les ventes pilotant désormais la production, toute la chaîne de production – fournisseurs inclus – doit être rationalisée afin de pouvoir répondre en temps réel. »

Concernant le tourisme, la commercialisation de l'offre sous de multiples formes est aujourd'hui un facteur clé essentiel, sinon le principal, de la réussite de l'entreprise située sur ce secteur. Dans cette optique, l'hôtellerie a rapidement perçu les atouts d'Internet. De grandes chaînes internationales, ainsi que des indépendants, ont très vite ouvert des sites vitrines qui intègrent progressivement des fonctions de commerce électronique. Des sites comme ceux de Room Finders (http://www.roomfinders.com) aux États-Unis ou de Centrale Internet (http://www.hotels.fr) en France sont parmi les exemples représentatifs de cette évolution : *Il y a peu encore, les grands systèmes informatiques de réservation (GDS - Global Distribution Systems) étaient réservés aux opérateurs et principalement aux transporteurs qui les avaient initiés à la fin des années 1970, ainsi qu'aux agences qui en assuraient la commercialisation. Avec Internet, associé à des logiciels d'exploitation dédiés, ces GDS deviennent directement accessibles au consommateur internaute final, de manière totalement transparente, à tout moment, de son domicile ou de son lieu de travail, quelle que soit sa localisation sur la planète.*

Internet permet aisément de faire un lien virtuel entre le poste voyage, le poste hébergement et le poste loisirs. Il permet ainsi de réunir sur un même site, l'ensemble de l'offre touristique d'une agence de voyages et offre alors à l'internaute la possibilité de faire du *one-stop-shopping* touristique, de n'importe où et à tout moment. Pour le client potentiel, cette démarche comporte de nombreux avantages. Outre la liberté de choix du moment de la connexion et l'accessibilité du site, elle lui offre la possibilité de comparer en fonction des critères de son choix, de retenir la meilleure offre tarifaire à prestations équivalentes, de visualiser en détail le lieu où il séjournera, de s'informer sur les manifestations culturelles au moment de sa visite, de définir à l'avance son itinéraire et de faire les réservations adéquates...

Une version numérique plus performante du yield management

La modulation des prix, en fonction des indicateurs fournis par le marché, n'est pas une nouveauté. Dans tout système économique libre, le prix découle le plus souvent d'un ajustement entre l'offre et la demande. En revanche, les techniques de yield management ont offert au marketing un système de fixation du prix beaucoup plus sophistiqué, puisque intégrant de multiples critères d'évaluation. Les décisions prises en faveur d'une modification de tel ou tel prix, par rapport à la demande de tel ou tel client, à telle ou telle période, pour tel ou tel produit/service, ont permis d'améliorer le revenu global. Internet propose d'aller plus loin encore, notamment en ce qui concerne le tourisme et l'hôtellerie en particulier. Les compagnies aériennes ont pris l'habitude d'intégrer dans leur programme de yield management le principe de la surréservation. Cette démarche est assez facile à gérer pour une compagnie aérienne, notamment par le biais d'un déport de passagers sur le vol suivant, en contrepartie d'un dédommagement. En revanche, dans le cas d'un hôtel, il est plus difficile de demander à un client de patienter jusqu'au lendemain afin que « sa » chambre soit disponible. Dans ce cas, le programme de yield management doit permettre d'éviter le principe de surréservation – par ailleurs facteur potentiel d'altération importante de l'image de marque pour les clients en surnombre qui sont déplacés – et de pratiquer une gestion des ressources avec la plus grande exactitude possible.

La réservation hôtelière *via* Internet suppose la constitution d'une mégabase des disponibilités, accessible à n'importe quel internaute voyageur potentiel, et à laquelle sont connectés en permanence l'ensemble des sites hôteliers concernés, pour connaître la situation de leurs propres ressources en temps réel. Pour des groupes comme Starwood, Mariott ou Accor, cela représente la gestion de plusieurs centaines de milliers de chambres réparties dans le monde entier, avec les variations de prix classiques suivant la saison et le statut du client potentiel, sans oublier l'assortiment éventuel de services associés, pouvant lui aussi avoir une incidence sur le prix de base. Introduire un outil de yield management à ce niveau peut signifier l'utilisation d'algorithmes intégrant plusieurs centaines de critères supplémentaires pris en considération simultanément. Une architecture très complexe *a priori* certes, mais souhaitable et tout à fait envisageable, pour cinq raisons principales :

1. L'évolution technologique permet de mettre aujourd'hui à la disposition de l'entreprise – du petit hôtel indépendant au groupe international – des matériels et des logiciels capables de supporter de tels programmes de yield management, aussi sophistiqués soient-ils. Non que les systèmes informatiques de la fin des années 1970

n'étaient pas en mesure de le faire, mais l'accélération fulgurante du traitement de l'information numérique, en parallèle de l'augmentation de sa capacité de traitement, rend aujourd'hui possible l'utilisation de tels programmes, sans avoir à subir un coût d'équipement exorbitant et surtout des délais de traitement prohibitifs. Le calcul du « juste prix » peut donc se faire quasiment en temps réel.

2. L'une des motivations initiales des compagnies aériennes et des hôteliers à venir sur Internet fut que le réseau des réseaux leur permettait, pour un coût réduit, de contourner les intermédiaires de la distribution. Non seulement cela leur offrait la possibilité d'une argumentation plus compétitive, puisque isolée du parasitage des produits/services de la concurrence, mais cela supprimait par la même occasion la rémunération desdits intermédiaires. De nombreux hôtels présents sur Internet, comme le Uncle Billy's de Hilo Bay à Hawaii (http://www.unclebilly.com/), offrent déjà à leurs clients internautes un tarif réduit « spécial Internet » tenant compte de cette réduction des frais.

3. Les professionnels du tourisme ont alors la possibilité de s'adresser à une cible planétaire, avec une information unique – éventuellement adaptée en cas de traduction linguistique. D'où un réservoir de clientèle potentielle gigantesque, pour un coût de communication insignifiant par rapport à une campagne de communication équivalente recourant aux media traditionnels. Mais compte tenu de l'accès 24 h sur 24, 7 jours sur 7, à l'ensemble de la population mondiale, il sera progressivement possible de définir avec plus de précision, des cycles, tendances et variations géo-saisonnières à grande échelle, permettant d'affiner ultérieurement le programme de yield management.

4. L'information nécessaire pour l'analyse de la demande, à l'aide d'un programme de yield management, est saisie directement par le client potentiel internaute. D'où une économie de temps et surtout de personnel pour l'entreprise concernée. On peut ici faire par exemple aisément la comparaison avec l'utilisation d'un centre d'appel (*call-center*) pour la gestion des réservations, qui nécessite la saisie à distance de l'information et sous une forme moins détaillée en règle générale.

5. Directement liée à la raison précédente, l'information fournie par le client internaute est stockée dès le départ sous sa forme numérique.

Ce qui signifie qu'elle encourt un risque moindre d'erreur de saisie/ codage (sauf faute d'inattention du client internaute) *a posteriori*. Mais surtout, une fois parvenue au centre de traitement de l'entreprise, elle est directement exploitable par le programme de yield management, sans qu'un codage intermédiaire ne soit nécessité. D'où la possibilité d'un traitement instantané de la demande et par conséquent un retour immédiat de la proposition d'un prix adapté aux caractéristiques de cette demande, quel que soit le moment où elle fut formulée.

On comprend, dans ces conditions, que le yield management soit naturellement un extraordinaire outil de fidélisation, dès lors qu'il permet d'adapter la tarification au consommateur, donc de lui proposer une offre personnalisée au vu du moment et des caractéristiques de sa demande, tout en conservant l'optique de la maximisation des profits. D'un côté, le consommateur recherche une relation complètement individualisée et ne réussiront à terme sur Internet que les offres qui reposeront sur ce principe. De l'autre, les entreprises sont légitimement à la recherche de solutions performantes leur permettant d'améliorer leur rentabilité. Les deux aspects d'une stratégie de fidélisation EPL, efficacité et profitabilité, sont donc bien réunis.

Internet introduit ainsi immanquablement un nouveau rôle pour la variable prix, dès lors que la comparaison se situe désormais à la portée d'un simple clic de souris. Différents sites existent déjà pour présenter au consommateur internaute la meilleure offre – présente ou non sur le Web – du produit ou du service qu'il recherche. D'autres prestataires, comme Nouvelles Frontières, n'hésitent pas à organiser des ventes aux enchères de billets d'avions, bousculant quelque peu, de ce fait, l'idée de prix de référence pour une destination donnée. Ajouté à cela le fait que les deux seules principales monnaies réelles circulant sur le Web seront bientôt l'euro et le dollar, les analyses comparatives n'en seront que plus faciles pour le consommateur. L'inquiétude des tours-opérateurs français pris dans l'étau des géants allemands et britanniques est donc légitime, dès lors que le marché hexagonal demeure encore très atomisé. Cela signifie également, que les entreprises exerçant une activité commerciale sur Internet se doivent de développer une offre personnalisée, afin de se différencier de leurs concurrents, au-delà de la seule variable prix.

Pour aller plus loin et approfondir les thèmes et sujets traités dans cette section, le lecteur pourra notamment se reporter aux ouvrages proposés ci-après.

- Anderson Kristin et Carol Kerr, *Customer Relationship Management*, Éditions McGrawHill, New York, NY, États-Unis (2001).

- Bergeron Bryan et Ray Kurzweil, *The eternal e-customer : How emotionally intelligent interfaces can create long-lasting customer relationship*, Éditions McGrawHill, New York, NY, États-Unis (2000).

- Cinquin Ludovic, Pierre-Adrien Lalande et Nicolas Moreau, *Le projet eCRM : Relation client et Internet*, Éditions Eyrolles, Paris (2002).

- Dilché Jill, *The CRM Handbook : A business guide to customer relationship management*, Éditions Addison Wesley, Reading, MA, États-Unis (2001).

- Greenberg Paul, *CRM at the speed of light : capturing and keeping customers in Internet real time*, Éditions McGrawHill, New York, NY, États-Unis (2001).

- Moon Michael et Doug Millison, *Firebrands : Building brand loyalty in the Internet age*, Éditions McGrawHill, New York, NY, États-Unis (2000).

- Naïm Patrick et Mylène Bazsalicza, *Data mining pour le Web*, Éditions Eyrolles, Paris (2001).

- Newell Frederick, *Loyalty.com*, Éditions McGrawHill, New York, NY, États-Unis (2000).

- Reid-Smith Ellen, *e-Loyalty : How to keep customers coming back to your website*, Éditions HarperBusiness, Harper Business, Arial, NY, États-Unis (2000).

- Seybold Patricia, *Client.com : Stratégies pour le e-commerce*, Éditions Dunod, Paris (2000).

- Sindell Kathleen, *Loyalty Marketing for the Internet Age : How to identify, attract, serve, and retain customers in an e-commerce environment*, Éditions Dearborn Trade Publishing, États-Unis (2000).

- Sterne Jim, *Customer Service on the Internet*, Éditions Wiley, New York, NY, États-Unis (1996 – 2nde édition en 2000).

- Varey Richard, *Relationship Markting : Dialogue and networks in the e-Commerce Era*, Éditions Wiley & Sons, Chichester, Grande-Bretagne (2002).

- Waserman Sylvain, *L'organisation de la relation clients*, Éditions Dunod, Paris (2001).

ᴗ Avis d'expert : Didier LERER

Co-fondateur et co-président de Fideliplus
http://www.fideliplus.com

Comment définiriez-vous la fidélisation client aujourd'hui ?

Fidéliser un client aujourd'hui, c'est instaurer un lien fort, unique et durable avec lui. C'est agir concrètement en augmentant le nombre de contacts avec lui pour renforcer la présence à l'esprit de la marque. C'est aussi le faire adhérer aux valeurs et à la culture de la marque qu'il consomme.

En adoptant cette logique à la fois émotionnelle et rationnelle, la marque développera chez son client un véritable sentiment d'appartenance. Ce client sera moins sensible au prix, à la concurrence et sera moins volatile. Par cette proximité avec la marque, le client deviendra le meilleur des prescripteurs.

La démarche fidélisatrice des entreprises a beaucoup évolué ces dernières années. Pour quelles raisons selon vous ?

Ces dernières années, les performances des outils de production et de packaging ont permis de raccourcir considérablement les délais entre la conception d'un produit et sa commercialisation. Ainsi, de plus en plus de produits et services apparaissent (et disparaissent), et confrontent les clients à autant de nouvelles offres de moins en moins différenciées. Face à cette multitude de choix, la relation entre le client et l'entreprise s'est inversée : au moindre faux pas de l'entreprise, le client a l'opportunité de s'orienter vers la concurrence. C'est la loi de la demande qui prime sur celle de l'offre. On comprend alors que les entreprises jadis en position de force privilégient aujourd'hui les relations à long terme avec leurs clients. La fidélisation d'aujourd'hui a pour principal objectif d'établir des contacts réguliers entre le client et la marque, dans une relation plus riche qu'une simple présence de logo.

Quel est selon vous le rôle de la confiance dans le cadre d'une stratégie de fidélisation ?

La confiance tient bien évidemment un rôle primordial dans toute stratégie de fidélisation. Et comment vient la confiance ? En premier lieu en « traitant bien » ses clients, *via* une recherche constante de

177

qualité et de fiabilité ; en second lieu en instaurant une relation suivie avec ses clients, faite de multiples contacts qui augmentent la proximité et la familiarité avec la marque et, par là-même, la confiance.

Dans quelle mesure pensez-vous qu'il soit possible de rester rentable lorsque l'on déploie une stratégie de fidélisation ?

Tout d'abord, quelle que soit la qualité du programme, une stratégie de fidélisation ne pourra jamais fidéliser sur un mauvais produit ou service. La satisfaction client est donc la première clé de la rentabilité.

Dans un second temps se pose la question de la pertinence de l'offre du programme de fidélisation. En effet, à l'heure actuelle, on assiste à une multiplication de programmes fondés sur l'obtention de cadeaux plus ou moins valorisants et rarement adaptés à chaque individu. Ces programmes n'étant que très peu différenciés les uns des autres, les entreprises se voient obligées de rentrer dans une surenchère de cadeaux par nature coûteuse, donc venant grever la rentabilité du programme.

Enfin, une stratégie de fidélisation ne sera rentable que si l'on prend le temps en amont de répondre aux trois questions suivantes :

1. Suis-je capable de définir avec précision une cible de clients à fidéliser ?

2. Est-ce que je connais les attentes individuelles en matière de fidélisation de chacun des membres de cette cible ?

3. Est-ce que je possède les outils qui permettent de mesurer qualitativement et quantitativement l'impact de la stratégie déployée ?

En quoi Fideliplus se différencie-t-il des formules existant déjà sur le marché ?

Fideliplus a conçu un système à travers lequel le client a le choix de dépenser librement de l'argent qu'il reçoit en récompense de sa fidélité, sous la forme de points d'épargne (*SharingPoints*). En cela, Fideliplus a inauguré une nouvelle génération de programme de fidélisation qui répond aux évolutions du marché et aux nouvelles attentes des clients.

Nous avons vu que les programmes existants ont de moins en moins de pertinence et d'intérêt aux yeux des consommateurs : des cadeaux souvent peu valorisants, des clients ne souhaitant plus nécessairement être enfermés dans un choix, une valeur perçue de ces cadeaux en chute libre, puisqu'aujourd'hui un lecteur DVD ne coûte plus qu'une cinquantaine d'euros en supermarché, et l'on trouve sur Internet des voyages au bout du monde pour quelques centaines d'euros. Fideliplus répond à cette problématique en permettant aux clients fidèles à une marque de réaliser un projet personnel avec lequel aucun cadeau, quelle que soit sa valeur, ne pourra rivaliser. Qu'est-ce en effet qu'une chaîne hi-fi au regard de la possibilité de financer les études de ses enfants, par exemple ? Et quoi de plus motivant qu'un cadeau dont la valeur augmente avec le temps !!!

Du point de vue de la marque, Fideliplus a l'avantage de permettre à la marque d'être présente dans l'esprit du client fidélisé de façon permanente, puisque les *SharingPoints* sont « brandés » à la marque qui les offre, contrairement à une chaîne hi-fi. Qui plus est, la marque est associée à la réalisation d'un projet personnel : on est bien au-delà d'une relation simplement matérielle. Grâce à l'outil qu'elle met à la disposition des marques, Fideliplus permet enfin de cibler de façon différenciée chaque membre du programme, en fonction de critères aussi variés que : l'ancienneté, la région, la famille de produits, le mode de commande, le chiffre d'affaires, la marge sur chaque produit…

3

Vers une fidélisation efficace et rentable

La première étape stratégique pour obtenir la fidélisation de sa clientèle est de pratiquer un audit détaillé de toutes les caractéristiques de l'offre actuelle, non seulement par rapport aux attentes perceptibles des clients, mais également par rapport à ce qu'ils seraient susceptibles d'apprécier et dont ils n'ont pas nécessairement idée pour l'instant.

La fidélité du consommateur doit, rappelons-le, être envisagée comme un objectif stratégique, et surtout pas comme une ordinaire opération promotionnelle, ponctuelle par définition. Pourquoi, les grandes enseignes de la distribution s'intéressent-elles, elles aussi, aux stratégies de fidélisation ? En France, en moyenne, un consommateur fréquente 3,2 grandes surfaces en parallèle. Ce chiffre révèle, certes, une densité concurrentielle propice à un tel phénomène. Mais le fait que ce chiffre soit si élevé s'explique en partie par l'absence de réelle stratégie de fidélisation EPL à long terme par les principaux acteurs. Certes, plusieurs d'entre eux ont développé ces dernières années le concept de *pleasure shopping* (ou *fun shopping*) introduisant une dimension spectacle sur le lieu de vente, pour entretenir la génération de trafic. Cela s'assimile davantage à la communication événementielle et/ou au design, qu'à une stratégie de fidélisation. Cependant, en 2002, les travaux de recherche très intéressants menés par Marie-Christine Lichtlé, Sylvie Llosa et Véronique Plichon ont permis de comprendre que si le distributeur se contentait de faire son métier, en proposant un assortiment organisé de produits dans un point de vente aménagé, cela ne suffisait plus pour influencer positivement l'évaluation faite parle client. Il fut démontré, dans le cadre d'une grande surface alimentaire, que les facteurs d'ambiance, notamment, influençaient fortement sa satisfaction. D'où l'importance de l'expérience affective vécue par le client lorsqu'il se rend dans une grande surface, si l'on souhaite l'y voir revenir. Le fait est que les grandes enseignes n'ont pas de positionnement véritablement différent et compte tenu du développement considérable des implantations dans le courant des années 1970 et 1980, les zones de chalandise des différents points de vente sont rarement exclusives. Dès lors, l'offre de la grande distribution repose essentiellement sur une politique de coups (anniversaires, festivals, produits saisonniers, braderies, soldes…) qui constituent autant d'actions promotionnelles. Certaines d'entre elles, comme la fabuleuse opération mondiale des 35 ans de Carrefour réalisée en 1998, sont de véritables cas d'école marketing tant la réussite fut grande en termes de trafic généré et chiffre d'affaires engrangé. Et la très forte incitation à la réflexion générée à l'issue chez les enseignes concurrentes est là pour conforter l'idée du succès de l'opération. Mais il n'y a rien de surprenant dans ces conditions à ce que le consommateur/client soit logiquement et implicitement incité à passer d'une promotion à une autre, quelle que soit l'enseigne.

Qui dit fidélisation, dit naturellement stratégie. Qui dit stratégie, dit nécessairement combinaison d'actions cohérentes à moyen/long terme et non succession d'opérations indépendantes à court terme. D'autre part, une stratégie de fidélisation ne doit pas signifier un retour au marketing de masse. Et l'observation vaut également pour l'utilisation d'Internet.

© Éditions d'organisation

Les efforts de la stratégie de fidélisation envisagée doivent être adaptés à chaque catégorie de clients. Les supports les plus onéreux ne doivent être utilisés qu'à l'égard des consommateurs/clients de l'entreprise qui auront été préalablement identifiés comme étant potentiellement les plus rentables. Un client fidélisé a naturellement tendance à augmenter ses dépenses sur la marque, dans le temps. Le cabinet Bain & Cie chiffre que l'accroissement de 5 % du taux de fidélisation peut permettre une amélioration de 57 % de la rentabilité de l'entreprise. Mais l'optique de la rentabilité n'est compatible avec une stratégie de fidélisation que si cette dernière utilise des outils de base performants, au premier titre desquels : le SGBD (Système de gestion de base de données). Mais attention, les experts du Cabinet Bain rappellent qu'en 1998, le leader mondial des sites Internet de recrutement et de recherche d'emplois, Monster, investit 1 million de dollars dans un système qui se révéla inefficace pour ne pas dire paralysant. Et la reconstruction fut encore bien plus coûteuse.

Depuis que le marketing direct s'est développé, des modèles prédictifs ont exploité les données enregistrées dans ces bases de données pour évaluer la probabilité de réponse positive d'un consommateur lambda à une offre commerciale spécifique. Mais combien d'entreprises sont-elles aujourd'hui en mesure de répondre avec précision à la question pourtant très simple : « Qui sont vos meilleurs clients ? » Bien évidemment, par « meilleurs clients » il ne faut pas entendre les plus sympathiques, mais plus sérieusement ceux qui, parmi les plus réguliers, dépensent le plus en faveur de la marque. Inutile de vouloir lancer un programme de fidélisation si l'on n'a pas parfaitement identifié les différents consommateurs/clients de la marque auparavant, car une bonne stratégie de fidélisation EPL est une stratégie qui est parfaitement adaptée aux caractéristiques de ses destinataires. La première étape consiste donc à rassembler les données les plus représentatives de leurs caractéristiques.

L'indispensable base de données

Dans de nombreux cas, une opération de marketing direct non ciblée peut espérer avoir bien atteint son objectif avec un taux de retour de 3 ou 4 %. La même opération adaptée et destinée aux seuls clients dits

« actifs » et parfaitement identifiés dans la base de données pourra décrocher des taux de retour supérieurs à 50 %.

Pourtant une étude réalisée par l'université Northwestern, et présentée à la conférence annuelle de la Direct Marketing Association en octobre 1998, révélait que si des bases de données, parfois gigantesques, existent bien dans de nombreuses entreprises aux États-Unis, leur utilisation ne parvient pas toujours à tirer totalement avantage de l'information collectée. Ainsi, l'étude révélait par exemple que seuls 59 % des entreprises étaient en mesure de maximiser leurs ventes en pratiquant le cross-selling. Don Schultz, professeur à l'université Northwestern, analysait que le problème provenait essentiellement du fait que l'information collectée était trop fragmentée. Si aujourd'hui pour bien comprendre et anticiper les attentes du consommateur, il importe de recouper des données comportementales et des données attitudinales, rares sont encore les entreprises en mesure de croiser correctement l'enseignement de ces deux sources d'information. Certes, des masses considérables de données sont stockées, mais leur exploitation efficace demeure parfois impossible pour cette raison ordinaire.

La mise en place d'une stratégie de fidélisation implique que l'entreprise va engager un dialogue avec son consommateur. Dans ces conditions, l'utilisation d'une base de données pour concevoir, orienter et développer ce dialogue peut devenir un atout considérable. En 2003, Clarins a finalisé la mise en place de la solution CRM développée par Pivotal eRelationship, dans le but de centraliser toutes les observations émanant des clientes de ses produits de cosmétiques et de parfumerie. Présente dans plus de 150 pays, la marque Clarins se dotait alors d'une base de données unique permettant des analyses marketing plus sophistiquées.

« La base de données est plus qu'un simple fichier, elle est le dépositaire des goûts spécifiques des clients. Lorsqu'une société répond plus vite aux attentes d'un client, elle a toutes les chances de le fidéliser pour une longue période et d'en faire un actif ayant de la valeur. Les directeurs du marketing arrivent à cibler les clients avec de plus en plus de précision, ce qui leur permet d'exploiter de plus petites niches même à l'échelle internationale » observe David Schmittlein, professeur à la Wharton School de l'université de Pennsylvanie.

La porte est alors ouverte sur la personnalisation de masse.

Il ne viendrait à l'idée d'aucun praticien aujourd'hui de remettre en question l'intérêt d'un marketing plus interactif, plus relationnel. En 2002, les travaux de Katherine Lemon et ses collègues ont confirmé cette interactivité nécessaire, dès lors que les consommateurs prenaient désormais en compte les aspects du passé, le présent et le futur (y compris leurs attentes futures) pour leur évaluation. Mais comment développer une approche personnalisée avec plusieurs milliers, voire plusieurs millions de consommateurs, sans l'aide d'une base de données, pour conserver une trace précise de la relation initiée à l'attention de chacun ? La nécessité d'une base de données n'est pas un phénomène de mode. Elle devient aujourd'hui une composante minimum ordinaire de la gestion des entreprises. C'est une tendance lourde qui touche aussi bien les producteurs de biens de grande consommation, que les presta- taires de services, que les distributeurs.

Le marketing de bases de données ne sonne pas simplement le glas d'un certain marketing de masse aveugle, il gomme purement et simplement du vocabulaire du praticien, l'expression « consommateur moyen. » En fait, les consommateurs ont toujours été différents. Mais le marketing n'avait tout simplement pas les moyens techniques et surtout financiers d'intégrer cette variable dans l'équation.

Le concept de marketing de bases de données

Si l'entreprise se trouve sur un marché pouvant être qualifié de « marché de masse », autrement dit, si le nombre de ses consommateurs/clients dépasse les quelques milliers, un système de gestion de base de données est sans conteste la clé de voûte initiale d'une stratégie de fidélisation performante. Elle va permettre de prendre en considération les diffé- rentes motivations, tout en conservant la maîtrise des coûts. Elle va permettre d'accroître la valeur ajoutée de la relation pouvant exister entre l'entreprise et ses consommateurs. Des consommateurs qui ne seront désormais plus anonymes, mais chacun considéré, dans la mesure du possible, pour sa spécificité. Internet doit être avant tout perçu comme un vecteur souple et peu onéreux permettant de délivrer un message adapté à des consommateurs identifiés et recensés dans une base de données.

Une stratégie de fidélisation repose sur le principe du suivi de ses consommateurs/clients. Grâce à son adresse Internet, il est envisageable de pratiquer un ciblage respectant l'anonymat et de suivre de manière tout aussi anonyme son cheminement sur Internet. Sur le plan marketing, ce suivi interactif a pour objectif simple de permettre de détecter à l'avance toute modification ou évolution qui pourrait induire un changement de marque ou d'enseigne. Mais ce suivi, notamment dans le cas où le nombre de consommateurs/clients est très important, n'est que rarement possible de manière pertinente à l'échelle humaine. Attention toutefois à bien considérer que si la base de donnée constitue un outil potentiel formidable, elle reste un simple outil. En 2002, Éric Almquist, vice-président de Mercer Management Consulting, Boston, et ses collègues insistèrent sur ce point. La base de données ne fidélisera pas ! Elle n'est là que pour servir la stratégie, *a fortiori* si l'on espère un retour sur investissement et pas seulement un coût d'investissement.

L'outil informatique, essentiel et incontournable.

L'objectif des boutiques Lacoste était de se différencier des autres circuits de distribution des produits de la marque, afin de fidéliser les acheteurs sur leurs points de vente. Conformément au processus classique en cinq étapes rappelé en introduction du chapitre II, la première étape fut, bien entendu, d'identifier le client. En couplant l'envoi d'un questionnaire avec un suivi des achats *via* les relevés de caisses enregistreuses associés à la carte de fidélité, ce sont près de 300 000 clients qui purent alors être recensés et identifiés. À terme, c'est la possibilité d'adapter le marketing relationnel des boutiques, afin de cibler les clients les plus porteurs en matière de chiffre d'affaires. L'ordinaire règle des 20/80 au terme de laquelle 20 % des clients génèrent 80 % du chiffre d'affaires n'est pas une nouveauté, c'est aujourd'hui une donnée de base ordinaire du problème.

La notion de marketing de bases de données est rapidement devenue naturelle et l'informatique constitue désormais un outil indispensable pour la gestion de la stratégie de fidélisation. La raison en est simple.

Identifier parfaitement la cible implique de collecter, ordonner et analyser le plus d'informations possibles. Une entreprise en relation avec seulement un millier de clients peut très rapidement se retrouver confronter à plusieurs centaines de milliers de données. L'utilisation d'un système informatique puissant est alors incontournable. Pour de grands groupes comme Danone, Altria, PPR, Procter & Gamble, France Telecom ou Carrefour, le volume de ces informations - surtout si l'historique est pris en compte – peut très vite représenter des milliers de giga-octets. D'où les expressions de *datation* et *datawarehousing* apparues dès le début des années 1990. Alors que les concepts sous-jacents étaient en place depuis les dernières années de la décennie précédente, leur développement était jusqu'alors limité par des outils mal adaptés (coût, puissance, performance). Certains industriels recourent d'ailleurs parfois à des spécialistes, tels que Soft Computing, Consodata ou Claritas, pour gérer leur base de données. Compte tenu des volumes de données que cela représente, l'hébergement et la gestion relèvent de métiers qui sont parfois très éloignés de ceux des industriels commanditaires.

Le datawarehouse ou entrepôt de données représente une mégabase de données, thématique le plus souvent, constituée afin de réunir pour analyse, de très gros volumes de données très détaillées, durables, en principe datées, et qui ont été stockées et organisées (processus de *datasourcing*) sur un puissant système informatique. L'objectif est de les synthétiser de manière à pouvoir en extraire l'information essentielle la plus pertinente et ainsi favoriser la prise de décision.

Le *datamining* (ou *data-mining*) signifie littéralement « extraction de données. » Il s'agit en fait de l'analyse de grandes quantités d'informations stockées dans des mégabases informatiques, permettant de passer d'une masse de détails à une synthèse exploitable. Une telle analyse nécessite de très puissants systèmes informatiques, généralement multiprocesseurs, ainsi que des logiciels sophistiqués de manière à autoriser tous les calculs, filtres, synthèses et interprétations possibles. À ce propos et bien qu'ils soient encore très peu développés en France, les réseaux de neurones semblent promis à un bel avenir. Issus des technologies d'intelligence artificielle, ils reposent sur le principe fondamental de l'apprentissage. Reposant sur le principe de la reproduction de l'architecture cérébrale humaine, on comprend aisément les capacités que l'informatique moderne met à leur disposition. Les financiers comme les praticiens du marketing commencent à s'en emparer, pour exploiter les masses d'informations contenues dans leurs bases de données, tant pour gérer des flux, que pour réaliser des prévisions. Il ne suffit plus de pratiquer, souvent sans grands résultats, du CRM opérationnel, il faut également pouvoir et savoir faire du CRM analytique. Autrement dit, être capable d'extraire de la base les modèles statistiques parfois complexes qui permettent de comprendre pourquoi telle opération est un succès et pourquoi pas une autre. Certes, cela implique parfois que les informaticiens/statisticiens travaillent de concert avec les marketers… Mais qui sera alors celui par qui le succès arrive… ? Dans le meilleur des cas, le datamining doit permettre de dépasser le stade d'identification du segment, pour déboucher sur l'identification de client et la meilleure compréhension de son comportement d'achat.

Depuis plus de trente ans les méthodes statistiques descriptives ont renseigné le marketer. Elles sont encore utilisées aujourd'hui. Mais le développement de techniques complémentaires basées sur la constitution de réseaux neuronaux ou de réseaux baysiens, ainsi que les techniques d'analyse factorielle, les algorithmes génétiques, les cartes de kohonen (*self organizing maps*), les régressions logistiques, les arbres de décisions ou encore le *text mining* ont permis d'accroître la précision de la compréhension et, dans le meilleur des cas, de la prédiction du comportement du consommateur. Michael Garver recommande vivement de suivre la méthodologie CRISP-DM (*Cross Industry Standard Process for Data Mining*). Le projet CRISP-DM (www.crisp-dm.org) a été partiellement financé par la Commission Européenne dans le cadre du programme Esprit. Il est soutenu par quatre partenaires principaux : Teradata (Groupe NCR), SPSS, DaimlerChrysler et OHRA Verzekering en Bank Groep. CRISP-DM (voir ci-après graphique n° 6) est en définitive un processus pas à pas, qui permet de structurer un projet de data-mining et donc d'identifier plus rigoureusement les prospects qualifiés. Au-delà de la capacité à enregistrer de manière ordonnée le maximum d'informations sur l'activité de l'entreprise et les caractéristiques de ses clients et/ou de ses consommateurs, l'orientation client de l'entreprise passe aujourd'hui par une nécessaire maîtrise réelle d'une analyse de données moderne et de plus en plus sophistiquée.

Graphique 6 :
Étapes du modèle CRISP-DM

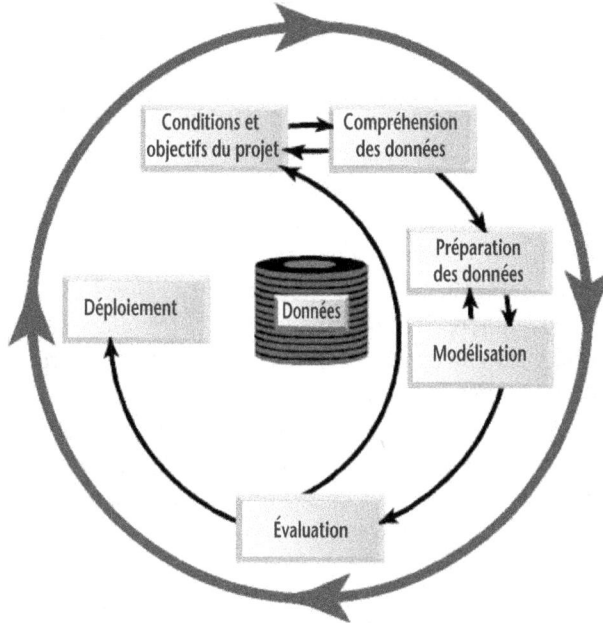

Source : d'après la présentation du modèle CRISP - http://www.crisp-dm.org/Process/index.htm

La mise en place de tels systèmes peut parfois engendrer un coût élevé *a priori* (conception, entretien, gestion, sécurisation).

Mais une base de données doit cependant être perçue comme un investissement devant devenir un centre de profits. Grâce à l'analyse de la base de données, l'entreprise pourra développer plus efficacement son portefeuille de clients, en fonction de ce que ces mêmes clients rapportent réellement à l'entreprise. L'intérêt d'une telle analyse de données est qu'elle permet alors d'adapter la démarche marketing à chaque type de clients, en modulant le ou les supports de la fidélisation utilisés, par rapport à la « catégorie » à laquelle appartient ledit client. Compte tenu des capacités de stockage et de traitement des systèmes informatiques actuels, la base de données devient rapidement une source d'information permanente. Elle constitue alors le point de départ d'un marketing direct, personnalisé efficace et permet à l'entreprise d'évoluer avec ses consommateurs/clients. Toutes les occasions de remplir la base sont

189

bonnes : passages en caisse identifiés, jeux concours, bons de réduction nominatifs, abonnements, contacts du service consommateurs, interventions du service après-vente... et/ou tout simplement achat de fichiers externes.

« *Le coût d'installation et d'opérationnalisation de ces systèmes n'est pas bon marché. À titre d'exemple, la base de données de réassortiment de Wal-Mart aux États-Unis est maintenant supérieure à 50 Tbytes (requis par Wal-Mart afin de pouvoir conserver un niveau d'information pour chaque référence ou chaque article et pour chaque transaction). Le coût d'achat des seuls disques durs pour supporter ce volume d'information est prohibitif pour la majorité des enseignes de la distribution. Pour appréhender ce problème, les entreprises devraient considérer avec prudence ce qu'elles souhaitent réellement obtenir d'un système de fidélisation : quels bénéfices peuvent être obtenus immédiatement, sur quel objectif précis focaliser au départ,... puis déployer initialement un système plus petit. Si le ROI initial est confirmé et que les coûts sont justifiés, alors seulement est-il souhaitable d'évoluer graduellement vers un plus large système* » met en garde Donal Mac Daid, Vice-président marketing, Aldata Solution.

Attention, toutefois, à éviter le piège classique de l'accumulation non structurée de données. La nécessité impérative d'une base de données n'est pas tant quantitative que qualitative pour servir au mieux la stratégie de fidélisation EPL. Les systèmes informatiques modernes permettent non seulement un stockage facile de l'information, mais parfois même une collecte tout ou partiellement automatique, notamment à l'aide d'un lien EDI[1] entre les caisses et les systèmes centraux par exemple. Mais une base de données n'est pas seulement un lieu de stockage de l'information. C'est surtout une source potentielle d'information, pour pratiquer une analyse

---

1. Échange de données informatiques. Système électronique de gestion de l'information sans papier devant permettre de rationaliser la gestion des flux, en améliorant notamment la logistique. La gestion télématique de ces données informatiques est rendue nécessaire par l'éclatement de la production pour bénéficier des meilleurs côuts sur chaque composante du produit, d'une part, et l'élargissement planétaire des zones de distribution, d'autre part. L'E.D.I. participe ainsi à l'efficacité des relations producteurs-distributeurs, impliquant souvent de véritables partenariats quant au choix des systèmes de codification et à la nature de l'information stockée.
Source : *Praximarket*, éditions Jean-Pierre de Monza, Paris (1996).

marketing permanente du portefeuille de consommateurs/clients, notamment en matière de fréquentation/consommation de la marque.

Le cas Aviva

Pour cela, il est indispensable d'entretenir l'efficacité de la base. Aviva, issue de la fusion de plusieurs compagnies d'assurance dont Abeille, Norwich Union et Victoire, s'est retrouvée dotée d'une extraordinaire somme de données. Plus de 2 millions de noms. Pourtant ce qui fait la richesse de cette base, ce n'est pas son volume, mais sa gestion attentive : dédoublonnage systématique, gestion des déménagements, enrichissement par recherche complémentaire des informations manquantes comme le numéro de téléphone par exemple, qualification des NPAI[1] prise en compte des réexpéditions postales... Aucun traitement, aucune exploitation n'a encore été fait(e), mais une telle valorisation de la base de données permet déjà un datamining des plus efficaces.

Le secret de la pyramide

De nombreux auteurs ont pris un malin plaisir à détourner l'esprit fondamental de la Charte des Droits de l'Homme en clamant haut et fort que les consommateurs ne naissaient pas tous égaux. On savait qu'il était difficile de demander au commerçant d'être philanthrope. On apprenait qu'il n'était pas humaniste !

« Les entreprises ont pris conscience que les clients ne sont pas tous égaux. En période de crise, la répartition doit être sélective. La fidélisation passe par une meilleure connaissance du client, afin de répartir au mieux les investissements sur tel ou tel type de clientèle. Il ne peut y avoir de fidélisation que dans la perspective d'une relation individualisée. Un programme de fidélisation qui se borne à attribuer des points ou toute autre gratification pour une quantité, cela revient à faire de la promotion permanente. La véritable fidélisation passe par une individualisation de la relation » observe Henri Kaufman, Président de l'agence BrannCommunider.

---

1. N'habite plus à l'adresse indiquée.

Au-delà de leur spécificité, on peut d'ailleurs segmenter le marché en quatre grands groupes de taille souvent décroissante, si la fidélité est le critère de classement, on aboutit alors à une pyramide de fidélité. Chaque étage de la pyramide représente un segment de marché dont la fidélité est d'autant plus forte que l'on gravit la pyramide. Logiquement, dans une optique de rentabilisation de l'effort marketing, la stratégie marketing appliquée à chaque segment du marché diffère à chaque étage de la pyramide. On passe ainsi d'un marketing indifférencié à un marketing personnalisé, avec plus ou moins de niveaux intermédiaires. Car bien entendu, en fonction de la nature de l'activité de l'entreprise, en fonction de son positionnement, en fonction de la largeur de la gamme de produits offerte… le nombre d'étages de la pyramide peut varier. En revanche compte tenu de la forme géométrique de la pyramide, l'analogie permet de percevoir que l'espace – donc le nombre d'individus – se réduit plus il parvient dans les étages supérieurs. De plus, gravir chaque étage ne se fait pas sans peine et parvenir au pyramidion n'est pas toujours chose aisée.

Même si *a priori*, seul le pyramidion devrait concentrer l'attention de l'entreprise, tout le génie de l'architecte de cette pyramide réside en fait dans l'identification précise des différents étages, autrement dit des différents types de clients à qui s'adresse l'entreprise. Ces clients sont autant de pierres dont il faut connaître au mieux les caractéristiques, pour mieux les insérer dans la pyramide. Plus cette connaissance sera parfaite, plus sa circulation dans la pyramide sera aisée. Là où de nombreux apprentis architectes se perdront rapidement dans les labyrinthes naturels de cette pyramide, le sage qui en aura conçu les plans avec réflexion et précision n'aura plus aucun mérite à en maîtriser les mystères. Mieux, il aura tout loisir de prendre, à chaque étage, des dispositions spécifiques lui assurant performance et rentabilité de ses actions. Des dispositions censées par ailleurs être en mesure d'accueillir et tolérer évolutions et modifications nécessaires pour faire de l'ouvrage une réalisation éternelle.

Une telle opportunité n'est pas donnée à tous ceux qui ambitionnent de devenir maître d'œuvre d'une telle construction. Si tous disposent *a priori* des pierres s'assemblant naturellement pour former le premier étage, rares sont ceux qui disposent de la vision prospective leur permettant de concevoir les plans des étages supérieurs. À l'image des mythiques rives du Nil, innombrables sont les pyramides qui virent le jour, mais rares sont celles qui purent être achevées jusqu'à la pose du pyramidion, et parmi ces raretés, exceptionnelles sont celles qui résistèrent à l'érosion du temps. Pharaons modernes, consultez bien les augures. Veillez bien à ce que le scribe à votre service soit exhaustif et rigoureux dans la tenue et l'archivage de l'histoire de chacune des pierres de votre pyramide. Assurez-vous bien également de sélectionner avec soin l'architecte maître d'œuvre de cette pyramide. Non seulement pour qu'il mène sa mission à son terme, mais qu'il parvienne à en faire le puissant et lucratif dispositif au service de Pharaon, sur lequel le temps n'aura de prise. On dit que pour cela, d'aucuns princes du Nil n'hésitent pas à enfermer leur architecte à l'intérieur de la pyramide, une fois l'ouvrage achevé, pour s'assurer la plus dévouée et la plus efficace maintenance. Mais rien ne permet de le confirmer à ce jour…

Cette analyse des clients permet à l'entreprise de faire varier ses investissements en fonction de ce qu'elle peut attendre de ces clients. Un marketing personnalisé (one-to-one) est toujours coûteux, mais ce coût est supportable s'il est compensé par une exclusivité des clients en faveur de l'entreprise. En 2002, dans la *Harvard Business Review*, Werner Reinartz et V. Kumar insistaient sur ce management différencié de la fidélisation client. L'étude de la clientèle est fondamentale pour savoir où stratégiquement investir. L'enseigne Micromania, spécialisée dans la vente de consoles et de jeux vidéo en France, dispose d'une base de données clients de plus de 2,3 millions de noms. Mais seuls 800 000 sont réellement actifs et sur ces 800 000, 80 000 sont considérés comme excellents (35 % du chiffre d'affaires) et 80 000 autres considérés comme très bons (20 % du chiffre d'affaires). Micromania, qui a arrêté la VAD (vente à distance), publie cependant un catalogue papier. Mais celui-ci n'est adressé qu'à ces 160 000 clients qui représentent plus de la moitié de l'activité. Ils sont servis avec la plus grande attention, car une telle attention peut être rentabilisée.

**Graphique 7 :
Pyramide de la fidélité**

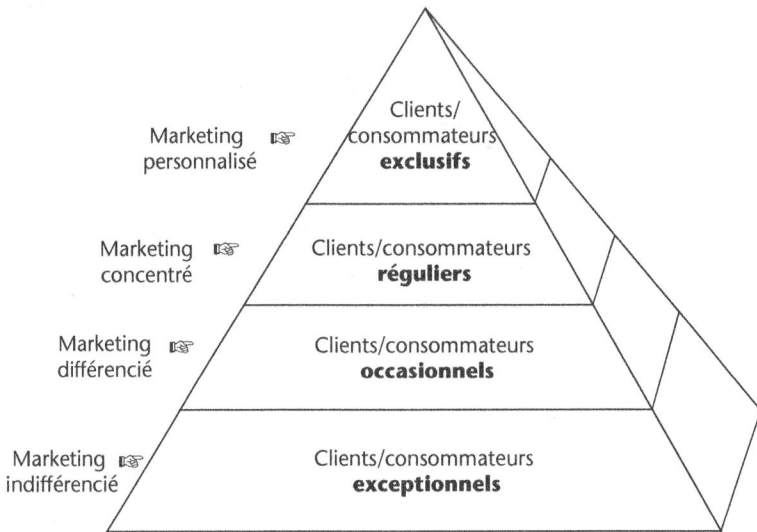

Marketing ☞ personnalisé — Clients/consommateurs **exclusifs**

Marketing ☞ concentré — Clients/consommateurs **réguliers**

Marketing ☞ différencié — Clients/consommateurs **occasionnels**

Marketing ☞ indifférencié — Clients/consommateurs **exceptionnels**

Leçons d'histoire et de géographie

La segmentation du marché est pratiquement indispensable pour obtenir des résultats tout en maîtrisant les coûts. Lorsque Maisoning, la filiale de La Lyonnaise des Eaux France, orientée vers le multiservice de l'habitat, développe une base de données, c'est avant tout dans le but d'identifier des ensembles de clients homogènes sur différents critères. La base étant dans ce cas RFM.

Et Paul Green et Abba Krieger de rappeler à ce sujet que « L'examen minutieux de ces « tranches » de marché ne doit pas faire oublier le prix à consentir pour atteindre chaque segment et mettre en œuvre le plan formulé [...] Pour que les segments soient efficaces, il faut pouvoir en mesurer la taille et le pouvoir d'achat de manière sûre. Ils doivent être rentables et on doit être en mesure de les satisfaire. Enfin, et c'est le plus important, les segments doivent être définis de manière à ce que l'on puisse mener ensuite des stratégies pour les attirer et les fidéliser. »

Les variables comportementales essentielles utilisées pour les opérations de segmentation sont ici souvent symbolisées par le sigle anglo-saxon RFM (*Recency, Frequency, Monetary*). Ce sigle exprime les principales variables qui permettent d'interpréter l'ensemble des informations collectées *via* :

- la récence de l'achat (analyse des dates d'entrée dans le fichier, du dernier achat, du retour de coupon x…),
- la fréquence de l'achat (périodicité des contacts entreprise/individu),
- la valeur monétaire de l'achat (montant des achats réalisés sur la période considérée).

Mais en 2003, Reinartz et Kumar ont proposé un nouveau modèle beaucoup plus performant que le simple cadre des variables RFM. Démontrant notamment que certains facteurs (les antécédents) pouvaient expliquer des différences systématiques quant à la rentabilité de la durée de vie du client, le modèle portait sur la relation B-to-C mais aussi que la relation B-to-B.

Compte tenu de la capacités de stockage et de traitement de l'outil informatique, il est possible d'aller bien au-delà des informations de base, en étudiant par exemple les informations de localisation géographique du consommateur (lieu de résidence, lieu de travail, destinations de loisir…). S'il est encore peu utilisé, le géomarketing est justement une technique reposant sur le postulat que les individus résidant dans un même lieu géographique ont des caractéristiques socio-démographiques, économiques, voire culturelles, assez proches. Exploitant le système de gestion de bases de données, le géomarketing permet alors de visualiser, sur fond de carte, la variabilité des secteurs et la répartition géographique des individus d'une population, au vu de différents critères, ainsi que sa typologie. De plus, si à l'origine le géomarketing était une démarche effectuée essentiellement au niveau stratégique, on la rencontre également aujourd'hui de plus en plus au niveau opérationnel. Certes, les bases de données restent encore souvent très chères. Mais l'efficacité logicielle, l'amélioration ergonomique des outils, la migration des systèmes vers Internet ainsi que la baisse des coûts des outils informatiques fixes et nomades, expliquent en partie cette évolution. De là à dire que le géomarketing se banalise, il n'y a qu'un pas. En fait, la baisse des coûts, y compris au niveau des logiciels, rend cette approche désormais accessible à de nouveaux utilisateurs : messageries, restaurants, agences immobilières, télécommunications…

Les systèmes d'information géographique (SIG/*Geographic information system*) ainsi constitués autorisent une analyse plus fine de la couverture d'un marché, des caractéristiques des zones de chalandise de chaque point de vente et des zones de prospection potentielle. Dans le cas de la grande distribution, la fidélisation difficile du chaland sur l'enseigne peut par exemple mettre à profit le géomarketing pour, au regard de la zone de chalandise et du profil de la clientèle, définir précisément pour chaque rue les panneaux d'affichage publicitaires les plus porteurs. Dans l'exemple particulier du secteur de l'assurance, un déménagement peut parfois occasionner la perte d'un client souscripteur. La simple identification géographique précise de ce souscripteur ainsi que la traçabilité de ses déplacements peuvent permettre d'informer à l'avance l'agent le plus proche de son nouveau domicile, afin qu'il entre le plus rapidement possible en contact avec lui. La gestion du transfert/adaptation de son contrat peut alors devenir un motif de fidélité très important pour le souscripteur, qui percevra sans mal les avantages administratifs et temporels de procédures simplifiées.

Le géomarketing est donc très favorable à une stratégie de fidélisation EPL, dès lors qu'il permet un suivi géographique rigoureux de la clientèle et surtout un ciblage beaucoup plus précis pour :

• la commercialisation d'un produit adapté à la zone définie,
• l'implantation d'un nouveau point de vente,
• le repérage des zones de profitabilité maximum,
• l'optimisation de l'organisation des visites des représentants,
• la préparation et le lancement d'une opération promotionnelle locale et ses supports…

Mais grâce aux informations stockées dans la base de données, son utilisation pourrait être rapidement étendue au suivi naturel du consommateur/client.

« Le géomarketing, c'est un découpage en zones de proximité, réalisé au départ de façon empirique. Aujourd'hui il est devenu une technique plus scientifique qui doit précisément mesurer des bassins de vie cohérents, contenant des comportements homogènes à 80 %/90 %, mais qui souvent ne fait que conforter des zonages existants. En bref, le géomarketing sert à mettre en relation un marché, une offre et une demande locale. Dans une métropole, un quart de la population déménage tous les trois ans. Il est donc nécessaire de suivre les mouvements de la population, les changements de consommation des habitants et surtout l'évolution de l'offre » explique Xavier Guillon chez Comareg.

Il est désormais également possible de coupler la fonction géomarketing à la fonction merchandising. Lorsque des implantations similaires, bénéficiant du même référencement, du même niveau de prix et de la même présentation en linéaire, donnent des résultats de vente très différents, la raison peut parfois être trouvée grâce au géomarketing. Ce dernier peut en effet permettre d'identifier des profils de clientèle relativement différents d'un point de vente à un autre, expliquant alors des attentes et des comportements d'achat très différents. Il importera, dans ces conditions, de modifier et d'adapter la stratégie merchandising en conséquence. Naturellement, si aujourd'hui, une analyse multifonctions aussi fine est techniquement possible, reste à vérifier qu'elle est financièrement supportable. En d'autres termes, est-ce que le surcroît de chiffres d'affaires et/ou de profits est suffisant pour absorber le coût de la collecte d'information géomarketing, la mise en place d'une politique merchandising spécifique à chaque point de vente, ainsi que les coûts logistiques supplémentaires corollaires ?

Seule l'optique de la fidélisation peut en définitive le justifier réellement. Lorsque Gillette décida avec Consodata de cibler les hommes de 15 à 35 ans en retenant de grands hypermarchés pour une action sur son rasoir Mach3, le recoupement des informations géomarketing permit de retenir plus de 400 points de vente pour lesquels il devenait possible d'optimiser la distribution des trois millions de leaflets dans les boîtes à lettres *ad hoc*. Couplé au fait qu'il fallait impérativement mettre en place un planning de diffusion pour éviter de pénaliser certaines enseignes et/ou certains points de vente, et qu'il importait de synchroniser la mise en place produit dans les points de vente participants, on comprend aisément que Gillette ait recherché à maximiser son opération, en ciblant les clients identifiés comme étant fidèles aux points de vente concernés, dans le but qu'ils deviennent, à terme, fidèles à la marque.

Le système de gestion idéal

Une stratégie de fidélisation repose sur un contact personnalisé/individualisé avec le consommateur/client. Dans tous les secteurs bénéficiant d'un marché de masse, une telle approche de *mass customization* n'est dès lors possible que si l'outil informatique permet de contourner, en partie, le coût d'un tel traitement individualisé. Cela contribue sans doute à expliquer que certains groupes industriels ou appartenant au secteur des services préfèrent aujourd'hui recourir à des prestataires professionnels pour abriter et gérer leurs datawarehouses. En France, Consodata, l'un des grands spécialistes des mégabases, offre ainsi ce type de service.

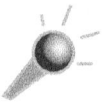

« *Dès aujourd'hui, une base de données marketing-clients est économiquement justifiée à partir d'un volume annuel de transactions de l'ordre de 1 200 francs. Dans l'univers des services, des biens durables et de nombreux biens de consommation, l'utilisation d'une véritable base de données marketing est, ou plutôt devrait être, déjà la règle. Pour une marque le choix est clair désormais : soit elle décide d'ouvrir un véritable dialogue, une vraie relation avec chacun de ses clients, soit elle est appelée à disparaître du cœur et de l'esprit de sa clientèle finale, supplantée par le distributeur* » analyse Denis Bonnet chez Ogilvy Defrenois.

On perçoit naturellement ici le rôle stratégique et absolument fondamental du service consommateurs. En contact direct avec ledit consommateur, il a alors l'opportunité de tisser sinon de renforcer le lien entre ce dernier et l'entreprise. Il offre la possibilité de collecter à peu de frais des informations extrêmement précieuses pour le marketing. Pas étonnant qu'on assimile aujourd'hui ces services consommateurs à de véritables leviers de croissance pour l'entreprise. Des leviers qui ne peuvent toutefois être actionnés efficacement que si toutes les fonctions de l'entreprise sont conscientes qu'en tant qu'interface avec le destinataire final du produit ou du service de l'entreprise, il est en mesure de collecter, stocker, gérer et exploiter une information utile à chacun.

Pour ceux qui préféreraient conserver le contrôle total de leur information, il importera de choisir la solution informatique la mieux adaptée à leurs besoins. Il n'existe pas de règles qui permettent de choisir, dans l'absolu, le meilleur système de gestion de bases de données. En revanche, certains principes peuvent être observés. Dans *Le marketing interactif*, également paru aux Éditions d'Organisation, étaient proposés les dix principaux critères permettant d'apprécier la qualité d'un bon système de gestion de bases de données. Enrichis et complétés, ces principaux critères perdurent aujourd'hui :

1 : *Fiabilité*

Une fiabilité incontestable du système informatique et du système de gestion retenus est un élément fondamental. La fiabilité est une assurance partielle contre l'usure technologique du temps. Il importe de bien mesurer ici l'intérêt d'une innovation révolutionnaire par rapport à un système testé et reconnu pour sa fiabilité. C'est une nouvelle fois l'éternelle question de savoir s'il est préférable d'être le premier entrant ou d'être le meilleur, qui est posée.

2 : *Coût*

Le coût doit être compatible avec les besoins et les moyens de l'entreprise. En plus de l'acquisition du système, il convient de considérer qu'une base de données comporte un coût d'entretien très important (15 à 20 % des investissements initiaux), pour demeurer exploitable dans les meilleures conditions. Aujourd'hui, la baisse du prix des matériels et des logiciels permet à n'importe quelle entreprise d'accéder à cet outil à la hauteur de ses besoins. Mais la rentabilisation réelle doit être envisagée à 3 voire 4 ans, en règle générale. *A posteriori*, il sera envisageable de rentabiliser l'investissement en louant ponctuellement le fichier et/ou en le prêtant à un fournisseur qui acceptera alors de supporter le coût d'un mailing et/ou d'une action promotionnelle en contrepartie. Mais la mise en place d'une base de données doit toujours être faite dans l'optique de réduire les coûts et non l'inverse. D'où l'impérieuse nécessité de calculer le plus précisément possible le ROI avant tout investissement. Spécialiste de l'IMC (*Integrated Marketing Communications*) Don Schultz et ses associés de Targetbase Marketing déterminent l'investissement et donc la nature de la base de données utile par rapport à la valeur du client visé. Quant à l'externalisation, elle peut être une solution efficace si le partenaire est bien choisi. Mais il ne faut pas commettre l'erreur de croire que le choix de l'externalisation répond à des critères financiers favorables. Le coût est souvent plus élevé qu'une gestion en interne. Ce choix doit correspondre à une recherche de compétence. DHL a fait ce choix chez Soft Computing.

3 : Logiciel

Les caractéristiques techniques du logiciel doivent être adaptées aux besoins (ergonomie, rapidité, souplesse, importation/exportation de données, tris, analyses statistiques, interprétations) de l'entreprise. En revanche ses capacités doivent systématiquement être très supérieures aux besoins présents de l'entreprise. Le nombre et la nature des données enregistrées ne cesseront de croître, surtout si l'entreprise ambitionne la création d'un historique de consommation de ses clients. Or, le transport d'une base ou d'un système à un autre comporte toujours des risques importants. En d'autres termes, applications en sciences de gestion doivent toujours primer sur les simples applications informatiques. Les applications logicielles les plus performantes sont aujourd'hui capables d'auto-apprentissage. En d'autres termes, le logiciel est capable de nourrir en partie la base, en fonction de ce qu'il a compris de l'utilisation qui en est faite, de l'arborescence des choix et requêtes qui sont réalisés, des croisements réalisés avec l'historique.

4 : Codification

Une codification rigoureuse et une coordination des informations intégrées progressivement au système doivent être assurées. Provenant de sources très différentes — études de marché, remontées de mailings,

© Éditions d'organisation

feed-back d'information de la force de vente, veille concurrentielle… – il est impératif que les liens unissant l'ensemble de ces données soient logiques de façon à les rendre complètement opérationnelles. Cette codification peut être partiellement obtenue de manière automatique si le même logiciel est fourni à l'ensemble des services de l'entreprise et que leur sensibilisation par une formation *ad hoc* a été effectuée (voir également le point 6 : accessibilité). Si l'entreprise dispose d'une base de données alimentées par divers canaux : prévoir un datamart[1] pouvant être utilisé comme référentiel unique. C'est le seul moyen de rendre les données homogènes quant à leur forme et donc parfaitement exploitables.

5 : Compatibilité

À l'ère de l'EDI tout puissant, il est plus que souhaitable de bénéficier d'une compatibilité totale avec les standards utilisés par les partenaires de l'entreprise (avec les clients distributeurs notamment pour permettre une remontée – automatique – d'informations, voire un échange de données informatiques).

6 : Accessibilité

L'accessibilité du système informatique doit s'entendre ici sur le plan technique. L'ensemble des personnels utilisateurs doit pouvoir exploiter les ressources du système. Ce qui suppose un système relationnel convivial, exploitable par tout autre individu que l'ingénieur informaticien, et une formation réelle de tous les utilisateurs potentiels. Plus cette accessibilité sera généralisée à l'ensemble des utilisateurs potentiels, plus l'exploitation des enseignements de l'analyse de la base sera rapide. La base de données et son système de gestion n'ont d'intérêt que s'ils sont utilisés. Mais le point de l'accessibilité est souvent négligé, d'où des conséquences commerciales et financières parfois très lourdes. Aujourd'hui encore, on se souvient à la SNCF des débuts délicats d'un système informatique à la philosophie pourtant prometteuse qui se nommait Socrate…

---

1. Petit datawarehouse spécialisé.

7 : *Mise à jour*

La mise à jour des informations stockées doit être simple et rapide (voire automatique lorsque les liens EDI en place le permettent). Une base de données n'a d'intérêt que si elle est mise à jour en permanence avec de nouvelles informations, car la vie du produit et le suivi des marchés sont désormais liés à l'évolution de l'information que la base sera en mesure de dispenser aux responsables marketing. Cet élément est capital dans l'optique de la fidélisation, car l'entreprise doit pouvoir disposer d'outils lui permettant si possible de détecter le consommateur/client sur le point de partir. La codification différant d'une zone commerciale à une autre, il peut être parfois nécessaire de procéder à des contrôles et/ou des mises à jour. Avec plusieurs milliers de voies créées ou renommées chaque année en France, les opportunités de NPAI (N'habite plus à l'adresse indiquée) sont multiples, sans évoquer le cas des déménagements des clients.

8 : *Protection*

Une protection maximum doit être assurée contre le piratage. D'aucuns ont pu dire que l'information serait la source et le symbole du pouvoir absolu au XXIe siècle. Nous sommes entrés dans ce XXIe siècle, ce n'est plus une idée, une supposition, mais un fait, un constat. Orientant de nombreuses actions marketing, ces données doivent donc être protégées d'un accès parasite de la concurrence et de pirates. Dans ce but, il est donc notamment préférable de privilégier le plus tôt possible une gestion à l'interne de la base de données, plutôt que de recourir à une sous-traitance spécialisée *a priori* plus compétente et plus efficace au départ. Bien que comportant plus de 9 millions de clients, la base de données de Cofinoga est gérée en interne.

9 : *Évolutivité*

Il est souhaitable que le système informatique de même que le même logiciel retenu autorisent l'évolution par rapport à la stratégie de l'entreprise et aux progrès réalisés dans le traitement des données. La solution informatique retenue doit notamment permettre de bénéficier des prochaines évolutions technologiques en demeurant parfaitement ouverte. Si l'on accepte le principe que l'environnement évolue désormais en temps réel, il devient difficile voire impossible de prévoir à très long terme ce que deviendront les activités de l'entreprise. De nombreuses solutions logiciels permettant de faire du CRM (*Customer Relationship Management*) sont aujourd'hui disponibles. Elles viennent se superposer sans problème à la plupart des bases de données existantes, dès lors que celles-ci sont relationnelles. Toutefois, on peut penser que pour une parfaite synergie entre front office et back office, les entreprises vont être de plus en plus amenées à relier leur logiciel ERP (*Enterprise Ressources Planning*) à leur logiciel de CRM, lui-même connecté à la base de données clients de l'entreprise, dans le but d'aboutir à une solution plus complète. Le choix de ces solutions logiciels pourrait alors bien se faire en partie en fonction de leur évolutivité vers une telle synergie de plates-formes. Or, c'est encore aujourd'hui un problème de bon nombre d'entreprise, dès lors que les anciens systèmes de gestion commerciale ont parfois du mal à migrer vers des systèmes intégrant la totalité de la gestion client.

10 : *Légalité*

La tentation est grande de gorger ces mégabases de toute l'information publique et/ou privée possible sur le consommateur, afin de parvenir au datawarehousing le plus exhaustif possible. Cependant, une base de données doit être conforme aux dispositions légales. Sur ce point, la législation est encore aujourd'hui très différente suivant les pays. En France, les modalités de stockage d'information doivent bénéficier de l'approbation de la CNIL (Commission Nationale Informatique et Libertés) et notamment permettre un droit d'accès au consommateur concerné. Dans la mesure du possible, la base de données doit également se conformer aux orientations professionnelles et consuméristes. Un non-respect pourrait entraîner des effets boomerang, allant jusqu'à l'éventuel appel au boycottage des produits de l'entreprise par des consommateurs convaincus d'une atteinte portée à leur vie privée.

Bien entendu, aussi perfectionnée soit-elle, la base de données ne demeure qu'un simple outil. Un outil dont l'utilisation ne procurera pas systématiquement un taux de réussite de 100 %. En définitive, si l'on voulait être lapidaire, on pourrait dire que le marketing de base de données fait le constat que le marketing de masse anonyme a vécu et qu'il n'est désormais plus possible, dans la majorité de cas, d'adresser un seul et même message à des consommateurs non identifiés, dont on reconnaît désormais qu'ils sont très différents quant à leurs attitudes et leur comportement. Ce qui implique de stocker dans ces bases de données une information la plus précise possible, au risque sinon de se heurter rapidement aux limites d'une efficacité relative Mais comme nous l'avons suggéré avec le graphique 4 (page 85), la fidélité trouve sa source à plusieurs origines. Or, les informations sur ces facteurs géniteurs ne sont pas toujours disponibles dans la base de données utilisée. Celle-ci est encore trop souvent réservée à des données signalétiques et comportementales.

Si la fidélisation s'explique encore difficilement parfois, c'est parce que l'information utile pour le faire n'est pas toujours disponible. Sur les douze facettes proposées, combien sont aujourd'hui représentées par des informations pertinentes dans les bases de données exploitées pour construire et développer la fidélité du consommateur ? C'est toute la traçabilité du produit qui doit être reconstituée, stockée puis analysée : notoriété, image, qualité perçue, prix relatif, certifications, moment du besoin, qualité du point de vente…

« L'élément le plus important est l'information de traçabilité ou le niveau d'information produit. Sans ce niveau d'information très détaillé, le système ne fonctionnera pas. La base de données doit être en mesure de gérer ce type d'information, dès lors qu'il aura un impact sur chaque programme associé » expliques Donal Mac Daid, Vice-président marketing, Aldata Solution.

C'est le compte rendu d'un vrai dialogue avec le consommateur qui doit être enregistré. C'est le résultat de l'ensemble des études menées qui doit être interconnecté.

Le cas Agea :

Jean-Claude Lechanoine, président de Agea (ex-FNGSA - Fédération nationale des syndicats d'agents généraux d'assurances) déclarait qu'en France en matière d'assurance « l'organisation par mode de distribution est périmé. » Implicitement, cela signifiait très clairement que les compagnies devaient désormais privilégier une orientation client. En effet, le secteur a subi de profondes mutations, en ce sens où sur le plan des produits, le marché de l'assurance-vie a considérablement évolué et sur le plan de l'environnement, la réorganisation structurelle due à différents rapprochements s'est accompagnée d'une intensification de la concurrence avec l'arrivée de nouveaux acteurs (vépécistes, banques, grands distributeurs…). Et Jean-Claude Lechanoine de faire le constat suivant : « La majorité de nos clients n'ont en effet qu'un seul contrat ! À l'inverse de la bancassurance, le marketing est encore très peu développé dans l'assurance traditionnelle alors qu'il s'agit d'un élément majeur de notre développement [...] Il faut maintenant partir des marchés et proposer à l'assuré une offre globale de contrats et un ensemble de services rapides et efficaces tels que la réparation en nature ou la téléassistance, et le conseil. »

Dans ce contexte, on comprend la nécessité de pouvoir bénéficier d'une base de données performante afin d'éviter un cloisonnement d'activités impropre à la fidélisation, mais qui permette au contraire de développer par exemple la vente croisée (*cross selling*) auprès du client *ad hoc*.

L'utilisation d'une base de données doit ainsi permettre de définir plus précisément les différentes caractéristiques d'une stratégie de fidélisation EPL modulée, adaptée par rapport aux différentes catégories de clients/consommateurs qui auront été identifiées. Elle permet donc chaque jour un pas de plus vers un marketing davantage personnalisé. Mais qu'il soit bien entendu qu'un système de gestion de bases de données est et demeurera toujours un facilitateur pour la conduite d'une stratégie de fidélisation. Technologie n'est pas stratégie et le plus sophistiqué des outils ne produira pas les effets escomptés, s'il n'est pas inséré dans une stratégie de manière adéquate.

Pour aller plus loin et approfondir les thèmes et sujets traités dans cette section, le lecteur pourra notamment se reporter aux ouvrages proposés ci-après.

- Berson Alex, Stephen Smith et Kurt Thearling, *Building Data Mining applications for CRM*, Éditions McGrawHill, New York, NY, États-Unis (2000).

- Goglin Jean-François, *Dataware-house pivot de la relation client*, Éditions Hermes Sciences Publi-cations, Paris (2001).

- Goldenberg Barton J., *CRM Auto-mation*, Éditions Prentice Hall, Englewood Cliffs, NJ, États-Unis (2002).

- Jackson Rob et Paul Wang, *Stra-tegic Database Marketing*, Éditions NTC, Chicago, IL, États-Unis (1995).

- Latour Philippe et Jacques Le Floc'h , *Géomarketing*, Éditions d'Organisation, Paris (2001).

- Lefébure René et Gilles Venturi, *Gestion de la relation client*, Éditions Eyrolles, Paris (2000).

- Micheaux Andrea, *Marketing de bases de données*, Éditions Eyrolles, Paris (1997).

- Ray Daniel, *Mesurer et développer la satisfaction clients*, Éditions d'Organisation (2001).

- Swift Ronald S., *Accelerating customer relationships : using CRM and relationship technologies*, Éditions Prentice Hall, Éditions Prentice Hall, Hemel Hempstead, Grande-Bretagne (2000).

- Tufféry Stéphane, *Data mining et scoring : Bases de données et gestion de la relation client*, Éditions Dunod, Paris (2003).

Avis d'expert : René LEFEBURE

Directeur conseil, Soft Computing Paris
Maître de conférences associé à l'université de Lille II
http://www.softcomputing.fr

Quelle distinction faîtes-vous entre fidélité et fidélisation ?

Il est important de distinguer la fidélité et la fidélisation.

La fidélité du client est reliée à des attitudes et exprime un état psychologique du client. On parle de fidélité absolue (« je fais tous mes achats dans cette enseigne »), de fidélité relative (« je choisis souvent cette marque »), ou de fidélité passive (« de toute façon je n'ai pas le choix »).

Quant à la fidélisation, elle reflète plus les outils et les techniques mis en œuvre pour construire la fidélité et mesurer les résultats. Ainsi, de la même manière que certains résument l'intelligence à « ce que mesure le test d'intelligence », on pourrait dire que « la fidélisation est la mesure de la fidélité du client ».

Alors comment définiriez-vous la fidélisation aujourd'hui ?

La fidélisation est construite autour des notions :

• de croissance des achats,
• d'augmentation de la fréquence,
• de régularité des visites,
• d'augmentation de la durée de la relation,
• de diversité des achats.

Ces notions s'inspirent des indicateurs appliqués en Vente par Correspondance avec la récence, la fréquence et le montant des achats (codage RFM), la diversité des types d'achats (codage FRAT), enrichis d'un indicateur de durée.

Les données internes (factures, tickets de caisse, transactions, etc.) permettent de calculer ces indicateurs. Les bases de données sont donc utiles pour affecter des codes à chaque client et suivre dans le temps les évolutions des effectifs par codes.

Faut-il alors considérer la seule base de données comme l'indicateur de la réussite ?

Afin de faire face à une croissance des volumes de données (contacts Internet, centres d'appels, etc.) et mettre en place une vision plus anticipatrice du comportement client, il faut compléter la base de données par des outils de traitement des informations (datamining). Les nouvelles techniques de type graphes d'associations, réseaux de neurones ou réseaux bayésiens permettent de calculer de manière individuelle la valeur d'un client en extrapolant la somme des revenus (ou marges) sur un univers de temps : on approche le concept de *Life Time Value* (LTV).

La performance d'un programme de fidélisation peut donc s'apprécier :

• de manière globale : par une transition positive des codes RFM ou LTV faibles vers les codes élevés,
• de manière individuelle : par une différence entre la valeur du client avant et après le programme.

Cette approche de la fidélisation, possible par une utilisation des données, est différente des approches basées sur la mesure de la satisfaction ou des intentions. Elle mesure la réalité du comportement du client (achat) et permet de valider de manière tangible (souvent le ratio marge/coûts) les apports de la fidélisation et sa contribution aux résultats de l'entreprise. Cette approche quantitative est de plus en plus indispensable pour les managers qui s'interrogent sur les effets de la fidélité.

En effet, la fidélisation est parée d'un ensemble de vertus « magiques » (croissance des revenus, baisse des coûts), largement popularisé sous le nom d'« effet loyauté ». Toutefois, les études empiriques ont mis en évidence qu'il n'y a qu'une corrélation faible entre la fidélisation et les résultats des entreprises. Il n'y a pas d'effet magique de la fidélisation. Il existe des clients « transactionnels » rentables, et des clients « fidèles » non rentables.

À l'entrepreneur qui souhaite investir dans la constitution d'une base de données, que peut-on dire sur son utilité fondamentale ?

Les bases de données et les outils d'analyse des données sont indispensables en amont pour « segmenter » les clients sur les différentes dimensions comportementales et mettre en évidence l'hétérogé-néité des profils des clients :

- les clients « opportunistes » ne souhaitent pas investir de relation à long terme, il faut s'assurer de leur offrir le « juste prix » au moment de la transaction, sans détruire des ressources financières par des programmes coûteux,
- les clients « fidèles, mais impossibles à satisfaire », entraînent l'entreprise dans une escalade coûteuse de services et de promo-tions. Il faut être capable de définir et de contrôler l'investissement maximum en fidélisation par segment ou par client,
- les clients « fidèles et ambassadeurs », attachés à l'entreprise, mais qui offrent un faible potentiel de développement. Il faut identifier la part de client pour dégager les perspectives de crois-sance.

La base de données et les modèles sont des éléments importants d'un programme de fidélisation. Mais il faut des outils complé-mentaires, comme les gestionnaires de campagne et les tableaux de bord dédiés à la fidélisation, pour « orchestrer » et piloter l'exécution et la performance des programmes. En effet, l'hétéro-généité des segments s'accompagne souvent d'une multiplication des processus de fidélisation : les clients à fort potentiel doivent recevoir des offres différentes des clients à potentiel faible.

La croissance des offres et des programmes devient rapidement difficile à déployer et à contrôler sans un outil dédié. Il faut moduler et personnaliser les efforts de fidélisation selon les cibles (efforts marketing, calcul des points), sans entraîner une croissance des coûts liés à la gestion des processus différenciés (organisation).

Justement, en termes de coût, sur quelle base doit-on l'apprécier ?

Comme on peut le constater, la mise en place d'un programme de fidélisation, qui s'appuie sur l'usage intensif des données, peut nécessiter des investissements importants.

- pour capturer et stocker les données,
- pour analyser les données,
- pour exécuter et contrôler l'efficacité des programmes.

STRATÉGIE DE FIDÉLISATION

Ces investissements doivent être évalués de manière globale (investissements, coûts de personnel, formation ...) et ajoutés aux coûts du programme (mailing, documents, valeur des points ...) pour donner une vision globale des investissements. L'opportunité de lancement d'un programme doit être évaluée par la mise en relation des coûts avec les gains espérés.

Cette approche « rationnelle » est valable pour les secteurs où les programmes de fidélisation ne font pas partie des « basiques ». Dans ce contexte concurrentiel, il sera souvent plus opportun de concevoir une solution simple pour limiter les risques. Par contre, dans les secteurs où le programme de fidélisation est un instrument banalisé, il est devenu indispensable de développer une approche sophistiquée de la fidélisation pour se différencier, et éviter des dépenses sur des segments non « profitables ». Dans ce contexte, la maîtrise des technologies devient donc un avantage concurrentiel important grâce à l'amélioration de l'efficience du programme.

Un marketing « one-to-one » performant

Nul ne conteste plus aujourd'hui que le consommateur moderne requiert une approche marketing personnalisée, parfaitement adaptée à ses propres besoins. De plus, depuis que Martha Rogers et Don Peppers ont vulgarisé la formule mnémonique *one-to-one*, il est n'est pas un praticien, pas un conseil qui ne revendique la démarche à son propre compte sans désormais se poser d'autres questions.

One-to-One : segmentation absolue ?

Développer une démarche marketing one-to-one permet à l'entreprise de faire un pas de plus vers la différenciation tant recherchée, dès lors que toutes les relations tissées avec les consommateurs sont différentes les unes des autres.

© Éditions d'organisation

En 1999, dans un entretien avec le professeur Christophe Bénavent, Don Peppers précisait que : « Traiter les clients par le one-to-one, c'est traiter chacun d'eux personnellement, et aller au-delà de la personnalisation telle qu'elle apparaît dans un mailing d'anniversaire. La différence avec le marketing traditionnel est que celui-ci s'appuie sur l'analyse du marché dans son ensemble, et s'adapte grâce à des changements motivés par la moyenne du marché, sans tenir compte de la variété des individus. Le marketing one-to-one tente au contraire de s'adapter aux changements individuels, et tient donc moins compte directement des influences générales mais plus des particularités individuelles. »

Qu'elle constitue ou non une réelle innovation, la démarche est néanmoins aujourd'hui au centre des préoccupations de bon nombre de praticiens du marketing. Pourtant, n'assistons-nous pas à une sorte d'étrange paradoxe en définitive ? Certes, une bonne démarche marketing repose la plupart du temps sur la segmentation du marché, de manière à adapter au mieux la réponse de l'entreprise aux caractéristiques de ce marché. Toutefois, si l'on veut être logique dans cette démarche et privilégier l'adaptation afin d'obtenir la corrélation la plus parfaite qui soit, entre les caractéristiques de l'offre et celles de la cible, parvient-on à une offre spécifique pour un client. Autrement dit, une démarche explicitement one-to-one. En d'autres termes, une segmentation absolue, puisqu'elle définit alors autant de segments sur le marché que d'individus ciblés. La personnalisation de masse devient alors une réalité de tous les jours...

Le cas Levi's

Qui n'a pas rêvé pouvoir un jour entrer dans une paire de jeans qui soit parfaitement taillée à sa morphologie ? Dont la couleur corresponde exactement à ses teintes préférées ? Levi's y a cru et a développé au début des années 1990 des magasins tests en la matière. L'idée était séduisante a priori, et pour un leader dont les parts de marché commençaient à être érodées par d'autres marques et par une évolution des goûts des consommateurs à la recherche d'autres coupes et d'autres tissus que le classique denim, le test d'une telle idée paraissait stratégiquement adéquat. Aujourd'hui, ces tests ont été abandonnés et le principe des jeans sur mesure oublié. En fait, le concept des jeans sur mesure n'était-il pas contraire à son image naturelle dans l'esprit des consommateurs ? Un pantalon, symbole indirect d'une tenue vestimentaire uniforme, quand bien même sur mesure, n'était-il pas rejeté logiquement par un consommateur en quête d'individualisme ? Le surcoût pour le service offert n'était-il pas mal perçu par la cible ? Le coût de production et de la logistique nécessaire était-il trop élevé ? L'essor parallèle de nouvelles marques et de nouveaux tissus a-t-il marginalisé la nature personnalisée de cette offre? Une étude attentive du cas Levi's démontrerait probablement que c'est la conjonction de toutes ces raisons et de quelques autres encore, qui a pénalisé l'initiative pourtant originale du groupe américain. Désormais, le groupe innove en rénovant sa gamme, quitte à replonger dans son passé « en le réinventant », comme pour le lancement du Type 1 en 2003.

Aussi attractif soit-il, le marketing one-to-one n'est pas une formule magique destinée à résoudre instantanément tous les problèmes marketing d'une entreprise. Certes il peut sembler logique dans l'absolu qu'une approche marketing individualisée du client permette de lui apporter une réponse mieux adaptée, donc plus appréciée. Mais que reste-t-il de l'intérêt d'une telle démarche si celle-ci ne permet pas à l'entreprise d'entretenir et développer sa rentabilité ? En fait, que l'on se situe dans le cadre d'une relation B-to-B ou dans celui d'une relation B-to-C, les dernières années du XXe siècle ont consacré le retour en force d'une certaine centralisation. Attention, l'objectif n'était pas de pratiquer un virage stratégique à 180°. Il ne s'agissait pas d'abandonner toute notion d'adaptation locale, mais simplement de la rendre désormais compatible avec le principe absolu de nécessaire rentabilité, ainsi qu'avec l'incontournable concept de globalisation des marchés, sans pêcher par excès pour cette dernière. Désormais, une fois fixé le cadre global, place aux nécessaires adaptations locales propres à fidéliser. Et Procter & Gamble de lancer Ariel Style en 2002 pour répondre spécifiquement aux attentes de la ménagère française, au départ.

Le cas Mariott

Le géant américain de l'hôtellerie de luxe, Mariott, s'est installé en France en 1997 avec, pour établissement phare, un hôtel sur les Champs-Élysées. Il constitue un assez bon exemple de conjugaison de la globalisation (au niveau de l'exploitation de sa base de données) et de l'adaptation (au niveau des avantages offerts par son programme de fidélisation). Au-delà du fait que le livret du programme de fidélisation est systématiquement remis à chaque client avec un numéro préenregistré sur une carte temporaire à son arrivée, le destinataire est naturellement incité à l'adhésion par ses avantages et surtout le fait que le dépliant comporte un questionnaire multilingue qu'il est donc en mesure d'appréhender parfaitement. Rien d'étonnant à ce que la chaîne compte actuellement plus de 11 millions d'adhérents et que Margo Stingleton, directrice internationale du programme marketing pour l'Europe, puisse revendiquer un taux de 70 % de la clientèle business fréquentant Marriott déjà adhérents au programme. Mais ce qui fait en grande partie le succès du programme Marriott, c'est sans doute le fait que le groupe ne soit pas tombé dans le piège de la globalisation aveugle. Aujourd'hui, pour entretenir la fidélité de ses clients adhérents, il leur propose des avantages spécifiquement étudiés suivant les régions du globe. Si pour satisfaire le client européen, Marriott a recherché des partenaires dans les secteurs culturels, c'est uniquement parce que les études avaient mis en évidence ce souhait, plutôt qu'une location automobile ou un service « détente. » Organisateurs de visites guidées, compagnies de spectacles, parcs d'attractions devinrent alors naturellement les objectifs de la chaîne. Chaque capitale où elle est implantée fait l'objet d'une étude devant permettre de définir quel est le partenaire culturel ou commercial local indispensable, au regard des attentes et des us et coutumes. Un tel investissement en vaut-il la peine ? Les analyses menées par le groupe sur sa base de données indiquent qu'après avoir adhérer au programme de fidélisation, un client fidélisé dépense en moyenne deux fois plus chaque année, dans les hôtels du groupe.

Aussi, qu'ils se nomment ABB, Coca-Cola ou Procter & Gamble, tous mettent désormais sur un plan d'égalité l'optique marketing de l'adaptation aux exigences du marché et l'optique financière des nécessaires économies d'échelle. Seul un constant arbitrage objectif entre les deux permettra de parvenir à la solution idéale pour l'entreprise. Tous ces grands leaders s'empressent donc de changer d'organisation aujourd'hui non parce que les modèles développés hier par les Percy Barnevik, Douglas Ivester et autres Edwin Artz étaient mauvais, au contraire. Simplement parce que le marché évolue sans cesse et qu'il requiert simplement aujourd'hui une approche différente. Une approche moins dichotomique dans ses choix, interconnectant le maximum d'impératifs en parallèle. Une approche plus sophistiquée certes, et pour cette raison plus fragile, diront ses détracteurs. Mais une approche plus évolutive et surtout beaucoup plus susceptible d'adaptation en temps réel aux aléas du marché. L'obtention de la fidélité d'un client peut reposer sur de nombreux projets CRM différents, adaptés à chaque fois à l'entreprise qui l'initie. Si les approches peuvent être différentes, le cabinet Sigillum Corp propose toutefois neuf leçons à retenir, avant de se lancer dans l'aventure de CRM.

Tableau 8 :
La réussite d'un projet CRM en 9 leçons

1. **Définir clairement la vision de l'entreprise et développer des stratégies opérationnelles à propos des relations client.** Régler directement les problèmes perceptibles de relation client, avant d'investir dans une infrastructure CRM.

2. **Obtenir au sein de l'entreprise, un consensus total à propos du projet CRM.** Parvenir à une vision commune pour l'ensemble des départements et s'entendre sur les stratégies corollaires à mener.

3. **Établir des objectifs pour l'entreprise et définir des indicateurs.** Impossible de mesurer l'efficacité d'un projet CRM sans des indicateurs précis et si aucun objectif n'est fixé avant le lancement du projet.

4. **Impliquer les cadres dirigeants et obtenir qu'ils soutiennent pleinement le projet.** L'objectif CRM de l'entreprise doit clairement devenir un projet d'entreprise motivant l'ensemble des personnels par l'implication.

5. **Obtenir des utilisateurs finals qu'ils cautionnent le projet.** Plus l'implication sera grande, meilleure sera l'acceptation de l'initiative CRM, et maximales seront les chances de succès.

⑥ **Désigner un gestionnaire responsable du projet et accepté de tous pour la mise en application.** Un manager dont la crédibilité est reconnue, qui servira de lien entre les différents acteurs et de gestionnaire des conflits éventuels.

⑦ **Investir dans la formation et dans la communication pour favoriser la compréhension et l'efficacité.** Ne pas négliger la formation des utilisateurs finals, ainsi que leur information sur les améliorations ou simplement les modifications du programme, au fil de sa mise en application.

⑧ **Utiliser une approche de mise en correspondance pour déployer le projet CRM.** Définir clairement les différentes étapes, en fonction des priorités de l'entreprise, de ses contraintes budgétaires, de son environnement organisationnel... et préciser la valeur pouvant être obtenue à chaque étape.

⑨ **Mesurer et évaluer les résultats en permanence.** Suivre l'évolution du projet en continu par rapport aux indicateurs et communiquer ces résultats au fur et à mesure.

D'après Sigillum Corp., Saddle Brook, New-Jersey, États-Unis (2003).

Des approches différentes

Déjà en 1978, les chercheurs américains Jacob Jacoby et Robert Chestnut recensaient cinquante méthodes différentes pour mesurer la fidélité. Et Philip Stern d'insister en 1997 sur « le manque de consensus entre praticiens et chercheurs. » Un consensus rendu d'autant plus difficile que d'autres études ont clairement établi le fait que les consommateurs qualifiés de « fidèles » ne montraient pas le même degré de fidélité suivant les marques et/ou produits retenus pour l'étude.

La recherche de la fidélisation est aujourd'hui sans conteste un axe stratégique. Mais un axe stratégique dont la concrétisation peut varier suivant l'entreprise qui décide de le développer. Autant d'approches qu'il existe d'entreprises sont dès lors possibles. Malheureusement diront certains, la fidélité du consommateur ne découle pas d'un modèle scientifique applicable en toutes circonstances et de manière standard. Pourtant de nombreuses recherches ont été et sont encore aujourd'hui menées par le monde académique. Ces multiples travaux ont abordé le problème sous des angles parfois très différents : attitude à l'égard de la marque, rôle des autres variables du mix, importance de la diversité de l'offre, expérience et historique de consommation de la marque, influence des techniques de fidélisation utilisées… Déjà, à l'occasion du 35e congrès annuel de l'Advertising Research Foundation en 1989, Larry Light rappelait que si la dominance sur un marché provenait d'un volume d'activité supérieur à celui des concurrents, une dominance rentable ne pouvait provenir que de la fidélité à la marque.

Récemment encore les travaux d'auteurs reconnus comme Bernard Dubois, Gilles Laurent, Jean Dufer, Jean-Louis Moulins, Abdelmajid Amine, Christophe Bénavent, Dominique Crié, Jean-François Trinque-coste ou Paul-Valentin Ngobo notamment ont, en France, contribué à permettre une meilleure compréhension de différents aspects de la fidélisation et de ses conséquences. Mais c'est surtout aux États-Unis ou en Grande-Bretagne, notamment avec les récents travaux de Philip Stern, Susan Fournier, Andrew Ehrenberg, Richard DuWors, Michelle Roehm, Georges Haines, Alan Dick, Kunai Basu, Allan Baldinger, Joël Rubinson, Jacquelyn Thomas, William Boulding, Ajay Kalra, Richard Staelin, Vikas Mittal, Valarie Zeithaml, Terry Vavra, Thorsten Hennig-Thurau, Marcel Corstjens, Larry Light, Alexander Klee, Katherine Lemon, Lawrence Crosby, Deepak Sirdeskmukh, Douglas Grisaffe et Ted Marra, que l'on trouve les nouvelles contributions les plus nombreuses sur ce sujet. Il n'est pas dans l'ambition de ce livre de présenter ici l'ensemble de ces travaux sous peine de ne pas être exhaustif et de trahir l'approche souhaitée[1]. Il est toutefois une opposition conceptuelle quant aux approches suivies qu'il semblait important de rappeler.

En 1990, Andrew Ehrenberg, Gerald Goodhart et Patrick Barwise revisitaient la notion de « double danger » (D. J. ou *double jeopardy*) développée en 1963 par William McPhee. Cette notion symbolise le fait qu'une petite marque a, par définition, moins d'acheteurs qu'une grande marque, mais que de surcroît elle génère la plupart du temps une fidélité plus faible. L'analyse tend alors à laisser penser que s'il se rencontre essentiellement pour les produits de grande consommation, ce phénomène n'en constitue pas moins un « double danger » potentiel pour la petite marque.

---

1. Le lecteur intéressé pourra cependant trouver dans les pistes bibliographiques réunies en fin d'ouvrage, les principaux travaux de ces auteurs, faisant références sur le sujet de la fidélisation.

« Quel est alors le rôle des facteurs marketing tels que la formule du produit, le prix, la distribution, la publicité, les promotions, la segmentation du marché ? La réponse semble être que ces facteurs donnent aux marques leurs différents niveaux de vente, qui à leur tour apparaissent dans un modèle D.J., mais n'entraînent que rarement d'importantes différences additionnelles de la fidélité à la marque », observent d'ailleurs Andrew Ehrenberg, Gerald Goodhardt et Patrick Barwise.

On pouvait alors en déduire que la fidélité se devait d'emprunter préalablement la route de la pénétration du marché et qu'elle passait donc nécessairement par une part de marché prépondérante. La fidélité devenait un concept perceptible sous l'angle unique du comportement d'achat.

Mais en 1996, Allan Baldinger et Joël Rubinson, du groupe NPD, ont apporté la preuve que la probabilité que les acheteurs hautement fidèles à une marque le demeurent au fil des ans, dépend essentiellement de leur attitude à l'égard de la marque. Cette recherche est importante car bien souvent la fidélité du consommateur est analysée sous l'angle du comportement, délaissant l'influence de l'attitude. Les résultats de l'étude confirment pourtant le fait que la possibilité et la facilité de convertir à une marque des non-acheteurs faiblement fidèles, dépend essentiellement de leur attitude positive ou non à l'égard de la marque. Ce qui amène les auteurs à définir un mix de fidélité (plus d'acheteurs principaux que de vulnérables) qui pour 67 % des marques observées tend à leur permettre d'accroître leur part de marché. On peut alors parler de marques en bonne ou en mauvaise santé.

Et Allan Baldinger et Joël Robinson de conclure en expliquant que « cela laisse penser que les stratégies optimales pour la croissance d'une marque dépendent du fait que la marque soit oui ou non en bonne santé. Les marques en bonne santé peuvent se concentrer sur des stratégies génératrices d'essai parce que l'engagement attitudinal de ces deux types d'acheteurs, actuels et nouveaux, sera fort. Les marques en mauvaise santé ont besoin de se concentrer sur la correction des problèmes de leur image qui conduit à un accroissement des stratégies de rétention à l'aide de la communication et de l'offre produit. »

217

Bernard Dubois et Gilles Laurent, professeurs de marketing au groupe HEC, proposèrent une troisième approche fondée sur les situations d'achat et de consommation. La fidélité est alors perçue comme une tendance à retenir une marque plutôt qu'une autre, alors qu'une grande variété de choix s'offre au consommateur. Dans ces conditions, plus cette variété de choix sera grande, plus la fidélité du consommateur à l'égard de la marque sera importante. Pour définir le ciblage et le positionnement, les chercheurs déterminent alors un « profil de fidélité » déterminé au vu des situations d'achat. On observe alors que la fidélité varie considérablement d'une situation d'achat à une autre, ce qui confirme les résultats de l'étude de l'Observateur Cetelem que nous présentions en introduction du chapitre 2.

Et Bernard Dubois et Gilles Laurent d'insister pour dire que « trop souvent, la fidélité à la marque est vue en noir et blanc : on cherche à classer le consommateurs en "fidèles" ou "infidèles." Nos résultats montrent, à l'inverse, que la fidélité est une question de degré, et qu'elle peut s'apprécier à partir d'un score établi en fonction du nombre de situations pour lequel elle est observée. »

À la lumière de ces travaux importants, on perçoit parfaitement la confirmation du rôle fondamental de la marque, ainsi que celui de l'attitude, à l'égard de la marque, sur le comportement d'achat et à terme sur la fidélité des consommateurs. C'est ce qui, très tôt, a incité des auteurs comme David Aaker à développer le concept de « capital » de la marque. Plus les consommateurs étaient indifférents à la marque, s'attachant à d'autres variables du mix, moins le capital de la marque était important et plus la probabilité d'infidélité était grande. Inversement, lorsqu'une marque parvenait à développer une image positive, elle contribuait à accroître son capital et par là-même améliorait sa probabilité à conserver la fidélité de ses consommateurs.

❧ Avis d'expert : Pascal HOUDAYER

Directeur marketing Fabric Care France Benelux
Groupe Procter & Gamble
http://www.pg.com
http://www.fr.pg.com/ (pour le site français)

Quelle est votre définition de la fidélisation client aujourd'hui ?

La fidélisation client est la stratégie marketing mise en place dans le but de rendre le consommateur plus fidèle a la marque. Elle se mesure aujourd'hui de deux façons différentes : par le « taux de réachat » et par le « taux de nourriture ». Le taux de réachat est le ratio du « nombre de re-acheteurs d'un produit X / le nombre d'acheteurs initiaux. » Le taux de nourriture est la part de marché volume relative d'une marque donnée, au sein du portefeuille de marques achetées par une personne dans une même catégorie en une année.

On entend souvent dire qu'une lessive en vaut une autre et qu'il est impossible de fidéliser la consommatrice (ou le consommateur). Qu'en pensez-vous ?

Il y a un paradoxe intéressant sur le marché français des lessives. D'un côté, la consommatrice française possède en moyenne 3 lessives dans son foyer, qu'elle utilise différemment en fonction du type de :

1. tissus,

2. couleurs,

3. problèmes à résoudre (tache, mauvaise odeur, rafraîchissement du linge…).

On pourrait donc tirer la conclusion hâtive que la fidélité est très faible sur le marché des lessives, puisque presque personne n'utilise de lessive unique. Mais d'un autre côté, en France, certaines marques de lessive atteignent des taux de fidélité records que peu d'autres catégories réussissent à égaler. Les taux de réachat et de nourriture peuvent varier du simple au double en fonction des marques. La consommatrice française est une experte en matière de lessive. Elle tire cette expertise des quatre machines qu'elle réalise en moyenne par semaine. C'est donc elle qui décide de sa fidélité à la marque en fonction de sa perception de la différence de performance de lavage (propreté, blancheur, fraîcheur…) et de l'image que renvoie la marque par :

1. son discours publicitaire,

2. l'adéquation du discours publicitaire à la réalité de la performance produit,

3. l'innovation.

L'innovation très abondante dont bénéficie le secteur des lessives n'est-elle pas propice à rendre la consommatrice infidèle en suivant les innovations et non la marque ?

L'innovation (produit ou marketing) est au contraire un moteur important de la fidélisation consommateur sur le marché des lessives, en France. De manière intéressante, on observe qu'en général, la marque qui innove développe à la fois sa pénétration (taux d'essai) et sa fidélisation client (taux de réachat et taux de nourriture).

Il existe trois cas de figure distincts :

1. **Si la marque n'innove pas, si l'innovation est trop tardive ou si l'innovation n'est pas en ligne avec les attentes des consommateurs** : cela pousse la consommatrice à faire des infidélités à sa marque. Elle peut même ressentir que sa marque trahit la confiance qu'elle lui portait.

2. **Si la marque innove de manière équivalente à d'autres marques du marché :** par exemple avec le même type de bénéfice, la même nouveauté produit ou dans le même « timing. » En général, la consommatrice reste alors fidèle à sa marque. La marque va bénéficier en positif de sa juste part de nouveaux entrants qu'elle pourra fidéliser ensuite par sa performance produit, moins les personnes qui quitteront la marque pour essayer une autre innovation. Le résultat net est en général un taux de fidélisation stable.

3. **Si la marque innove de manière supérieure aux autres marques du marché :** par exemple un nouveau type de bénéfice, une nouvelle forme produit, et/ou se lance très en avance.

Cette marque peut alors consolider considérablement sa fidélisation consommateur :

- En renforçant la perception positive de ses utilisateurs actuels sur le fait que cette marque est innovante, à la pointe, etc.
- En attirant potentiellement de nouveaux utilisateurs qu'elle pourra fidéliser ensuite.

Dans ces conditions, l'évolution reconnue du comportement d'achat du consommateur vous incite-t-elle à modifier l'approche marketing fidélisatrice qui est la vôtre ?

C'est indéniable. Alors que l'approche fidélisatrice se bornait principalement à la publicité télévisée et à des promotions en magasin jusqu'à la fin des années 1980, elle se doit d'être beaucoup plus « holistique. » À l'aube du 21e siècle, elle doit être plus ciblée et génératrice de liens émotionnels s'ajoutant à la réponse faite aux attentes fonctionnelles. *Consumer is boss* de nos jours. C'est lui, ou plutôt elle, qui décide de la manière dont elle va être influencée à chaque étape de son arbre de décision d'achat et de réachat. La publicité télévisée et les promotions magasins ne touchent maintenant plus la majorité des femmes, qui lisent plus de magazines, écoutent la radio, surfent sur l'Internet, vont au cinéma, achètent les marques par correspondance, achètent sur l'Internet, utilisent plus de cartes de fidélité, s'engagent dans des associations…

Votre expérience internationale vous permet-elle de décliner la même stratégie de fidélisation dans les différents pays qui sont sous votre responsabilité ou des adaptations sont-elles nécessaires ?

Nos stratégies de fidélisation sont déclinées d'une manière très différente si l'on se trouve en France, au Maroc, au Japon ou aux États-Unis. Nous avons identifié qu'il n'était pas nécessaire de changer de continent pour observer des attitudes, des habitudes et des tendances radicalement opposées. Les Françaises sont extrêmement différentes des Anglaises ou des Belges. Pour fidéliser l'une, vous vous concentrerez sur l'exploitation de bases de données permettant l'envoi de mailing cibles (en Angleterre par exemple), alors que l'utilisation de très gros formats de produits (« bulksizes ») sera plus efficace dans un autre pays comme la Belgique…

Un objectif unique

Souhaiter fidéliser ses clients nécessite toujours de se rapprocher d'eux. De concevoir et de tisser un lien relationnel qui repose sur une vraie démarche marketing. Le client désormais perçu comme un précieux capital mérite toutes les attentions, ainsi que le respect de l'entreprise qui se propose de satisfaire ses attentes.

Lorsque l'on interroge Donal Mac Daid, Vice-président marketing Aldata Solution, sur les raisons des modalités du développement d'une stratégie de fidélisation, importante voire vitale aujourd'hui, la réponse est détaillée, mais très claire : « Il faut développer un marketing relationnel à destination du consommateur (customer relationship marketing, CRM), améliorer les techniques et les actions de micro-merchandising, améliorer la gestion des stocks et le réapprovisionnement, faire que la logistique soit plus efficace et plus productive, identifier les tendances et les modèles de comportement du consommateur (les ventes réactives, les ventes sporadiques, les achats d'impulsion, …) promouvoir entre producteurs et distributeurs un programme commun de collaboration et de réassortiment (collobarative planning and replanissement, CPR). Donc en définitive, installer une relation one-to-one avec les consommateurs de telle manière qu'une « chaîne d'approvisionnement personnalisée » (personalised supply chain) puisse être créée et entretenue pour chaque consommateur.

Le retour en force du marketing

Quels que soient les secteurs concernés, l'objectif est toujours le même : mieux gérer le capital client afin d'améliorer la rentabilité de l'entreprise. Spécialiste de la fidélisation client, le cabinet américain Bain donne du CRM la définition suivante : « Faire correspondre les processus de l'entreprise avec les stratégies client afin de construire la fidélité client et d'accroître les profits dans le temps. »

Si la fidélisation doit être considérée comme un axe stratégique majeur, c'est avant tout parce qu'elle doit s'inscrire de manière cohérente dans la stratégie marketing de l'entreprise.

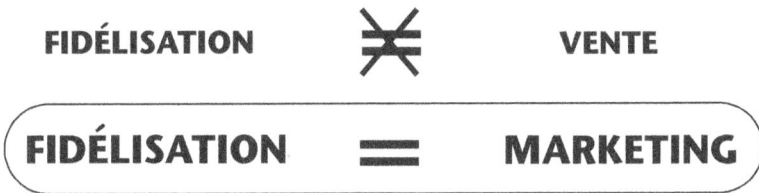

FIDÉLISATION	≠	VENTE
FIDÉLISATION	=	MARKETING

En d'autres termes, quelles que soient les techniques de fidélisation développées par l'entreprise, elles ne doivent servir qu'à mieux comprendre et mieux servir le consommateur/client. Lorsqu'il y a quelques années, les enseignes de la grande distribution ont commencé à développer des linéaires consacrés à la micro-informatique, des voix s'élevèrent pour commenter l'erreur que cela constituait, en ce sens où le produit « micro-ordinateur » nécessitait une vente assistée, un conseil, que la grande distribution ne serait jamais capable d'offrir. Sans doute ces voix avaient-elles déjà oublié que lorsque dix ans plus tôt, des vépécistes spécialisés apparurent pour commercialiser à distance ces mêmes micro-ordinateurs, les mêmes critiques furent avancées. Or, personne ne remettrait aujourd'hui en cause le succès de Dell ou Nec par exemple. À présent, certaines enseignes comme Carrefour ou Metro n'hésitent pas à proposer du CTO (*Configuration To Order*) ou du BTO (*Build To Order*), autrement dit des configurations informatiques personnalisées suivant les exigences de leur client. Ce n'est manifestement plus de la simple vente, mais une véritable démarche marketing qui aspire à répondre à un besoin identifié, du consommateur de micro-informatique en quête de spécificité.

Le cas Gap

The Gap a complètement réaménagé ses gammes de vêtements unisexes depuis quelques années. L'objectif avoué est de parvenir à proposer au consommateur une offre plus élaborée, plus spécifique, plus personnalisée, plus adaptée. Pour cela, les produits sont souvent légèrement plus chers que ceux de la concurrence, mais ils sont également plus profitables et satisfont davantage les attentes de multiples consommateurs, qui peuvent alors rester fidèles à la marque. Cependant, afin de ne pas se couper de consommateurs plus sensibles à la variable prix, Gap n'a pas hésité à ouvrir parallèlement aux États-Unis, dès mars 1994, une nouvelle enseigne – Old Navy – axée cette fois sur une approche discount afin de répondre aux attentes de certains consommateurs, qu'il devenait possible de fidéliser sur Gap avec cet aspect de l'offre.

L'objectif n'est pas de vendre plus à tous à court terme, mais d'investir à moyen – long terme dans la capacité de l'entreprise à rendre ses activités plus rentables, par rapport à l'identification qu'elle aura faite des segments de sa cible et de leurs aspirations.

Le cas Shiseido

En 1999, au Japon, le groupe Shiseido a annoncé qu'il allait repenser sa stratégie de marque. Hors du Japon, la marque de cosmétiques japonaise bénéficie d'un positionnement haut de gamme et est repérée comme telle par la consommatrice. Au Japon, afin d'exploiter au maximum les ressources de ce précieux capital de marque et fidéliser les consommatrices tant sur les segments élitistes que sur les marchés de grande consommation, Shiseido n'avait pas hésité à décliner son offre sous sa valorisante marque ombrelle. Cette approche court-termiste porta ses fruits au départ, mais progressivement, le positionnement de la marque se dilua, au point de la mettre en péril. Shiseido compris alors que la fidélisation du plus grand nombre de consommatrices ne pouvait être obtenue à ce prix. C'est la raison qui incita le groupe japonais à développer les marques « Fine Toiletry » et « Cosmenity » pour la grande distribution, allant même jusqu'à leur offrir leur autonomie, afin de rendre désormais son offre plus claire dans l'esprit de la consommatrice.

Un client sollicité, écouté, mais respecté

Le principe du bon fonctionnement d'une stratégie de fidélisation EPL est de percevoir le client non plus comme une vente potentielle immédiate, mais comme un capital important et rentable à moyen long terme. Ce qui implique de définir avec lui un nouveau cadre contractuel, comme l'ont mis en évidence Robert Wayland et Paul Cole en écrivant *Customer Connections* en 1997.

Le cas Atac :

Lorsque l'enseigne de supermarchés ATAC (groupe Auchan) ferme l'un de ses points de vente, le responsable de la région n'oublie pas d'utiliser le fichier clientèle de sa carte de fidélité pour prévenir l'ensemble de ses clients de la fermeture, mais surtout pour les informer des autres points de vente de l'enseigne qui demeurent sur la zone de chalandise. Non seulement la lettre adressée à chaque consommateur mentionne clairement l'adresse des autres points de vente, mais elle indique également pour chacun d'eux, le nom et le numéro de téléphone du responsable. Enfin, le responsable de région n'oublie pas de rassurer le client sur la pérennité de sa carte qui sera simplement renouvelée. En « gage de bienvenue » le courrier personnalisé précise qui plus est, qu'un bon de 50 points sera prochainement adressé au client directement à son domicile.

Au-delà du simple snacking, le consommateur se nourrit de plus en plus hors du foyer. En conséquence, en Grande-Bretagne, l'enseigne de la distribution Asda a récemment lancé le projet Markethall, qui consiste à intégrer un espace restauration dans ses hypermarchés.

Originalité de projet, ces points de restauration rapide sont systématiquement dotés d'un accès voiture, lorsque l'architecture le permet. Le nomadisme du consommateur est clairement pris en compte. Ces *in store drive-in* peuvent alors attirer des consommateurs non-clients de l'enseigne, mais qui sur place pourraient bien occasionnellement le devenir…

La stratégie de fidélisation EPL doit donc avoir pour objectif de parvenir à satisfaire le consommateur client en toutes occasions, à tel point, qu'il n'éprouve non seulement plus le besoin de changer, mais pas même le désir de changer de marque ou d'enseigne. Ce qui signifie que comme toute stratégie marketing, elle se doit de privilégier le long terme en impliquant le consommateur. Dans cette optique, l'avantage financier est important, mais employé seul, il sera le plus souvent assimilé à une opération promotionnelle. Attention, la poursuite d'un objectif de fidélisation ne doit pas aboutir à un discours déhortatoire à l'égard de la promotion commerciale. L'objectif à atteindre est simplement de parvenir au mix idéal d'avantages financiers et de bénéfices non-financiers. Les avantages financiers sont présents dans une stratégie de fidélisation pour attirer l'attention sur le programme. Les bénéfices non-financiers sont là pour créer le lien émotionnel qui incitera le client à la fidélité. Quelles que soient la qualité et l'originalité de l'avantage financier proposé, celui-ci pourra toujours être décliné, copié, amélioré par un concurrent. Le lien émotionnel lui, de par ses attaches à la marque, sa philosophie, sa culture, ne pourra jamais être totalement dupliqué. Ce qui signifie que le marketing mis en application dans le cadre d'une stratégie de fidélisation est avant tout un marketing client. Un marketing convaincu que la valeur du client ne se résume pas à la vente d'un produit à un moment donné, mais qu'elle est constituée d'une somme d'opportunités qu'il conviendra de concrétiser au fil du temps (*Life Time Value*) à l'aide de la stratégie de fidélisation.

Le cas Procter & Gamble

En développant le site Internet www.scienceinthebox.com, le groupe Procter & Gamble n'ambitionnait pas vendre tout ou partie de ses produits sur le Web. Le site regorge d'informations sur les produits, leur utilisation, leur composition, leur environnement… Si certaines de ces informations sont basiques, plus l'internaute pénètre en profondeur dans les différents répertoires, plus elle devient technique et/ou scientifique. Cette approche pédagogique est parfaitement représentative du souhait de Procter & Gamble d'offrir une image plus transparente et plus respectueuse de son consommateur. L'exercice pédagogique n'est pas neutre, il permet de tisser un lien entre les marques et le consommateur. Au 21e siècle, le consommateur ne recherche pas des produits, mais des solutions et des explications. Mission accomplie sur ce site.

http://www.sienceinthebox.com

STRATRÉGIE DE FIDÉLISATION ✳ **MARKETING PRODUIT**

STRATÉGIE DE FIDÉLISATION = **MARKETING CLIENT**

227

Le cas Unilever

En Inde, la filiale Hindustan Lever, du groupe Unilever, a compris qu'une partie de sa clientèle peu fortunée ne pouvait s'offrir le luxe d'une bouteille de shampooing dont le prix était équivalent à 1 dollar. Aussi commercialise-t-elle également le même produit en sachet dose d'une semaine d'utilisation, au prix de 5 cents. L'achat renouvelé aussi régulièrement est particulièrement propice à la fidélisation. Cela explique sans doute en partie que Unilever détient dans le pays près de 63 % du marché du shampooing, son principal concurrent Procter & Gamble ne totalisant que 18 %. La filiale indienne du groupe est si dynamique qu'en février 1999, Unilever l'a utilisé pour lancer une nouvelle marque de cosmétiques, Aviance, qui pourrait bien un jour sortir des frontières de l'Union indienne. Si Unilever réussit si bien en Inde, c'est aussi parce qu'il y pratique avec perspicacité la globalisation. Il sait pouvoir s'appuyer sur les moyens d'une base globale, mais développe en permanence un marketing client nourri de fondamentaux locaux. Au milieu des années 1990, Procter & Gamble lança sa lessive vedette Ariel. En moins de deux semaines, Unilever fut en mesure de relancer massivement sa marque locale Surf Excel, aujourd'hui leader.

La notion de marketing client est parfois difficilement perçue par le praticien, qui peine à envisager une relation à long terme avec son client. En juin 1999, Hewlett-Packard annonça la remise à plat totale de sa stratégie de distribution à destination des entreprises afin d'avoir dorénavant une orientation client plus performante. L'évolution consistait notamment à réorganiser le site de vente en ligne du constructeur, afin d'intégrer au mieux les besoins de ses clients. Concernant les grands comptes, Hewlett-Packard ambitionnait de leur offrir la possibilité d'un interlocuteur unique privilégié, pour l'ensemble de l'offre du constructeur, du gros système au consommable. D'aucuns pourraient critiquer la notion de marketing client, en ce sens où il semble difficile de faire du marketing sans prendre en compte le client. Cependant, il est vrai que l'on a parfois eu tendance à privilégier le produit plutôt que les attentes du client dans leur ensemble. Or, nous avions soulevé l'idée dès le premier chapitre que la fidélisation ne peut être obtenue à la seule aide d'un « bon » produit.

Le cas Sixt

Si l'on analysait les raisons du succès du loueur automobile allemand Sixt, on trouverait naturellement un marketing produit très performant avec notamment des alliances stratégiques, des prix très agressifs et un parc automobile renouvelé en permanence. Les automobiles Sixt sont revendues au bout de six mois et après un maximum de 20 000 km, ce qui fait que pour la seule année 1999, Sixt aura fait l'acquisition de près de 145 000 véhicules alors que son parc permanent en compte environ 100 000. Mais au-delà de ces atouts, la puissance de Sixt réside avant tout dans le développement d'un marketing client sophistiqué. Au cœur de son activité de base, Sixt a développé Carexpress pour répondre aux attentes de ses clients. Le système Carexpress repose sur une technique de réservation originale qui prend acte de l'existence d'une génération « téléphone portable » souvent pressée de vivre. Un client intéressé peut utiliser son téléphone portable alors qu'il se trouve encore dans l'aéroport de départ pour effectuer une réservation. Le traitement de sa demande sera réalisé pendant son vol et à son arrivée le client récupère, toujours sur son téléphone portable, un numéro de code qui lui permet de récupérer les clés du véhicule et l'indication de son emplacement via un automate. Peu importe le jour, peu importe l'heure, le service est assuré et notre client n'a plus l'occasion de s'impatienter au comptoir du loueur dans l'attente du traitement de sa demande. Mais Sixt a également compris qu'il pouvait rentabiliser encore plus son activité, en accompagnant ses produits en fin de vie. Avec un renouvellement permanent de son parc automobile, le loueur génère naturellement un marché secondaire important. Jusqu'à présent l'orientation produit suggérait de confier la tâche de la revente des véhicules d'occasion à des garagistes. Mais désormais avec plusieurs dizaines de milliers de véhicules par an, Sixt a pris conscience qu'il pourrait être plus judicieux de développer un service spécialisé, s'adressant directement aux particuliers. Contournant ainsi la marge du revendeur, la mise en place d'une logistique adaptée pourra alors permettre d'améliorer la rentabilité tout en conservant et/ou développant un précieux contact clientèle.

On l'aura compris, l'orientation client signifie également que la stratégie de fidélisation EPL sera donc adaptée, non plus au cycle de vie du produit, mais au cycle de vie du client.

Pour tirer pleinement profit du capital client qu'elle aura su générer, l'entreprise doit mieux considérer ses consommateurs/clients et en définitive les impliquer davantage, pour évoluer avec eux. Harlequin, qui commercialise à la fois ses romans par le biais des réseaux de distribution classiques et par correspondance, confirme que si au début de la relation client, pour le recrutement, les techniques de hard selling peuvent bien fonctionner, elles doivent nécessairement évoluer par la suite vers un marketing plus relationnel. Le cas est original car, si Harlequin reconnaît ne pas avoir mené de lourdes études pour développer son marketing relationnel, le leader du roman d'amour reçoit en moyenne 10 000 lettres par mois de ses lectrices. Or, dans près d'un cas sur cinq, ces dernières communiquent de précieux éléments d'information qui permettent d'orienter *a posteriori* les actions de l'entreprise.

« Pour faire un marketing plus efficace, il est nécessaire de décrire les consommateurs dans trois dimensions. Premièrement, dans leur comportement d'achat actuel et leur comportement d'achat futur, que l'on va essayer de prédire avec le comportement d'achat actuel. La seconde dimension est la dimension socio-démographique (âge, sexe, lieu d'habitation, revenu...). Nous disposons effectivement d'un nombre incroyable de données socio-démographiques, au niveau du foyer, du niveau géographique... Donc, il est relativement facile pour une entreprise de créer des segments basés sur des comportements prévus. La troisième dimension consiste à chercher les attitudes des membres de chaque segment identifié plus haut. Il est important de mesurer pour chacun des segments socio-démographiques et comportementaux identifiés préalablement les attitudes à l'égard de votre produit et des produits concurrents », explique David B. Shepard au cabinet David Shepard Associates.

L'essentiel est de faire participer...

Un consommateur actif est un consommateur potentiellement fidèle, parce qu'il est un consommateur dont l'avis est non seulement pris en considération, mais mis en application. Les techniques de fidélisation utilisées de cette manière doivent permettre au consommateur/client de sentir qu'il est écouté et surtout que ses observations, si elles sont justifiées et pertinentes, peuvent être prises en considération par l'entreprise. Depuis quelques années, la notion de « gouvernement d'entreprise » intéresse au plus haut point les analystes financiers pour leur étude de telle ou telle entreprise. Sans lui avoir donné de nom, pour une fois, le marketing a, en fait, depuis toujours mis en application ce principe d'un gouvernement de la consommation, dès lors que la démarche marketing n'aspire qu'à considérer au mieux les attentes des consommateurs. Dans ces conditions, si l'on retient cette notion de gouvernement, comment résister à la tentation de citer Richelieu lorsque, interrogé sur le principe de fonctionnement du gouvernement justement, il observa avec une sagesse toute cardinale : « Pour bien agir au gouvernement, il faut écouter beaucoup et parler peu. » De cette écoute naîtra la possibilité d'une analyse pertinente et surtout cohérente avec les besoins du marché. C'est dire combien la gestion de la relation client est un objectif stratégique qui bouleverse généralement toute l'entreprise qui décide d'y investir.

« Le CRM représente le cadre et l'infrastructure qui permettent aux entreprises de cibler, d'acquérir, de conserver et de développer la base de consommateurs rentables, avec lesquels l'entreprise peut établir une relation gagnant-gagnant. L'infrastructure CRM intègre et met en correspondance les gens, les processus et les technologies de toutes les fonctions de l'entreprise qui concernent le marketing client, les ventes et le service client » rappelle Matt Hasan, Directeur au cabinet Sigillum Corp. Matt Hasan défend par ailleurs l'idée pertinente que le CRM ne constitue pas une amélioration technologique, mais plutôt qu'il implique une modification de l'état d'esprit de l'entreprise, « ce n'est pas un projet discret - c'est une philosophie d'entreprise conçue dans le but de parachever l'orientation client de l'entreprise. »

Lorsqu'elle prospecte, une entreprise investit, parfois lourdement dans la constitution d'un capital-client. Ce capital ne doit jamais être considéré comme une rente assurée pour l'éternité. L'entreprise se doit de le faire fructifier en permanence si elle veut continuer à pouvoir en tirer profit.

« Faire fructifier le portefeuille de clients implique d'en maintenir l'effectif car il connaît une attrition inévitable, de limiter les défections non voulues et d'augmenter le profit par client. Le choix des armes présuppose un état des lieux de la fidélité de sa clientèle. Cette dernière admet deux facettes. L'une de l'ordre du résultat, elle est comportementale et observable. L'autre est de l'ordre de l'intention, elle est mentale et subjective. Elle se rapporte aux ressorts de la fidélité : l'habitude, la peur de l'inconnu, les coûts du changement, l'adhésion aux valeurs de la marque » explique le professeur Anne Macquin, au groupe HEC.

Le cas Fleet Bank

Aux États-Unis, Fleet Bank utilise Internet pour fidéliser ses clients en gérant de manière personnalisée son capital-client. La banque s'est rendue compte que sa clientèle ne bénéficiait pas du même niveau de compétence pour appréhender l'information financière. Elle utilise dès lors la souplesse technologique de l'interface offerte par Internet pour s'y adapter et fournir à sa clientèle une information utile et surtout accessible à chacun. Rien de plus simple alors, que d'utiliser ce lien interactif pour proposer au client connecté des produits financiers parfaitement adaptés à ses caractéristiques. Les établissements financiers américains ont, à l'évidence, su négocier le virage Internet bien avant la plupart de leurs collègues européens. FirstUSA propose ainsi une carte de crédit revolving particulière (eCard) qui repose sur la fidélisation de ses utilisateurs. Développée spécifiquement pour Internet, elle permet à ses détenteurs de bénéficier de ristournes, chez des enseignes virtuelles partenaires comme eToys, Amazon ou Garden Escape par exemple.

Une étude réalisée en 1998 par le respectable cabinet américain Forrester Research Inc. faisait apparaître qu'en créant un site Internet, 12 % des banques interrogées ambitionnaient de réduire les coûts alors que pour 12 autres pour cent l'objectif principal était d'élargir la prospection et de gagner des clients. 25 % des banques interrogées déclarèrent avoir essentiellement pour but de soigner l'image de l'établissement. Mais 46 % indiquèrent clairement que leur objectif principal était de fidéliser leurs clients actuels. Oui, le client représente un capital. Mais comme tout capital, il importe de tout mettre en œuvre pour le conserver, le protéger, et si possible le développer.

Privilégier la notion de capital client, c'est également considérer que la fidélisation peut être une source de rentabilité à moyen long terme.

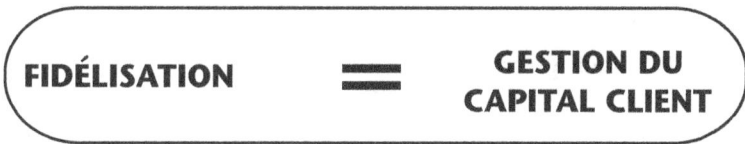

> **FIDÉLISATION   =   GESTION DU CAPITAL CLIENT**

D'où le développement de stratégies CRM (*Customer Relationship Management*) ces dernières années, dans le but d'installer le concept de gestion du capital client au centre de la stratégie d'entreprise. Le CRM repose sur la notion d'une chaîne de valeur qui débute avant la vente et qui se poursuit bien au-delà de cette vente. Après avoir progressivement constitué et actualisé une base de données consommateurs, le whisky Knockando leur envoie régulièrement *The Knockando Chronicle*, un lettre d'information dont les articles sont naturellement en liaison avec le produit et/ou l'Ecosse. Accompagnée d'un bon de réduction, elle contribue à entretenir la fidélité à la marque, sur un secteur où le nombre de références est sans cesse enrichi.

Le développement de programmes de CRM signifie également que la poursuite d'une stratégie de fidélisation doit être envisagée comme une ambition transversale de l'entreprise. La démarche marketing doit pouvoir bénéficier de la collaboration de tous les autres services de l'entreprise. La poursuite d'une stratégie de fidélisation par l'entreprise constitue un engagement selon lequel cette dernière va s'assurer, en permanence, que la promesse de satisfaction qu'elle a faite à son consommateur/client, se vérifiera chaque jour durant, et dans le meilleur des cas s'améliorera.

Frederick Reichheld présenta en 2001, six principes qui selon lui, s'ils n'étaient pas observés, ne permettaient pas à l'entreprise de réussir sa stratégie de fidélisation. Ces six principes sont non seulement pertinents, mais ils constituent une base minimum incontournable aujourd'hui.

Tableau 9 :
Les six principaux facteurs à considérer en amont
de la rélexion stratégique

① **Prêchez ce que vous faites.** Ce n'est pas suffisant d'avoir les bonnes valeurs, il faut les répéter et les répéter encore au client comme au partenaire.

② **Jouez gagnant-gagnant.** Il ne suffit pas de battre son concurrent, il importe que le partenaire partage le fruit de la réussite.

③ **Soyez sélectif.** Il faut différencier l'acquis de la fidélité. Être membre doit être un privilège.

④ **Conservez une approche simple.** Le monde est complexe, il importe que des règles simples guident les décisions.

⑤ **Récompensez les bons résultats.** Les meilleures primes et les meilleurs avantages doivent aller aux meilleurs clients.

⑥ **Écoutez attentivement, parlez franc.** Il faut privilégier toutes sources de remontées d'information et communiquer clairement le résultat des enseignements.

D'après Frédérick Reichheld, 2001.

L'intégration comme source d'efficacité

Depuis le début des années 1990 essentiellement, des auteurs comme Don Schultz et de nombreux praticiens militent en faveur d'une intégration du marketing, afin d'améliorer son efficacité. Dans l'optique de la mise en place d'une stratégie de fidélisation, cette approche revêt un intérêt particulier. Le but est de parvenir à une synergie de l'ensemble des composantes de l'entreprise en faveur de la fidélisation. Chacun sait désormais que l'équation satisfaction = fidélité est réductrice et désormais sans réelle consistance. Le consommateur attend beaucoup plus de l'entreprise. Il souhaite, bien entendu, qu'elle soit compétente pour répondre à ses attentes. Mais il souhaite également qu'elle soit disponible, réactive à sa demande, compétitive, sympathique avec lui et lui donne l'assurance d'une relation commerciale saine au terme de laquelle il sera gagnant… Cet effort de tous les instants, de la part de l'entreprise, peut être favorisé par un marketing intégré, en ce sens où ce dernier doit permettre de parfaitement synchroniser l'ensemble des actions en faveur de la fidélisation du consommateur.

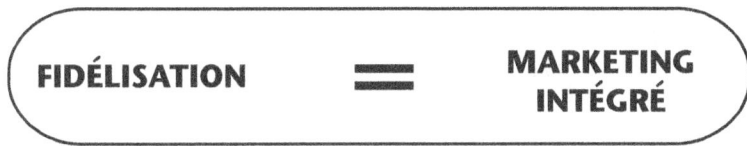

FIDÉLISATION = MARKETING INTÉGRÉ

À peine cette optique était-elle envisagée qu'Internet est venu semer un peu plus le trouble dans l'esprit du praticien. Lorsque les premiers principes d'un marketing intégré apparurent, la démarche ne sembla pas particulièrement aisée à certains d'entre eux, dès lors que si la fidélisation de leurs consommateurs les préoccupait bien, cette dernière avait, jusqu'à présent, pris la forme d'un cocktail de techniques, variable suivant le moment d'intervention ou l'objectif ponctuel à atteindre. En aucun cas il n'aurait été possible de trouver une quelconque stratégie sous-jacente à leur démarche. Or, l'intégration contraint nécessairement à la réflexion stratégique, car elle seule peut permettre cette synchronisation de l'ensemble des composantes et l'obtention d'une synergie avantageuse. Dès lors, si certains praticiens rencontraient déjà des problèmes à ce niveau dans le seul monde réel, on imagine facilement les obstacles insurmontables que pouvait représenter une telle opération de coordination, s'il fallait de surcroît y intégrer un meta-medium comme l'Internet. La synchronisation des actions online et des actions offline est d'autant plus difficile que si ces dernières permettent un relatif contrôle minimum de la variable temps, les actions online doivent impérativement bénéficier d'une gestion en temps réel. Le problème est encore aujourd'hui complexifié par la coordination des partenaires de l'entreprise. Internet requiert des compétences particulières en matière de communication. Les agences traditionnelles n'ayant

235

pas encore toutes intégré ces compétences, les annonceurs sont contraints de se retourner vers des spécialistes dont les méthodes et le rythme de travail ne sont pas toujours parfaitement compatibles avec ceux des agences traditionnelles. On peut toutefois penser que ce handicap devrait disparaître dans les années à venir, facilitant ainsi la mise en place d'un marketing intégré et une meilleure coordination des différents leviers de fidélisation.

Développer une stratégie de fidélisation dans l'optique d'un marketing intégré, c'est tout d'abord prendre conscience que la satisfaction du consommateur n'est que le point de départ, et qu'il va falloir tout mettre en œuvre pour qu'en toute liberté, il décide de rester fidèle à l'entreprise. Puis, parce que la fidélisation représente alors un objectif stratégique, cela signifie naturellement que toutes les fonctions, tous les rouages, tous les personnels de l'entreprise vont devoir orienter leur comportement, leur mode de fonctionnement en ce sens. Quel pourrait être l'intérêt d'une stratégie de fidélisation dotée de moyens très importants, si toutes les opportunités de contact du consommateur avec l'entreprise n'avaient pas été envisagées en ce sens ? Un marketing one-to-one performant est un marketing qui s'assure que tous les maillons de la chaîne de valeur entre l'entreprise et le consommateur vérifient bien la philosophie fondamentale de la stratégie de fidélisation.

La plupart des projets CRM des années 1990 qui ont échoué, ont subi ce triste sort pour deux raisons essentielles : une orientation technologies <u>sans</u> background stratégique et un cloisonnement préjudiciable des différentes fonctions de l'entreprise. Il ne peut exister de bonne stratégie de fidélisation sans décloisonnement des responsabilités propice à orienter <u>toute</u> l'entreprise vers le client. De manière rassurante, 70 % des répondants à une étude menée en 2002 par le cabinet Valoris, auprès de responsables marketing, CRM et/ou Fidélisation, en France, estimaient que la fidélisation client était enfin devenue stratégique. Ce constat tiré, encore faut-il que l'entreprise parvienne à rendre opérationnelle sa réflexion stratégique. Mais que de temps perdu à essayer de coller solutions logicielles et techniques de marketing direct, sans souci d'adéquation, sans coordination et sans visibilité à moyen et long terme.

Le développement d'un marketing intégré vise avant tout de pouvoir développer une réelle synergie entre les différentes actions de l'entreprise, de manière à éviter les effets parasites et afin d'offrir une perception parfaitement cohérente au consommateur. Supposons une direction commerciale et une direction marketing totalement cloisonnées. On perçoit rapidement que les actions de l'un puissent éventuellement, à un moment ou à un autre, contrarier complètement les actions de l'autre. Sans concertation, telle opération promotionnelle pourrait vite parasiter les efforts menés par la direction marketing en faveur d'une stratégie de fidélisation basée sur des avantages moins matériels et dans le but d'instaurer une relation à plus long terme.

Oui, en fonction de la taille de l'entreprise, rechercher l'intégration par le biais de liens transversaux entre les différentes fonctions de l'entreprise, rechercher l'interconnexion des différentes actions commerciales de l'entreprise, peut réellement devenir un travail de titan. Mais la performance et le succès sont à ce prix. Prenons l'exemple représentatif d'un détail qui peut *a priori* paraître complètement insignifiant, voire totalement déconnecté de l'objectif stratégique, et qui pourtant peut finir par hypothéquer et même ruiner les effets de la stratégie, auprès d'un grand nombre de consommateurs. Imaginons le cas d'une grande entreprise située sur le secteur des biens de grande consommation et identifiable parce que son nom figure sur ses produits. Une imposante stratégie de fidélisation est mise en place. De multiples techniques sont sollicitées de front et l'ensemble des opérations de communication, tant à propos du produit que l'entreprise, est coordonné afin de développer un discours parfaitement cohérent. Dans ce schéma presque idyllique, supposons que la direction de la logistique n'ait pas été impliquée. Certes, on pourrait citer le problème des livraisons en retard, des palettisations incomplètes ou tout simplement des livraisons erronées. Autant de problèmes bien connus, qui affecteraient sans nul doute les efforts menés parallèlement pour fidéliser le consommateur et/ou le client. Mais contentons-nous de ne retenir que le petit détail insignifiant *a priori* à mille lieues des principes de base de la stratégie de fidélisation développée. Supposons que l'un des chauffeurs de l'entreprise pratique une conduite plutôt hasardeuse et en tout cas peu courtoise à l'égard des véhicules qu'il est amené à croiser. On imagine aisément le potentiel transfert de responsabilité que les automobilistes, confrontés à un tel conducteur, seraient tentés de faire, si la flotte de l'entreprise était identifiée à ses couleurs.

La sensibilisation des chauffeurs de l'entreprise n'est, *a priori*, pas un poste prioritaire dans la conception d'une stratégie de fidélisation.

Pourtant ce contre-exemple montre bien la fragilité des efforts entrepris pour fidéliser le consommateur et/ou le client de l'entreprise, si tous ces « petits » détails n'ont pas été considérés dans le cadre d'une approche complètement intégrée. De nombreuses entreprises s'aventurent encore aujourd'hui sur le Net simplement pour y être présentes ou parce qu'un prestataire leur a proposé une solution clé en main, sans nécessité d'intervention *a posteriori*. Internet n'est pas une sombre dimension parallèle dans laquelle se seraient égarés des consommateurs spécifiques. L'image de l'entreprise développée sur Internet doit être autant sinon plus protégée qu'elle l'est dans le monde réel. Les consommateurs internautes sont pour de nombreuses années encore également des consommateurs dans ce monde réel. Il n'y a pas de cloison étanche entre les deux mondes. Négliger ce fait reviendrait à mettre en péril tous les efforts développés dans l'un ou l'autre de ces mondes. Les dernières années du xxe siècle ont vu se développer le concept de « globalisation des marchés. » Il ne faut jamais perdre de vu qu'au-delà des évolutions politiques, juridiques et commerciales qui l'ont vue naître, cette globalisation repose avant tout sur une circulation absolue de l'information. Sur le principe de l'architecture du réseau des réseaux, chaque acteur de ce marché est interconnecté, à un niveau ou à un autre, avec tous les autres. Jouer la carte de l'intégration lors de la conception et du développement d'une stratégie de fidélisation, c'est être convaincu que chaque facette de l'entreprise peut refléter une information qui, si elle n'est pas totalement cohérente avec la stratégie poursuivie, peut la contrarier dans sa totalité. L'intégration de la démarche marketing doit permettre un meilleur contrôle de cette information.

Pour un découpage intelligent du marché

L'un des principaux avantages liés à l'utilisation des outils d'une stratégie de fidélisation EPL est la meilleure visibilité du portefeuille de consommateurs/clients de l'entreprise.

Le cas Weber-Stephens

À la fin des années 1990, l'entreprise américaine Weber-Stephens, spécialiste des barbecues et autres grils, fit l'investissement d'une base de données sophistiquée regroupant ses 1,7 million de clients en neuf groupes distincts. Jusqu'alors, Weber-Stephens ne s'était jamais réellement interrogée sur ses clients, alors qu'en définitive un même consommateur peut être amené à acheter plusieurs appareils tout au long de sa vie, d'où l'intérêt d'une stratégie de fidélisation. Dépassant les simples éléments socio-démographiques, la base de données très renseignée déboucha sur une segmentation très fine du marché, qui permit de repenser la vente de la gamme d'appareils qui débutait avec un modèle de base à 30 $ pour terminer avec un modèle haut de gamme à 3 000 $. Ce découpage intelligent du marché permit non seulement de différencier les actions de communication suivant les publics visés, mais également de sensibiliser les revendeurs sur une approche différente du client final en fonction du produit recherché, mais surtout du segment auquel on pouvait le rattacher. La progression des ventes fut l'ordinaire mais objectif témoin de l'efficacité de la démarche.

Une meilleure identification signifie avant tout un meilleur repérage des centres de profit potentiels. D'où l'opportunité pour l'entreprise de mieux répondre aux attentes du marché en segmentant ce dernier et en adaptant son offre à la segmentation résultante. La messagerie express DHL a identifié trois catégories de clients : les occasionnels, les réguliers et les grands comptes. Tous trois accèdent à l'entreprise de manière différente (numéros de téléphone spécifiques) et bénéficient d'un accueil et de modalités de services différents.

Le cas Zucchi

Même s'il ne détient que 6 % du marché du linge de maison, Zucchi est leader européen du secteur avec un portefeuille qui compte une vingtaine de marques. Aussi, afin de conforter sa position, notamment en France où 40 % du chiffre d'affaires sont réalisés, le groupe italien a repensé sa stratégie. Alessandro Ceccioli, le directeur général de la filiale française est bien conscient que la très légère croissance du marché hexagonal est due à l'accroissement des produits d'importation. C'est la raison pour laquelle Zucchi a entrepris une restructuration logique de son portefeuille de marques afin de segmenter son marché. Désormais la marque Béra est positionnée en entrée de gamme avec un prix très concurrentiel, alors que Jalla est installée sur le milieu de gamme et Descamps sur le segment haut de gamme avec l'image « art de vivre. » La pertinence de cet exemple pourrait laisser penser que la démarche est aisée finalement. Il n'en est rien. Faire du découpage est a priori un jeu d'enfants, certes. Concevoir le patron idéal et suivre ses indications avec une précision parfaite pour faire glisser les ciseaux sur la pièce, avec adresse, requiert une intelligence que les manuels n'enseignent pas encore malheureusement.

FIDÉLISATION = SEGMENTATION INTELLIGENTE

La segmentation intelligente doit permettre de mieux maîtriser son marché en clarifiant l'offre faite aux consommateurs et donc en différenciant le plus clairement possible les différents produits de la gamme. Elle s'éloigne souvent des seuls critères traditionnels pour essayer de déterminer le mix sociodémographique-attitudinal-comportement idéal pour percevoir les consommateurs.

Le cas Accor

Lorsque l'on est un groupe comme Accor, numéro 3 mondial de l'hôtellerie, ce n'est pas simple de concevoir un programme de fidélisation, sachant que l'on accueille chaque jour des milliers de clients très différents, dans 90 pays accueillant 3 800 hôtels dont le standing et par conséquent le positionnement, sont également très différents. C'est la raison pour laquelle Accor a judicieusement développé le programme « Compliments from Accor hotels », un programme qui se veut transversal à toutes les enseignes du groupe. Son fonctionnement est simple et traditionnel. Une carte personnelle permet un cumul de points permet d'obtenir des « chèques-compliments » utilisables dans les hôtels Sofitel, Novotel, Mercure, Suitehotel et Ibis, Coralia et Thalassa. 10 euros dépensés génèrent 80 Points Compliments. Accor propose également une autre carte nommée Favorite Guest qui elle, coûte 270 euros par an, mais qui est très avantageuse en termes de réductions tarifaires.

Par ailleurs, afin de privilégier différemment les clients les plus fidèles suivant leur indice de fidélité, Accor a parallèlement créé d'autres cartes, notamment pour la clientèle de son enseigne haut de gamme. Sofitel propose ainsi deux cartes nominatives. La carte Exclusive Guest a un coût de 230 euros par an. C'est la carte haut de gamme de l'enseigne. Elle offre de réels services exclusifs tels que : un numéro de téléphone unique pour toutes les réservations ou pour toute information, une garantie de la chambre à J-3 et une réservation elle aussi garantie en cas d'arrivée tardive, la possibilité d'accéder à la chambre avant 12 h et celle de la conserver jusqu'à 16 h. Mais aussi l'accès gratuit au centre de remise en forme, à des surclassements, à une chambre double au prix d'un single, à un Relais Concierge, à des tarifs préférentiels sur des locations automobiles Europcar, à des offres de séjour privilégiées… Mais afin de ne pas se couper de la fidélité des clients dont la fréquence des visites est moins élevée, Sofitel propose également une carte nommée Priviledged Guest qui elle, est gratuite. À quelques exceptions près, les services qui y sont attachés sont sensiblement les mêmes que ceux de la carte Exclusive, mais elle ne bénéficie naturellement pas de ses réductions tarifaires.

Toutes les cartes Accor répondent à la même charte graphique de base, pour une vision identitaire des supports de communication du groupe ; des codes couleurs différents permettent de les distinguer rapidement. La question se pose alors pour le client de savoir quelle carte choisir. Question d'autant plus délicate que de prime abord, sa « fidélité » risque d'être influencée par la gratuité ou non de la carte. Cas très rare dans un programme de fidélisation, Accor joue la carte de la transparence totale et détaille sur son site Internet deux informations précieuses pour aider le client dans sa réflexion. En premier lieu, pour les deux cartes payantes, il est clairement indiqué le nombre de nuits qu'il faut passer dans l'une des enseignes participantes pour amortir la carte. Moins de 2 nuits par mois pour la Favorite Guest et 1 nuit par mois pour l'Exclusive Guest. En second lieu, Accor a installé un algorithme que l'internaute nourrit avec deux données de base sur ses habitudes de consommation (visuel A). Instantanément, l'algorithme calcule l'intérêt du client et lui propose la carte la plus adaptée (visuel B). Il ne s'agit naturellement que d'une recommandation. Le client demeure libre de choisir la carte qu'il désire. Mais nous sommes bien ici dans le cas d'une fidélité naturelle et non induite.

Visuel A

Visuel B

Testez-vous !

D'après les informations que vous nous avez transmis, voici la Carte qui vous ressemble :

CARTE SOFITEL

En effet, vous gagnerez 39000 Points Compliments et économiserez 375 €.
Pour avoir plus d'informations sur cette Carte, cliquez ici.

Jeudi, Mercure Lyon Gerland
Dimanche, Novotel Thalassa Dinard

L'absence de segmentation intelligente peut rapidement devenir une limite importante au succès d'une stratégie de fidélisation. Or, pour réellement générer de la valeur ajoutée, chaque approche de la segmentation doit être pensée pour l'entreprise à qui on l'applique. Michael Pearson et Guy Gessner ont par exemple analysé qu'une banque pouvait tirer un grand avantage à segmenter d'après l'évolution de la structure des transactions de ses clients, plutôt que sur leurs simples critères sociodémographiques. Mais le recours à la segmentation peut permettre de qualifier précisément chaque catégorie de clients, voire chaque client, de manière telle, que des facteurs comme le problème du cannibalisme puissent être intégrés. Or, sur ce point, la marge de manœuvre est parfois très étroite.

Le cas Pepsi

Lorsqu'en juillet 1998 aux États-Unis, la Food and Drug Administra-tion a approuvé l'utilisation d'un nouvel édulcorant, Ace-K, Pepsi-Cola annonça dans la foulée le lancement d'un nouveau cola light, Pepsi One. Pour Phil Martineau, alors président de Pepsi-Cola Amérique du Nord, l'enjeu était de taille dès lors que le nouveau produit était le premier depuis six ans et que de surcroît, il s'attaquait au segment le plus endormi d'un marché de 54 milliards de dollars rien qu'aux États-Unis. Doté d'un packaging argenté original pour le distinguer des autres produits Pepsi-Cola et supporté par une commu-nication publicitaire initiale mettant en scène l'acteur américain Cuba Gooding Jr., le produit fut positionné comme le premier cola qui n'avait pas le goût du light. Le mix réussit puisque que le produit parvint, dès sa première année d'existence, à générer 1 milliard de dollars de chiffre d'affaires, soit près de 2 % d'un marché connu pour son intensité concurrentielle. Le pari du lancement était certes gagné, mais il restera désormais à faire vivre ce produit aux côtés de Diet Pepsi de manière à ce qu'il continue à attirer des consommateurs de la concurrence sans pour autant rogner les parts de marché de Diet Pepsi notamment. Une telle gestion stratégique de la marque néces-site, bien entendu, une réflexion très précise sur les modalités de segmentation et de positionnement.

La segmentation est un outil marketing extrêmement puissant, dès lors qu'elle intervient au niveau stratégique et au niveau opérationnel.

« La segmentation a donc à la fois une vocation descriptive (la compré-hension des marchés), stratégique (la conception et le développement de produits nouveaux) et tactique (l'aide à la création publicitaire, au plan média, au conditionnement des produits…). La hauteur des enjeux justifie la rigueur de l'analyse du marché et de ses composantes » précise Pierre Grégory, Professeur à l'Université Paris 2 Panthéon Assas.

Le cas Procter & Gamble

Certains observateurs furent très surpris en 1998, lorsque le PDG du groupe Procter & Gamble (alors John Pepper), profita de l'annonce du nom de son futur successeur (Durk Jagger), pour présenter l'ambitieux projet « Organisation 2005. » Il s'agissait d'une véritable révolution interne, alors même que le drastique programme de restructuration lancé en 1993 par Edwin Artz était à peine achevé. Présent dans 140 pays, Procter & Gamble était jusqu'alors organisé en quatre grandes zones géographiques. Désormais le conglomérat allait se restructurer sur la base de sept grandes lignes de produits. Cette nouvelle approche de la segmentation stratégique ambitionnait une démarche qui pouvait paraître déconcertante a priori, *au vu du paradoxe suggéré. Plus de centralisation de l'administration pour dégager des économies, mais également et surtout une meilleure adaptation aux besoins des différents marchés. L'objectif final de cette stratégie était tout de même de permettre à Procter & Gamble de doubler purement et simplement de taille en l'espace de dix ans.*

Une segmentation intelligente, qu'elle soit réfléchie au plan stratégique (marchés) et/ou au plan marketing (consommateurs/clients) suppose, elle aussi, une rigoureuse adéquation avec les impératifs actuels et prévisibles du marché. Elle doit être considérée comme un outil, et comme tout outil, son mode utilisation dépend essentiellement de la nature du travail que l'on souhaite faire et où l'on souhaite le faire. Internet, par exemple, nécessite une approche de la segmentation adaptée à la spécificité du métamédium.

Le cas particulier de la génération Y

Cette segmentation n'est pas aisée, d'autant plus que les marchés de niche semblent désormais se développer au fur et à mesure que de nouveaux produits apparaissent sur le marché. Mais la difficulté éventuelle de « découper » le marché actuel n'est rien, comparée à celle qui attend l'ensemble des marques, avec l'arrivée de la génération Y née entre 1979

245

et 1994, l'appellation de « génération Y » provient simplement du fait qu'elle a suivi dans le temps la génération X. Mais suivant les études, on la retrouve également sous le nom de « génération millenium » ou encore sous le terme « echo-boomers. » Ils sont les enfants des baby boomers et représentent un potentiel de consommation presque équivalent, en volume, à celui de la génération du baby-boom. Le problème, en matière de stratégie de fidélisation, est qu'au-delà de la génération qu'ils forment, ils se distinguent en de multiples sous-groupes assez instables. Ils sont en général très peu attirés par les marques de leurs parents, impérative différenciation oblige. Ils maîtrisent de surcroît assez bien les subtilités du discours commercial et y sont donc beaucoup moins sensibles. Ils maîtrisent les nouvelles technologies de l'information, ce qui facilite leur réunion en tribus virtuelles et leur donne accès à des outils de comparaison des offres commerciales. Le contact intergénérationnel est souvent difficile en raison des différences de valeurs partagées et/ou de hiérarchie de ces valeurs. Mais pour conclure cette description apocalyptique pour le praticien, ils sont de surcroît d'une volatilité à toute épreuve.

Aux États-Unis, des marques installées comme Nike, Coca-Cola ou Gap ont toutes les peines du monde à les séduire durablement. Toutefois, la génération Y n'est pas insensible aux marques, elle est simplement très hétérogène sur ses préférences et souvent assez séduite par les nouveaux arrivants. Ces derniers représentent souvent à leurs yeux une possibilité ponctuelle de se différencier un peu plus. L'explosion médiatique (chaînes de télévision et de radio, câble et satellite, supports de presse, Internet …) est pour partie responsable de cet état. Leur surexposition aux médias s'est faite différemment pour chaque individu de cette génération, d'où l'extraordinaire diversité des goûts et des préférences qui en résulte. À titre d'exemple, qu'ils soient pour la plupart net-surfers ne peut être considéré comme une caractéristique commune, au regard de la multitude et de la diversité de sites appréciés par chacun, en plus de ceux qui parviennent à réunir un certain nombre d'entre eux. En revanche, considérer leur adresse e-mail afin de communiquer avec eux, plutôt que leur adresse postale peut être particulièrement judicieux.

Cette surabondance d'information les expose en permanence à de nouveaux produits, de nouveaux styles, de nouvelles marques, et explique en partie leur très difficile fidélisation. Elle justifie également la nécessité de leur appliquer en temps réel un marketing interactif, réinventé en permanence. Parce que la mode et la tendance ont une part de responsabilité très importante dans leur choix, ceux-ci ne cessent d'évoluer et freinent naturellement toute tentative de fidélisation. Une fidélisation également contrariée par le fait que de tous les vecteurs de communication, le plus efficace auprès de cette cible est également le plus incontrôlable : le bouche à oreille. En définitive, bien qu'ils constituent des communautés et/ou des tribus de convenance et/ou de circonstance, ils nécessiteraient le développement d'un marketing one-to-one, tant ils demeurent différents les uns des autres. Ce sont des choix que les marques établies vont devoir faire, au risque de vieillir avec les consommateurs et d'être, pour une génération au moins, remplacées par de nouveaux venus. Il convient enfin de mettre en garde le praticien hésitant, sur le danger de tomber dans le piège de la sursegmentation qui reviendrait à définir des segments par trop étroits pour pouvoir dégager un profit à terme et sur celui de céder à la tentation de l'abandon total de certains segments jugés perdus à jamais. En définitive, lorsque l'on qualifie de sacerdotale la fonction exercée par le praticien du marketing, on n'est peut-être pas si éloigné que cela de la réalité…

Le risque d'un surdécoupage du marché

La sursegmentation est le résultat d'un surdécoupage du marché générant la formation de segments si étroits qu'ils ne génèrent plus une activité suffisante pour demeurer rentables. Cette technique est parfois utilisée sciemment sur des marchés très concurrentiels comme celui des lessives, afin d'obtenir une augmentation du volume des ventes par la simple déclinaison du produit sous de multiples formes, et autoriser ainsi une plus large présence en linéaire. Une telle démarche comporte le risque de diluer le positionnement du produit dans l'esprit du consommateur et de rendre délicate voire impossible la définition d'un axe de communication spécifique.

C'est là le risque le plus ordinaire d'un marketing one-to-one mal maîtrisé. Car bien entendu, faire une proposition adaptée, spécifique à chaque client n'est pas une nouveauté révolutionnaire. Tout artisan vous dira qu'il poursuit cette démarche, depuis qu'il exerce son métier. Seule l'utilisation de nouveaux outils de communication et de commercialisation comme Internet et l'exploitation de puissantes bases de données clients peut permettre de développer à grande échelle une démarche one-to-one qui demeure rentable. Oui, la diversification de l'offre et l'adaptation parfaite de cette dernière aux attentes des consommateurs sont des facteurs potentiels de succès, mais il reste fondamental que le découpage corollaire du marché demeure viable. Les fabricants de chaussures de sports l'ont compris à leurs dépens. Les leaders du secteur comme Nike, Reebok ou Adidas ont surfé sur la vague « basket » jusqu'au milieu des années 1990, multipliant les modèles les uns après les autres. Chaque individu consommateur pouvait trouver chaussure à son pied avec un risque limité, pour l'immense majorité des modèles, de la retrouver au pied d'un autre. Mais comme toute vague, une fois la plage atteinte, elle se retire. Confrontés à une conjoncture peu favorable, ces fabricants se sont retrouvés avec des gammes beaucoup trop larges pour demeurer rentables. Dès la fin des années 1990, il a fallu réduire drastiquement le nombre de modèles afin de se concentrer sur ceux qui généraient réellement chiffre d'affaires *et* profits.

Le cas Pizza Hut

La pratique d'un datamining performant peut parfois permettre d'enrayer une tendance au surdécoupage du marché. C'est ce que découvrit en 1998 la filiale du groupe Tricon Global Restaurants, Pizza Hut, lorsque confrontée à une offre promotionnelle déclinée en 650 variantes sur son marché national, elle dut se rendre à l'évidence du coûteux piège dans lequel elle était tombée sans s'en rendre compte. Un marketing de base de données portant sur plus de cinquante millions de consommateurs américains recensés fut alors développé. Il fut d'autant plus profitable, qu'il révéla que les réductions de prix n'étaient pas nécessairement les meilleurs vecteurs de fidélisation, comparés à un choix d'ingrédients plus large par exemple. Résultat : les offres promotionnelles furent sélectionnées, reconfigurées et réduites au nombre de 16. À l'issue de cette refonte stratégique, la rentabilité des opérations de couponing augmenta de 21 %.

Les laissés-pour-compte de la fidélisation

S'ils constituent la cible prioritaire pour d'ordinaires raisons de rentabilité, la stratégie de fidélisation EPL ne doit pas uniquement s'orienter vers les « très bons » clients. Autrement dit, il ne faut pas tomber dans le piège de la seule fidélisation des clients fidèles…

La qualification des consommateurs/clients et la segmentation qui en découle doit simplement permettre d'adapter les techniques de fidélisation terrain qui seront appliquées à chaque segment quel que soit l'étage de la pyramide de la fidélisation où ils se trouvent. Dès lors, les clients « perdus » ne sont pas pour autant hors du champ de la stratégie de fidélisation. Peut-être est-il même utile d'insister en disant que la cible des clients déçus par un produit ou un service de l'entreprise ne doit jamais être négligée, laissée pour compte. Plusieurs études confirment qu'en moyenne 9 clients sur 10 qui sont insatisfaits ne contacteront pas l'entreprise et décideront d'abandonner le produit. Dans les cas plus graves, ils délaisseront la marque, voire l'entreprise.

En premier lieu, les clients déçus expriment concrètement, pour la plupart, l'échec passé de l'entreprise. Ils constituent, par conséquent, la plus intéressante source d'information devant permettre de ne pas renouveler ces erreurs. Les études menées auprès des clients « perdus » sont toutes plus révélatrices et plus pertinentes que celles réalisées auprès de consommateurs actuels. En second lieu, il est un principe bien connu en marketing qui veut qu'un client satisfait s'en fasse rarement l'écho auprès de son entourage, alors qu'un client mécontent multipliera les occasions d'expliquer, objectivement non, les raisons de son mécontentement. En définitive, il importe de toujours faire amende honorable. Une entreprise qui reconnaît une éventuelle erreur offre déjà à son consommateur une position de supériorité relative, qui déjà, la positionne plus favorablement dans son esprit. Le sentiment de pouvoir peut être chez le consommateur/client une raison essentielle de sa fidélité à la marque/l'entreprise. La gestion performante du SGBD utilisé doit permettre de repérer ces clients et de mettre en œuvre une stratégie d'approche humble et respectueuse des raisons qui ont incité ce consommateur à changer. Et Dominique Crié, à l'issue d'une analyse détaillée du cadre conceptuel du comportement de réclamation, de conclure : « Il faut récompenser les clients qui réclament en les confortant dans cette démarche et les accoutumer à cette pratique. »

Le cas British Airways

La spécialité de la compagnie aérienne britannique British Airways est de s'attacher à récupérer les passagers déçus de ses services. Le système informatique Customer Analysis and Retention System a pour objectif de permettre une réduction drastique du délai de réponse aux réclamations. Il repose également sur la formation des interlocutrices à la programmation neurolinguistique pour interpréter au mieux l'attitude du passager formulant une réclamation. Résultat : un taux de fidélité post-réclamation multiplié par deux.

Une stratégie de fidélisation est une combinaison qui met à profit les résultats de la segmentation pratiquée. Une bonne stratégie de fidélisation doit simplement permettre de différencier les techniques et les programmes utilisés suivant le profil du client et le segment où il a été identifié. Seules quelques rares entreprises situées sur le secteur du luxe, et encore, pourraient se permettre de décider d'ignorer consciemment une partie de la cible, sur le seul motif que la segmentation l'a identifié comme étant « moins rentable. » La segmentation doit simplement permettre de choisir à destination de ces segments moins porteurs, les techniques *ad hoc*, pour faire passer leurs consommateurs dans des segments plus profitables. Toutes les techniques, tous les programmes n'ont pas le même effet et surtout le même coût. C'est tout l'intérêt de la segmentation que d'aboutir à la stratégie de fidélisation EPL la plus pertinente, au regard des besoins et des caractéristiques de l'entreprise.

L'incontournable facteur interne

Enfin, il importe de rappeler que si elle s'adresse *a priori* aux clients/consommateurs de l'entreprise, une stratégie de fidélisation débute en réalité en interne, par la formation des personnels et principalement des personnels dit de « ligne de front », autrement dit ceux qui sont en contact direct avec les consommateurs/clients. Andrew Sergeant et Stephen Frankel ont longuement analysé la C.S.C. (Capacité à satisfaire les clients) insistant sur le préalable d'un environnement propice à satisfaire l'employé. Renault utilise le principe des clients mystères pour évaluer en permanence ces centres de contact. La fidélisation d'un consommateur/client envers l'entreprise ou la marque, se fait d'abord envers un employé qui directement (service) ou indirectement (produit) sera chargé de lui donner satisfaction. D'où l'importance vitale, pour la réussite de la stratégie de fidélisation, d'un programme de formation/sensibilisation interne, avant toute mise en application terrain. Une stratégie de fidélisation qui ne serait perçue que comme une opération externe, sans implications internes *a priori*, serait inéluctablement vouée à l'échec. Une fidélisation rentable de ses consommateurs/clients suppose donc préalablement une fidélisation de son propre personnel. En 2002, Jyh-Shen Chiou et ses collègues démontrèrent que la qualité de service fournie par les employés avait, sur la confiance et la satisfaction, un impact supérieur à celui de la qualité de service de l'entreprise en général. Ritz-Carlton forme ses employés à ne pas hésiter à quitter ponctuellement leur tâche en cours, s'il s'agit de s'occuper d'un problème soulevé par un client. Élément fondamental confirmé par Leonard Berry et Neeli Bendapudi dans l'étude éloquente d'une clinique, parue dans *Harvard Business Review* en Février 2003. La formation des personnels (*a fortiori* des personnels de contact) est devenue une variable stratégique essentielle de la différenciation concurrentielle.

Le cas C & A

L'enseigne de la distribution C & A a beaucoup investi ces dernières années pour l'amélioration de la qualité de son service à l'attention de ses clients. Le cas est d'autant plus intéressant que, comme la plupart des grands magasins, le principe du libre service règne aujourd'hui en maître. Comment dès lors améliorer le service auprès d'un client qui a pris l'habitude de faire ses achats seul le plus souvent ? Après une vaste opération de concertation et de réflexion avec le personnel, l'organisation des tâches non directement liées au service du client, telles que le réassortiment, a été réaménagée afin justement, que le personnel puisse passer plus de temps au contact du client. L'objectif n'était pas de revenir un siècle en arrière, pour faire de la vente assistée. Mais simplement d'offrir la possibilité de cette aide au client. « Il n'est pas question d'assaillir systématiquement les clients dont beaucoup préfèrent se débrouiller eux-mêmes. En revanche, nous avons accru notre attention à l'égard de ceux qui hésitent dans les rayons et manifestent même explicitement un besoin d'assistance commerciale » commente Eric Maréchalle, responsable du département qualité totale chez C & A.

La poursuite d'une stratégie de fidélisation dans l'optique présentée ici a donc pour objectif ultime de rendre la proposition commerciale de l'entreprise si concurrentielle qu'elle sera véritablement recherchée par le consommateur. Il importera toutefois toujours de mesurer au fur et à mesure les résultats de la mise en place de la stratégie. Si le personnel est sensibilisé au départ, il serait étrange qu'il soit laissé sans information sur les effets de ses efforts *a posteriori*. Mais cette mesure n'est efficacement possible que si une réelle traçabilité est développée autour des techniques utilisées. On ne peut plus se contenter désormais d'enquêtes de satisfaction auprès d'un échantillon représentatif avant et après telle ou telle action. Il importe de savoir exactement ce que rapporte le programme de fidélisation mis en place. C'est pourquoi la mesure du retour sur investissement passe donc par une parfaite identification des consommateurs concernés par l'opération et d'un suivi de leur attitude et de leur comportement.

Le bon programme, au bon moment, pour une différenciation permanente

Se pose souvent au final la question de savoir, quand est-il réellement judicieux de mettre en application une stratégie de fidélisation. La réponse est presque contenue dans une question qui est en définitive mal posée. Nous traitons de stratégie et pas simplement d'efficacité opérationnelle à un instant t. Aussi, quelles que soient les techniques combinées pour parvenir à fidéliser les consommateurs/clients de l'entreprise, cette stratégie entre en application dès que l'entreprise entre elle-même en contact avec ledit consommateur/client. Les seules questions qui se posent en revanche, en permanence, sont de savoir quand faire évoluer la stratégie. Quand lancer tel ou tel programme pour rénover l'ancien ? Quand stimuler à nouveau tel ou tel segment ?

Pour répondre efficacement à ces questions, il convient avant tout de ne pas confondre prospection, rétention, fidélisation et récupération. Rappelons donc rapidement que la prospection est la recherche et la séduction de nouveaux clients. La rétention consiste simplement à retenir les clients actuels au prix de tactiques et d'avantages dont le coût peut rapidement se révéler prohibitif. La récupération est une opération délicate qui doit permettre d'identifier la cause de défection, la probabilité d'un retour potentiel, ainsi que la démarche *ad hoc* à suivre. Comme son nom l'indique, la fidélisation aspire avant tout à conserver les clients actuels en leur offrant la possibilité et la volonté de rester. Comme nous l'avons développé, une stratégie de fidélisation puissante repose donc en réalité sur deux fondements principaux, le développement d'une offre commerciale sans cesse renouvelée d'une part et une écoute permanente du consommateur/client d'autre part, permettant de faire évoluer cette offre commerciale en conséquence. Dans la démarche marketing classique, cette écoute débute avant même l'acte d'achat, afin de concevoir et produire un bien ou un service, conformément aux attentes du consommateur. L'acte d'achat réalisé, il importe donc de conserver un contact le plus direct possible et de manière continue avec ce consommateur de manière à suivre son évolution. La philosophie essentielle de la fidélisation est alors tout simplement de sans cesse anticiper ses attentes renouvelées, afin que l'offre commerciale de l'entreprise soit toujours suffisamment concurrentielle, pour générer naturellement sa fidélité.

Le cas Visual

Le renouvellement d'une paire de lunette subit un cycle de réachat assez long. Trop long pour ne pas éventuellement subir une évasion du client chez un concurrent lorsque que le moment est venu. Les opticiens Visual ont donc mis en place un programme de marketing relationnel pertinent, pour favoriser la fidélisation dudit client. Il se résume en quatre contacts majeurs. Un mois et demi après l'achat, le client reçoit un courrier rassurant, lui rappelant que Visual s'engage sur une garantie des verres et même sur une « garantie adaptation esthétique » au cas où le client serait mécontent de son choix. Quinze mois plus tard, nouveau contact, cette fois-ci pour informer le client sur l'existence de lunettes spécifiques à certaines activités. Trente mois plus tard, autre information incitative et potentiellement génératrice de trafic sur le lieu de vente, Visual rappelle la possibilité de venir faire gratuitement un bilan ophtalmique. Enfin, quarante cinq mois après l'achat de la paire de lunette ayant déclenché le processus de contacts relais, le client reçois un nouveau courrier l'informant sur les possibilités de renouvellement. Chaque mois, cela représente pour Visual, un volume d'un peu plus de 35 000 courriers adressés à ses clients. Ces envois restent très professionnels dans le ton et la forme employés, mais sont néanmoins accompagnés d'un consumer magazine. Enfin, chaque courrier mentionne un numéro de téléphone indigo pour entrer simplement et directement en contact avec le réseau d'opticiens.

Une stratégie de fidélisation intégrant totalement la philosophie d'anticipation permanente permettra alors à l'entreprise de prendre le seul avantage réel valable sur ses concurrents (directs et/ou indirects), celui de la différenciation de l'offre par une adaptation sans cesse améliorée. Cela signifie que pour bien des entreprises internationales, cela risque de les confronter très rapidement aux limites ordinaires de la globalisation qui, il est vrai, s'accommode en général assez mal avec une démarche one-to-one.

Le cas Mephisto

Ce qui fait, en partie le succès des chaussures Mephisto, c'est justement leur stratégie marketing différente suivant les pays d'implantation. Le chausseur français a bien compris que là où l'Allemand appréciait le nubuck, il était préférable d'offrir du velours à l'Italien, alors que le Français optait pour du cuir lisse, quand bien même toutes ses chaussures seraient de marque Mephisto. Les 150 millions d'euros de chiffre d'affaires réalisé en 1998 représentent près de 3 millions de paires de chaussures. Pourtant, si Mephisto demeure relativement discret, l'entreprise lorraine dirigé par son fondateur Martin Michaeli, mériterait d'être citée plus souvent comme exemple d'une gestion performante. Pas simplement par qu'elle s'offre le luxe d'une croissance à deux chiffres, mais parce que les choix stratégiques qui furent et demeurent particulièrement intelligents.

Alors que les cas difficiles de Bally, Myrys, Bata, Charles Jourdan ou Stéphane Kélian sont développés dans la presse économique pour les problèmes qu'ils rencontrent, Mephisto a fait dès le départ le pari marketing de la différenciation. D'aucuns ont pu parler de niche en 1965, lorsque l'idée de privilégier le confort à l'esthétique fut développée par Martin Michaeli. Avec une présence dans 15 000 points de vente et la montée en puissance du réseau exclusif des Mephisto Shops, si niche il y a, elle est devenue internationale puisque plus de 80 % du chiffre d'affaires est réalisé à l'exportation.

On retrouve également cette nécessité de différenciation dans des secteurs où, par nature, on pourrait croire qu'une approche globale standardisée est la seule possible.

> **FIDÉLISATION   =   SEGMENTATION INTELLIGENTE**

Ainsi, les stratégies gagnantes sont celles qui seront développées par celles et ceux qui vont entretenir cette différenciation en permanence, en ayant constamment le sentiment que la fidélisation n'est jamais acquise pour l'éternité.

Cette différenciation permanente doit être perçue comme génératrice en permanence d'une valeur supplémentaire pour le consommateur. Cette approche est fondamentale sur certains secteurs pour lesquels le consommateur ne peut ou ne souhaite pas percevoir de différences suffisamment marquées, pour permettre l'établissement d'une hiérarchie des différents offreurs. Cas d'espèce : les carburants. Le rêve de tout producteur est un consommateur déterminant son choix sur la marque, alors que dans la réalité, malgré des réseaux relativement bien implantés sur le territoire national pour la plupart des marques, son choix se fait essentiellement sur les critères de proximité et de prix. D'où les multiples opérations promotionnelles de fidélisation menées par la totalité des marques, notamment à l'occasion des périodes de vacances, pendant lesquelles le facteur proximité du lieu de travail ou du lieu d'habitation peut être partiellement modéré.

Le cas Shell

Certaines marques essayent de se détacher de ces pratiques à court terme, comme Total axant sa stratégie sur l'ensemble des services offerts par ses stations ou encore Shell, qui a récemment développé un parc de téléviseurs dans ses stations pour diffuser Shell Info TV. L'initiative avait déjà été prise par d'autre compagnies à l'étranger sans réel succès, mais souvent pour d'ordinaires raisons techniques (mauvais son, mauvaise image, mauvais programme). Si le programme de Shell Info TV (flash météo, informations sur le trafic, muni-documentaires sportifs, pages humour…) a été composé pour répondre exactement aux attentes des 300 000 automobilistes qui chaque jour en France s'arrêtent dans le réseau des 1 400 points de vente Shell, il aspire bien entendu à fidéliser ce consommateurs par l'intérêt réel qu'ils y trouveront et à favoriser la vente de produits non pétroliers, sur lesquels les marges sont naturellement plus rémunératrices.

Quels que soient les efforts de l'entreprise pour innover en permanence, différencier ses produits et rendre son offre exclusive, la marque demeurera toujours la variable du mix que le concurrent ne pourra pas décliner, au risque de tomber sous le coup légalement condamnable de la contrefaçon. Il paraît donc logique de penser que cette variable est l'un des plus précieux outils, à la portée du praticien, dans l'optique du développement d'une stratégie de fidélisation. Lorsque l'on pense fidélisation aujourd'hui, on pense naturellement très vite base de données qui, assortie du logiciel *ad hoc*, permet de suivre, comprendre et anticiper les mouvements des consommateurs de l'entreprise. Puis on comprend assez rapidement que, parce qu'ils sont différents dans leurs attitudes et dans leurs comportements, ces consommateurs mériteraient que l'on développe pour eux, un marketing interactif personnalisé. Si ces deux aspects sont fondamentaux, il importe de ne pas négliger le rôle que la marque peut elle aussi jouer en matière de fidélisation.

Pour aller plus loin et approfondir les thèmes et sujets traités dans cette section, le lecteur pourra notamment se reporter aux ouvrages proposés ci-après.

- Boyer Luc et Didier Burgaud, *Le marketing avancé*, Éditions d'Organisation, Paris (2000).
- Brown Stanley, *CRM : La gestion de la relation client*, Éditions Village Mondial, Paris (2001).
- David Caroline, *Agir sur la relation client : pour une meilleure performance de l'entreprise*, Éditions Liaison, Paris (2001).
- Détrie Philippe, *Les réclamations clients*, Éditions d'Organisation, Paris (2001).
- Faulkner Mike, *Customer Management Excellence : Successful Strategies From Service Leaders*, Éditions Wiley, New York, NY, États-Unis (2002).
- Goupilleau Pascal, *Gagnez en proximité avec vos clients*, Éditions Dunod, Paris (2002).
- Heskett James, W. Sasser et Leonard Schlesinger, *The value profit chain: treat employees Like customers and customers like employees*, Éditions Free Press, Arial, NY, États-Unis (2002).
- Kincaid Judith W., *Customer relationship management : Getting it right !*, Éditions PeachPit Press, Berkeley, Californie, CA, États-Unis (2002).
- Lee Dick, *Four steps to CRM Success*, Saint-Paul, MN, États-Unis (2001).
- Middleton Hughes Arthur, *The customer loyalty solution : what works (and what doesn't) in customer loyalty*, Éditions New York, NY, États-Unis (2003).
- Petersen Glen S., *Making CRM : An operational reality*, Éditions Strategic Sales Performance, États-Unis (2002).
- Vallaud Thierry, La *fidélisation rentable : la proposition du modèle composite*, Éditions E-theques.com (2002) e-book téléchargeable sur le site http://www.e-theque.com

Une stratégie innovante de la marque

Paradoxalement, alors que la marque est *a priori*, une variable exploitée à l'extérieure de l'entreprise, une stratégie de marque performante ne saurait se passer de marketing interne. En 2003, Eugene Fram et Michael McCarthy ont clairement mis en évidence le fait essentiel de nourrir la fidélité interne, autrement dit celle des employés envers l'entreprise. Elle conduit, selon eux, à rendre la marque plus forte en accroissant sa valeur. Une étape préliminaire indispensable si l'on souhaite développer une stratégie de fidélisation client efficace et rentable. À juste titre, la marque est souvent présentée comme un levier de création de valeur. Naturellement, cette valeur est rarement instantanée. Au contraire même, demande-t-elle le plus souvent la patience du temps pour, au-delà de la simple connaissance, développer l'image de la marque et, au-delà de l'image, installer progressivement une véritable relation de confiance. C'est tout l'intérêt de poursuivre un marketing relationnel pour, en permanence être à l'écoute de ses consommateurs et permettre à la marque d'évoluer avec eux. Les travaux de Roland Rust et Richard Olivier ont confirmé que s'il était important et nécessaire de satisfaire totalement le consommateur, cette satisfaction totale augmentait ses attentes futures. L'entreprise doit donc bien comprendre que la bataille de la fidélisation est sans fin et qu'elle devra innover en permanence pour, sans cesse, maximiser cette satisfaction. Attention cependant à ne pas promettre ce que l'on ne pourra offrir, les travaux de David Szymamski et David Henard sont là pour confirmer que le risque de sanction de la part de consommateurs déçus est alors grand.

Il est des marques qui, au-delà de leur notoriété, ont su installer au fil des ans, une relation de confiance avec le consommateur qui, progressivement, a permis la constitution d'une image très puissante et très favorable à l'entreprise. Cet investissement, dans une relation aux apparences peut être moins commerciales, est d'autant plus importante aujourd'hui que l'ensemble des consommateurs d'une entreprise ne sera pas nécessairement sensible à un programme de fidélisation basique, aussi intéressants que puissent être ses avantages *a priori*.

Au tout début des années 2000, Kevin Lane Keller a développé un modèle répondant au nom de CBBE (pour *Customer-based Brand Equity*), traitant du capital marque orienté client. L'utilisation du modèle débouche sur la constitution de six groupes d'éléments (saillance, performance, imagerie, jugement, ressentiments et résonance) qui doivent permettre de mieux appréhender la marque et de la développer plus efficacement. Le groupe le plus important (résonance) est obtenu lorsque sont obtenus les cinq autres. Alors, la marque peut être génératrice d'une fidélité que Kevin Lane Keller qualifie de « intense et active. »

Le couple notoriété-image est naturellement un facteur propice à la fidélisation, en ce sens où le consommateur sait. Il sait quelle est la marque. Il sait quel est son positionnement. Il sait quelle est la qualité de ses produits. Il sait quels sont ses consommateurs...

Le cas Lacoste

Dans le courant des années 1990, certains observateurs se sont légitimement inquiétés qu'en France, la marque Lacoste ait été un « emblème » privilégié par les éléments désœuvrés d'une jeunesse en mal de vivre. S'agissait-il d'un élément externe incontrôlable que Lacoste ne pouvait que subir ?

Si le champion de tennis René Lacoste, inventeur de la raquette en acier, fut également le créateur de la célèbre chemise qui porte son nom, la légende veut que les Américains aient surnommé « Alligator » ce tennisman hors pair qui ne lâcha jamais sa proie sur les cours dans les années 1920. Il faut se rappeler qu'à l'époque, le tennis se jouait en tenue de ville, y compris lors des tournois. En 1927, René Lacoste imagina la fameuse chemise blanche à manches courtes, pour laquelle son ami Robert George dessina le saurien gueule ouverte si reconnaissable. La fabrication industrielle avec André Gillier en 1933 (reprise au début des années 1960 par le groupe Devanlay) donna à la chemise sa célèbre maille piquée. Au fil des ans, la chemise blanche en coton et aux boutons de nacre va prendre des couleurs, mais saura toujours conserver cette qualité et ce positionnement qui font son image.

À chacun son métier, René Lacoste ne fabriquait donc pas et a fortiori lorsqu'il s'agissait d'un territoire de commercialisation éloigné comme celui des États-Unis. En 1969, une licence d'exploitation y fut concédée au groupe américain General Mills pour 30 millions de dollars. En moins de dix ans, sous la marque Izod, le géant des céréales développa toute une gamme, dont les extensions allaient de la chemise à la paire de chaussettes, en passant par les gilets, les vestes et les cravates sur lesquels se retrouvait invariablement le crocodile si caractéristique. Malheureusement, General Mills jouit pleinement de la liberté que lui permettait son contrat de licence et cessa de s'approvisionner en Europe au milieu des années 1970. Si une production dans les pays du Sud-Est asiatique était censée réduire les coûts et améliorer les marges, le consommateur américain ne fut pas longtemps dupe du changement corollaire négatif de la qualité. Même le 100 % coton de haute qualité subit l'intrusion de fibres de polyester. Après une érosion certaine, les ventes s'effondrèrent. Ce n'est qu'en 1993 que le groupe Devanlay put racheter les droits de distribution pour 32 millions de dollars. Depuis, la production du Sud-Est asiatique a été abandonnée, le fil de coton suisse et le bouton de nacre sont réapparus. Un prix plus élevé et une distribution sélective mieux contrôlés ont permis de redéfinir un positionnement fidèle aux origines. Si à ce jour les premiers résultats financiers sont encourageants, les errements de la marque ne sont pas encore totalement oubliés et la confiance du consommateur est loin d'avoir été totalement restaurée.

En France, les motivations et le contexte sont différents. Mais il faudra bien néanmoins un jour gérer l'évolution de la marque. D'autant plus que, si les années 1980 toléraient encore des images différentes pour un même produit suivant la zone géographique considérée, la globalisation des marchés rend de telles disparités plus délicates à gérer. Dès 2002, la marque a entamé une cure de rajeunissement (nouveau logo, nouvelles boutiques, nouvelle communication…) afin de conforter son positionnement et par là même son image.

Déclinaisons de la notoriété et de l'image de la marque

Dès lors que la marque est le plus souvent - y compris pour des distributeurs - la variable du mix sur laquelle est développée la stratégie de fidélisation, les praticiens ont vite envisagé les diverses possibilités de l'exploiter.

Deux marques pour le meilleur ou pour le pire

L'une de ces possibilités est de s'associer à une autre marque dans le cadre d'un « mariage » à plus ou moins long terme. On parle alors de co-branding. Cette technique a été plus ou moins bien développée ces dernières années, car elle comportait l'avantage de pouvoir jouer aussi bien la carte de la fidélisation que celle de la prospection. Le co-branding peut être défini comme l'association de deux marques pour le lancement d'un produit ou d'une gamme de produits. Cette alliance repose sur la complémentarité des compétences techniques ou de distribution des deux partenaires ou simplement sur la recherche d'un effet de synergie au niveau publicitaire, dès lors que ces deux marques bénéficient, en général, d'une forte notoriété. La technique n'est pas réellement récente dans son fond, puisqu'une ordinaire opération de promotion croisée ou un contrat de licensing illustrent déjà la démarche depuis des décennies. Un échantillon de Mr. Propre est collé sur votre baril d'Ariel ou une tablette de chocolat Nestlé labellisée Disney par exemple, en sont les modestes témoins.

Les grands groupes multi-marques recourent assez régulièrement à la technique de la promotion croisée dès lors qu'elle permet, à moindre frais, de développer des synergies d'activité entre marques. Quant aux accords d'exploitation de licence, ils permettent de rebondir, ils permettent d'associer rapidement notoriété et image d'une marque, d'un personnage, d'une célébrité.

Pour avoir une vision plus précise de la technique, on peut toutefois distinguer plusieurs formes de co-branding : l'identification d'un élément composant, l'action de communication en commun, l'association dans le développement d'un produit spécifique.

Si elle a longtemps été dissimulée pour éviter le parasitage de marque, **l'identification d'un élément composant** est aujourd'hui assez fréquente. Lorsque tel assembleur de micro-informatique accepte d'apposer le logo « Intel inside » sur ses machines, c'est parce que son fournisseur Intel bénéficie d'une certaine notoriété et d'une certaine image positives, dont il espère que ses produits bénéficieront. Pour Intel, c'est l'occasion de fidéliser ses consommateurs finals en leur signalant la présence d'un microprocesseur central fabriqué par ses soins. Pour l'assembleur, c'est la possibilité de rassurer et/ou de séduire des acheteurs potentiels reconnaissant la valeur des produits Intel. Une telle association peut permettre d'aller plus vite lors de l'introduction d'un nouveau produit, dès que les consommateurs visés sont plus facilement sensibilisés.

Ce type de co-branding peut également revêtir un aspect très ponctuel, comme par exemple l'utilisation par les sandwicheries Subway de la moutarde Grey Poupon, pour une opération promotionnelle. On pourrait également citer ici la majorité des contrats de licensing qui permettent à un fabricant de diffuser, pendant un certain temps, des produits estampillés de la marque, du logo, ou de tout autre signe distinctif du licenser (autre marque, film, personnage, célébrité…). Cette approche peut, dans une certaine mesure, être assimilée à une stratégie de marque destinée à fidéliser la clientèle. En effet, le constat a été rappelé dans les pages qui précèdent : il existe un réel besoin permanent de nouveauté de la part du consommateur. Un contrat de co-branding occasionnel de ce type peut justement être l'occasion de conserver le lien établi avec notre consommateur, en lui offrant la diversité ponctuelle, renforcée de surcroît par la notoriété et l'image de la marque associée pour l'occasion.

La deuxième forme du co-branding consiste à développer **une campagne de communication** en commun. C'est sans doute la forme la plus courante. L'objectif est toujours le transfert de fidélisation, soit par le biais de la caution implicite ou explicite, soit par le biais de la simple association ponctuelle. Lorsque pour vanter les mérites du modèle Renault Twingo Easy sans embrayage, les créatifs de l'agence Publicis utilisent le slogan : « Dans Twingo Easy, inutile de chausser vos Timberland pour écraser l'embrayage, il n'y en a pas », nous sommes dans le cas de l'association ponctuelle. La publicité a pour objectif bien connu, entre autres, d'attirer l'attention. L'attention du passant était ici naturellement attirée par une paire de chaussures Timberland parfaitement identifiables, citées de surcroît, alors que l'accroche faisait référence à une automobile. Si dans ce cas particulier, Renault obtint la permission gratuite de citer la marque Timberland, sans doute consciente de bénéficier indirectement de la campagne, une telle permission, de la part du propriétaire de la marque utilisée, est indispensable. Ce dernier peut d'ailleurs parfois solliciter des royalties en contrepartie. Lorsque les marques Le Coq Sportif, Creeks, New Man ou Kookai recommandent la lessive Ariel, c'est une caution explicite des qualités de la marque. Lorsque le contrat d'association est correctement géré, les deux marques peuvent en tirer profit. Toutefois, même si elle permet un partage des investissements, cette technique implique cependant une gestion prudente de l'image de chacune des marques, pour éviter les risques d'une cannibalisation/dilution du capital l'une par rapport à l'autre. C'est notamment la raison pour laquelle elle est souvent utilisée pour le lancement de séries limitées, permettant ainsi une association planifiée dès le départ, sur une courte période. Cas original, celui de la société Europcar (filiale du groupe Volkswagen) qui, depuis plusieurs années, noue des partenariats avec les constructeurs automobiles, permettant de louer en avant-première les modèles qui viennent de sortir. Skoda, Nissan, Fiat, Mercedes furent ainsi partenaires de la formule « Essai passion »

La troisième approche de cette technique concerne **l'association dans le but de développer un produit.** Comme par exemple le rasoir Philips Cool Skin utilisant des recharges de crème Nivea. Il est parfois difficile de distinguer cette approche du co-branding de la précédente forme, en ce sens où il arrive qu'une ligne de produits soit commercialisée par une entreprise qui a simplement signé un contrat de licence avec une tierce entreprise pour exploiter sa marque durablement (ligne) ou ponctuellement (série limitée). Dans d'autres cas, l'association implique réellement les deux entreprises dans le but de commercialiser un produit en commun. Paradoxalement, ces associations sont à la fois plus fréquentes et plus rares aujourd'hui. Plus fréquentes, dès lors que dans la plupart des secteurs (automobile, audiovisuel, informatique…), de grands groupes concurrents s'associent pour la recherche et/ou le développement de produits, dont le coût financier et technologique serait sinon trop élevé. On parlera alors davantage d'alliance stratégique.

STRATÉGIE DE FIDÉLISATION

C'est pourquoi ces cas demeurent plus rares néanmoins sur le principe fondamental du co-branding, dès lors que l'association de marques est rarement médiatisée. En fait, pour qu'elle puisse l'être sans problème, il faut sortir du domaine de l'alliance stratégique concurrentielle, pour entrer sur le territoire de la complémentarité stratégique. Lorsque Yoplait développe une mousse au chocolat noir Côte d'Or, la complémentarité est parfaite et le transfert de fidélisation peut s'effectuer en partie. Attention, il importera toujours de respecter néanmoins une rigoureuse démarche marketing, car l'association de grands noms ne saurait suffire pour garantir le succès d'un produit quel qu'il soit. Les résultats très décevants de Yolka, glace au yoghourt, fruit d'une collaboration entre Motta et Danone, le rappellent. Le cas était pourtant exemplaire quant au partenariat développé entre les deux groupes, qui tous deux étaient bien mentionnés sur le produit. Tous les cas de ce type ne sont pas des échecs bien sûr.

L'association de marques est également possible directement au niveau des programmes de fidélisation, dans le but d'élargir rapidement la base de contact. C'est dans cette optique que le groupe Accor a lancé le label Mouvango en 2002. Les marques partenaires restent propriétaires de leur programme. Positionnée sur l'axe de la mobilité et des loisirs, le label génère un effet multiplicateur de points pour le porteur.

Réflexion, déclinaison, extensions...

Si l'on a conscience que l'entreprise bénéficie d'une certaine fidélité sur son nom de marque, il peut être intéressant de réfléchir sur la manière d'étendre cette fidélité à d'autres produits. On parlera alors d'extension de gamme et/ou d'extension de marque.

Une extension de gamme consiste en un élargissement ou un approfondissement d'une gamme de produits en complétant l'offre existante. L'élargissement revient à diversifier les produits au sein de la gamme, comme lancer une vodka alors que l'on ne commercialisait jusqu'alors que des whiskies et des vins cuits. L'approfondissement revient à diversifier les variétés, formats, conditionnements d'un même produit, comme lancer de nouveaux parfums pour une gamme de crèmes glacées.

Le cas Häagen-Dazs

En lançant sa gamme Season's Selection, Häagen-Dazs propose à ses consommateurs un nouveau parfum de crème glacée tous les trois mois. Sur des marchés comme le marché français (6 litres par an et par individu), où la consommation est relativement faible par rapport à d'autres pays européens (Grande-Bretagne, 10 litres) ou par rapport aux États-Unis (22 litres), l'approche est particulièrement pertinente pour stimuler la consommation. De plus, Häagen-Dazs peut utiliser cette opération génératrice de trafic pour tester ces nouveaux parfums. Ainsi, d'une année sur l'autre certains parfums de saison sont pérennisés dans la gamme offerte et deviennent ainsi un levier de fidélisation pour les amateurs. L'extension de gamme peut également être mise à profit par un distributeur. Dans la plupart des cas, elle permet d'augmenter le linéaire concédé à la marque pour la catégorie de produits considérée, dès lors que le distributeur pense pouvoir bénéficier lui aussi d'un transfert de fidélité sur des produits nouveaux dont le nom est déjà connu et l'image déjà positionnée dans l'esprit des consommateurs.

Si, dans le chapitre précédent, nous rappelions le besoin absolu de développer l'offre grâce à l'innovation, force est de constater que l'extension de gamme est la « forme » d'innovation la plus courante. La raison marketing est ordinairement simple, si extension de gamme il y a, c'est que le concept du produit a été bien accepté par le marché au départ. L'objectif est donc de maximiser cette réussite, en diversifiant les opportunités de consommation par des présentations différentes, en augmentant la fréquence de consommation par des variétés différentes, en élargissant la cible originale par des adaptations du concept de base, en modernisant la marque sans pour autant se couper de sa notoriété et de son image… Il est d'ailleurs parfois surprenant de voir que même une caractéristique produit qui paraissait fondamentale, *a priori*, peut être effacée lors de l'extension. Il y a quelques années seulement, qui aurait pu donner une autre couleur que le rouge au mini Babybel ? Non, la présence de mini Babybel jaunes rencontrés sur certains linéaires du rayon fromage n'est pas une erreur du processus de fabrication…

Certes, l'extension de gamme est souvent très prisée par les entreprises parce qu'elle comporte, *a priori*, moins de risques puisque le concept d'origine a déjà été validé par le marché, et parce que dans la plupart des cas les coûts de conception et de développement des « nouveaux » produits seront limités. Mais attention toutefois, à ne pas trop user de cette technique.

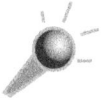

> Rappelant les travaux de Joel Rubinson, Jean-Noël Kapferer met en garde en précisant que « finalement la fidélité à la marque peut être sapée par une prolifération des extensions. L'hypersegmentation des shampooings selon de nouveaux attributs du cheveu amène de facto la consommatrice à envisager plus d'attributs dans son processus de choix. La marque n'est plus qu'un attribut dans une liste de critères qui s'allonge. »

Après nous avoir permis de comprendre la réelle utilité sociétale du marketing, en nous expliquant que les petits garçons ne faisaient pas pipi comme les petites filles, et qu'il était par conséquent judicieux voire fondamental de différencier les produits en conséquence, les leaders de la couche-culotte ne s'encombrent pas aujourd'hui de contresens, pour nous vanter, à nouveau, les mérites de l'unisexe. Il est vrai qu'entre-temps, les distributeurs, se retrouvant avec un doublement sexué des références, ont dû arbitrer sur le choix des marques. Vrai aussi que de plus petites marques comme Calines, Tendresse ou Lotus ont alors souvent dû s'effacer devant les Pampers, Huggies et autres Peaudouce.

Plus récente est la technique de l'extension de marque. Elle représente l'utilisation du nom de marque connu pour lancer un nouveau bien dans une autre catégorie de produits. L'objectif est naturellement de pouvoir bénéficier immédiatement, et donc à moindre coût, de la notoriété de la marque et de la qualité perçue à son évocation. Chaque nouveau produit, chaque nouveau métier peut alors s'abriter, au départ, sous l'ombrelle de la marque. On perçoit alors immédiatement l'avantage en termes de fidélisation. Les consommateurs fidèles à une marque sont alors prédestinés à consommer les nouveaux produits porteurs de cette marque. Aussi séduisant soit-il, le raisonnement n'en demeure pas moins simpliste et dangereux. Quelle que soit la notoriété de la marque, ainsi que son image, il se peut que l'aventure sur de nouveaux marchés ne paraisse pas cohérente aux consommateurs et que quelle que soit leur fidélité, ils hésitent à suivre la marque. Dans les années 1980, Banania s'était ainsi aventuré sur le marché pourtant porteur des céréales pour le petit-déjeuner. Mais trop attaché au chocolat en poudre, la marque n'est jamais parvenue à faire prévaloir son éventuelle légitimité en matière de céréales.

Parce qu'elle permet de gagner du temps, comparativement à un lancement assorti d'une marque propre nouvelle, l'extension est souvent utilisée pour pénétrer un marché que la marque a négligé, à tort, d'investir. Attention dans ces cas-là, à bien évaluer la puissance des barrières à l'entrée qu'il faudra surmonter, ainsi que la légitimité acquise par les acteurs déjà en place et *a fortiori* si aucune réelle innovation produit n'est perceptible. Sinon, il se peut que l'avantage escompté, en termes de coûts et de temps, ne puisse jamais être apprécié. À la fin des années 1990, McCain lança en France son thé glacé Colorado. Cette marque fille bénéficiait explicitement de la caution de la marque mère McCain, ce qui aurait dû bénéficier à cette extension de marque qui arrivait en retard sur un marché occupé par les leaders Nestea de Nestlé et Liptonic de Fralib. Mais la puissance de ces barrières concurrentielles à l'entrée, ajoutée à une légitimité confuse entre la pomme de terre et la pizza d'une part, et le thé d'autre part, pénalisèrent cette extension de marque.

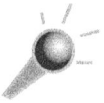

Dans une communication très explicite sur le sujet et parue en 1993, les professeurs de marketing Jean-Jack Cégarra et Dwight Merunka expliquent notamment que « l'extension ne pourra bénéficier du positionnement de la marque (et, en outre, ne pas nuire à ce positionnement) que si les bénéfices sont transférables ou que si la cible partage les mêmes avantages recherchés. » Une cible que les auteurs n'excluent pas d'être différente en termes de caractéristiques socio-démographiques. Et les auteurs de poursuivre en analysant que « si le positionnement de la marque est étroit (lié à des attributs du produit ou à des attributs d'usage), l'extension ne peut qu'être limitée à des catégories de produits partageant ces attributs [...] Si le positionnement de la marque est indépendant des attributs, un transfert des bénéfices sur des catégories de produits dissimilaires est possible. »

Si elle indique un choix stratégique pour la croissance de l'entreprise exploitant ainsi ses actifs, l'extension de marque devra cependant être faite avec un minimum de cohérence pour ne pas altérer le capital d'origine de la marque, même si, il est vrai, le consommateur est souvent disposé à d'importantes évolutions. Il n'empêche que doit être également considéré le risque d'une image de la marque confuse à terme. En 2002, Chantal Lai a pu confirmer que l'attitude envers la marque-mère avait un effet direct sur l'attitude envers l'extension. Mais elle précisait d'autre part que la connaissance de la marque-mère n'apparaissait pas suffisante pour générer l'évaluation positive systématique de l'extension. Plus intéressant encore, Chantal Lai est parvenue à mettre en évidence l'effet modérateur de la typicalité de la marque dans la catégorie de l'extension. Ce qui signifie qu'une extension aura de plus grandes chances de réussir si elle est typique de la marque-mère et que cette marque-mère ainsi étendue est typique de la catégorie d'extension. Ces travaux ont d'autant plus de valeur qu'ils furent menés en collaboration avec la société d'études Novaction sur quatre cas réels.

Dans une logique de minimisation des risques d'endommagement d'une marque mère forte et d'économie des coûts de lancement, les extensions de marque devraient se faire davantage dans des marchés en phase de maturité » analyse Serge Dimitriadis.

Cette précaution prise et sans pour autant totalement sonner le glas de la marque produit, l'extension de marque demeure une solution favorable à la fidélisation, de nombreuses études ayant confirmé des taux très largement supérieurs à ceux obtenus par de nouvelles marques.

Pour développer une stratégie d'extension de marque pertinente, Géraldine Michel se réfère à la théorie du noyau central, utilisée en psychologie sociale, pour déterminer « le noyau central qui est l'élément fondamental de la marque. C'est lui qui détermine à la fois sa signification et son organisation. Il est composé des valeurs centrales qui sont perçues comme indissociables de la marque. »

L'extension deviendrait alors risquée si la marque n'était pas cohérente avec son noyau. D'autre part, ce noyau central est entouré d'éléments périphériques, concernés au premier plan lorsque la marque se transforme. D'où l'intérêt que le praticien se doit de leur porter, pour éventuellement prédire ces transformations de la marque. De plus, ne devrait-on pas systématiquement s'interroger au préalable sur la confiance portée à la marque, avant d'envisager exploiter son nom, son logo, sa griffe ? Une confiance qui devient en définitive une médiatrice incontournable dans une telle démarche.

La nécessaire intermédiation de la confiance

Envisagée comme un rapport de force, la fidélisation n'est en fait bien souvent que de la rétention. Or, non seulement la rétention est en général coûteuse, mais elle est de surcroît bien souvent très fragile. En revanche, si la fidélisation est envisagée comme un véritable échange, entre l'entreprise et ses consommateurs, alors non seulement la démarche peut être considérée sur le long terme, mais la stratégie de fidélisation peut alors être pleinement développée sous le sigle EPL, autrement dit dans la double perspective de l'efficacité et de la rentabilité.

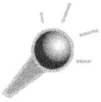

Certes, comme le relevait déjà Jean-François Trinquecoste en 1996, « l'importance de la confiance accordée par l'acheteur au fournisseur est surtout développée en marketing industriel. Elle va de pair avec l'attention portée au marketing relationnel comme facteur de fidélisation de la clientèle. Mais la confiance en la marque est aussi une des conditions de l'achat de beaucoup de produits de grande consommation. »

La fidélisation : un problème sans réponse… simple

Si l'on part du principe que le consommateur lambda suit un processus décisionnel très clair et très rationnel, afin d'évaluer le plus objectivement possible les caractéristiques de l'offre à laquelle il est confronté, alors oui, peut-on penser que bien actionnés certains leviers marketing pourront générer la fidélité. Mais comme le distingue Trevor Richards, on ne cherche pas ici à construire un engagement à l'égard de la marque, mais simplement à acheter la fidélité. Ce qui revient à tomber une fois de plus dans le piège de la simple rétention de clientèle. Or, si la fidélisation se traduit par une relation commerciale suivie, ce n'est là que la traduction d'une relation de confiance préalable.

> *En 1997, Jean-Louis Moulins écrivait que « certains avaient rappelé avec force, il y a plus de dix ans, à l'époque glorieuse du marketing du produit, qu'un consommateur satisfait n'est pas nécessairement un consommateur fidèle. Oserions-nous aujourd'hui renverser la proposition et émettre l'idée que c'est parce qu'il est fidèle que le consommateur est satisfait ? Non pas fidèle au seul produit, mais fidèle à l'entreprise, à ses valeurs et aux hommes et aux femmes qui la représentent. Fidélité relationnelle qui s'explique par un engagement, une confiance et par un renforcement mutuel. »*

Dès 1979 et en s'appuyant sur la plupart des études réalisées jusqu'alors, les travaux des chercheurs américains Richard Olshavsky et Donald Granbois notamment, montrèrent qu'en fait, cette rationalité n'était, loin s'en faut, pas toujours à l'origine du choix de la marque. Quel était donc ce consommateur inconscient qui ne lisait plus attentivement les étiquettes pour faire son choix ? Pourquoi d'ailleurs n'en prenait-il pas la peine ? Pourquoi son ensemble évoqué était-il aussi limite ? En d'autres termes, pourquoi ne considérait-il pas systématiquement l'ensemble exhaustif des marques offertes, avant de se déterminer ? Pourquoi n'étudiait-il pas avec attention les caractéristiques de la promesse faite par la communication publicitaire de chacune de ces marques ? À l'évidence, sans que l'on y prête toute l'attention nécessaire, un dysfonctionnement manifeste venait de se produire dans le petit royaume bien ordonné du marketing.

Si ces questions peuvent prêter à sourire sous un certain angle, les réponses ne sont pas toujours aussi simples, que celles qui peuvent spontanément venir à l'esprit. Oui, notre consommateur est souvent tenté par la routine. Oui, il aspire à ne pas passer des heures au point de vente, dans le but d'un quadrillage quasi militaire des rayons. Oui, s'il est latin, néglige-t-il de lire attentivement des étiquettes qui passionnent davantage son *alter ego* anglo-saxon. Oui, il est déjà relativement satisfait par certaines marques. Oui, il utilise des repères (bouche à oreille, cautions, labels…) qui lui sont propres pour simplifier son choix. Mais si ces quelques éléments de réponse contribuent à l'explication, ils ne constituent pas l'explication absolue du problème. Et si après tout, la fidélisation ne pouvait pas s'expliquer totalement pour l'ensemble des consommateurs, mais partiellement pour chacun d'entre eux, et par rapport à chaque catégorie de produits ?

En définitive, si l'on entend simplement par fidélité, le fait que le consommateur concerné continue d'acheter le ou les produits de la marque, il est presque inutile de s'embarrasser de sa satisfaction. Diverses techniques peuvent efficacement, moyennant un certain coût, nous permettre de le retenir le plus longtemps possible. Nous avons même évoqué dans les pages qui précèdent, des cas où cette fidélité serait contrainte. Un tel schéma est envisageable. Mais il ne faudra alors jamais oublier que la fidélité en question sera purement artificielle et donc d'une fragilité extrême, sans parler de son coût. Au début des années 1990 pour compenser le ralentissement de la consommation dû à la crise, certaines marques se sont lancées dans une surenchère de promotions. Force est de constater que pour bon nombre d'entre elles, elles parvenaient non seulement à conserver la consommation résiduelle de leurs consommateurs, mais arrivaient même dans certains cas à séduire des consommateurs jusqu'à lors plus attirés par des produits concurrents. À n'en pas douter, dans le cadre d'une stratégie de fidélisation EPL, ces marques exploitaient pleinement les leviers de l'efficacité (E). Mais sans vouloir paraître désobligeant à l'égard de tels résultats, qu'advenait-il parallèlement de leur profitabilité (P) ?

Lorsque l'on développe une démarche marketing, il est parfois délicat de justifier de prime abord, que contrairement aux idées reçues, l'objectif du marketing n'est pas de vendre un produit, mais bien de le faire acheter. D'aucuns ne verront aucune différence sur le fond, dès lors que dans les deux cas, le but reste le même : un produit, possession d'un producteur ou d'un distributeur à un instant t, devient la possession d'un consommateur à l'instant t + 1. Il demeure pourtant une différence fondamentale sur la forme. Dans le cas d'une vente, le processus physique est initié par le vendeur. Dans le cas d'un achat, le processus physique est initié par l'acheteur, même si l'on trouve une action de communication de la part de l'entreprise en amont. Certes, nos deux acteurs vont de toutes les manières se rencontrer à un moment donné.

Mais dans l'optique d'une vision à moyen-long terme, il est fondamental que la relation qui les réunit soit une relation gagnant – gagnant. Un habile négociateur pourra user de ses compétences pour vendre le plus invendable des biens. Mais dans la plupart des cas, et *a fortiori* avec un consommateur moderne plus mature, il ne pourra le faire qu'une fois au même individu. Son activité quotidienne s'inscrira alors inévitablement dans le domaine de la coûteuse prospection permanente.

Le cas Neutrogena

Après avoir interrogé ses consommatrices, Neutrogena apprit qu'elles reconnaissaient passer trop de temps au soleil au vu des incidences que cela pouvait avoir sur leur peau. Une crème protectrice de soin facial fut alors lancée aux États-Unis sous la marque déjà commercialisée, Healthy Skin. C'était alors la seule crème anti-rides contenant du rétinol et lancée sur un marché de masse. Les tests montrèrent que bien qu'il fût mis en avant, l'aspect « anti-rides » était relayé au second plan par les consommatrices, qui recherchaient avant tout la fonction protectrice du produit. Cet aspect fut intégré dans une campagne nationale et les ventes de Neutrogena firent un bond de 48 % par rapport à l'année précédente. Ce produit n'était alors pas vendu, il était tout simplement acheté.

Il faut bien comprendre que le but de la mise en place d'une stratégie de fidélisation EPL n'est pas de retenir artificiellement les consommateurs, mais de développer le contexte favorable d'une rétention naturelle, parce que souhaitée tout aussi naturellement par les consommateurs concernés. Or, même si comme le rappelle Nathalie Guibert, « la théorie de la confiance n'est pas encore un concept suffisamment robuste pour faire l'objet d'applications directement intégrables dans la discipline, » on peut imaginer les avantages potentiels d'une intermédiation en faveur d'une fidélité corollaire. Dès 1994, le modèle développé par les Américains Robert Morgan et Shelby Hunt permettait de percevoir la confiance comme une variable clé pour le développement du marketing relationnel. Au-delà de la contestation qu'il souleva notamment quant à l'ordre d'apparition des variables et sans intention de relancer le débat, nous pensons simplement que la confiance peut être considérée ici comme un élément clé du processus de fidélisation, assurant une fonction d'intermédiation entre la satisfaction totale et la fidélité naturelle obtenue (voir schéma en fin de section).

Un processus logique pour parvenir à une fidélité naturelle

Dans plusieurs sociétés, l'anneau est le symbole absolu d'une fidélité. Aussi peut-on proposer par analogie un processus de fidélisation qui débuterait avec un anneau de la fidélisation pour aboutir à la satisfaction totale du consommateur, qui elle-même permettrait de déboucher sur une relation de confiance, qui enfin autoriserait l'obtention d'une fidélité naturelle. Une relation de confiance qui doit être perçue comme la véritable barysphère de la stratégie de fidélisation.

> *Dans un article paru en 1998, le professeur Marc Filser détaille très clairement les liens entre confiance et comportement du consommateur, en expliquant que « si la confiance intervient ainsi directement dans la formation de la composante affective de l'attitude, en modérant l'influence de certaines sources d'informations, elle contribue aussi, et cette fois de manière directe, au passage de l'attitude au comportement. Elle joue alors un rôle de variable médiatrice entre les informations détenues sur le produit et son achat, modérant le statut de l'attitude comme variable prédictive du comportement. »*

L'anneau de la fidélisation emprunte naturellement une démarche marketing, en débutant par une approche analytique permettant l'identification précise des consommateurs de l'entreprise. La démarche fidélisation de Virgin pour ses megastores lui a permis de comprendre que sa cible supposée de 15 à 25 ans n'était pas exacte. La cible réelle de Virgin se situe entre 30 et 40 ans. Encore une fois, nous nous plaçons ici dans l'optique d'une stratégie de fidélisation EPL, qui, au-delà de son efficacité aspire à participer à la rentabilité de l'entreprise. En couplant rigoureusement sa stratégie de fidélisation à la méthode Six Sigma, le groupe Dow est ainsi parvenu à réduire le risque de ses décisions stratégiques et

273

marketing, tout en appréciant plus précisément le retour sur investissement. Chez Total Research Corp., Joan Fredericks a développé avec ses collègues une démarche stratégique permettant de mieux relier la fidélisation des consommateurs aux résultats financiers. C'est pourquoi cette identification précise des consommateurs doit déboucher sur un ciblage profitable, autrement dit sur la liste ordonnée des consommateurs par rapport à la rentabilité potentielle qu'ils représentent, à l'instar de la représentation pyramidale suggérée. Plus cette rentabilité potentielle sera grande, plus il importera d'impliquer le consommateur dans le processus de réflexion. Attention toutefois, car si l'on ne peut qu'aspirer à une implication totale, il convient de garder en permanence à l'esprit que cette implication doit demeurer libre. Cela signifie que le marketing relationnel à mettre en place se doit d'expliquer pour quelles raisons précises le but final est une relation gagnant-gagnant. Cette étape doit donc permettre la mise en place d'une écoute attentive et permanente des consommateurs. En d'autres termes, il convient d'aboutir à un véritable dialogue qui permettra de faire remonter toute l'information nécessaire mais également suivant les cas, d'informer, d'instruire ou de guider le consommateur.

Si les travaux des professeurs américains James Bettman, Mary Frances Luce et John Payne parus en 1998, sur les processus de choix constructifs du consommateur, peuvent inciter le praticien à aller jusqu'à aider ce dernier à construire ses préférences, d'aucuns ne manqueront pas de s'interroger pour savoir si nous sommes bien toujours sur les terres du marketing, où si, sans y prendre garde, nous avons déjà pénétré sur le territoire de la vente. Toujours est-il qu'à propos de cet indispensable dialogue, il est surprenant de voir le nombre d'entreprises qui négligent les plaintes de leurs consommateurs. Certes, les recherches développées à ce sujet particulier montrent que rares sont les consommateurs à se plaindre, et que lorsqu'ils vont jusqu'à le faire, leurs motivations sont souvent très fortes. Mais, négliger une telle réaction, c'est hypothéquer gravement l'image de l'entreprise, à terme.

Il demeure totalement utopique de pouvoir satisfaire tous les consommateurs, simplement parce qu'au regard de leurs naturelles différences, un tel objectif est irréaliste.

Dominique Crié observe d'ailleurs à ce propos que « quelle que soit la réponse apportée par l'entreprise au problème du consommateur, le taux de rétention ne sera jamais de 100 %, car d'une part, toutes les erreurs perçues ne peuvent être rattrapées et d'autre part, il se peut que la réclamation fasse suite à un nombre de désagréments antérieurs, l'attitude du consommateur envers le produit ou l'entreprise s'étant alors modifiée au cours du temps. D'autre part tous les consommateurs mécontents ne réclameront pas (plus de 90 % ne réclament pas). »

En 1998, les travaux des chercheurs américains Nancy Stephens et Kevin Gwinner concluaient qu'au-delà d'une communication garantissant un taux de satisfaction de 100 % ou un remboursement dans le cas contraire, l'entreprise devrait peut-être transférer un certain pouvoir au consommateur en l'invitant à faire remonter plus naturellement ses observations et *a fortiori* les objets de son mécontentement. La satisfaction est importante, mais comme l'ont rappelé en 2001, les travaux de Vikas Mittal et Wagner Kamakura, son effet sur le réachat est très différent suivant les individus. Certains groupes allant même jusqu'à montrer une absence totale de corrélation. D'où l'intérêt fondamental de s'attacher à une autre variable.

Le développement d'une relation permanente et interactive avec le consommateur doit offrir à l'entreprise une compréhension, la plus parfaite possible, de la spécificité de sa cible, des caractéristiques de chaque composante de sa clientèle, de ses attentes et de ses besoins. Stefan Thomke et Eric Von Hippel vont plus loin en incitant les entreprises à « transformer » leurs clients en innovateurs. Le lieu et le moment de création de la valeur sont alors déportés vers les consommateurs/clients. Cette implication est naturellement propice à répondre beaucoup mieux aux besoins du consommateur, lorsqu'elle intervient en amont lors de la conception. S'il elle intervient en aval lors de la consommation/utilisation du produit, elle permet de revaloriser l'individu en lui transférant une partie du pouvoir de création / adaptation du produit à ses besoins précis. Dans l'un et l'autre des cas, l'opportunité est grande pour la fidélisation.

275

Cette étape est naturellement accompagnée de la prise en compte permanente de la procédure de veille concurrentielle. Il serait vain de développer l'anneau de la fidélisation en vase clos, sans prendre en considération les offres de la concurrence contre lesquelles l'entreprise aura inéluctablement à lutter. On l'aura compris, l'objectif de cette démarche purement marketing est de parvenir à déterminer avec exactitude et précision la nature du ou des privilèges qu'il convient d'offrir à chacun des segments de la cible. Des privilèges les plus motivants possibles et surtout conformes à leurs attentes exprimées et/ou perçues. Des privilèges qui soient les plus exclusifs possible, au regard de ce qu'offre ou pourrait offrir la concurrence. De tels avantages sont alors susceptibles de générer de la valeur aux yeux des consommateurs et c'est cette valeur qui permettra de doter l'entreprise d'un avantage concurrentiel réel. Dans un univers banalisé, la création et la mise en évidence d'une valeur ajoutée devient rapidement un facteur concurrentiel absolu.

> *« Dans une entreprise centrée sur le marché, la création de valeur pour le client est la notion clé, celle qui va déterminer les orientations en termes de marchés et de produits ou de services. Cette notion sous-tend les décisions de rachats et d'investissements, d'envergure mais également le choix des personnes à recruter, ainsi que leurs objectifs et les systèmes de gratification ou de promotion applicables »* expliquent les professeurs de marketing Patrick Barwise et Sean Meehan.

L'ensemble de cette démarche doit, bien entendu, pouvoir être réalisée en temps réel, afin de permettre une parfaite anticipation qui sera entretenue par une stimulation permanente de chacun des segments, avec, comme nous l'avons vu, des techniques adaptées. D'où le principe de l'anneau qui est adopté ici et non le processus linéaire classique que nous avions envisagé en introduction. Ainsi, le processus est automatiquement régénéré et la boucle d'étapes que forme l'anneau systématiquement relancée. Cette volonté doit aboutir à la création d'une stimulation de la cible entretenue en permanence. Un besoin de stimulation permanente qui débouche par conséquent naturellement sur un nouveau processus d'identification, devant permettre de percevoir la moindre évolution attitudinale et/ou comportementale des segments visés.

Le cas Maine Roasted Coffee

Starbucks est l'enseigne américaine renommée d'une chaîne de cafés, spécialisés dans le café justement. Plus de 2 000 points de vente répartis dans 31 États aux États-Unis, complétés par plus de 200 points de vente répartis dans onze pays étrangers ont généré 81 millions de dollars de profits en 1998, pour un chiffre d'affaires de 1,3 milliard de dollars. Dans l'État du Maine, Starbucks est opposé à une autre enseigne, Maine Roasted Coffee. Lancée en 1995 par Rand Smith et inspirée du concept Starbucks, elle fait figure de lilliputienne à côté de lui et l'arrivée de ce dernier a naturellement provoqué une vive réaction chez Maine Roasted Coffee. L'originalité de ce dernier est de torréfier ses grains dans l'État du Maine et c'est sur ce point que la stratégie de communication de Maine Roasted Coffee fut repensée, en insistant auprès de ses consommateurs sur la fierté d'une alternative locale et sur la relation de confiance qui, pour cette raison, existait entre l'enseigne et ses consommateurs.

Exacerbée, cette relation de confiance peut parfois permettre de supprimer l'effet de lassitude qui peut dans certains cas altérer les résultats de la stratégie de fidélisation mise en place.

« La principale limite à la fidélisation, qu'elle soit commerciale ou sentimentale, est la lassitude, l'ennui. On ne reste fidèle que lorsque l'autre (conjoint ou marque commerciale) vous donne envie de l'être. En définitive, il ne faut pas lasser son partenaire-client. Il est donc impératif de toujours apporter du nouveau, du piquant, susciter en permanence l'intérêt du consommateur par des actions promotionnelles, des sorties de clubs, des concours, de nouveaux avantages… Si la marque cesse d'attiser les braises, le feu s'éteint et le consommateur cherchera à allumer un nouveau feu. Le consommateur est toujours en quête de changements, de nouveautés qu'il va chercher ailleurs, à moins qu'on le motive régulièrement. Le seul moyen d'entretenir la motivation du client est donc de continuellement faire « vivre » tous les moyens de fidélisation qui le retiennent » commente Olivier Verdure, directeur de l'agence Apsides Communication.

Encore une fois, rigoureusement envisagé, cet anneau de la fidélisation devrait permettre la conception d'une stratégie de fidélisation *ad hoc*, aboutissant dans un premier temps à la satisfaction totale de la clientèle. Mais comme nous l'avons dit tout au long de ce livre, pendant ce temps, la concurrence reste rarement inactive, multipliant les offres concurrentielles. D'où la fonction de veille stratégique concurrentielle intégrée dans l'anneau de fidélisation. En 2003, TBWA Data a constitué un Observatoire des programmes de fidélisation BtoC afin de mieux appréhender les stratégies conçues et les techniques employées. Et ce pour tous les secteurs considérés comme « clés » pour la fidélisation (Télécommunication, automobile, banque, assurance...). Si certains consommateurs de l'entreprise restent séduits par l'appel des sirènes des concurrents, c'est en partie parce qu'ils sont disposés à leur faire confiance, ne serait-ce que l'espace d'un essai. Or, si un tel comportement est rendu possible, c'est avant tout parce que l'entreprise n'a pas été assez vigilante. La confiance portée à l'entreprise d'origine n'a pas été suffisamment puissante pour empêcher la tentation même de l'essai. En d'autres termes, la qualité de l'offre et la diversité renouvelée de cette offre nées de l'anneau de fidélisation n'ont pu être correctement protégés des attaques de la concurrence.

Un bouclier de confiance cher, mais rentable

On perçoit alors le nécessaire besoin de développer un véritable bouclier de confiance, permettant de tisser une sincère relation de confiance entre la satisfaction totale et la fidélité naturelle du consommateur. Dès lors, chacun percevra aisément, à ce stade de l'explication, que la fidélisation est une entreprise que certains acteurs ne pourront jamais développer avec succès, quelles que soient les techniques *ad hoc* qu'ils aient assemblées. La confiance en question n'est autre que le sentiment de sécurité absolue pour le consommateur, que la relation développée avec l'entreprise est en permanence une relation à finalité gagnant – gagnant. Mais bien entendu, ce bouclier de confiance ne figure pas sur la liste des accessoires disponibles dans la boîte à outils du praticien. En d'autres termes, ce n'est pas un simple certificat de bonne conduite, pouvant être ordinairement acheté, puis appliqué à destination du consommateur, tel un filtre enchanteur.

On notera de surcroît que toutes les clauses de ce contrat de confiance sont commissoires. Ce qui doit bien entendu inciter le praticien à la plus haute vigilance, pour l'ensemble des caractéristiques de sa relation avec le consommateur.

Comme rappelé par Jagdip Singh et Deepak Sirdeshmukh, la confiance est une notion complexe, dont les sociologues, les psychologues, les anthropologues et plus récemment les spécialistes de la communication et du marketing se disputent souvent les contours d'une définition.

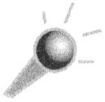

Patricia Gurviez indique cependant que « l'on retrouve plus fréquemment deux dimensions associées à l'établissement de la confiance. Elles concernent l'estimation des intentions et des mobiles du partenaire : d'une part, son intégrité ou son honnêteté, c'est à dire l'attribution au partenaire de la volonté de tenir ses engagements, et d'autre part sa bienveillance, à savoir l'attribution au partenaire de la prise en compte des intérêts de l'autre partie avant les siens propres. »

L'objectif n'est pas de rouvrir ici le débat de savoir s'il est préférable de considérer la confiance comme une présomption ou comme une croyance.

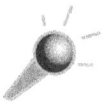

Raoul Graf, Jean Perrien, Line Ricard et Catherine Landry apportent un éclaircissement en précisant que « malgré les inévitables problèmes de mesure et divergences d'opinion, un consensus émerge dans cette littérature : la confiance est vue comme une attente de la part des individus, attente portant sur la fiabilité des paroles, promesses, dires, écrits ou verbaux d'un autre individu. Il s'ensuit que la confiance à l'égard d'un partenaire résulte alors de l'expertise de ce dernier, de sa fiabilité et de ses comportements passés. En retour, la confiance d'un acheteur peut affecter son comportement d'achat. Ainsi, elle est à la fois antécédent et conséquence de la relation acheteur/vendeur. »

Lucie Sirieix et Pierre-Louis Dubois ont confirmé que la confiance était « un concept permettant de mieux comprendre les liens entre qualité perçue et satisfaction. » Leur étude réalisée dans le secteur de la restauration rapide donnait à la confiance un pouvoir explicatif supérieur à celui de la fréquentation passée. Dans un univers où la qualité du produit et du service est proche de la standardisation, la confiance devenait alors un réel atout pour la satisfaction et la fidélisation des consommateurs. Dans la plupart des cas, la notion de confiance débouche rapidement sur celle de marketing relationnel, englobant toutes les activités de l'entreprise. En effet, il est souvent difficile de parler de confiance «partielle.» Chaque action, chaque produit et/ou prestation de service, chaque décision de l'entreprise doit pouvoir relayer cette confiance. Il ne semble pas exister de recette magique ici, mais surtout des principes de bon sens.

Directeur de l'agence Apsides Communication, Olivier Verdure indique simplement que : « pour acquérir la confiance de son client, il faut d'abord ne jamais le sous-estimer et lui montrer que l'on est sincère dans sa démarche. Sans cela, aucun outil de fidélisation ne pourra paraître objectif à ses yeux. Il faudra donc étudier au préalable toute action de manière à vérifier qu'elle est bien en adéquation avec l'image de la marque et de sa cible. Dans ce domaine, la marque n'a pas droit à l'erreur, car l'erreur la décrédibilise et la sanction est immédiate. »

Le bouclier de confiance proposé ici comporte en réalité plusieurs facettes, plus ou moins nombreuses suivant les exigences de chaque consommateur. Mais attention, empreinte d'une pensée *gestalt*, toutes ces facettes doivent impérativement refléter simultanément la confiance, au risque de générer une méfiance relative à l'égard de l'ensemble. Parmi les principales facettes de ce bouclier, on peut citer le comportement de l'entreprise, son statut dans la société, les valeurs qu'elle entretient et développe, la transparence dont elle fait preuve, l'image dont elle bénéficie, et bien sûr le temps depuis lequel elle jouit de l'ensemble de ces facettes. Bien entendu, ces facettes sont toutes liées les unes aux autres et ce n'est que l'ensemble cohérent qu'elles forment, qui constitue le bouclier de confiance qui nous intéresse. Le comportement de l'entreprise est sans doute l'une des facettes les plus difficiles à gérer, car, entrée dans l'ère de l'information totale et permanente, ce comportement va bien entendu être observé au quotidien. Ces différentes facettes sont importantes également parce qu'elles sont détachées du produit ou du service de l'entreprise. Or, comme l'ont expliqué en 2003 Bhattacharya et Sen, dans leurs travaux sur l'identification du consommateur à l'entreprise, un marketing relationnel qui serait basé sur le produit ou le service suggérerait rapidement l'instrumentalisation avec toutes ses connotations négatives. Nous ne sommes plus à l'ère de l'ignorance consumériste. L'entreprise qui mise encore sur elle et sa corollaire passivité du consommateur, commet une grave erreur.

Le cas Coca-Cola

En juin 1999, l'entreprise Coca-Cola subit une crise sans précédent en Europe, où, à la suite d'indispositions de plusieurs consommateurs dues à un problème d'entreposage de certaines boîtes, et sur le principe de précaution, les autorités contraignirent la firme d'Atlanta à retirer du marché 50 millions de boîtes de Coca-Cola, Coca-Cola light, Sprite et Fanta. Après d'étonnantes négligences en matière de gestion de crise de la part d'un groupe comme Coca-Cola, la communication de crise mise enfin en place tenta de retrouver la confiance des consommateurs. En définitive, ce qui fut reproché à Coca-Cola à cette occasion ne fut pas tant la crise elle-même, que la distance du groupe à l'égard des préoccupations des consommateurs. En plus des pertes financières dues aux retraits des linéaires, un tel comportement fut naturellement immédiatement sanctionné par une chute du cours de l'action. Comme toute place financière, la bourse de Wall Street considère la confiance comme la première de toutes ses valeurs. Quant à la confiance des consommateurs, seul l'avenir permettra de dire à quel point elle fut altérée et à quel prix elle put être en tout ou partie restaurée.

Le statut de l'entreprise ou de la marque est essentiellement lié à sa puissance économique. Plus l'entreprise ou le groupe sera puissant, plus naturellement la confiance que le consommateur sera tenté de lui accorder sera importante. La marque est souvent un facteur de réduction du risque perçu. Toutefois, on remarque qu'en France, les marques de distributeurs (MDD), qui ont longtemps subi le statut de marques de second ordre, bénéficient aujourd'hui d'une confiance grandissante de la part des consommateurs. Aidées certes par un linéaire croissant, elles deviennent de véritables et puissants instruments de fidélisation de la clientèle. De source Secodip, les MDD représentent 28,3 % de parts de marché valeur pour une enseigne comme Intermarché.

Jusqu'au début des années 1990, à quelques rares exceptions près, le monde économique de l'entreprise ne semblait tout simplement pas être compatible avec la notion de valeurs. Pourtant, le principe d'éthique des affaires n'était pas nouveau et le législateur lui-même s'est souvent permis d'intervenir tout au long des deux derniers siècles, pour introduire plus de justice pour ne pas dire de morale, dans les relations commerciales. Si les codes de déontologie se sont étoffés pendant la dernière décennie du XXᵉ siècle. Si l'éthique est devenue une valeur revendiquée par bon nombre d'entreprises, c'est tout simplement parce que le marché l'a souhaité. Le consommateur moderne plus et mieux informé semble avoir progressivement découvert qu'il avait une conscience et que celle-ci lui dictait de fixer des limites claires et précises aux excès de la société de consommation dont il savourait les fruits. Les plus réactives des entreprises ne s'y sont pas trompées s'accaparant sécurité, écologie, citoyenneté, humanitaire… réunies dans un portefeuille de valeurs de circonstances. Que l'on ne s'y trompe pas ! Les valeurs support du bouclier de confiance qui nous intéressent ici ne s'achètent pas. Elles se gagnent, se respectent et se justifient chaque jour.

Intimement liée au statut et aux valeurs de l'entreprise, son image dépend de nombreux autres éléments tels que le positionnement et la qualité de ses produits, la conduite générale de l'entreprise, sa communication… L'image est une puissante source nourricière du bouclier de confiance. Mais contrairement à la notoriété qui peut être rapidement obtenue à l'aide de puissants vecteurs de communication organisés ou spontanés, l'obtention d'une image positive nécessite en général du temps. Seul le temps va permettre à l'entreprise de capitaliser progressivement des points de sympathie dans l'esprit de ses consommateurs. À l'instar d'un capital financier, il peut être consommé si, pour une raison quelconque, la relation de confiance entre l'entreprise et ses consommateurs venait à être mise à l'épreuve.

Si la transparence semble naturelle à l'établissement d'une relation de confiance entre deux individus, parce que l'inconnu et ou la rétention d'information risqueraient toujours d'introduire un doute propice à la méfiance. La transparence est un concept plus difficile à développer dans le monde de l'entreprise, concurrence oblige. C'est tout l'art de la communication, et notamment de la communication institutionnelle de révéler et d'expliquer tout ce qui peut l'être et de justifier ce qui légitimement doit demeurer hors de portée des concurrents.

Concernant la pérennité, jusqu'à une époque récente, on a pu légitimement croire que la confiance était tributaire du temps qui seul permettait de la voir progressivement se développer. Internet semble là encore bouleverser l'ordre établi. Le marché boursier constituait à ce propos hier encore un excellent référentiel. Mais la non-linéarité de la relation entre la valeur de la marque et la valeur boursière a déjà été avancée en 1998 par les chercheurs Ragoer Kerin et Raj Sethuraman.

Cependant, s'il est indéniable qu'Internet est en mesure d'accélérer considérablement le processus, peut-être le praticien doit-il se souvenir en permanence que le réseau des réseaux est un facteur positif et négatif pour la stratégie marketing. En d'autres termes, si Internet est capable de porter une marque aux nues aussi rapidement, ce facteur accélérateur pourra très bien jouer également en sens inverse, aussi prestement, et faire descendre une marque aux enfers, en cas de problème, en moins de temps qu'il ne faut pour cliquer…

Cette relation de confiance n'est pas automatique. Et oui ! Elle est non seulement souvent difficile et longue à mettre en place, mais surtout elle nécessite une vigilance de tous les instants. Une implication de l'entreprise à tous les niveaux de son activité et de sa vie d'entreprise. Voilà ordinairement pourquoi peu d'entreprises peuvent se targuer de bénéficier d'une telle relation. La difficulté d'obtention est telle, l'effort extraordinaire qu'il convient de développer pour la conserver est tel, que rares sont celles qui décident de s'engager dans un tel investissement et surtout qui ont le courage et la ténacité de l'entretenir. Il est des relations de confiance qui, parce que basées sur l'amitié ou l'amour, sont d'une résistance absolue contre l'adversité. Dans le cas qui nous intéresse, il ne faut pas non plus être naïf, au point d'oublier le contexte commercial qui nous entoure ici. Quand bien même la relation mise en place serait une réelle et sincère relation gagnant-gagnant, elle devra toujours lutter contre les images, les idées reçues et les exagérations de ce contexte commercial. Sans négliger par ailleurs le fait important que, dans la plupart des cas, la dernière étape pour concrétiser la fidélité repose dans les mains d'un tiers (le distributeur) que le producteur ne peut contrôler totalement, sauf au prix de distribuer lui-même ses produits. Ce qui signifie que la relation de confiance, à laquelle on peut aspirer ici, pourra certes être puissante et déboucher sur la fidélité naturelle du consommateur. Mais il importera de toujours bien garder à l'esprit qu'aussi puissante soit-elle, cette relation demeurera fragile et exigera une vigilance totale, au risque d'être détruite en moins de temps qu'il ne faut pour le dire. En 1997, les travaux de Patricia Doney et Joseph Cannon ont confirmé que la confiance avait besoin d'un contact régulier pour s'installer et se développer. On perçoit à l'évidence, dans ces conditions, l'intérêt de mettre en place un processus interactif autorisant un dialogue permanent entre les acteurs. *A fortiori* si l'objet de cette confiance est un service, autrement dit un bien immatériel.

Un client n'obtient pas de réponse à la demande d'information qu'il avait adressée à l'entreprise. Un autre est surpris de constater que l'entreprise fait manifestement varier ses prix sans aucune cohérence, ni explication. Un autre est mal accueilli par l'un des vendeurs de la marque, alors qu'il allait comme à son habitude acheter l'un de ses produits. Un autre encore est déçu d'avoir le sentiment d'avoir été trompé par la promesse publicitaire de la dernière campagne, qui n'était absolument pas vérifiée par le produit. Un autre encore se demande pourquoi le producteur ne contrôle-t-il pas mieux les conditions de distribution de son produit et la raison pour laquelle un produit périmé de la marque est toujours en linéaire. Un autre encore a le sentiment d'être laissé pour compte par un service après vente négligent, voire incompétent. Un autre encore ne comprend pas la faiblesse de l'entreprise à l'égard de son gouvernement d'entreprise et les restructurations qu'elle a accepté d'engager pour le satisfaire. Un autre encore est abasourdi à la connaissance des implications de l'entreprise dans tel ou tel scandale. Un autre enfin ne comprend pas le manque de clairvoyance de l'entreprise à l'égard de la protection de l'environnement...

Qu'il s'agisse de ce que l'on pourrait considérer comme un épiphénomène ou d'un comportement fortement répréhensible, tous ces exemples sont autant d'opportunité d'altération, consciente ou non, de la relation de confiance existant entre le consommateur et l'entreprise.

Aussi, perçoit-on un peu mieux les implications de la notion de vigilance totale évoquée quelques lignes en arrière. Aussi, perçoit-on un peu mieux les efforts colossaux, à tous les niveaux et à chaque instant, que cela suppose. Aussi, perçoit-on un peu mieux que si le nombre des participants à cette course à la confiance est considérable, rares sont les élus à atteindre la ligne d'arrivée. Mais, très exceptionnels seront ceux, qui parmi ces élus auront compris qu'au-delà de la fidélité naturelle obtenue de la part de leurs consommateurs, leur seule véritable récompense est de pouvoir s'inscrire immédiatement à la prochaine course… Comme l'ont rappelé John Larson et Earl Sasser en 2000, cette confiance implique de ne pas négliger un instant le rôle des employés et notamment leur capacité à résoudre les problèmes qui leur sont soumis par les clients. Une résolution efficace et rapide est toujours propice à établir et/ ou renforcer la confiance que l'on porte à la marque. Naturellement, pour parvenir à fidéliser un consommateur de cette manière, il faut avoir su fidéliser son employé au préalable…

Des crises plus faciles à gérer

De plus, l'entreprise s'engageant dans la voie de la relation de confiance ouvre une sorte de compte épargne relationnel. Sur ce compte épargne de sécurité figure son capital confiance, dans l'esprit des consommateurs. Comme nous l'avons dit, ce capital confiance croit lentement et demeure très fragile. Or, quelle que soit la prudence avec laquelle elle exerce son activité, aucune entreprise n'est à l'abri d'une crise. Dans un précédent livre[1], nous constations déjà que bien qu'entrées dans l'ère du *Total Quality Management*, les entreprises doivent rappeler ou retirer de la vente davantage de produits chaque année. Ces tristes occasions sont toujours l'opportunité d'une remise en question du capital de confiance portée à l'entreprise, même lorsque l'entreprise n'est pas coupable.

Hormis, les cas où l'entreprise est totalement condamnable au regard de sa culpabilité, on peut constater que les crises de ce type sont dans leur grande majorité plus faciles à surmonter par celles qui disposent d'un tel capital confiance dans l'esprit de leurs consommateurs. En 2003, Ronald Hess et ses collègues ont confirmé qu'en cas de bonne gestion de

---

1. *Alerte produit !,* Éditions d'organisation, Paris, 1998.

la relation client au préalable, une défaillance de l'entreprise était plus facilement acceptée, les clients se montrant globalement plus objectifs quant à la nature et l'origine du problème. Certes, la crise est une occasion malheureuse de consommer tout ou partie de ce capital. Mais l'entreprise bénéficie au moins de cette possibilité. Ce constat à lui seul, devrait inciter les entreprises intéressées, dans la mesure de leurs moyens, à une plus grande prise en considération de leur communication institutionnelle et de leur image. En effet, un tel capital ne peut être développe qu'*a priori* et non une fois que la crise a éclaté. Mais le retour sur investissement potentiel mérite que l'on s'y intérese car, grâce à ce capital confiance, l'entreprise concernée est alors considérée *a priori* comme victime d'une crise et non comme coupable. En matière de communication de crise, cette distinction est fondamentale ! Malheureusement, les investissements en communication institutionnelle sont souvent les premiers à faire l'objet de restrictions budgétaires, dès lors que leurs retours sur investissement sont souvent difficiles à évaluer avec précision. Quant aux petites et moyennes structures, elles n'ont pas forcément la possibilité de développer un axe de communication institutionnelle en parallèle de la communication produit.

Le cas Lepetit

En avril 1999, le camembert Lepetit a subi une crise de ce type, permettant d'illustrer le fait que sans ce capital confiance, le doute a tout loisir de s'installer et de porter préjudice à l'entreprise et/ou à la marque. Avec 130 années consacrées à la fabrication de fromage, Lepetit est une entreprise de taille moyenne qui en raison de sa taille et de son secteur d'activité, communique sur ses produits, mais non sur elle-même. Résultat : si le consommateur connaissait éventuellement le camembert Lepetit, il ne connaissait pas l'entreprise, lorsque la crise éclata. À l'origine, les autorités sanitaires découvrirent des traces de listeria en Belgique. L'enquête conclura par la suite que le fromage avait été stocké dans des conditions non adéquates et de plus, qu'il n'y avait aucune trace de la maladie de la listériose. Mais, supportant de surcroît une conjoncture pénalisante avec la crise des maroilles quelques semaines auparavant pour des motif identiques, le camembert Lepetit subit de plein fouet la crise.

Certes, le législateur européen, comme chacun le sait, n'apprécie guère le fromage au lait cru. Aussi ne tolère-t-il absolument aucun germe de listeria, alors que l'O.M.S. (Organisation Mondiale pour la Santé) de même que le Conseil Supérieur d'Hygiène Publique Français tolèrent la présence de 100 germes de listeria par gramme de produit cru, sans danger pour la santé du consommateur. Dans les jours qui suivirent, les ventes de Lepetit chutèrent dramatiquement et des mesures de chômage technique durent être envisagées. Pourtant, le contrôle qualité de l'entreprise était bien irréprochable. Mais le consommateur ne le savait pas. Pourtant, l'entreprise mit en place un numéro vert pour répondre aux questions des consommateurs inquiets. Mais cela ne suffit pas à enrayer la psychose. Pourtant, des annonces presse expliquèrent clairement ce qui s'était passé, les 120 salariés et les 500 producteurs de lait de la fromagerie remerciant le lecteur de sa confiance. Mais il était trop tard pour cela, le mal était fait. Aussi ne peut-on que blâmer une certaine presse qui, sans doute par manque de recul, s'est faite l'instrument d'une crise qui n'existait pas et qu'une confiance non établie ne permit pas à l'entreprise de traverser sans dommage.

Une relation de confiance aussi puissante soit-elle est inévitablement mise à l'épreuve par une crise. Si elle doit permettre de sortir de la crise plus facilement, elle ne doit cependant pas dispenser l'entreprise des comportements élémentaires dans ces cas. Parmi les principes de bases rappelés dans de nombreux ouvrages consacrés au sujet, réside celui de l'information. Si ce dernier nous intéresse plus particulièrement ici, c'est tout simplement parce qu'il n'y a rien de plus destructeur pour la relation de confiance que l'absence d'information. C'est parfois un véritable défi pour l'entreprise, car la situation de crise la prive la plupart du temps d'une information totale. Mais cela ne justifie pas pour autant le mutisme total. Au contraire, l'entreprise qui saura faire preuve d'une totale transparence, dès les premiers moments de la crise, saura renforcer la relation de confiance dont elle bénéficie et dans le plus favorable des cas, l'exploiter pour surmonter au mieux la crise. Tout bon spécialiste de la gestion de crise sait que la seule gestion de crise efficace qui soit, est celle qui consiste à se préparer à l'éventualité d'une crise. Seule une

287

préparation méticuleuse portant sur le plus grand nombre possible de cas de crise peut permettre de limiter l'effet de surprise lorsque la crise survient, et même de contrôler en partie son évolution.

Le cas FedEx

À l'automne 1998, la messagerie express FedEx vit se profiler une menace de grève de la part d'une partie de ses employés. Les récentes grèves qui avaient durement touché son concurrent UPS l'incitèrent à anticiper le mouvement et à mettre à contribution son service consommateurs, afin de renforcer la relation de confiance développée avec ses clients. Le recours à une messagerie express illustre avant tout le souhait d'un client de pouvoir bénéficier d'un service d'acheminement rapide. Lorsqu'une grève éclate et qu'elle surprend brutalement ledit client, la relation de confiance qu'il avait avec son prestataire vole en éclats, dès lors qu'il devient en quelque sorte l'otage de la messagerie qui détient un document ou un colis urgent dont la date de livraison ne peut plus être garantie. La réaction de FedEx cette année-là demeure réellement exemplaire, en ce sens que la grève n'avait pas encore éclaté. David Schoenfeld, senior vice-président du marketing monde et du service consommateurs prit conscience de cette attente de la part de ses clients, de ne pas être pris au dépourvu. Dès que des soupçons de grève apparurent, une rubrique spéciale fut ouverte sur le site Internet de la compagnie, toutes les adresses e-mail des clients furent utilisées pour faire du push et prendre l'initiative d'informer en temps réel ces clients de la situation. Les factures elles-mêmes comportèrent une mention incitant le client à se diriger vers le site Internet pour une information réactualisée en permanence. Bien que le mouvement de grève put être évité, les clients avaient été progressivement préparés au pire, et surtout tenus informés en temps réel de ce qui se passait. C'était un pari audacieux de la part de FedEx, car parler d'un possible mouvement de grève, c'était aussi s'exposer à une crainte des clients et à une évasion corollaire vers les concurrents. Mais manifestement, la démarche fut comprise et appréciée par les clients de la messagerie. Le pari d'une information support d'une transparence totale fut gagné et la relation de confiance renforcée.

Un sentiment de sécurité pour une fidélité naturelle

L'obtention d'une fidélité naturelle de la part du consommateur n'ouvre pas simplement la porte à un potentiel bouche à oreille favorable de la part des fidèles, elle permet surtout à l'entreprise d'être beaucoup moins sensible aux attaques de la concurrence et de surmonter plus facilement d'éventuels petits problèmes passagers (légère baisse de la qualité, rupture d'approvisionnement, déréférencement par un point de vente, différentiel de prix défavorable, retrait ou rappel sécuritaire...) que pourrait rencontrer le produit au cours de sa commercialisation.

En 1998, dans un article très explicite, définissant le rôle central de l'engagement dans la définition d'une « vraie » fidélité à la marque chez le consommateur, Abdelmajid Amine expliquait que « deux conséquences majeures de la fidélité à l'égard de la marque sur les attitudes des consommateurs et sur leurs comportements ont été suggérées dans des études précédentes : la confiance des consommateurs en la marque et une communication positive par le bouche à oreille ou un support à la marque. Ces variables sont apparemment corrélées entre elles, de telle manière que lorsqu'un consommateur a confiance en une marque envers laquelle il est engagé, elles tendent à la protéger des opinions négatives ou des rumeurs et incitent/requièrent l'achat par d'autres consommateurs. La confiance des consommateurs dans une marque leur permet d'entretenir puissamment leur propension à acheter la marque habituellement achetée et à résister au brand-switching même si le produit devient défectueux pendant un temps, moins compétitif ou est la cible de rumeurs négatives. »

Une entreprise qui bénéficie d'un fort capital confiance se dote progressivement d'un puissant bouclier contre les attaques directes ou indirectes de la concurrence et de l'environnement en général. Sans ce capital confiance, les techniques de fidélisation mises à profit par l'entreprise ne lui permettront que d'acheter la fidélité du consommateur, pour une durée plus ou moins longue, suivant le prix qu'elle aura accepté de mettre. Avec ce capital confiance, la relation qui s'installe entre le consommateur et l'entreprise est si confortable pour le consommateur, que celui pourra alors développer à son égard une fidélité naturelle.

À la question de savoir ce qu'est la fidélité et comment les clients deviennent fidèles, les spécialistes de la question que sont Christopher Hart et Michael Johnson précisent que « la réponse facile est : les clients sont fidèles lorsqu'ils ont été régulièrement satisfaits dans le temps. Mais c'est en fait beaucoup plus complexe [...] Quel genre d'entreprise dispose de clients passionnément fidèles pour faire du commerce avec elle ? Creusant nos esprits aussi profond que possible, voici la réponse qui émerge : le genre d'entreprises pour lesquelles les clients sont passionnément fidèles pour faire du commerce avec elles, sont des entreprises à qui ils peuvent faire confiance pour agir en permanence au mieux de leur intérêt – sans exception. »

Cette démarche ne souffre aucune exception, y compris lorsque l'entreprise a un problème avec un client. Une réclamation n'est pas un acte de méfiance ou de destruction d'une éventuelle confiance antérieure. Hormis le cas du contestataire systématique qui réclame par simple plaisir, mais qu'il faudra néanmoins traiter également pour éviter un prosélytisme négatif *a posteriori*, la majorité des réclamations sont autant de facteurs potentiels de développement de la relation de confiance. L'entreprise vigilante doit percevoir dans une réclamation le signal d'un consommateur qui s'inquiète quant à la réalité de la relation de confiance à laquelle il croit. On rappellera que l'Institut Qualité Management évalue 1-4 le facteur prescription positive contre 1-12 celui d'une prescription négative. En d'autres termes, un consommateur satisfait parlera de sa satisfaction en moyenne à quatre personne. Alors qu'un consommateur insatisfait fera part de son mécontentement à environ douze autres personnes. La nature humaine n'est pas spontanément indulgente. Le croire naïvement revient à exposer l'entreprise à des retours de flammes, que toutes les pages de publicité du monde auront bien des difficultés à stopper.

À réception d'une réclamation, le premier réflexe doit être, si possible, d'accuser réception dans les meilleurs délais. Un service consommateurs efficace saura le faire sous 24 heures par voie écrite. La réponse obtenue lors d'un appel téléphonique est une chose, confirmer par écrit que l'on a bien compris l'objet de la requête a une tout autre portée. Il importe ensuite de traiter le problème, là encore le plus rapidement possible, quatre ou cinq jours semblant être la moyenne des plus performants. La personnalisation de la réponse est indispensable et la remontée de l'information au service concerné nécessaire, pour une éventuelle mesure corrective. Plusieurs études montrent qu'un consommateur mécontent à la suite d'un problème avec l'entreprise, mais dont la réclamation a été traitée efficacement, non seulement demeure fidèle, mais sa confiance renforcée dans l'entreprise l'incite à acheter davantage de ses produits. L'utilisation désormais ordinaire d'une base de données doit aussi permettre d'archiver ces incidents, afin de conserver une trace produit et/ou problème, mais également et surtout une trace client.

L'intervention du service consommateurs sur ce front doit non seulement permettre d'allumer au plus vite des contre-feux protecteurs d'évasion de la clientèle, mais également servir de source d'information sur d'éventuels dysfonctionnements de l'entreprise. La société Facom est bien connue pour la qualité de ses outils et la garantie à vie dont ils bénéficient. Dans près de neuf cas sur dix, les outils dont le consommateur demande l'échange sont des outils qui n'ont pas été utilisés correctement ou qui ont été complètement détournés de leur destination. Pourtant, Facom les change et la confiance extraordinaire dont bénéficie l'entreprise s'explique certainement en partie par ce comportement compréhensif. En 2000, Hooman Estelami prouvait scientifiquement que plus l'intensité concurrentielle était forte, plus les entreprises étaient naturellement incitées à porter attention à ces réclamations. Plus la concurrence était faible, plus les entreprises avaient tendance à les négliger. D'autre part, ses travaux pointaient du doigt les entreprises de service, globalement beaucoup moins efficaces à gérer ces problèmes que les entreprises productrices de biens.

Graphique 8 :
Logique du développement de la fidélisation

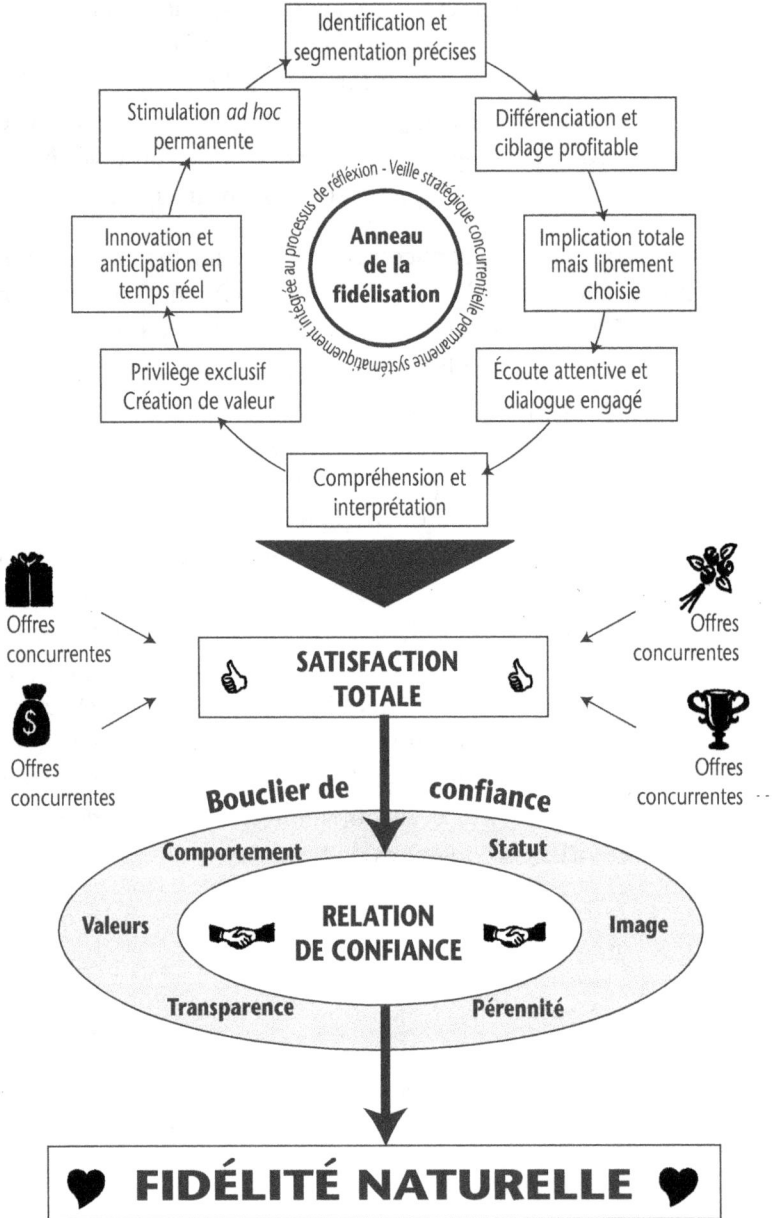

Identification et segmentation précises

Stimulation *ad hoc* permanente

Différenciation et ciblage profitable

Innovation et anticipation en temps réel

Anneau de la fidélisation

intégrée au processus de réfléxion - Veille stratégique concurrentielle permanente systématiquement

Implication totale mais librement choisie

Privilège exclusif Création de valeur

Écoute attentive et dialogue engagé

Compréhension et interprétation

Offres concurrentes

Offres concurrentes

SATISFACTION TOTALE

Offres concurrentes

Offres concurrentes

Bouclier de **confiance**

Comportement

Statut

Valeurs

RELATION DE CONFIANCE

Image

Transparence

Pérennité

♥ **FIDÉLITÉ NATURELLE** ♥

Le programme idéal : une fidélité pour la vie

La question du privilège est et demeurera toujours une question majeure pour le responsable de la conception et de la gestion d'une stratégie de fidélisation. Trop souvent encore, l'avantage matériel qui est retenu est choisi sans avoir préalablement analysé sa pertinence. Pertinence conjoncturelle, mais surtout pertinence par rapport aux motivations réelles de la cible. Comment espérer qu'un consommateur soit fidèle, si la seule récompense à sa fidélité est de pouvoir utiliser les points laborieusement collectés pour obtenir un accessoire qui lui est totalement inutile ? American Express développe en permanence les partenariats de son programme Membership Rewards, afin d'élargir constamment le spectre du choix des porteurs, quant à l'utilisation de leurs points. L'objectif est que chaque consommateur puisse trouver l'utilisation qui lui paraît la plus pertinente. La fidélité rentable ne peut être que naturelle. La fidélité naturelle ne peut être que choisie par le consommateur. Son choix doit dès lors pouvoir s'exercer le plus librement possible.

Au 21ᵉ siècle, dans une société développée comme la société moderne française, les consommateurs ne recherchent plus des produits, mais des solutions. Si elle aspire à la plus élémentaire rentabilité, l'innovation doit donc être systématiquement porteuse de ces solutions, même pour des problèmes qui ne seraient pas encore clairement identifiés par le consommateur. Deux approches majeures sont alors possibles. Soit l'orientation client a conduit au déploiement d'un marketing one-to-one et l'on s'oriente alors vers un privilège *intuitu personae* impliquant un très large éventail d'offres de privilèges. Soit cette même orientation incite à privilégier un facteur plus universel et identifié comme tel. Dans ce dernier cas, il s'agit alors d'étudier la société à laquelle on s'adresse, afin d'isoler les grands problèmes sociétaux pour lesquels l'entreprise pourrait décider de s'investir dans la résolution, sinon totale, tout au moins partielle. Il peut s'agir par exemple pour l'entreprise, d'une action de soutien à la recherche médicale, d'un investissement en faveur de la protection de l'environnement, d'une participation à une œuvre humanitaire, de sa contribution à un programme éducatif… en contrepartie directe ou indirecte de la fidélité de ses consommateurs. Nous sommes alors sur le terrain de la communication institutionnelle et l'entreprise tisse un lien non commercial – ou en tout cas non perçu comme tel – avec la société qu'il l'accueille et les individus qui la composent.

La plupart des programmes de fidélisation offrent des points, sous une forme ou sous une autre. Le principe est simple et il permet tout aussi simplement au consommateur de visualiser le « retour sur investissement » de sa fidélité. Or, ces points permettent, dans la grande majorité des cas, d'acquérir des produits ou des services, dont les consommateurs fidèles n'ont pas toujours un réel besoin. C'est l'illustration classique d'un marketing de l'offre qui ne dit pas son nom, mais qui a toutes les peines à obtenir un résultat optimum. Aux États-Unis, un programme de fidélisation comme Upromise fonctionne très bien. Pourquoi ? Ordinairement parce qu'il innove et surtout parce qu'il découle d'un vrai marketing de la demande.

Le cas Upromise

La fidélisation client en échange d'une participation au financement des études supérieures. « Un concept brillant » n'hésita pas à écrire le président des États-Unis Bill Clinton, pour parler de Upromise. Le programme Upromise – contraction phonétique de « You promise » - Vous faîtes la promesse – a été imaginé par Michael Bronner. Celui qui participa au lancement du programme Membership rewards chez American Express, débuta ses études à la Boston University à l'aide d'une bourse de vétéran de guerre d'un père décédé alors qu'il n'avait pas un an, complété par divers emplois et entreprises personnelles. L'idée de Upromise fut lancée en Juillet 2000 en collaboration avec George Bell, l'ancien PDG du portail Internet Excite. Objectif : permettre aux consommateurs fidèles de certaines marques et enseignes partenaires de se constituer un capital financier destiné à financer ses études supérieures ou celles de ses enfants. L'orientation profitable de l'entreprise (plutôt que caritative) fut décidée car permettant d'accéder à de plus larges moyens. Upromise se rémunérant de différentes manières, mais principalement en prélevant une quote-part de la « prime » versée par les partenaires. Le principe est très simple : 1) Enregistrement gratuit sur le site Internet avec un numéro de carte de crédit. 2) À chaque achat chez un partenaire, la carte de crédit est identifiée et un pourcentage du prix vient créditer le compte Upromise de l'intéressé(e). 3) Dès que le compte est suffisamment crédité, incitation est faite de le transformer en un plan d'épargne bénéficiant d'avantages fiscaux (Plan 529 aux États-Unis) et destiné au financement des études universitaires. Les partenaires financiers pour la transformation sont notamment Salomon Smith Barney et Fidelity. Certes, un certain risque boursier demeure. Mais à ce jour, plus de 3 millions de consommateurs sont adhérents. Les plus grandes entreprises américaines (Dell, Coca-Cola, Gap, ExxonMobile, GM, AOL, JCPenney, McDonald's, AT&T, Kraft, Kellogg's, Citigroup, Kleenex…) sont rapidement devenues partenaires et des milliers de restaurants, de commerces de détail, de sites Internet ont eux aussi adhéré. Le programme n'impose pas de contrainte quant au choix d'un lycée, d'une université ou d'une école de commerce accréditée, d'un financement de livres ou de matériels éducatifs. Pour l'anecdote, si Michael Bronner dut quitter ses études à la Boston University avant d'être diplômé, il en est aujourd'hui membre du conseil d'administration…

Site Internet : http://www.upromise.com

L'étude attentive des consommateurs et de la société en général, peut aisément permettre d'isoler les leviers sur lesquels une entreprise peut agir et ainsi accompagner un peu plus ses consommateurs dans la résolution de leurs problèmes. Dans la plupart des sociétés occidentales, le grand problème économico-sociétal du début des années 2000 fut clairement celui du financement à venir des retraites. Dans les sociétés où il existait, le bon vieux et confortable système de répartition n'allait plus pouvoir lutter contre le *diktat* mathématique d'une pyramide des âges se modifiant inéluctablement. Alors qu'hier les cotisations de plusieurs salariés alimentaient la retraite d'un individu, un salarié à lui tout seul allait bientôt avoir cette impossible responsabilité. Une équation financièrement irréalisable. Et l'État de s'engager alors en France, dans le processus d'une nécessaire et difficile réforme, si l'on ne voulait pas voir sombrer la société dans l'égoïsme le plus pur et le plus insouciant qui soit, vis-à-vis des générations futures. Le constat était simple. Le système historique de répartition ne pourrait plus suffire et appellerait d'autres systèmes complémentaires. Il serait inévitablement nécessaire de travailler plus longtemps, afin de pouvoir cotiser davantage, sans pour autant que cela puisse compenser totalement la contraction du montant des retraites.

D'aucuns disent qu'il faut toujours se méfier des solutions simples ! Ce qui suit n'est pas une solution, mais une proposition qui conserve le mérite d'être simple. En effet, il pourrait être tout à fait possible de lier un programme de fidélisation client à cette problématique des retraites. Aux États-Unis, NestEggz constitue déjà un exemple de programme dont l'une des facettes va dans ce sens. Dans ses grandes lignes, la procédure pourrait être extrêmement simple. Le consommateur serait détenteur d'une carte de fidélité, matérialisée ou virtuelle en étant directement rattachée à sa carte de crédit et/ou de paiement. Cette carte permettrait à son porteur de bénéficier classiquement de points à chaque achat chez l'un des partenaires du programme. Ces points auraient une contre-partie valeur plus ou moins importante suivant l'engagement du partenaire. Cette contre-partie serait cumulée sur un compte qui prendrait la forme d'un plan épargne retraite. Les principaux avantages sont clairs (voir tableau n° 10) et concrètement incitateurs. Il conviendrait naturellement que ce plan soit géré par des partenaires financiers indépendants et sous contrôle de l'État. Afin d'assurer une gestion des plus saines et pour pouvoir bénéficier plus facilement de la confiance des consommateurs. De surcroît, une telle gestion permettrait de se prémunir contre la disparition éventuelle de telle ou telle entreprise. La contrepartie des points étant versée au fur et à mesure, la valorisation du plan épargne du consommateur ne serait pas liée à la pérennité des entreprises à qui il fut fidèle tout au long de sa vie. Les générations les plus pénalisées par l'évolution du système de financement des retraites sont logiquement les plus jeunes. Il suffit alors d'imaginer ce que la consommation de ces générations, toute une vie durant, pourrait rapporter en termes de points et l'on perçoit alors rapidement les avantages d'un tel programme. De plus, les seniors du début du 21e siècle, épargnés par ce problème de financement, pourraient par exemple être fiscalement incités à déclarer comme bénéficiaires de leurs points, enfants et/ou petits-enfants. Ce qui, pour l'entreprise, élargirait immédiatement et fort avantageusement la population potentiellement fidélisable à des segments à pouvoir d'achat globalement confortable. Enfin, précisons qu'il ne s'agit pas d'une solution miracle destinée à « sauver » les retraites. Mais chacun sachant désormais qu'il n'y a pas de solution unique et simple à la préservation d'un système équitable et suffisant, toute opportunité de valorisation complémentaire ne mérite-t-elle pas que l'on s'y intéresse ? A *fortiori*, lorsqu'elle est simple et l'expression même d'une vraie relation gagnant-gagnant et à long terme, entre l'entreprise et son consommateur.

Tableau 10 :
Les dix principaux avantages d'un programme de fidélisation client lié à un plan d'épargne retraite

① Le programme est d'une utilisation très simple pour le client adhérent qui, dans le cas d'une carte virtuelle rattachée à sa carte de paiement, n'a aucune action supplémentaire particulière à faire.

② Le programme permet une certaine émulation entre partenaires, quant à la prime reversée sur le compte épargne. Mais la surenchère est évitée par le rattachement direct à son activité et non à une prime extérieure qui peut être copiée / déclinée.

③ Le programme autorise les partenaires à moduler la nature originelle, le montant et la périodicité de la prime, afin de pérenniser la relation client avec, s'ils le souhaitent, une sur-prime à échéance. Ils peuvent aussi redynamiser ponctuellement la relation avec le client en offrant un bonus sur une période donnée (possibilité par exemple de générer ainsi un trafic supplémentaire sur le lieu de vente).

④ Il est possible d'utiliser le support des relevés de compte pour communiquer afin de rappeler l'apport de telle marque et/ou telle enseigne et de renforcer ainsi l'intérêt « matérialisable » de continuer à lui être fidèle.

⑤ Les annonceurs partenaires d'un tel programme ont la possibilité de répondre à une vraie motivation économico-sociétale de leurs clients et donc de s'inscrire dans une véritable relation gagnant-gagnant.

⑥ Les annonceurs n'ont plus à gérer des stocks de points parfois non utilisés sur de longues périodes, mais pourtant provisionnés dans les comptes de l'entreprise.

⑦ Les annonceurs n'ont plus à éventuellement détruire, à cause de leur coût, ces points non-utilisés au-delà d'une certaine date, au risque de toujours décevoir certains de leurs clients.

⑧ Les annonceurs partenaires restent libres. Ils n'ont plus à gérer le problème classique de sortie du programme. Les primes sont versées au fur et à mesure. Le retrait du programme d'un partenaire ne pénalise pas les consommateurs adhérents et son retour reste possible.

⑨ Pour le gestionnaire du programme, pas de traitements physiques coûteux. L'ensemble du montage peut être traité électroniquement et dans la majorité des cas par des traitements automatiques.

⑩ L'échéance de la retraite est lointaine pour le cœur de cible, ce qui conduit à la logique d'une démarche à moyen-long terme, naturellement propice à une véritable stratégie de fidélisation.

Certains annonceurs pourraient *a priori* s'effrayer d'envisager lier leur offre à la notion de retraite, alors qu'ils se destinent à des populations cibles jeunes, de crainte de parasiter leur message. Si un tel *a priori* a pu avoir quelque fondement dans le passé, les nouvelles générations de consommateurs sont plus et mieux informées. Elles sont aujourd'hui majoritairement parfaitement conscientes des impératifs conjoncturels concernant le financement des retraites et de l'intérêt de tout palliatif, même partiel. On peut donc penser qu'une communication appropriée permettra aisément de contourner cette perception négative potentielle, tout en valorisant la démarche d'une l'entreprise qui répondra alors à une motivation réelle de sa cible. Cessons de tomber facilement dans le piège du stéréotype selon lequel tous les jeunes sont des cigales. Non qu'ils soient tous devenus fourmis. Il y a désormais simplement des générations de jeunes consommateurs qui sont tantôt fourmis, tantôt cigales, tantôt paradoxalement dans une situation de consommation particulière, un peu des deux.

Le cas NestEggz

NestEggz est un programme développé par la société Vesdia Corp. (anciennement BabyMint Inc.) basée à Atlanta, aux États-Unis. À l'origine, c'est un système de fidélisation classique via la collecte centralisée de rabais et de remises obtenus à l'occasion d'achats et qu'il est possible de recevoir à l'issue, sous la forme d'un chèque global. De nombreuses entreprises comme Wal-Mart, Florida Natural Juices, Gap, Crate & Barrel, Safeway, Food Lion, Pizza Hut, Eddie Bauer, Barnes&Noble, Kroger, Dell, Blockbuster, Tower Records, A&P…sont déjà partenaires. Il existe même une carte de crédit émise par MBNA America Bank et rattachée au programme, qui permet de gagner systématiquement 1 % de rabais sur chaque achat réalisé quel que soit le commerçant et, 8 % additionnels chez les commerçants partenaires. D'autre part, NestEggz propose des coupons de réduction sur son site Internet. Des coupons qui peuvent très simplement être imprimés par le visiteur.

Mais le plus original, en termes de fidélisation client, revient sans doute au programme retirement savings. *L'objectif est d'utiliser l'argent des rabais et ristournes obtenus dans le cadre du programme NestEggz, pour les transférer directement sur le plan de retraite (IRA -* Individual Retirement Account)*de l'intéressé. Le transfert est automatique et ce quel que soit ce plan de retraite. Il n'est pas question de se substituer à un fond de pension naturellement et le programme est d'ailleurs très clair à ce propos. Mais simplement de contribuer à compléter l'épargne réalisée par ailleurs.*

Site Internet : http://www.nesteggz.com

Pour aller plus loin et approfondir les thèmes et sujets traités dans cette section, le lecteur pourra notamment se reporter aux ouvrages proposés ci-après.

- Baker Susan, *New consumer marketing*, Éditions Wiley & Sons, Chichester, Grande-Bretagne (2003).
- Bontour Anne et Jean-Marc Lehu, *Lifting de marque*, Éditions d'Organisation, Paris (2002).
- Bradley Frank, *Strategic Marketing in the customer driven organization*, Éditions Wiley & Sons, Chichester, Grande-Bretagne (2003).
- Brown Stanley et Moosha Gulycz, *Performance-Driven CRM How to make your customer relationship management vision a reality*, Éditions Wiley, New York, NY, États-Unis (2002).
- Freeland John G., *The ultimate CRM handbook : strategies and concepts for building enduring customer loyalty and profitability*, Éditions McGrawHill, New York, NY, États-Unis (2002).
- Hetzel Patrick, *Planète conso : Marketing expérientiel et nouveaux univers de consommation*, Éditions d'Organisation, Paris (2002).
- Ingram Thomas N., Ramon A. Villa, Avila Raymond A., Profession Selling, *A trust-based approach*, Éditions South-Western Educational Publishing, États-Unis (2003).
- Jallat Frédéric, *À la reconquête du client*, Éditions Village Mondial, Paris (2001).
- Kapferer Jean-Noël, *Ce qui va changer les marques*, Éditions d'Organisation, Paris (2002).
- Riou Nicolas, *Pub Fiction*, 2e édition, Éditions d'Organisation, Paris (2002).
- Ward Aidan et John Smith, *Trust and mistrust : Radical risk strategies in business relationship*, Éditions Wiley & Sons, Chichester, Grande-Bretagne (2003).
- Zeithaml Valarie, Roland Rust et Katerine Lemon, *Driving customer equity : How customer lifetime value is reshaping corporate strategy*, Éditions Free Press, Arial, NY, États-Unis (2000).

☺Avis d'expert : Henry de La CELLE

Directeur marketing cartes, Experian France
http://www.experian.fr

Comment percevez-vous la fidélisation client aujourd'hui ?

Notre expérience dans la gestion de programmes de fidélité, que ce soit en France ou plus largement en Europe, nous permet d'avoir une vision somme toute assez commune pour l'ensemble des entreprises, avec néanmoins des variantes, selon les secteurs d'activité, la « culture client » de l'entreprise, voire la culture propre à chaque pays.

Le dénominateur commun à ces approches consiste à développer une relation client pérenne et rentable, dans le but d'augmenter le chiffre d'affaires et la rentabilité par client, en intensifiant la relation,

Il s'agit pour l'entreprise de maintenir, sur la durée de la relation, un contact continu et personnalisé avec son client, afin :

- qu'il se sente compris et reconnu à titre individuel,
- que son comportement « fidèle » soit justement récompensé par une gamme de services ou de récompenses, mais aussi une qualité dans la relation, qui lui sont dédiées (il doit vivre ces attentions particulières comme une vraie reconnaissance de sa différence et de sa qualité de client « particulier » que l'on traite différemment des autres),
- qu'il développe peu à peu un sentiment d'appartenance et d'attachement à la marque ou à l'enseigne, qu'il « s'y sente chez lui » et n'ait pas envie « d'aller voir ailleurs ».

En Grande-Bretagne, cette approche se résume bien par les « **3 R** », fondamendaux de toute démarche fidélisante : **R**ewards, **R**ecognition, **R**elationship.

Cela implique pour l'entreprise d'approfondir la connaissance de son client et de sa « valeur » afin de répondre à ses attentes, de les devancer même, tout en atteignant un modèle économique performant.

En fait, la démarche « fidélisatrice » des entreprises a beaucoup évolué ces dernières années. Pour quelles raisons selon vous ? Pourquoi une telle prise en compte aujourd'hui ?

Ces dernières années, on a assisté à un véritable phénomène de saturation au niveau des programmes de fidélisation, beaucoup de « promesses » non tenues, d'attentes non satisfaites, pour les clients comme pour les entreprises, et, au final, un bilan assez mitigé :

- Résultats assez partagés des programmes de fidélisation : si l'on constate généralement une augmentation significative du chiffre d'affaires et une réduction sensible du taux d'attrition, la rentabilité réelle (ROI) est généralement mal mesurée… sans doute pas toujours atteinte, et rarement démontrée.
- Des expériences de programmes n'ayant pas fonctionné, car sans bénéfice tangible pour les clients qui ne s'y retrouvent pas (contenu mal « pensé ») ou gouffre financier pour l'entreprise.
- Faible différenciation des programmes existants.

Pour autant, la fidélisation des consommateurs est, plus que jamais, un enjeu pour toutes les entreprises et marques (selon un récent sondage IPSOS, 90 % des entreprises ont, où souhaitent avoir, une démarche dans ce sens vis à vis de leurs clients). Si l'objectif reste le même, c'est la manière de faire qui diffère aujourd'hui.

L'entreprise a bien compris que son client compare les différentes offres sur le marché, qu'il est de plus en plus sollicité et qu'il est conscient que sa fidélité se doit être récompensée. Son niveau d'exigence s'est aussi accru et il recherche là où il pourra bénéficier de la meilleure récompense pour sa fidélité. Il attend aussi des avantages qui correspondent à son mode de vie, ses envies, allant même jusqu'à vouloir choisir son mode de récompense (court ou moyen terme, pratique ou rêve, pour eux ou pour un proche ou pour une association…). Elles sont aussi conscientes que leurs clients sont souvent « multi-facette » : Carrefour/Monoprix, Tati/Lafayette…

Elles ont intégré aussi le fait que la démarche de fidélisation ne peut pas s'adresser à tous les clients, car elle demande un investissement significatif et doit donc générer un retour financier. Elles veulent maîtriser leur budget fidélisation sur la durée. Tous les clients ne sont pas « fidélisables» car tous n'ont pas la même « valeur », ne représentent pas le même potentiel pour elles. La démarche fidélisante se doit donc d'être sélective.

Aujourd'hui, la démarche fidélisatrice a acquis une certaine maturité, les tendances actuelles le montrent bien :

- Vrai effort de différenciation par rapport à d'autres offres : trouver l'originalité qui va faire qu'un programme va se démarquer des autres et véritablement séduire,
- Tendance à faire évoluer les « contenus » vers plus de valeur pour le client, et plus de personnalisation des avantages, récompenses et services rendus en fonction du profil du client et de son potentiel, générant plus d'attachement à l'enseigne ou à la marque,
- Recherche d'une offre la plus riche et la plus large possible : création de clubs (on devient membre), ouverture sur des partenaires offrant des avantages complémentaires pour varier la gamme des avantages que l'on souhaite de plus en plus étendue,
- Abandon progressif des mécanismes simples, purement linéaires (du type 1 euro = 1 point) avec des bénéfices « comptables » trop facilement calculables par le client, au profit de mécanismes privilégiant le don de valeur, de reconnaissance, de services personnalisés,
- Recherche de souplesse, de facilité d'appropriation et d'utilisation du programme (il faut absolument bannir la complexité qui alourdit l'offre et la désavantage),
- Offres de récompenses tangibles, motivantes et dont le temps de « cotisation » ne doit pas être trop long dans un circuit normal pour pouvoir être obtenues (on voit de plus en plus des réductions chez les partenaires dès lors que l'adhésion a été souscrite), sinon le programme s'en trouve décrédibilisé,
- Diversification des moyens de contacts entre le client et l'entreprise (centre de contacts, mail, utilisation du multicanal, journaux…), afin de permettre au client de connaître, à tout moment et où il se trouve, sa situation dans le programme de fidélité, mais aussi d'être à son écoute, expliquer, résoudre tout problème très rapidement,
- Partenariats et interopérabilité des programmes sont aussi un moyen pour le client de multiplier les transactions donc de « rapprocher » l'accès à la récompense, mais aussi de mutualiser les coûts pour les enseignes.

Enfin, les entreprises, en particulier les distributeurs, ont pris conscience de la valeur des données qu'ils détiennent sur leurs clients, souvent très riches et très importantes en volume, et se concentrent aujourd'hui sur leur analyse pour mieux comprendre leurs clients, leurs comportements, leurs attentes … et mieux cibler les nouveaux programmes en lancement ou faire évoluer ceux qui existent. Par exemple, des enseignes comme Tesco ou Boots en Grande-Bretagne disposent aujourd'hui d'équipes d'analystes et de statisticiens très importantes ; ces enseignes ne remettent pas en question la démarche de fidélisation mais l'abordent différemment, de manière plus « analytique », plus intelligente, plus segmentée, et revoient aussi les contenus.

On conçoit désormais les programmes à partir d'une véritable stratégie tournée vers le client (continuité du CRM) et vers l'entreprise elle-même (rentabilité). Ainsi, une véritable émulation s'opère entre les entreprises, et cela pour le bénéfice de la qualité du contenu des offres.

Dans un tel contexte, quel est selon vous le rôle de la confiance dans le cadre d'une stratégie de fidélisation ?

Son rôle est crucial et donc incontournable.

Cela doit être une véritable relation de confiance réciproque qui doit s'instaurer pour aboutir à une relation « Gagnant-gagnant ».

Un client qui adhère à un programme va se reposer sur l'entreprise et souhaite se faire traiter de manière spéciale. Son adhésion signifie qu'il ne veut pas être traité comme un vulgaire numéro, qu'il a une véritable identité, qu'il est unique, qu'il appartient à un certain cercle d'individus qui partagent les mêmes valeurs avec l'entreprise. À partir de ce moment-là, il y a un véritable « contrat de confiance » qui s'instaure.

Pourquoi la satisfaction du client est-elle le pré-requis à sa fidélité ? Un client insatisfait est par nature non seulement infidèle mais aussi potentiellement en rupture. Toute stratégie de fidélisation doit être étayée par une politique de satisfaction client.

La confiance du client dans l'entreprise, ses produits, ses services est essentielle à sa fidélisation, c'est-à-dire au fait que le client est fidèle aujourd'hui, mais surtout qu'il le restera dans les années à venir.

Pour obtenir la confiance du client, l'entreprise doit :

- Le connaître de manière approfondie afin de lui proposer des offres en adéquation avec ces attentes,
- Le renseigner par des informations claires et honnêtes,
- Le former (ou l'assister) pour qu'il s'approprie le produit et/ou le service,
- L'entendre pour prendre en compte ses réclamations ou suggestions.

Dans ces conditions, tous les secteurs d'activités sont-ils propices à la mise en place d'une stratégie de fidélisation ? Quelles particularités pouvez-vous évoquer ?

Sur le principe, tous les secteurs d'activité peuvent s'ouvrir à la fidélité, en tenant compte des spécificités de chacun. Le taux de pénétration des cartes de fidélité est différent selon les secteurs économiques : en France, près de 40 % en grande distribution (avec 1,4 cartes par client), contre moins de 4 % dans le secteur des transports. Par ailleurs, en termes de contenu, les approches diffèrent naturellement, la grande distribution aura par exemple une offre totalement différenciée de celle du secteur bancaire.

La mise en place d'un programme paraît plus aisée dans les secteurs où les actes d'achat ou actes générateurs de points sont plus fréquents, ce qui accroît le « sentiment de fidélité » de la part du client à la marque ou à l'entreprise.

Nécessité alors, pour les entreprises ayant peu de contacts avec leurs clients, de générer des contacts par l'intermédiaire de fonctions telles que le paiement ou autres accès à des services, la carte ne devant pas rester au fond du tiroir. Ainsi, dans l'automobile, les actes d'achat ou de maintenance sont relativement espacés dans le temps, le panier moyen se calcule à l'année et il est assez délicat de préjuger de la fidélité des clients, notamment dans le nouveau contexte.

Quelles sont les limites d'une stratégie de fidélisation ? Comment les gérer ?

- L'atteinte d'une **masse critique** en termes de chiffre d'affaires par client et en volume de clients.
- **Le budget** est bien évidemment une des limites à la stratégie de fidélisation. Il s'agit donc de bien « choisir » les clients à fidéliser

ainsi que les moyens les plus pertinents à mettre en œuvre pour chaque segment de clientèle.

- **Le réseau de distribution**, notamment lorsque l'entreprise n'est pas naturellement en contact direct avec sa clientèle. L'entreprise doit alors créer un moyen d'établir le dialogue avec ses clients par exemple par l'intermédiaire d'un magazine de consommateur, d'un club, etc. (*Cf.* le club Barbie, Danoneconseils.com pour Danone …).
- **La mesure de l'impact** d'un programme n'est pas chose aisée. Un adhérent titulaire d'une carte de fidélité reste-t-il fidèle à l'entreprise du fait de la détention de celle-ci ou bien est-ce indépendant ? Quelle différence de rentabilité entre ceux qui sont détenteurs d'une carte de fidélité et les autres ? Aujourd'hui, 95 % des distributeurs français qui disposent d'un programme de fidélité (70 % en Europe) disent aujourd'hui mal évaluer le retour sur investissement de leur programme (les autres l'estimeraient autour de 10 %).
- **La cible à fidéliser :** A-t-on réussi à fidéliser les segments de clientèle intéressants ? Le calcul de la *Life Time Value* est-il possible ? Qui sont vraiment les clients que l'on souhaite fidéliser ?
- **Le renouvellement de l'offre :** Quand on a fidélisé depuis des années, se pose la question du renouvellement du contenu de l'offre. L'innovation est le maître mot.
- **Les programmes multi-partenaires :** est-ce une réelle fidélisation vis-à-vis de l'entreprise ou d'un pool d'offres ? Est-ce toujours de la fidélisation ou du business organisé ? Si l'avantage est, grâce à la recommandation d'offre du même type d'univers ou de partenaires ayant une notoriété équivalente, d'accroître la confiance du consommateur par la reconnaissance de son type de vie ou d'attachement à certaines valeurs, le risque de dilution de l'Image de l'entreprise est néanmoins réel.
- **La banalisation des programmes :** Si la majorité des acteurs d'un secteur d'activité ont un programme de fidélité, les non-acteurs sont montrés du doigt et se sentent obliger de lancer un programme. Les programmes deviennent des commodités comme dans le transport aérien.

Conclusion

Voici donc, au-delà de l'impératif besoin d'une stratégie de fidélisation, la démarche EPL à la portée d'une entreprise qui a compris qu'il n'était plus possible aujourd'hui de surfer sur les vagues de la prospection permanente de nouveaux clients. Point de recette miracle ou de formule magique par conséquent, mais simplement l'analyse critique de ces principales techniques, soutenue par les principes marketing fondamentaux justifiant la conception, le suivi et l'évolution d'une stratégie de fidélisation.

Les nouveaux vecteurs de communication et de commercialisation ouvrent de surcroît de nouvelles voies de conquête. Meta-medium, Internet n'est peut-être pas encore totalement maîtrisé aujourd'hui encore, mais ses opportunités en font un centre d'intérêt hautement stratégique, pour des acteurs conscients qu'il ne s'agit plus d'une question de « quand ? » mais de « comment ? » s'y développer efficacement.

D'aucuns seront sans doute déçus de ne pas avoir obtenu à la lecture de ce livre, la clé qui leur ouvrirait à coup sûr la porte de la réussite. Alors que cette conclusion puisse, si possible, convaincre les derniers résistants d'un combat de tranchées sans espoir. Le choix d'une stratégie de fidélisation est un choix économiquement rationnel, en ce sens où elle est, *a priori*, synonyme d'économies en termes de coûts. D'autant plus qu'une stratégie de fidélisation moderne n'est en fait qu'une stratégie de rentabilisation. C'est la raison pour laquelle n'importe quelle stratégie de fidélisation, aussi sophistiquée soit-elle, ne sera pas pour autant systématiquement génératrice de chiffre d'affaires supplémentaire et, dans le meilleur des cas, créatrice de profits supplémentaires. Et Lawrence Crosby et Sheree Johnson de rappeler en 2002, qu'il importe de respecter la chaîne : études chiffrées/comportement réel du consommateur/résultats sur le marché/ retour sur investissement, si l'on veut pouvoir justifier le choix d'une stratégie et ses prises de décision corollaires. Certes, il existe des incontournables comme l'obligatoire prépondérance d'une optique marketing, l'importance de la constitution d'un système d'information performant, l'indispensable maîtrise de la fonction logistique, les nécessaires motivations et implications du personnel… Mais ces pré-requis sont déjà connus de tous et plus ou moins bien intégrés par plusieurs acteurs. Développer une stratégie de fidélisation, c'est avant tout revêtir le tablier de l'artisan, dans le but d'imaginer la stratégie créatrice de valeur impliquant de concevoir la combinaison idéale de techniques la plus adaptée possible aux objectifs de l'entreprise à un moment donné, par rapport à sa cible et en fonction de l'environnement dans lequel elle se trouve. La maîtrise des différentes techniques et des différents outils disponibles doit permettre d'aboutir à la conception d'un ensemble spécifique, cohérent et harmonieux, et à terme, profitable. Ce qui peut bien entendu parfois nécessiter une certaine remise en cause de l'entreprise. En 2002, Evert Gummesson analysait que le marketing relationnel était sans conteste celui qui adhérait le mieux aux principes fondamentaux du marketing. Mais tout en insistant sur le fait que ce marketing relationnel était celui qui était le plus orienté vers la collaboration et la co-production de valeur, il précisait qu'il nécessitait une approche différente, un état d'esprit totalement orienté client. Le marketing relationnel reposant et favorisant les relations à long terme, il conduit plus naturellement vers la rentabilité, qu'une succession désordonnée d'actions à court terme. Et le professeur Gummesson de conclure sur la faveur donnée à l'interaction plutôt qu'à la persuasion, dans le but de parvenir à une véritable relation gagnant-gagnant.

Existe-t-il néanmoins une philosophie commune à chaque stratégie de fidélisation ? Oui. Pour devenir une stratégie de fidélisation EPL, la stratégie élaborée doit « simplement » être créatrice de valeur ajoutée supplémentaire, clairement perceptible aux yeux de ses destinataires, et renouvelée en permanence afin d'entretenir la stimulation de la cible.

> *« La clé vers la fidélité est la création de valeur. La clé de la création de valeur est l'apprentissage organisationnel. La clé de l'apprentissage organisationnel est la compréhension de la valeur de l'échec » conclut Frederick F. Reichheld, spécialiste des stratégies de fidélisation au cabinet Bain & Company.*

C'est pourquoi ce surcroît de valeur ajoutée n'a d'intérêt, que s'il s'insère dans une réelle logique d'avantage concurrentiel. Comment, dans ces conditions, l'entreprise, quelle qu'elle soit, pourrait-elle espérer créer et/ou fortifier cet avantage concurrentiel, si ce dernier découle de la mise en place de solutions toutes faites, à la portée de n'importe lequel de ses concurrents ? La stratégie de fidélisation d'une entreprise particulière ne peut être achetée, déclinée, copiée. Si tel était le cas, alors il ne s'agirait pas de stratégie, mais simplement d'assemblages plus ou moins réussis d'actions ponctuelles, dans le but de renforcer éventuellement, dans les cas les plus favorables, l'efficacité opérationnelle de l'entreprise. Mais en aucun cas d'une démarche à moyen long terme, visant à entretenir et si possible développer le moteur de l'activité de l'entreprise, son capital-clients.

Aux États-Unis, à la société d'études Frequency Marketing, son président Franck Barlow est lui aussi convaincu qu'il faudra de plus en plus intégrer la fréquence comme facteur essentiel de l'équation de la fidélisation. D'une manière très intéressante, il définit sept tendances qui incitent à le penser : la gestion de la relation client (*customer relationship management*) est aujourd'hui un business model standard, les programmes de fidélisation se multiplient, l'imitation des programmes concurrents est devenue une pratique courante, l'innovation permanente doit faciliter la stimulation du consommateur, le fonctionnement en temps réel de l'environnement, les programmes de fidélisation en partenariat constituent des leviers de croissance, le respect nécessaire de la vie privée des consommateurs visés par ces programmes.

309

On l'aura compris, c'est ici également le vieux débat en communication, sur l'intensité et la récence d'une part et la fréquence et la régularité de l'autre, qui est relancé. Et la réponse n'est malheureusement pas aussi simple que la question. Prenons l'analogie d'un exemple totalement pavlovien, pour bien percevoir qu'il n'y a pas de solution facile. Lors du dressage d'un chien domestique, un ordre hurlé à l'attention de l'animal quelques minutes auparavant a toutes les chances d'être plus efficace sur l'instant, que le même ordre adressé modérément plusieurs jours auparavant. En revanche le même ordre modéré dans sa forme et répété régulièrement chaque jour à la même occasion, a sans doute plus de chance d'être efficace que ledit ordre répété x fois à la suite le même jour.

S'il existait un ensemble exhaustif de règles qui, si elles étaient observées à la lettre, permettaient d'être assuré de la réussite d'un projet CRM, la chose serait connue et appliquée depuis longtemps. Chaque entreprise est un cas unique, dans un environnement particulier, avec des moyens, des valeurs, des motivations et des hommes qui lui sont propres. En 2002, le cabinet Deloitte Consulting a présenté 10 de ces règles de base (voir tableau 11). D'aucuns s'empresseront sans doute de critiquer ces règles élémentaires comme tenant ordinairement et simplement du bon sens. Aussi est-il utile de rappeler que pendant toute la décennie des années 1990, où les projets CRM se sont multipliés, plus d'un projet sur deux fut un échec, ou considéré comme tel au vu de ses piètres résultats. Des sommes considérables furent investies en pure perte et un temps précieux gâché sans possibilité de retour en arrière. L'observation scrupuleuse de ces règles ne permettra pas d'assurer le succès, mais elle limitera, sans conteste possible, les risques d'échec. Que le responsable dubitatif ayant connu l'échec de son projet passe objectivement ledit projet au filtre de ces dix règles ! Il est certain qu'il n'obtiendra pas 10/10. Ces règles sont l'expression du plus élémentaire bon sens, certes. Mais n'est-ce pas avant tout de bon sens dont certains projets loupés ont manqué jusqu'alors ?

> **Tableau 11 :**
> **10 règles de base.**
>
> ① Définir clairement au départ des objectifs métier réalistes.
>
> ② Construire un *business case* et le maintenir à jour.
>
> ③ Obtenir et conserver le soutien de la direction générale.
>
> ④ Réaliser le projet dans un délai assez court et obtenir des résultats rapidement.
>
> ⑤ Restreindre et maîtriser le périmètre fonctionnel du projet.
>
> ⑥ Ne pas négliger la conduite du changement.
>
> ⑦ Impliquer les utilisateurs tout au long du projet.
>
> ⑧ Diriger le projet de façon rigoureuse.
>
> ⑨ Bien intégrer la solution dans l'environnement existant.
>
> ⑩ Mesurer les résultats obtenus à l'aide d'indicateurs de performance.

D'après Deloitte Consulting, 2002.

À tous les résistants utopiques, coincés dans leur tranchée de circonstance, voici donc la vraie révélation du succès d'une stratégie de fidélisation efficace. Il ne s'agit pas de rendre le client fidèle à la marque à l'aide de techniques de fidélisation, même bien maîtrisées, car quels que soient les efforts entrepris, la démarche demeurerait fragile. Il s'agit en fait, de tout faire pour que la marque soit, elle, fidèle en toutes circonstances à ses différents consommateurs. Le lecteur, ne percevant encore qu'une simple différence sémantique, est autorisé à reprendre la lecture de ce livre à partir de l'avertissement. En développant son bouclier de confiance sur les piliers du comportement, du statut, de l'image, de la pérennité, de la transparence et de ses valeurs, l'entreprise ne mise plus seulement sur la satisfaction de besoins physiques, mais également sur la satisfaction de besoins émotionnels. D'où l'importance d'être en contact permanent le plus direct possible avec ses consommateurs, pour suivre leur évolution. Quelle que soit la qualité de l'offre de la marque dont il consomme avec satisfaction les produits, un consommateur pourra toujours être tenté par la diversité et/ou la nouveauté offertes par un concurrent. Si l'entreprise, qui avait jusqu'alors sa fidélité, est en mesure d'être en permanence à l'origine de cette diversité et/ou de cette nouveauté, elle a toutes les chances de conserver l'initiative du grand jeu concurrentiel. Une fois encore, la fidélisation est un combat de tous les jours. D'aucuns le percevront comme un challenge des plus motivants. D'autres y renonceront, acceptant implicitement l'attrition de leur portefeuille clients et ses naturelles conséquences économiques.

Faire l'investissement d'une stratégie de fidélisation, c'est offrir à l'entreprise la possibilité de lutter avec d'autres armes que le produit ou son prix. En 2003, Douglas Berdie, président de *Consumer Review Systems* a mis en avant quatre facteurs propices au succès de la satisfaction du consommateur, autrement dit, au fait qu'elle débouche sur sa fidélisation. 1) L'engagement du management jusqu'au sommet, un engagement voulu, réalisé lorsque l'entreprise en a les moyens et sur le long terme. 2) L'unité organisationnelle incluant tous les départements de l'entreprise ainsi que les fournisseurs ; les chercheurs et les marketers étant impliqués à chaque étape du déploiement de la stratégie. 3) Une puissante communication, à destination des clients, mais également de chaque niveau de l'entreprise. Une communication interactive mettant en avant immédiatement les premiers résultats positifs. 4) Une planification crédible n'hésitant pas à revoir les données tant qu'un consensus n'est pas obtenu sur le sens de la démarche. Le tout accompagné par une mise en application se concentrant sur les actions stratégiques essentielles. Une stratégie de fidélisation réussie est celle qui parvient à tisser, dans l'esprit du consommateur, un lien puissant entre séduction et conviction. Sa conception comme sa réalisation et sa mise en application nécessitent une démarche rigoureuse permettant d'offrir au consommateur un choix incontournable, mais qu'il souhaitera faire pour satisfaire son besoin et maximiser son plaisir.

« Les clients réellement vraiment fidèles ne sont pas sensibles au prix et ne font pas défection lorsque le prix d'un concurrent est marginalement inférieur, bien qu'une importante disparité de prix puisse éroder la fidélité sur le long terme [...] de manière à démontrer sa fidélité, un client doit pouvoir choisir de ne pas faire d'affaires avec l'entreprise ou ne pas acheter, le produit » conclut Stephen Craft, enseignant à l'université George Washington, de Washington.

On l'aura donc bien compris, la stratégie de fidélisation idoine pour l'entreprise alpha concernée par cette démarche ne se trouve pas dans un livre, mais à l'intérieur même de l'entreprise. Les propos tenus dans ce

© Éditions d'organisation

livre n'ont pour seul objectif que de contribuer à aider le praticien à décoder mieux et plus facilement, les éléments d'information lui permettant de faire les choix les plus pertinents. Et c'est la raison pour laquelle il est fondamental de connaître, au-delà du concept même de la fidélisation, les techniques et les outils de base de cette fidélisation. Autrement dit, les instruments et les procédés à la portée du praticien, leurs avantages et leurs inconvénients pour rendre l'entreprise fidèle à ses clients, qui alors, le deviendront eux-mêmes spontanément. Autant d'informations que le lecteur trouvera dans la boîte à outils proposée ci-après. Le but est donc de créer, au vu de son environnement et de ses caractéristiques, la stratégie de fidélisation *ad hoc* pour l'entreprise, qui lui permettra de conserver et développer son avantage concurrentiel. Une stratégie de fidélisation qui puisse être menée de parfait concert avec la stratégie d'acquisition, qui demeurera toujours nécessaire, afin d'entretenir et renouveler le capital client de l'entreprise. Dès lors qu'a pu être dépassé le choix impossible entre l'une ou l'autre des stratégies, il importe de toujours concevoir et mener les deux dans une parfaite coordination, afin que la démarche globale de l'entreprise demeure cohérente. Les travaux importants de Jacquelyn Thomas, parus en 2001, sont venus renforcer l'idée que rétention et acquisition étaient intimement liés. Une stratégie de fidélisation qui n'intégrerait pas tous les rouages des processus d'acquisition utilisés par l'entreprise serait vouée à l'échec, de par les nombreuses contradictions qui ne manqueraient pas de surgir. Les deux stratégies ne sont pas indépendantes et ne peuvent l'être. La stratégie de fidélisation n'est donc pas une baguette magique, mais simplement un puissant levier potentiel qui nécessite un assemblage, selon un schéma opérationnel propre à chaque entreprise. S'il est parfaitement adapté à la spécificité de l'entreprise (offre commerciale, positionnement, cible, environnement), ce levier peut lui permettre de revaloriser en permanence sa proposition et donc son avantage concurrentiel, de telle manière, qu'elle suscitera une fidélité réciproque naturelle, appréciée voire recherchée par la majorité de ses clients et/ou de ses consommateurs. Tout simplement parce qu'au-delà de la simple satisfaction, ces derniers seront en permanence stimulés, amusés et heureux de le faire.

Merci au lecteur stimulé, d'être resté fidèle à la lecture de ce livre jusqu'à cette ligne…

Boîte à outils

LES OUTILS D'UNE FIDÉLISATION EFFICACE
(FICHES PRATIQUES)

Dans les années 1960, lorsqu'en pleine campagne spatiale, on interrogeait le consommateur américain sur le bien de consommation qu'il emporterait sur la Lune, son choix se portait très clairement sur son réfrigérateur. À la fin des années 1990, la marque quasi-lexicalisée Frigidaire, débuta les premiers tests auprès de ses clients, de nouveaux modèles de réfrigérateurs équipés d'un ordinateur et d'un lecteur de code barres ICL. Lors de la dernière utilisation d'un produit, il suffisait de présenter son code barres devant le scanner et son retrait du réfrigérateur était enregistré par l'ordinateur de bord. Certes, les moins optimistes pourraient penser qu'en fin de semaine notre « domo-frigo » édite une liste de courses établie en rapport avec la gestion semi-automatique de son contenu, ce qui était tout à fait envisageable. Mais à l'heure d'Internet, rien de plus simple que de rendre ce réfrigérateur plus intelligent et plus autonome, en s'offrant un réapprovisionnement automatique et à distance. Le processus est très simple. La lecture du code barres procure une information numérique qui correspond à un produit spécifique, le code de ce produit peut ensuite être adressé online à un épicier virtuel, qui se chargera de la livraison aux heures indiquées. On peut même imaginer la gestion du contenu du réfrigérateur et la commande de réapprovisionnement s'effectuant sous une forme purement numérique et automatique.

L'IAR (*Internet Automatic Replenishment*), qui ne concerne pas seulement les denrées périssables, est encore en phase de test auprès des consommateurs. Mais à propos du sujet qui nous a intéressé tout au long de ces pages, on perçoit rapidement la portée d'une telle innovation. D'un côté, l'opportunité d'un gain de temps exceptionnel pour le consommateur chaque jour plus pressé, chaque jour plus sollicité, alors que progrès ou pas, chaque jour sur cette planète ne comporte toujours que 24 heures et l'on fait difficilement tenir plus de 7 jours dans une semaine. De l'autre, le vecteur de fidélisation absolu à portée de mains. En effet, l'atout majeur pour le producteur est qu'un tel réapprovisionnement automatique induit naturellement une fidélité à la marque qui vient d'être consommée, sauf contrordre explicite de la part du consommateur. On imagine aisément les lourdes implications marketing et les bouleversements en matière de distribution, de merchandising et de communication notamment, que de telles innovations vont entraîner.

Concevoir et développer une stratégie de fidélisation, c'est avant toute chose adopter et privilégier une démarche marketing. Parfaitement appréhender l'environnement dans lequel se situe l'entreprise et exploiter ses capacités au maximum, pour répondre aux attentes de ses consommateurs, et dans le meilleur des cas parvenir à les anticiper. C'est la raison pour laquelle, il serait vain de penser qu'un assemblage – aussi sophistiqué soit-il – de techniques de fidélisation, puisse permettre d'obtenir inéluctablement la fidélité du consommateur. Dans le plus favorable des cas, une telle approche aboutira à l'obtention d'un taux de rétention appréciable, mais dont le coût de conservation risque, le plus souvent, de devenir insupportable à terme.

La fidélisation n'est donc pas une démarche simple. *A fortiori*, si elle aspire à développer progressivement une véritable relation de confiance avec le consommateur. Une relation de confiance qui constituera peu à peu ce bouclier de confiance, qui lui-même, transformera la simple rétention en un choix conscient et voulu par le consommateur. C'est la raison pour laquelle, concevoir et développer une stratégie de fidélisation est une véritable démarche et pas simplement l'élaboration d'un cocktail de techniques. Le résultat provient donc d'une réflexion stratégique qui implique tous les rouages de l'entreprise. Une réflexion stratégique qui bien entendu ne pourra jamais se satisfaire de processus standardisés, dès lors que pour pouvoir installer cette relation de confiance tant recherchée, l'entreprise devra en permanence mettre en avant ce qui fait sa spécificité. Aucun outil ne devra être écarté, mais tous devront être évalués pour savoir s'ils sont les plus pertinents par rapport aux caractéristiques particulières de l'entreprise. L'utilisation des variables RFM ou FRAT paraît souvent indispensable pour développer initialement une segmentation performante, et pour cette seule raison, elles sont très souvent systématiquement employées. Pourtant, il se peut que, dans certains cas, ce soit insuffisant et qu'il faille développer des outils de profiling spécifiques, beaucoup plus sophistiqués quant aux modèles qu'ils mettent à profit, pour parfaitement comprendre les consommateurs auxquels s'adresse l'entreprise.

D'autre part, une stratégie de fidélisation est souvent très difficile à mettre en place, car elle doit souvent s'accommoder d'un plan d'action commercial existant, avec lequel il va falloir trouver des synergies valorisantes. Pas question qu'une offre promotionnelle incontrôlée ne vienne perturber l'intégralité du programme de fidélisation, en semant le doute dans l'esprit du consommateur sur la réalité des avantages dont il pensait bénéficier à titre privilégié. Il convient alors de trouver l'assemblage *ad hoc* de techniques de fidélisation, qui ne remette pas en cause la philosophie de la stratégie de fidélisation, et qui soit totalement compatible avec ledit plan d'action commerciale. Parmi les éléments constitutifs d'une stratégie de fidélisation à la portée du praticien, il n'existe pas de « bonnes » et de « mauvaises » techniques. Il existe en revanche des techniques plus ou moins adaptées aux objectifs de l'entreprise, à un instant donné, dans un environnement concurrentiel donné. Il paraîtrait donc très lapidaire, voire stérile, d'essayer d'élaborer un quelconque classement des principales techniques de fidélisation. D'autant plus que les techniques recensées ci-après ne sont pas les seules utilisables et que leur importance est simplement illustrée par le fait qu'elles sont parmi les plus utilisées aujourd'hui. Chaque technique est décrite puis suivie d'une fiche pratique d'évaluation :

LE MERCHANDISING

> **Principe :** Le merchandising regroupe toutes les techniques commerciales qui permettent de déterminer la localisation et l'aménagement adéquats du lieu de vente, ainsi que la présentation des produits qui y sont vendus, dans des conditions physiques et psychologiques optimales.

Il permet notamment d'éviter la constitution de zones froides à l'intérieur d'un point de vente, c'est-à-dire de rayons (ou groupe de rayons) rarement ou jamais visités par les clients, habitués à un parcours identique d'une visite à l'autre. Il a un rôle très important depuis l'essor de la vente en libre-service, dès lors que le produit est seul à se vendre sur le linéaire. C'est d'ailleurs à la vente en libre service qu'il se destine naturellement. En collaboration, avec la société d'études Stratème, le service merchandising du groupe Beiersdorf a conduit une étude du rayon « maquillage et produits de beauté » pour mieux comprendre les attentes de ses distributeurs et de ses consommatrices. Le comportement de ces dernières a été analysé à l'aide d'entretiens en profondeur. Il ressort que le rayon dispose d'un réel pouvoir d'attraction. En revanche, si l'on pouvait penser qu'il générait essentiellement des achats d'impulsion, c'est l'inverse qui fut constaté. Le plus souvent l'achat est programmé et unique. Ce qui contribue à expliquer que 61 % du marché valeur échappe encore à la grande diffusion. Il en ressort une clarté et une propreté en faveur des hyper ; le choix et la possibilité de tester en faveur des grands magasins et magasins populaires. D'où la nécessité d'un merchandising adapté au point de vente pour pouvoir fidéliser ses consommatrices.

De nombreux logiciels permettent aujourd'hui de pratiquer des tests d'implantation, afin d'essayer d'optimiser le linéaire considéré. Il est également possible de compléter cette utilisation, du résultat d'enquêtes auprès des consommateurs eux-mêmes. Toutefois, ces enquêtes sont parfois contestées par les professionnels sur le terrain, en raison du fait qu'elles subissent trop souvent le biais traditionnel du « déclaratif. » En effet, il n'est pas toujours aisé pour le consommateur de décrire un comportement en linéaire, quand bien même serait-il question de son propre comportement, dès lors qu'il n'en a pas toujours conscience lui-même. Tombant alors dans le piège des généralités ou pire dans celui qui consiste à valoriser son comportement, le consommateur fournit une information erronée. C'est la raison pour laquelle diverses entreprises recourent aujourd'hui de plus en plus à l'observation du comportement *in situ*. À l'exemple de Danone qui l'a dernièrement pratiqué pour son rayon crémerie, les consommateurs/ clients d'une grande surface sont filmés selon le principe de la caméra cachée, de manière à pouvoir décrypter et analyser leurs déplacements et leur comportement en linéaire. Cette étude ethnologique permet de bénéficier d'une vision plus claire et d'adapter alors le linéaire en conséquence. Réalisant plusieurs centaines d'études terrain par an, le service merchandising du groupe Danone affirme ainsi que 46 % des achats de ce rayon sont prémédités, 18 % répondent à la catégorie des achats d'impulsion et surtout 36 % correspondent à une association préméditation – impulsion.

Le merchandising constitue un outil de fidélisation en ce sens où il doit permettre un renouvellement suffisamment important du point de vente, pour supprimer le phénomène négatif de lassitude chez le consommateur/utilisateur.

Fiche technique récapitulative : merchandising

Définition : Ensemble de techniques commerciales permettant de déterminer la localisation et l'aménagement adéquats du lieu de vente, ainsi que la présentation des produits qui y sont vendus, dans des conditions physiques et psychologiques optimales.

Principaux atouts
• Innovations permanentes
• Projections possibles à l'aide d'outils informatiques
• Outil puissant pour guider/orienter le choix du consommateur sur le point de vente
• Pour le distributeur, le financement peut parfois être assuré par la marque référencée
• Calculs précis possibles pour connaître la rentabilité d'une action

Facilité de mise en place	
Très rapide	
Facile	●
Difficile	
Très difficile	

Vitesse de mise en place	
Très rapide	
Rapide	●
Prudente	
Lente	

Principaux inconvénients
• Exclusivement adapté à la vente en libre service (même si certains déclinent à tort l'appellation pour la conception de supports de presse)
• Nécessite un renouvellement permanent pour éviter les phénomènes d'habitude/lassitude

Coût de mise en place	
Faible	
Moyen	●
Élevé	
Variable	

Contrôle du retour sur investissement

Total		●						Difficile

Évolution du programme	
Très facile	●
Facile	
Difficile	
Impossible	

Observation :

L'offre est aujourd'hui tellement diversifiée que parvenir à faire venir le consommateur au point de vente ne suffit plus. Il importe d'utiliser tous les leviers du merchandising pour le convaincre de passer à l'achat. Pas étonnant, dans ces conditions que l'on parle également désormais de merchandising pour la conception et/ou le développement d'un site sur Internet.

Transposition au secteur des services	
Facile	
Possible	
Délicate	
Impossible	●

LE TRADE MARKETING

> **Principe :** Également appelé « marketing de la distribution ». Il regroupe toutes les applications du marketing visant à maximiser l'efficacité des relations et des négociations entre un producteur et son/ses distributeurs, tous deux étant désormais convaincus que les enjeux leur sont communs. Leurs actions de partenariat reposent au départ sur un échange de données, le plus souvent aujourd'hui par le biais de l'informatique (EDI/*Electronic Data Interchange*).

Ce partenariat porte notamment sur les économies d'échelle *via* la gestion informatisée des commandes, la logistique *via* la rationalisation des approvisionnements pour éviter toute rupture de stocks, le conseil en matière de référencement, d'assortiment et de merchandising, la fixation du prix de vente consommateur, des opérations de publicité collective et de promotion...

Il peut même aller jusqu'à une collaboration dans la conception et la mise au point des produits. L'un des principaux inconvénients du secteur des produits blancs réside dans le fait que les produits eux-mêmes ne permettent pas de tirer profit de toutes les techniques habituelles du merchandising. Des facteurs tels que la taille des différents produits, leur présentation habituelle en ligne, l'absence naturelle de packaging... sont autant de facteurs limitatifs. Pour contourner cet inconvénient, Thomson s'est associé avec ses différentes enseignes distributrices, et notamment Conforama. Le but était d'utiliser des études comportementales afin de faire remonter de l'information clientèle sur les attentes à propos du produit. Le diagnostic permit de jeter les bases d'un nouvel argumentaire produit reposant sur une méthodologie (Evolis) en 14 règles d'or de présentation des produits.

Cependant, s'il est *a priori* profitable à tous les acteurs participants, une véritable stratégie de trade marketing est souvent difficile à mettre en place. Concilier les intérêts de chacun et coordonner les stratégies qui sont développées par chacun tient parfois de l'utopie tant la volonté et l'engagement doivent être grands de chaque côté.

Marc Dupuis et Elisabeth Tissier Desbordes notent d'ailleurs à ce titre que « la naissance d'une approche trade marketing ne supprime nullement la spécificité du marketing d'enseigne ni celle du marketing de fabricant dont les techniques et concepts se développent par ailleurs. L'apparition de ce nouveau type de marketing modifie néanmoins en retour les comportements de chacun des acteurs. »

Pourtant, il est totalement cohérent avec l'esprit d'une stratégie de fidélisation puisqu'en définitive, le trade marketing n'a de sens que s'il peut reposer sur la durée. Le presque « mythique » partenariat auquel doivent parvenir producteur et distributeur n'a de sens que s'il est construit pour durer et non dans le simple but d'organiser conjointement une opération promotionnelle. Or, la notion de durée implique naturellement celle de confiance qui justement n'est pas toujours naturelle dans une relation commerciale. *A fortiori* lorsque des années, voire des décennies de négociation doivent progressivement s'effacer de la culture de l'entreprise.

Et Alfred et Annie Zeyl de rappeler : « Il ne faut pas se tromper d'ennemi ! Les concurrents des producteurs sont les autres producteurs, ceux des distributeurs les autres distributeurs ; certes, il peut y avoir une compétition horizontale entre le producteur et le distributeur, dans le cas des marques de distributeur, qui peuvent être importantes chez ce dernier, mais qui représentent une faible part de marché par enseigne au niveau national. Notons d'ailleurs que le producteur peut-être le fournisseur de la marque distributeur. »

Le trade marketing est parfois appelé à évoluer vers une approche marketing orientée consommateur, encore plus évoluée et baptisée ECR (voir technique suivante).

Fiche technique récapitulative : trade marketing

Définition : Ensemble des politiques développées dans le but de maximiser l'efficacité des relations et des négociations entre producteur et distributeur, dans leur intérêt commun.

Principaux atouts

- Génère une collaboration profitable pour tous les participants et une meilleure réaction aux évolutions du marché
- Permet la remontée d'information et rapproche l'entreprise de son consommateur/client final
- Favorable au développement d'une offre commerciale adaptée
- Facteur de réduction des coûts, notamment par le biais d'un meilleur taux de rotation de produits

Principaux inconvénients

- Essentiellement adapté au secteur de la grande distribution
- Implique l'idée de concertation plutôt que celle de négociation, avec une relation contractuelle basée sur une totale confiance
- Difficile dans un univers à forte densité concurrentielle
- Implique une totale compatibilité des systèmes d'information

Contrôle du retour sur investissement

Total		●					Difficile

Observation :

« En passant d'un marketing de firme à un marketing de réseau, l'ensemble des agents économiques est confronté à la gestion du couple concurrence/partenariat. De ce point de vue, le trade marketing ne peut être considéré comme un nouveau paradis, voire comme une forme d'entente déguisée qui serait contraire à la logique concurrentielle, il faudra désormais accepter que des acteurs économiques s'accordent sur des projets limités mais profonds dans une économie instable. »

Marc Dupuis et Elisabeth Tissier Desbordes, *DM*.

Facilité de mise en place	
Très rapide	
Facile	●
Difficile	
Très difficile	

Vitesse de mise en place	
Très rapide	
Rapide	
Prudente	●
Lente	

Coût de mise en place	
Faible	●
Moyen	
Élevé	
Variable	

Évolution du programme	
Très facile	
Facile	●
Difficile	
Impossible	

Transposition au secteur des services	
Facile	
Possible	
Délicate	●
Impossible	

L'E.C.R.

> **Principe :** Sigle d'origine anglo-saxonne signifiant *Efficient Consumer Response*. Il s'agit en fait d'une initiative de l'association Grocery Manufacturers of America lancée en 1992 afin de rendre les relations producteurs/distributeurs plus efficaces et plus profitables.

Le projet ECR repose essentiellement sur l'utilisation du scanning et sur le développement d'un EDI (Échange de données informatiques/*Electronic Data Interchange*) performant pour limiter les délais de réactions du producteur, en réduisant notamment les volumes et les délais de stockage (réassort en continu/CRP – *Continuous Replenishment Program*). Les flux d'information et de marchandises sont alors tendus au maximum. L'ECR permet également d'améliorer la planification et le ciblage des opérations promotionnelles, qui sont alors moins orientées vers le couponnage mais davantage vers un bénéfice ciblé, *via* une identification électronique, précise et instantanée du consommateur, lors de l'achat en GMS (grande et moyenne surfaces) ou à distance.

> « *Le développement rapide de l'EDI a témoigné de la volonté réelle des industriels et des distributeurs à commercer en temps réel. Toutefois, l'assentiment donné sur ce point a montré que l'idée d'un partenariat engagé et efficace fait son chemin. L'ECR peut alors être présenté comme un modèle général de partenariat* » écrit Michel Vandaele.

Depuis 1992, Philips a développé avec certaines enseignes de la distribution, et notamment Système U, un partenariat étroit allant bien au-delà d'un trade marketing traditionnel. L'objectif était d'améliorer les performances du rayon ampoules, en réaménageant les linéaires en collaboration avec Philips, afin de générer davantage de ventes sur les produits à forte valeur ajoutée et donc générateurs de marges plus confortables. Relayée sur le terrain auprès de chaque point de vente, par les commerciaux de Philips, cette nouvelle approche a permis d'obtenir une progression de 36 % du chiffre d'affaires en seulement 4 ans, alors que le marché ne progressait que de 16 % pendant la même période. Rapidement, une base de données fut développée afin de centraliser le feed-back d'information et éventuellement corriger les erreurs ou problèmes de mise en place constatés.

L'ECR est devenu depuis quelques années le complément naturel d'une politique merchandising efficace. Concurrence aidant, les marques se multiplient et le distributeur est souvent tenté de référencer telle ou telle nouveauté bénéficiant d'une campagne de promotion, au risque de voir ses clients lui demander un produit qu'il n'a pas. Mais parallèlement, sa surface de vente n'est pas extensible, d'où le fait que des choix s'imposent logiquement. Une approche ECR doit notamment permettre d'isoler le rapport référencement/marge, afin de faire varier le linéaire en conséquence. Mais en encourant le risque de mécontenter certains clients qui ne trouveront pas leurs références habituelles, l'approche permet de clarifier le linéaire de chaque catégorie de produits, ce qui est généralement apprécié par ces mêmes clients. Les hypermarchés sont très demandeurs de programmes ECR gérés de concert avec leurs fournisseurs, *a fortiori* pour des catégories comme les céréales pour le petit déjeuner ou encore les pâtes dentifrices, pour lesquelles le nombre de références peut rapidement atteindre plusieurs dizaines. On comprendra cependant que les programmes ECR ne peuvent pas être multipliés autant de fois qu'il existe de partenaires. En général, il est développé avec le principal fournisseur de la catégorie, qui en volume et/ou en marge, tirera lui aussi la plupart du temps, avantage de la nouvelle organisation.

Lorsque les premiers programmes reposant sur l'ECR furent initiés, ils aspiraient à se développer dans le cadre d'une philosophie de trade marketing très poussée, axée essentiellement sur un réapprovisionnement automatique et rationalisé, sur une logistique des livraisons plus performante et sur une gestion des stocks plus économique. Ce n'est que très récemment que les programmes ECR ont inclu dans leur réflexion d'ensemble, le problème des promotions qui ponctuellement peuvent venir perturber la totalité du programme. On sait aujourd'hui que si l'ambition des EDLP (*Every Day Low Price*), autrement dit des prix bas tous les jours, était très louable *a priori*, il demeure en définitive utopique de renoncer à toute promotion. C'est la raison pour laquelle les programmes ECR de la nouvelle génération – principalement depuis la conférence européenne de Hambourg en 1998 sur le sujet – intègrent la variable promotionnelle, d'une part pour déstabiliser le moins possible le corps du programme, d'autre part afin de parvenir à un programme promotionnel qui, plus ciblé, servira autant le producteur que le distributeur, en termes de fidélisation.

Les industriels de l'agroalimentaire sont parmi les principaux précurseurs de cette approche ECR enrichie, dès lors qu'ils ont bien conscience d'être parmi les victimes du rééquilibrage des dépenses des consommateurs occidentaux. En effet, sans pour autant moins manger bien entendu, ces derniers ont notamment progressivement réduit la part de leurs dépenses en faveur de l'alimentation, pour la reporter sur d'autres postes, et en premier lieu la santé et les loisirs. On comprend dès lors beaucoup plus aisément, d'un côté, l'arrivée sur le marché dés alicaments, de l'autre, l'essor du snacking permettant de continuer à manger/ grignoter, y compris pendant ses loisirs.

Un bon programme ECR nécessite un suivi méticuleux afin de pouvoir déterminer et analyser les coûts de la chaîne d'approvisionnement (*supply chain*) du lieu de production jusqu'aux gondoles des points de vente. Sans cette traçabilité parfaite des coûts, il est impossible de déterminer avec précision les gains générés et surtout, l'origine exacte de ces gains. Et sans origine exacte de la source de profit, pas de partage équitable possible de ces profits. Aujourd'hui, tous les grands précurseurs de l'ECR, Procter & Gamble, L'Oréal, Colgate-Palmolive ou Kraft Jacob Suchard pour ne citer qu'eux, se sont dotés de solutions informatiques permettant un tel suivi. Pionnier en la matière le logiciel EPM (*ECR Profit Model*) permet concrètement de mesurer l'impact d'un projet ECR et d'effectuer des simulations sur le principe bien connu de l'ABC (*Activity Based Costing*), pour évaluer le besoin de cross-docking, les différentes solutions concurrentielles possibles, les meilleures techniques d'approvisionnement…

Fiche technique récapitulative : E.C.R.

Définition : Ensemble de techniques de trade marketing utilisées dans le but d'optimiser la proposition commerciale faite au consommateur/client.

Principaux atouts

- Génère une collaboration profitable pour tous les participants
- Améliore les caractéristiques de l'offre commerciale et permet d'éviter les ruptures de stocks
- Facteur de réduction des coûts de logistique, de merchandising, de communication…
- Favorable à la remontée efficace d'informations (précision et rapidité du feed-back)

Principaux inconvénients

- S'applique principalement à la gestion des stocks
- Essentiellement adapté à la commercialisation de biens matériels
- Implique l'idée de concertation plutôt que celle de négociation

Contrôle du retour sur investissement

Total		●						Difficile

Observation :

« Son impact est fort sur le plan structurel et culturel. L'ECR impose un décloisonnement dans les structures de l'entreprise. Pour mener à bien un tel projet, il faut une équipe aux compétences diversifiées (marketing, commerciales, logistiques, techniques ...). Aujourd'hui les projets ont encore un caractère expérimental mais il faut s'interroger sur l'avenir. Si le fonctionnement ECR devient la règle, les structures des entreprises vont-elles évoluer ? »

Marie-Louise Héliès-Hassid, *DM*

Facilité de mise en place	
Très rapide	
Facile	
Difficile	●
Très difficile	

Vitesse de mise en place	
Très rapide	
Rapide	
Prudente	●
Lente	

Coût de mise en place	
Faible	
Moyen	
Élevé	
Variable	●

Évolution du programme	
Très facile	
Facile	●
Difficile	
Impossible	

Transposition au secteur des services	
Facile	
Possible	
Délicate	
Impossible	●

LE SERVICE APRÈS-VENTE

> **Principe :** Il regroupe l'ensemble des services fournis par un producteur ou par un distributeur à ses clients, après la vente du produit (installation, formation et conseils d'utilisation, révision, entretien, dépannage, réparation, application des conditions de garantie, informations, réception d'appels 24 h/24 h sur hot-line...). Sa mention est parfois accompagnée des lettres P (pièces), MO (main d'œuvre) et/ou D (déplacement), qui qualifient sa portée et la nature de la garantie.

En raison du fait que certaines catégories de produits de haute technologie sont devenues anxiogènes, parce que le consommateur ne maîtrise plus totalement le mode de fonctionnement, le SAV devient un argument de vente à part entière. D'autant plus que sa maîtrise est parfois difficile si l'entreprise passe par le circuit de la grande distribution. En effet, dans ce cas, c'est bien souvent l'enseigne de la distribution qui pour des raisons de rapidité, de coût et de simplicité pour le consommateur, se charge du service après vente. Attention, l'avantage logistique et financier pour le producteur ne compense pas toujours une perte totale de contact avec le consommateur et un service qui n'est pas toujours performant. Alors, le SAV peut rapidement se transformer en un puissant vecteur de destruction de fidélité.

Si l'opticien Grand Optical offre à ses clients la possibilité d'être remboursés en cas d'insatisfaction jusqu'à un mois après l'achat d'une paire de lunettes, c'est en partie parce qu'il est conscient du potentiel que représente un tel client que son objectif commercial ne s'arrête pas à la vente d'une paire de lunettes mais à une satisfaction si parfaite dudit client, qui reviendra naturellement pour sa prochaine paire, puis pour la suivante, puis pour la suivante... De plus, si le service et la proposition sont correctement réalisés la première fois, rares sont en définitive les clients qui viennent réclamer le remboursement ou l'échange.

C'est pourquoi le service après-vente est aujourd'hui de plus en plus considéré comme une véritable arme commerciale favorisant la fidélisation du consommateur/client. Pour comprendre ce point de vue, il suffit simplement de considérer le moment d'intervention du service après vente. Quelle que soit la satisfaction qu'ait pu donner le produit jusqu'alors, la simple intervention du SAV est synonyme de désagrément. Il importe donc que l'entreprise concernée conçoive bien qu'elle se trouve dans une position *a priori* délicate certes, mais une position qui va lui offrir la possibilité de prouver concrètement à son client que leur relation commerciale ne s'est pas arrêtée lors du paiement du produit.

Pour son détenteur, l'utilisation d'un téléphone cellulaire devient chaque jour un outil de plus en plus ordinaire de son confort minimum. D'où un désagrément parfois majeur en cas de panne. Pour se différencier de ses deux principaux concurrents Nokia et Sony-Ericsson, Motorola a ainsi développé une logistique très lourde pour son service après-vente permettant au détenteur de l'appareil concerné d'obtenir son remplacement sous 24 heures en cas de panne. Certes, compte tenu de son coût pour le constructeur, un tel service est pour l'instant limité aux modèles haut de gamme, mais une identification méticuleuse de sa cible a permis à Motorola de s'apercevoir que les utilisateurs de ces modèles correspondaient le plus souvent aux consommateurs pour lesquels un tel service était très utile.

Au-delà de l'exemple de Motorola, le prêt d'un appareil pendant la réparation est souvent une porte supplémentaire ouverte vers la fidélisation. Non seulement le client est heureux de ne pas être privé de l'usage de son produit (appareil, véhicule…) pendant sa réparation, mais ce prêt est de surcroît l'occasion rêvée de mettre dans les mains du consommateur un nouveau produit, plus moderne, plus ergonomique en un mot plus récent que le sien. Cela ne signifie pas bien entendu qu'il en fera l'acquisition. Or, si cette opportunité ne doit pas être écartée, un tel contact avec un nouveau produit deviendra un argument supplémentaire lorsque le moment de renouveler le produit concerné sera venu. D'autres préféreront en plus s'engager à verser des indemnités à leur client en cas de retard dans la réparation de leur produit.

En revanche, on ne pourra que s'interroger sur la négligence absolue de certaines entreprises à propos de la fonction SAV. Quelle justification rationnelle donner à un client Peugeot à qui, au bout de trois visites chez un concessionnaire de la marque pour le même problème technique, le constructeur accepte enfin le remplacement de la pièce défectueuse pourtant sous garantie ? Que dire à ce client, déjà quelque peu irrité, à qui pendant plus de deux semaines nécessaires à l'échange, on prête un véhicule de courtoisie de marque Fiat, de catégorie inférieure à son véhicule, alors que son coûteux contrat de garanties étendues prévoyait l'équivalent ? Que lui dire, lorsque à réception de son véhicule, il lui est impossible de savoir exactement ce que l'on a fait à son automobile, le bon de réception ne comportant aucune information ? Certes, on pourra toujours lui faire observer une rigueur manifeste dans la démarche, en ce sens où, de toutes les maladresses possibles, aucune ne fut négligée…

On le sait, il s'agit d'une tendance réelle, les Français essayant de plus en plus de s'éloigner du centre des villes pour retrouver les plaisirs de la nature, sans toutefois trop s'isoler des centres économiques. D'où en partie, l'essor considérable des jardineries ces dernières années. Mais tous les nouveaux apprentis-jardiniers clients de ces magasins n'ont bien entendu pas les compétences innées de l'ingénieur horticole. Parmi les services offerts par Jardiland se trouve la garantie que l'arbre acheté s'enracinera bien. Dans le cas contraire, l'enseigne s'engage à échanger pendant un an l'arbre rebelle. Cette garantie qui est aujourd'hui pratiquée par la majorité des pépinières et des jardineries est un levier de fidélisation beaucoup plus puissant que l'on pourrait le penser.

En premier lieu, le coût brut est limité, car non seulement les clients concernés sont rares en général, mais de surcroît, ils n'en abusent pas. Il n'y aurait en effet pas grand intérêt à abuser d'une telle offre, notamment pour les arbres fruitiers, dès lors que le client concerné se retrouve avec un arbre aussi jeune que l'année précédente et par conséquent tout aussi éloigné de la fructification. Mais les avantages corollaires d'une telle offre sont eux aussi propices à entretenir la fidélité du client. En premier lieu, aussi limité soit le coût brut d'une telle offre, il demeure un coût pour l'entreprise. Ayant tout intérêt à limiter ces retours, le pépiniériste aura tout intérêt à bien conseiller son client quant aux conditions dans lesquelles l'arbre doit être planté. Une approche personnalisée, un service individualisé auquel le client sera sensible.

En second lieu, étendant à un an cette garantie, l'entreprise envoie un double signal fort à son client souvent profane. D'un côté, couvrant toute une année, la garantie paraît bien réelle et peut alors constituer un facteur positif permettant de lever un frein à l'achat lié au prix de l'arbre. D'un autre côté, les professionnels savent bien qu'un arbre peut vivoter sur ses réserves pendant un an et que ce n'est réellement que l'année suivante que l'absence d'enracinement peut véritablement être constatée. Dans l'optique d'une stratégie de fidélisation, un délai d'un an s'imposait donc pour rassurer pleinement le client. On comprend dès lors que le service après-vente constitue de plus en plus une « fonction » du service consommateurs sur lequel nous reviendrons plus tard.

Fiche technique récapitulative : S.A.V.

Définition : Ensemble des prestations fournies au client, après la vente du produit au vu des dispositions légales et/ou sur les bases d'un contrat.

Principaux atouts

- Service supplémentaire favorable à la décision d'achat qui crée une relation de confiance avec le consommateur/client
- Souplesse d'utilisation (durée, couverture, caractéristiques...)
- Possibilité de proposer au client des contrats (généralement rémunérateurs pour l'entreprise) d'extension de la garantie
- Un suivi méticuleux favorise la renégociation contractuelle avec les fabricants *a posteriori*

Principaux inconvénients

- Concerne exclusivement des biens matériels durables
- Gestion très lourde des stocks de pièces détachées
- Service de plus en plus délicat compte tenu de la sophistication des produits
- Le service étant de plus en plus souvent assuré par le distributeur, il génère une perte de contact de l'industriel fabricant avec son client final

Contrôle du retour sur investissement

Total		●					Difficile

Observation :

Il ne faut jamais perdre de vue que le recours au service après vente a pour origine, dans l'immense majorité des cas, une insatisfaction du consommateur. Soit l'entreprise saisit l'opportunité de respecter, voire dépasser la confiance que lui porte son consommateur et renforce sa fidélité. Soit elle néglige cette opportunité et encourt de perdre non seulement ce consommateur, mais également ceux à qui il racontera son infortune.

Facilité de mise en place	
Très rapide	
Facile	●
Difficile	
Très difficile	

Vitesse de mise en place	
Très rapide	
Rapide	●
Prudente	
Lente	

Coût de mise en place	
Faible	
Moyen	
Élevé	
Variable	●

Évolution du programme	
Très facile	
Facile	
Difficile	●
Impossible	

Transposition au secteur des services	
Facile	
Possible	
Délicate	
Impossible	●

LE COUPONING ÉLECTRONIQUE

> **Principe :** Le consommateur est, en partie ou en totalité, identifié en fin de caisse, à l'aide d'une analyse de ses achats. Un programme informatique permet alors de générer un coupon de réduction personnalisé.

Le système est apprécié par les consommateurs/acheteurs qui en bénéficient, essentiellement parce que l'avantage reçu sous forme d'une réduction est immédiatement perceptible. Les taux de remontée sont largement supérieurs (plus de 10 % la plupart du temps) à ceux obtenus par le biais d'opérations de couponing traditionnelles. Très souple d'utilisation, il permet également des opérations d'offres concurrentielles et des actions favorisant le cross-selling. Il peut être couplé à l'utilisation d'une carte de fidélité, permettant ainsi une identification plus fine du client porteur.

Certes, la technique du couponing – sous toutes ses formes – est encore peu répandue en France où l'on estime que le nombre de coupons utilisés par un foyer pendant un an est encore environ 10 fois inférieur au nombre de coupons utilisés par un foyer américain. Mais les optimistes ne verrons dans ce ratio que le signe d'un potentiel encore plus grand dans l'Hexagone. De plus, avec la généralisation des cartes de fidélisation dotée d'une puce électronique, on peut imaginer qu'elles pourront alors facilement servir de support à des coupons dématérialisés. Des bornes situées dans des endroits stratégiques, à l'entrée du magasin ou directement dans les linéaires à côté du produit concerné par la promotion, permettraient alors au consommateur de charger sa carte du coupon proposé et d'en bénéficier automatiquement lors de son passage en caisse sur simple présentation de sa carte de fidélité, dont la lecture retransmettrait alors la détention dudit coupon.

Non seulement la procédure est extrêmement simple, mais surtout elle réduit considérablement le temps entre l'obtention d'un coupon et son utilisation. Or, lorsque l'on sait que le taux d'utilisation moyen des coupons est inférieur à 5 % en général, on comprend que tous les moyens de lutte contre la déperdition soient bons à utiliser. Sur le plan technique, le système ne pose aucun problème particulier, mais il permet surtout d'en résoudre un grand nombre. En effet, il permet à la marque utilisatrice de s'affranchir complètement du système lourd et coûteux de la gestion des coupons matériels (conception, fabrication, insertion-application, collecte, gestion, paiement, vérification....). Avec un couponing électronique sur carte à puce, toute la procédure est numérique d'un bout à l'autre de la chaîne ce qui signifie non seulement un coût réduit mais également une traçabilité sûre et totale.

Aujourd'hui, de tels coupons électroniques peuvent être téléchargés sur des sites Internet spécialisés, le consommateur imprimant alors lui-même ses coupons. Demain, il chargera le code de la réduction sur sa carte à puce ou tout simplement renverra l'information vers le site de commerce électronique susceptible de les accepter et qui l'intéresse.

LA CARTE DE FIDÉLITÉ

> **Principe :** Chaque consommateur/client se voit décerner une carte (nominative le plus souvent) lui permettant d'obtenir différents avantages auprès de l'entreprise ou de certains partenaires.

Il est toujours hasardeux de donner une raison unique à un échec ou à un succès. Mais dans le cas de Tesco, enseigne britannique de la distribution, l'explication de sa suprématie est souvent associée à sa carte de fidélité lancée en 1978. La prolifération de ces cartes, ces dernières années, pourrait laisser penser qu'elles constituent un moyen infaillible d'acheter la fidélité de ses consommateurs. Dans une étude très intéressante, publiée en 2002 et consacrée à la rentabilité des programmes de fidélisation avec cartes dans la grande distribution, Dominique Crié met en garde sur cette prolifération. Il constate que s'il existe une corrélation entre le nombre de cartes en circulation et le chiffre d'affaires, un accroissement de 33,27 % du nombre total de cartes entre les deux périodes de mesure, n'avait généré qu'une augmentation 7,25 fois inférieure du chiffre d'affaires. D'où l'idée de « saturation de la cible » retenue par le chercheur. Toutes les cartes ne sont pas des succès loin s'en faut, mais c'est probablement l'une des techniques de fidélisation les plus pertinentes, notamment parce que pouvant être utilisée à deux niveaux :

- **niveau 1 :** Le porteur de la carte peut obtenir des avantages et avoir accès à des services privilégiés (promotions, services...) sur simple présentation de sa carte. Ce niveau repose sur un principe actif qui veut que le consommateur ait le souhait d'utiliser sa carte, au vu des avantages qu'il sait pouvoir en tirer.
- **niveau 2 :** L'émetteur de la carte utilise les informations comportementales collectées sur le porteur, à l'issue de chaque utilisation, pour déclencher des actions marketing adaptées. Ce niveau repose sur un principe passif qui veut que le consommateur soit sollicité, informé *a posteriori* sur les bases de l'analyse de son comportement passé.

La carte est l'un des supports de fidélisation – sinon le support – le plus utilisé, car il est très souple sur le plan de sa mise en place, et le plus souvent très simple d'utilisation pour le détenteur.

Au regard des souhaits de l'entreprise, le volume d'information contenu sur une carte peut varier du simple au centuple. Tout dépend là encore de l'objectif de ladite carte. En fonction de la densité d'informations à stocker sur la carte et donc de la capacité requise, on optera, dans l'ordre croissant, pour :

1. Une carte numérotée inerte
2. Une carte à code barres unidimensionnel
3. Une carte à piste magnétique
4. Une carte à code barres matriciel
5. Une carte à puce

Attention, la carte à puce a un coût en moyenne dix fois plus élévé (environ 1 euro) que la carte à code barre, et suppose un équipement *ad hoc* de tous les points de vente/d'utilisation. Elle est cependant beaucoup plus fiable. D'autre part, différents détails (photographie, hologramme, code associé, hyperfréquence…) peuvent parfois être rendus nécessaires pour des raisons de sécurité, en fonction des capacités de la carte. Il est d'ailleurs conseillé de toujours opter pour une carte nominative. Le coût de gestion est plus élevé, mais le sentiment d'appartenance est plus grand, d'où une incitation plus importante à l'utilisation et par conséquent à la fidélité. Aujourd'hui, lorsque celle-ci est couplée à une fonction bancaire, la micro-puce est nécessaire.

Si la carte à puce est une invention française, les populations latines ne sont pas encore totalement coutumières de l'utilisation des cartes, comparativement aux populations anglo-saxonnes. Dès lors que ce n'est pas un comportement naturel, il importera que l'entreprise fasse parfois, en quelque sorte, l'éducation de ses porteurs. L'objectif n'est pas ici de multiplier le nombre de porteurs, mais de multiplier les opportunités d'utilisation de la carte en diversifiant et personnalisant les avantages. Pour le porteur, la liste des principaux avantages pouvant être attachés à la possession d'une carte de fidélité varie selon l'entreprise utilisatrice et surtout suivant son secteur d'activité :

• Fonctions de paiement et/ou de crédit
• Cumul de points pour obtention d'avantages ultérieurs

- Cadeaux et autres avantages exclusifs
- Réductions et autres offres promotionnelles
- Envoi de catalogue de produits
- Accès privilégié à certains services (guichet, interloçuteur spécial…)
- Assurance personnelle et/ou produit induite
- Assistance technique, juridique…

Cette diversification des fonctionnalités de la carte doit toujours être envisagée dans le principe d'une utilisation simple pour le porteur. En effet, la multiplication des avantages peut parfois générer, le phénomène inverse que celui recherché et ainsi développer le sentiment de contrainte chez le porteur. Lorsque c'est possible, il peut être intéressant d'opter pour un couplage avec des partenaires. Cette offre peut être rapidement perçue comme un avantage par le consommateur dès lors que les cartes se multipliant ces derniers temps, un couplage lui assure un seul support pour plusieurs enseignes et/ou marques. De plus, les opportunités d'utilisation et donc de perception des entreprises partenaires sont multipliées.

Le cas Catena

En partie incitée par un mouvement général de la profession, Catena lança en 1998, sa propre carte baptisée tout simplement « Fidélité ». Quelques mois après son lancement, la carte créait déjà la satisfaction des responsables des magasins. La raison de ce succès que quelques points de chiffre d'affaires supplémentaires avaient permis de mettre en évidence, découlait d'une démarche marketing pertinente. Distribuée gratuitement, la carte permet d'accumuler des points représentant une remise de 3 % à valoir sur des achats ultérieurs. Le calcul des points est automatique et est inscrit sur le ticket de caisse. Ce dernier constitue alors systématiquement un instant reminder autrement dit, un élément qui rappelle discrètement au client, à chaque passage en caisse, qu'il va pouvoir bénéficier d'un avantage. Mais de surcroît la carte est proposée en deux versions. Une version classique et une version couplée à la carte Aurore, ce qui la dote d'une option de paiement, multipliant alors ainsi les opportunités d'utilisation associées à des modalités de financement adaptées.

> *Mais la démarche de Catena ne s'arrête pas là. Conscient que le seul avantage promotionnel ne serait pas un réel facteur de fidélisation de la clientèle, Catena lui a dès le départ associé des services, accessibles aux détenteurs de la carte.*
>
> *Enfin, même si elle est gratuite, la délivrance de la carte demeure néanmoins l'occasion de faire remplir un petit dossier d'information au client demandeur. Pour Catena, c'est, en douceur, une opportunité rêvée de mieux connaître sa cible, son lieu de résidence (délimitation de la zone de chalandise), son habitat (nature de l'offre commerciale future)...*

Toutefois, la carte ne doit jamais être considérée comme une fin en soi. Comme tout programme de fidélisation, elle nécessite un suivi, voire une évolution lorsque cela sera nécessaire.

Le cas Norauto

En 1999, Norauto a décidé de faire évoluer la carte de fidélité qu'il avait lancé quatre ans plus tôt et qui n'avait pas rencontré le succès escompté. Désormais le principe est plus simple. Une capitalisation de points fidélité à chaque acte d'achat génère l'envoi trimestriel de bons d'achat directement au domicile du client. L'audit marketing de la précédente carte Norauto a permis de constater que les partenariats avec des chaînes hôtelières n'étaient pas la préoccupation majeure des porteurs ; cet élément a donc été supprimé du nouveau programme. En revanche des services dont la corrélation métier était plus pertinente ont été développés (réduction dans les centres de révision technique Dekra-Veritas, assistance crevaison 24 heures sur 24, 7 jours sur 7...).

La carte de fidélité est à l'évidence un support extrêmement privilégié pour une stratégie de fidélisation, car elle offre une large palette d'atout marketing, y compris dans l'optique d'une approche one-to-one.

Le cas Esselunga

Le groupe italien de la distribution Esselunga a ainsi couplé l'utilisation de sa carte Fidaty card et/ou celle de la sa jumelle autorisant le paiement Fidaty Oro, à une gigantesque base de données socio-démographique et comportementale. Ainsi, en entrant dans l'un des points de vente de l'enseigne, le client pourra s'identifier à l'aide de sa carte et bénéficier d'un message personnalisé et d'une offre promotionnelle adaptée aux caractéristiques (âge, situation familiale, habitat, variables RFM…) enregistrées dans la base sous son nom. Qui a dit qu'au sein d'un hyper nous devenions des acheteurs anonymes ?

Il existe certains pièges classiques liés à l'utilisation d'une carte de fidélité, qu'il convient d'éviter.

• Le prix de la carte

Il n'y a pas de réponse dichotomique à la question de savoir s'il est ou non judicieux de faire payer la carte. En revanche, il est fondamental d'attacher un lien de cohérence entre le coût de la carte et la nature des avantages que le porteur pourra en tirer. Une carte payante (même si le prix est symbolique) déclenche systématiquement un double sentiment chez le porteur. D'un côté, un sentiment d'exigence naturelle au regard du prix de la cotisation (même si celle-ci est symbolique). D'un autre côté, un sentiment plus fort d'appartenance à un groupe.

• Une carte ordinaire

Même si le nombre de porteurs est élevé, il faut toujours veiller à ce que chaque porteur conserve le sentiment d'un privilège dont il bénéficie personnellement. Sinon, le sentiment d'appartenance à un club disparaît. À l'heure des tribus et des cercles privés, les notions de masse sont à éviter. La Redoute ne communique jamais sur le fait que plus de 3,7 millions de ses clients sont porteurs de la carte Kangourou, de même que le Cetelem ne revendique pas celui de bénéficier de plus de 5,5 millions de porteurs.

• La trop grande multiplication des partenaires

Comme nous l'avons indiqué, l'adjonction de partenaires au programme est souvent un facteur dynamisant. En revanche, la sélection et le nombre de ces partenaires devront faire l'objet d'une prudente réflexion. Non seulement, il importera que l'ensemble des partenaires conserve la même motivation et le même dynamisme, mais la carte de fidélité ne doit pas perdre son atout majeur qui est d'offrir un privilège à son porteur, en diluant cet avantage dans une liste de partenaires si longue, qu'elle risquera de constituer dans certains cas une contrainte pour le porteur. Bien entendu, cet inconvénient se réduit de lui-même si le diffuseur de la carte est une banque ou un établissement financier. Dans ce cas, le piège serait au contraire d'avoir un nombre de partenaires trop limité, et ne permettant pas au porteur de la carte de cumuler ses points de fidélité.

• L'absence de suivi de la base des porteurs

Il serait dangereux de se fonder sur le seul nombre de porteurs pour évaluer la réussite d'un programme de fidélisation supporté par une carte de fidélisation. Si la carte est censée fournir des avantages à son porteur, elle doit avant tout avoir pour son diffuseur l'objectif de l'identification et de la traçabilité corollaire. La diffusion d'une carte de fidélité doit impérativement être associée à une analyse des utilisations de chacune des cartes, afin de distinguer le bon grain de l'ivraie. Bruno Watine à la société Golden Eyes a imaginé un processus baptisé « marketing Darwinien » et qui, s'inspirant de la pensée du naturaliste britannique, procède par tris successifs fondés sur plusieurs facteurs discriminants. L'objectif est de parvenir au groupe de clients fidèles, consommateurs, et réceptifs aux opérations. Appliquée notamment à son client Top Office (la filiale bureautique du groupe Auchan), la méthode a permis de démultiplier le taux de retour des actions de marketing direct destinées aux clients porteurs de la carte Top Plus.

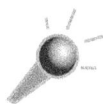

Le choix d'une carte de fidélité ne saurait dispenser l'entreprise d'une analyse rigoureuse de sa cible, pour y repérer les porteurs de prédilection. Pour avoir étudié le cas particulier de la carte de fidélité, Christophe Bénavent et Dominique Crié sont en mesure d'expliquer que « la carte de fidélité n'apporte qu'un élément transitoire et relativement faible en ce qui concerne l'augmentation du chiffre d'affaires [...] la carte est utile, son impact est certain, mais sa diffusion doit être d'autant plus contrôlée que son coût direct pour l'entreprise est important. Le contrôle doit passer par l'identification de cibles sensibles. »

• La durée des avantages

Les avantages qui lui sont attachés sont parfois limités dans le temps et obtenus grâce à l'utilisation et/ou à la simple détention de la carte. L'entreprise doit toujours conserver à l'esprit qu'une stratégie de fidélisation consiste avant tout à maximiser le chiffre d'affaires réalisé avec un client donné. La compagnie Total attribue ainsi 15 jours d'assistance gratuite (seulement) par plein de carburant, ce qui lui permet de bénéficier subtilement d'une stratégie de fidélisation induite pour renouveler (automatiquement) cette assistance à chaque nouveau plein de carburant.

Dans un avenir plus ou moins proche, on peut penser que les puces contenues dans les téléphones mobiles susciteront l'intérêt des praticiens du marketing et que l'on développera la technologie nécessaire pour pouvoir les utiliser à l'instar de celles figurant sur certaines cartes de fidélité à l'heure actuelle. Compte tenu du nombre d'utilisateurs de téléphones mobiles, on imagine alors aisément le potentiel stratégico-commercial que cela représentera, d'autant plus que tous les publics sont concernés par l'utilisation exponentielle de la version nomade du poste téléphonique. De plus, dès lors que des établissements financiers, comme la Barclays, utilisent déjà les téléphones mobiles de leurs clients comme terminal de réception d'information concernant la gestion de leur compte, on peut supposer que cet avenir n'est pas très éloigné.

En 2000, une étude en profondeur menée par Ruth Botton et ses collègues montra clairement les atouts d'un programme de fidélisation supporté par une carte. L'évaluation de l'offre de l'entreprise émettrice par les porteurs de la carte, au regard de celle des concurrents, tend à être perçue comme étant meilleure, ou en tout cas, bénéficie d'*a priori* favorables. On notera cependant que l'étude publiée en 2002 par Client Research montrait une très grande disparité sectorielle en France. Alors que l'on enregistrait un taux de détention de carte de 37,4 % dans le secteur Beauté/Santé, on atteignait difficilement 7,6 % dans le secteur Bricolage/Jardinage/Maison. Tous secteurs confondus, le taux moyen était de 16,6 %.

Fiche technique récapitulative : carte de fidélité

Définition : Distribution d'une carte, identifiée ou non, à des clients/consommateurs lui permettant d'obtenir certains avantages.

Principaux atouts

- Simplicité d'utilisation
- Génère une information facile à stocker
- Parfaite traçabilité de l'individu (lien EDI facilité)
- Analyse comportementale *a posteriori* (possibilités importantes de segmentation, analyse RFM…)
- Sentiment du groupe de référence chez le porteur
- Sécurité aisée des données
- Couplage assez simple avec différents partenaires
- Souplesse d'évolution

Principaux inconvénients

- Coût de gestion lourd si le système informatique n'est pas performant
- Nécessite que le porteur en dispose en permanence pour en tirer profit
- Risque de détournement si non sécurisée
- Convient essentiellement aux marques dont la fréquence d'achat des produits est potentiellement élevée

Contrôle du retour sur investissement

Total		●					Difficile

Observation :

Il est important de comprendre que la carte n'est pas LA stratégie de fidélisation, mais un simple vecteur qu'il convient de valoriser. Le potentiel de fidélisation qu'elle représente est grand, en partie parce qu'elle a la capacité d'évoluer dans le temps. Sans réelle stratégie support, elle peut devenir un très coûteux vecteur.

Facilité de mise en place	
Très rapide	
Facile	●
Difficile	
Très difficile	

Vitesse de mise en place	
Très rapide	
Rapide	●
Prudente	
Lente	

Coût de mise en place	
Faible	
Moyen	
Élevé	●
Variable	

Évolution du programme	
Très facile	●
Facile	
Difficile	
Impossible	

Transposition au secteur des services	
Facile	●
Possible	
Délicate	
Impossible	

LES LISTES INTERNET

> **Principe :** Le consommateur/client Internet souscrit à une liste qui l'informe directement par le biais de sa boîte à lettres électronique.

L'information est complètement maîtrisée par l'entreprise qui a tout loisir de développer les points qu'elle pense intéressants/importants. Communication non-concurrentielle (la liste ne diffuse que les informations que l'entreprise accepte de voir circuler). Cette technique permet une communication en temps quasi-réel, d'où un avantage certain pour, en cas de crise, toucher rapidement les interlocuteurs abonnés, en leur diffusant une information ne subissant pas le filtre des médias. Mais le processus de constitution d'une liste intéressante peut s'avérer lent et la conservation des abonnés est assez fragile.

Toutefois, on retiendra qu'il découle, au départ, d'une démarche réellement active de la part du consommateur, d'où un *a priori* favorable à l'égard de l'entreprise. En effet, il faut bien distinguer ici le principe de la liste Internet qui est élaborée, au fur et à mesure des inscriptions, des techniques dites du spamming. Totalement condamné par la Netiquette, le spamming du publipostage électronique sauvage, est défini par la réception non sollicitée par l'internaute dans sa boîte à lettres électronique, d'un message commercial le plus souvent.

Chercheur en marketing ayant analysé la technique, Stéphane Lajoinic-Bourliataux met en garde en affirmant que : « vouloir adapter un marketing de masse, indifférencié et intrusif, ne conduit qu'à un rejet de le part du consommateur. »

Ainsi, le discrédit qui peut alors s'abattre sur l'entreprise initiatrice mérite que l'on réfléchisse bien avant de recourir à cette technique. La Netiquette est la parfaite illustration du besoin et de la volonté d'une autorégulation responsable sur Internet. Cependant, parce qu'à l'évidence ce concept n'était pas toujours bien assimilé, le 23 février 1999, l'État de Virginie a voté une loi, première du genre aux États-Unis, pour condamner pénalement les annonceurs qui recouraient en masse à de tels envois non sollicités. Si besoin était, cette condamnation du spamming est l'illustration par l'exemple des dangers d'une déclinaison automatique des techniques bien connues du marketing direct. À l'évidence, l'ISA (imprimé sans adresse) aujourd'hui bien maîtrisé par les praticiens du marketing direct, n'est pas encore le bienvenu sur Internet.

De plus, compte tenu du nombre encore réduit d'internautes en France, les listes Internet sont encore souvent assimilées aujourd'hui à des phénomènes de mode, ce qui permet de doter l'entreprise d'une image jeune et dynamique. Afin de fidéliser les internautes tout en générant du trafic sur le site cible, certaines entreprises ont développé des webzines, autrement dit, des magazines d'information disponibles exclusivement sur Internet. Trois possibilités principales s'offrent ici à l'entreprise intéressée. La première consiste à suivre le principe de la liste et à adresser régulièrement le magazine aux membres de cette liste, en le déposant directement dans leur boîte à lettres électronique, quitte à inclure, dans le corps du magazine des liens hypertextes avec le site et/ ou celui de partenaires. La deuxième approche consiste à adresser un simple message court aux abonnés de la liste, les informant que le lien hypertexte joint les emmènera directement sur la page d'accueil du webzine. Enfin, la troisième possibilité sort du contexte de la liste puisque l'on mise alors sur l'attrait intrinsèque d'un webzine régulièrement renouvelé et exclusif, pour attirer spontanément les consommateurs internautes sur le site pour y consulter le magazine.

Sans pour autant évoluer vers le forum, le procédé peut devenir très convivial et permettre aux abonnés à la liste de communiquer entre eux, d'où le développement réel d'une notion de club privé, d'association fermée. Une version plus sophistiquée peut être envisagée, par le biais de l'utilisation de technologies push (voir technique suivante).

Fiche technique récapitulative : liste Internet

Définition : Une entreprise envoie un message circulaire (ou partiellement personnalisé) à un ensemble de contacts *via* Internet. Le message est directement réceptionné dans la boîte à lettres électronique des intéressés.

Principaux atouts
• Simplicité d'utilisation
• Faible coût d'exploitation quelle que soit la localisation des abonnés
• Peut autoriser la remontée d'informations pertinentes
• Instantanéité de la diffusion d'information

Principaux inconvénients
• Moyens informatiques à mettre en place
• Implique une démarche volontaire du consommateur/ client au départ
• Pas de maîtrise du résultat, si non couplé à un autre moyen d'identification des abonnés
• Fragilité du système dû à un possible abandon aisé et rapide de la liste par le consommateur/client

Contrôle du retour sur investissement

Total						●		Difficile

Observation :

« La mailing list s'apparente à un consumer magazine [...] Pour les marques souhaitant développer un programme de marketing relationnel sur le Web, la mailing list doit faire partie intégrante de leur offre »

Tanguy Leclerc, *Marketing Direct*.

Facilité de mise en place	
Très rapide	
Facile	●
Difficile	
Très difficile	

Vitesse de mise en place	
Très rapide	
Rapide	●
Prudente	
Lente	

Coût de mise en place	
Faible	●
Moyen	
Élevé	
Variable	

Évolution du programme	
Très facile	
Facile	●
Difficile	
Impossible	

Transposition au secteur des services	
Facile	●
Possible	
Délicate	
Impossible	

LES TECHNOLOGIES PUSH

> **Principe :** Les outils télématiques reposant sur les technologies push permettent à l'utilisateur internaute de recevoir *automatiquement* l'information qui l'intéresse, selon les critères qu'il aura sélectionnés.

Le principal avantage réside dans le fait qu'une fois le critère *ad hoc* sélectionné par le consommateur, l'entreprise reprend l'initiative de la communication. L'utilisation des technologies push peut dès lors se révéler très intéressante pour informer une population dispersée géographiquement, ainsi que pour des cibles professionnelles dont le temps disponible est toujours limité. L'information est chaque jour plus importante en volume, d'où l'offre faite à l'internaute notamment par *CNN* sur son site Internet de personnaliser sa page d'information. Que les choses soient claires, cette personnalisation ne va pas jusqu'à créer une information spécifiquement pour le visiteur. En revanche, une succession de questions-réponses permet de sélectionner les sujets qui l'intéressent et l'informatique fait ensuite le tri et recompose la page en conséquence. Il est également possible d'enregistrer des mots clés se rapportant à des sujets qui ne pourraient être présélectionnés et permettront d'intégrer dans la page des sujets s'y rapportant Le service est gratuit mais il faut se rendre sur le site pour en bénéficier. Un autre network américain *ABC*, propose, lui, un service, push qui permet de recevoir dans sa boîte à lettres électronique une information lorsque l'urgence de l'actualité le requiert. Il suffit alors de cliquer sur le lien hypertexte proposé pour se propulser directement sur la page d'information concernée.

En France, on peut citer l'exemple du *Journal Officiel* qui offre un service d'information fonctionnant par mot clé. Dès qu'un texte de loi concernant un des mots clés enregistré paraît au *J.O.*, l'internaute abonné reçoit un message dans sa boîte à lettres électronique. Enfin, sensiblement plus distrayant que le *Journal Officiel*, le cas du site de la chaîne Hilton qui propose l'abonnement gratuit à des offres promotionnelles. Compte tenu du fait que le groupe hôtelier est présent partout dans le monde, l'internaute intéressé est invité à remplir un questionnaire sur ces destinations, périodes, types de séjours préférés. Là encore, un puissant traitement informatique de l'information permettra d'adresser à chaque abonné des informations sur l'offre promotionnelle du moment, se rapprochant le plus des critères indiqués. L'envoi d'informations peut également emprunter la forme d'un SMS (voir cette autre technique également présentée dans la boîte à outils).

Lorsque ces technologies apparurent en 1977, un effet de mode se créa aussitôt à leur sujet. Le fait est que le succès escompté ne fut pas alors au rendez-vous. Nombreux sont les analystes à faire le constat que si les technologies push ne furent pas plus plébiscitées, c'est simplement parce qu'elles n'étaient pas encore réellement au point techniquement parlant. Mais surtout parce qu'elles visèrent le consommateur particulier. Si aujourd'hui, elles reviennent sur le devant de la scène, c'est avant tout dans le but de servir des actions Business to Business. Dans ce cas précis, l'avantage est double puisque le programme salvateur d'un bug peut lui-même être attaché à l'information expédiée. Le tout pour un coût qui n'a aucune comparaison avec la conception, la production, le routage et l'expédition d'une disquette ou d'un cd-rom de mise à jour. L'économie budgétaire moyenne escomptée est de 2 millions de dollars par an. Dans le secteur des agences de voyages, Carlson Wagon Lit informe ainsi, au plus vite, son réseau de 7 000 points de vente des disponibilités qu'il reste à écouler. Or, compte tenu de l'impossibilité *a priori* de stocker des places d'avions ou des chambres d'hôtels, on comprend là encore l'avantage énorme d'un tel système d'alerte automatique.

Dowell Schlumberger utilise les technologies push pour être informée en temps réel des incidents de plates-formes pétrolières ; une estimation interne fait état de 8 millions de dollars économisés annuellement en temps perdu et réparations anticipées, grâce au programme push développé par BackWeb. Quand on sait que le coût d'arrêt d'une plate-forme peut avoisiner les 150 000 dollars par jour, on perçoit vite l'intérêt du système. L'information de l'incident est alors instantanément propagée sur l'ensemble des filiales dans le monde, engendrant une vérification voire une intervention préventive. De plus l'énorme avantage des technologies push, est que, bien paramétrées, elles permettent à coup sûr d'atteindre en temps réel le bon destinataire de l'information.

Fiche technique récapitulative : technologies Push

Définition : Après avoir identifié les attentes et/ou les caractéristiques d'un interlocuteur, une entreprise lui adresse, *via* Internet, une information personnalisée.

Principaux atouts
• Simplicité d'utilisation pour le consommateur/client, rapidité d'obtention automatique d'informations
• Image avant-gardiste de l'entreprise
• Procédé automatique peu coûteux quelle que soit la localisation de l'intéressé
• Information directe du consommateur/client
• Faible coût d'utilisation

Principaux inconvénients
• Implique une maîtrise technologique de l'entreprise ou le recours à une SSII
• Population d'internautes encore limitée
• Aspect technologique délicat auprès de certains segments de population
• Implique une présélection en faveur de l'entreprise
• Peu de feed-back

Contrôle du retour sur investissement

Total					●		Difficile

Observation :

Si elles semblent encore peu adéquates à destination d'une cible de consommateurs, elles constituent d'ores et déjà un atout majeur pour la communication à destination des professionnels. Elles deviennent alors un vecteur de gestion de la relation lient peu coûteux et néanmoins performant.

Facilité de mise en place	
Très rapide	
Facile	
Difficile	●
Très difficile	

Vitesse de mise en place	
Très rapide	
Rapide	
Prudente	●
Lente	

Coût de mise en place	
Faible	
Moyen	●
Élevé	
Variable	

Évolution du programme	
Très facile	
Facile	●
Difficile	
Impossible	

Transposition au secteur des services	
Facile	●
Possible	
Délicate	
Impossible	

LE SITE INTERNET

> **_Principe :_**   Adresse informatique sur laquelle les internautes peuvent connecter leur ordinateur et où l'entreprise a la possibilité de développer avec eux un contact plus ou moins interactif. Il peut contenir des informations, des espaces marchands, des liens avec d'autres sites... Il peut également offrir la possibilité d'entrer en contact avec l'entreprise par courrier électronique, liaison téléphonique parallèle ou visioconférence.

Dans la seconde moitié des années 1990, en quelques mois seulement, avoir un site Internet devint l'objectif numéro un de toute entreprise, ne serait-ce que pour être à la mode. Comme souvent dans ce cas, bon nombre d'entreprises ont foncé tête baissée, convaincues qu'il s'agissait simplement d'un support de plus, qu'il suffisait d'ajouter au plan de communication. De surcroît, si les concurrents s'y intéressaient, il fallait qu'elles aussi s'y intéressent, sans se poser davantage de questions. Compte tenu des outils informatiques nécessaires au développement, qui furent rapidement disponibles, ainsi que des prestataires qui se proposèrent pour les concevoir et les développer, de nombreuses entreprises s'aventurèrent sur le réseaux sans même parfois percevoir clairement ce dont il s'agissait. Non seulement, elles tentent pour la plupart de revenir aujourd'hui sur leurs pas, mais elles commencent également à prendre conscience des conséquences de leur erreur d'évaluation. On peut sans doute toujours avoir une seconde chance sur Internet, mais elle coûte beaucoup, beaucoup, beaucoup plus cher.

D'autres entreprises en revanche, y perçurent dès le départ un puissant outil de communication et un nouveau moyen de fidéliser leurs consommateurs. Des marques d'habillement comme Nike, Kenneth Cole, Levi's, Sirena ou Guess ? qui subissaient dans le monde physique, un référencement de plus en plus soumis aux aléas de la concurrence et au _diktat_ des distributeurs, comprirent les nombreux atouts qu'un site Internet leur offraient, et n'hésitèrent pas à commencer la commercialisation directe de leurs produits. En prenant garde à ne pas être réducteur, on peut dire que le développement d'un site Internet – s'il provient d'une réflexion stratégique destinée à l'insérer parfaitement dans le plan de communication globale de l'entreprise – peut offrir à l'entreprise :

- un contact interactif plus direct avec le consommateur final,
- l'accessibilité immédiate à des millions de consommateurs,
- la possibilité de contourner la pression des intermédiaires de la distribution,
- un point de vente totalement contrôlé par la marque,
- une possibilité d'ouverture du point de vente 24 heures sur 24, 7 jours sur 7,
- une réactivité en temps réel aux modes et aux attentes du consommateur,
- un coût d'accès (technique et financier) relativement limité,
- des stocks centralisés et très limités,
- une absence totale de concurrence sur le site…

S'il ne fallait retenir qu'un seul de ses atouts, ce serait sans conteste le premier. Comme nul autre avant lui, Internet est un vecteur de communication qui permet d'établir un contact interactif avec le consommateur. Il offre ainsi au praticien l'accès à un dialogue avec ses consommateurs et donc à une information susceptible de lui permettre de mieux les connaître afin de leur offrir une réponse personnalisée. En définitive, le pouvoir d'un site Internet réside dans le fait qu'il est à la fois un puissant vecteur de marketing direct et un extraordinaire levier de communication pour la marque.

En 1999, Pradeep Korgaonkar et Lori Wolin ont démontré que les motivations à l'utilisation du Web étaient en réalité beaucoup plus diverses que la classique recherche d'informations souvent mise en avant. Et les chercheurs d'isoler notamment l'évasion sociale, les transactions sécurisées, la socialisation, le contrôle interactif ou encore la motivation économique au regard de l'ensemble des services marchands désormais accessibles. Ces différentes motivations sont aujourd'hui intimement corrélées aux caractéristiques socio-démographiques des internautes ainsi qu'à la durée du temps passé sur le réseau des réseaux. Dans l'absolu, chacune de ces motivations pourrait générer un site particulier. Mais il est difficile d'envisager, pour des raisons de coûts, de cohérence et de performance, le développement de plusieurs sites en parallèle pour une même marque sauf nécessité linguistique ou différenciation des zones géographiques de commercialisation. Ce qui signifie qu'en fonction de la cible visée, le site mis en place devra essayer de concilier plusieurs de ces motivations sans pour autant porter atteinte à l'ergonomie ou à la performance du site.

Certains spécialistes du meta-medium qu'est Internet commencent aujourd'hui à envisager le fait que, si un site peut devenir un vrai vecteur de fidélisation, les programmes de fidélisation risquent eux-mêmes de devenir indispensables aux sites, à moyen terme. La logique de l'analyse est simple. Aux États-Unis, alors qu'il aura fallu près de 40 ans pour que le téléphone atteigne dix millions de foyers, il aura fallu moins de cinq pour en connecter autant à Internet.

Or, le temps disponible d'un internaute pour naviguer sur la Toile n'est pas extensible à l'infini. D'où l'intérêt d'une stratégie de fidélisation pour attirer et conserver des visiteurs souvent insaisissables.

Colonne vertébrale de la « nouvelle économie », Internet a suscité la création de multiples nouveaux services. Parallèlement, l'interconnexion des marchés financiers, au niveau international, a doté l'activité financière d'une vie quasi-permanente 24 heures sur 24, 7 jours sur 7. Ainsi, mettant à profit le potentiel offert par Internet et les nouvelles caractéristiques des marchés financiers, des courtiers électroniques ont permis aux internautes investisseurs, d'accéder à une réactivité presque instantanée. Pour l'entreprise cotée, ces facilités électroniques ouvrent toute grande la porte à une spéculation potentielle hyper réactive, propre à déstabiliser éventuellement le cours de son action. Fini le temps des petits actionnaires fidèles par obligation, puisque n'ayant pas eu l'information à temps pour réagir. Bien qu'encore peu nombreuses, certaines entreprises comme Texaco (http://www.texaco.com) ou Home-Depot (http://www.homedepot.com) ont réagi, en essayant de retourner la situation à leur avantage et faire de leur site Internet un vecteur de communication financière, ainsi qu'un levier de fidélisation de leurs consommateurs *via* l'actionnariat direct. Après la communication de références bancaires exigées par la Security & Exchange Commission (l'équivalent américain de la Commission des Opérations de Bourse), le visiteur internaute peut dès lors se porter acquéreur d'actions de l'entreprise, en direct, sur le site de l'entreprise.

Fiche technique récapitulative : site Internet

Définition : Adresse informatique d'une entreprise, accessible sur Internet à l'aide d'un navigateur.

Principaux atouts

- Contact avec des millions d'individus, où qu'ils se trouvent et quelle que soit l'heure ou le jour
- Vecteur de communication en temps réel, peu coûteux et relativement maîtrisable
- Permet de contourner la pression des distributeurs
- Métamédium interactif permettant de collecter des informations sur les internautes visiteurs

Principaux inconvénients

- Entouré d'innombrables autres sites concurrents et non concurrents, la génération de trafic est parfois difficile
- Peut susciter la méfiance en matière de sécurisation et de respect de la vie privée
- Implique une logistique complexe en cas de développement de commerce électronique
- Nécessite une synchronisation parfaite avec les vecteurs oflline, malgré un mode de fonctionnement très différent

Contrôle du retour sur investissement

Total					●		Difficile

Observation :

Il est des évolutions de la société de consommation qui constituent des tendances lourdes et Internet en est une indubitablement. Dans quelques années, pour une entreprise, l'adresse d'un site Internet sera non seulement indispensable, mais probablement plus importante qu'une adresse physique

Facilité de mise en place	
Très rapide	●
Facile	
Difficile	
Très difficile	

Vitesse de mise en place	
Très rapide	
Rapide	●
Prudente	
Lente	

Coût de mise en place	
Faible	
Moyen	
Élevé	
Variable	●

Évolution du programme	
Très facile	●
Facile	
Difficile	
Impossible	

Transposition au secteur des services	
Facile	●
Possible	
Délicate	
Impossible	

LES CADEAUX

Principe : Le consommateur/client bénéficie d'un avantage se matérialisant par la réception d'un cadeau, lié ou non à l'activité de l'entreprise. Souvent assimilés à une technique de fidélisation, les cadeaux n'en constituent pas une à proprement parler, et doivent en réalité être considérés comme les supports potentiels <u>ponctuels</u> d'une véritable technique (club, carte de fidélité…).

Le cadeau n'est un facteur potentiel d'image très puissant que si sa valeur réelle est perçue sans aucun doute possible par le consommateur bénéficiaire.

Attention, il doit être clairement rattaché à une action ponctuelle, au risque de générer naturellement l'automatisme d'une périodicité dans l'esprit du consommateur, qui ne comprendrait pas de ne plus en recevoir. Le poste « cadeaux » peut parfois en faire implicitement l'un des principaux leviers de la stratégie de fidélisation, comme à La Redoute, où un budget annuel de plus de 15 millions d'euros lui est consacré. Cette politique lui permet également de transformer certaines de ses clientes en prospectrices officieuses, dès lors que par le biais de la technique du parrainage, ce sont elles qui recrutent de nouveaux clients. Les cadeaux sont en effet des outils complémentaires très appréciables, d'autres techniques de fidélisation, comme le parrainage (voir fiche *infra*).

La différence entre un comportement répétitif et la fidélité réside dans le fait que le premier se monnaie tandis que la fidélité se gagne. Cela explique pourquoi les cadeaux et autres avantages forfaitaires ont peu d'impact dans le temps – ils ne sont pas utiles à la valeur de la marque et ne permettent ni la réalisation de bénéfices supplémentaires, ni une diminution des coûts par rapport aux concurrents » analyse George Day.

La fidélité que nous recherchons est fondée sur la confiance. En ce sens, il ne faudra jamais oublier que la promesse d'un cadeau engage l'entreprise envers son consommateur. Cependant, menée sur une grande échelle une opération promotionnelle assortie de cadeaux peut devenir très lourde à gérer, d'où l'intérêt alors de recourir à des prestataires spécialisés compétents. L'objectif est ici le 100 % satisfaits. Or, certaines entreprises négligent parfois quelques consommateurs qui, marginaux, n'ont pas pu être satisfaits en raison d'une erreur d'identification ou d'une lacune de la logistique sur un des points de la chaîne. Si les grands médias ne se font pas systématiquement l'écho de tels désagréments, la presse consumériste ne manque que rarement de le faire.

Hormis la population des joueurs systématiques, un consommateur qui participe à un tel jeu dans le but de recevoir un cadeau, est un individu que l'entreprise est parvenue à séduire, dont elle est parvenue à obtenir la confiance, donc un consommateur déjà bien engagé sur le chemin de la fidélité. *A fortiori* lorsque celui-ci a envoyé un chèque de participation aux frais d'envoi pour un cadeau qu'il n'a jamais reçu, alors que son chèque a déjà été débité. Rares sont les opérations promotionnelles à prévoir un poste budgétaire pour le suivi client et/ou le dédommagement des clients pénalisés, dès lors qu'elles sont programmées pour être ponctuelles. C'est une grave erreur car encore une fois c'est la manifestation évidente d'une vision à très court terme, ne se préoccupant pas des retombées négatives potentielles dues à quelques inévitables ratés. On imagine sans peine le prosélytisme fervent et peu flatteur que cette consommatrice déçue pourra légitimement développer à l'encontre de Danone et/ou des marques participant aux Bingo. Plutôt que de développer une longue argumentation en faveur d'un nécessaire suivi client, il suffit de s'interroger sur le coût image avec ses répercussions probables en termes de chiffre d'affaires, par rapport au coût de ce cadeau égaré…

Autre point important, l'identification du cadeau. Dans la majorité des cas, il est possible, pour un léger surcoût, de « badger » le produit offert, autrement dit d'y inscrire le nom et/ou le logo de l'entreprise qui l'offre. Cette démarche est souvent à double tranchant, et doit être considérée avec attention. *A priori*, elle comporte l'avantage d'identifier la marque de manière permanente aux yeux du destinataire. Mais elle peut aussi rapidement être perçue comme un handicap à l'utilisation du produit si le côté trop ostentatoire du badge, par rapport à l'image de la marque, est perçu négativement par le consommateur. Des tests rigoureux s'imposent donc ici tant en matière de qualité du badge, que d'acceptabilité. Si badge il y a, il devra respecter les deux règles de base suivantes : la première est qu'un logo discret jouera toujours son rôle de lien avec la marque, sans pour autant insister sur la nature promotionnelle du cadeau. La seconde est de définir un cahier des charges très strict pour la réalisation du badge, assorti du budget nécessaire pour préserver l'image de l'entreprise. On évitera en définitive, le sticker à la sérigraphie douteuse, collé au travers et quasi-impossible à ôter sans endommager le support.

Par ailleurs, il convient de rappeler que les programmes de fidélisation sont contraints de respecter les règles afférentes aux ventes avec primes, ainsi qu'éventuellement à celles afférentes aux offres de réduction. Sur ce point juridique, il est évident que certains programmes en cours ne sont pas complètement conformes aux dispositions légales. Aussi ne peut-on qu'encourager les entreprises à passer en revue le contenu de leur programme et de saisir la malencontreuse opportunité d'un éventuel irrespect de la loi, pour faire évoluer le programme vers une formule renouvelée, donc stimulante pour les adhérents, mais surtout désormais légalement conforme.

Enfin, il faut soulever le cas des consommateurs dont la fidélité leur permet de cumuler un grand nombre de points, mais qui ne perçoivent pas l'intérêt de les consommer en réclamant les cadeaux auxquels ils ont droit. Se pose alors le problème de la pérennité de ces points. Compte tenu de la provision comptable qu'ils impliquent, il importe parfois de les faire mourir à une date déterminée. Cette décision est toujours délicate à prendre pour le responsable du programme, car derrière la non consommation de ces points peuvent se cacher de multiple raisons, qu'il serait bon de découvrir auparavant. Il peut s'agir tout simplement d'un oubli de la part du consommateur, mais il peut également s'agir d'un non-intérêt pour les cadeaux proposés.

Fiche technique récapitulative : cadeaux

Définition : Un bien ou un service est offert à un individu en échange ou remerciement de son achat d'un ou de plusieurs produits de l'entreprise.

Principaux atouts

- Vecteur potentiel d'image positive très puissant en fonction de la nature du cadeau
- Possibilités très variées et peu coûteuses en général
- Personnalisation possible du cadeau
- Couplage aisé avec d'autres vecteurs de fidélisation

Principaux inconvénients

- Nécessite un choix méticuleux du produit offert, tant du point de vue qualitatif intrinsèque que du point de vue concurrentiel
- Connotation promotionnelle négative potentielle
- Difficulté relative de trouver le badge qui assure correctement sa fonction signalétique, sans pour autant paraître ostentatoire
- Effet ponctuel sans élément de rappel, si le produit n'est pas badgé

Contrôle du retour sur investissement

Total				●				Difficile

Observation :

Dans la mesure où ils ne constituent pas le support d'une simple action promotionnelle, les cadeaux présentent une très grande souplesse d'utilisation. Dans le cadre d'une stratégie de fidélisation EPL, ils peuvent être utilisés avec un souci élevé de différenciation suivant les clients à qui on les destine.

Facilité de mise en place	
Très rapide	●
Facile	
Difficile	
Très difficile	

Vitesse de mise en place	
Très rapide	
Rapide	●
Prudente	
Lente	

Coût de mise en place	
Faible	
Moyen	
Élevé	
Variable	●

Évolution du programme	
Très facile	●
Facile	
Difficile	
Impossible	

Transposition au secteur des services	
Facile	●
Possible	
Délicate	
Impossible	

LE CROSS-SELLING

> ***Principe :*** On le qualifie parfois de vente associée. Cette technique de commercialisation consiste à proposer dans l'offre ou directement en linéaire (*cross merchandising*) des produits qui peuvent être perçus comme étant complémentaires par le consommateur, au moment de l'achat de l'un d'entre eux.

L'avantage principal de lier différents produits entre eux est que le consommateur n'a pas toujours conscience de l'utilité du produit secondaire, qui se trouve alors justifiée par le lien mis en évidence dans le cadre de l'opération. D'où le facteur de croissance potentielle du chiffre d'affaires que constitue naturellement cette technique ainsi que la fidélité sous-jacente qu'il suppose. Il importe toutefois que le lien soit réel et qu'il apparaisse logique dans l'esprit du consommateur. Il est préférable, autant que possible, d'associer deux produits permettant de mettre en valeur un effet de synergie pour le consommateur (1 + 1 = 3) et clairement perceptible par lui. Et que cet avantage ne soit pas simplement promotionnel.

Dans le secteur des services, cette approche peut aisément reposer sur l'avantage certain pour le consommateur/client, de l'unicité de ses contacts pour un ensemble de services. D'où les notions de simplicité des démarches et de gain de temps qui deviendront alors autant d'arguments commerciaux favorables. Attention, les avantages du cross-selling doivent en permanence lutter contre la perception par le consommateur/client visé, d'une réduction de son choix. Il importera toujours de rassurer le consommateur en anticipant la naissance d'un doute éventuel dans son esprit.

Internet est un vecteur très favorable au développement d'un programme de cross-selling. Lorsque comme Carrefour en France, les grands distributeurs ont imaginé la restructuration de leurs points de vente en univers, s'est rapidement posée la question du problème de multiplication des associations possibles. S'il était possible de retrouver des références dans l'univers maison et dans celui du jardin, fallait-il juxtaposer les deux univers ou dédoubler les linéaires au profit de la référence concernée ? Sur Internet, le problème ne se pose plus, puisqu'il est possible de composer différemment l'offre en fonction du chaland et pour chaque chaland. Avec un logiciel performant et une base de données bien nourrie, la technique de la vente contextuelle est relativement simple à mettre en place. L'internaute se connecte sur le service AlloCiné pour choisir le film de sa prochaine sortie et lui sont automatiquement proposés des livres, des photographies, des disques en liaison avec le film.

Toutes les bonnes librairies virtuelles proposent des centres ou des fonctions de recommandations qui vont se nourrir des informations fournies par l'internaute ou simplement stockées et analysées par rapport à sa dernière commande, afin de lui proposer une sélection d'articles qui corresponde logiquement à ses goûts, ses centres d'intérêt. Plus facile encore pour déclencher une vente croisée ou une simple augmentation du panier, le fait qu'apparaît à côté de la cassette vidéo ou du disque que l'internaute chaland vient de commander, la liste compilée des autres références (même artiste, même auteur, même collection…) que d'autres clients acheteurs du même produit ont également achetées. La tentation de céder à l'impulsion orchestrée est alors très forte.

Fiche technique récapitulative : cross selling

Définition : Offre faite au consommateur d'un bien ou d'un service Complémentaire de celui qu'il avait l'intention d'acquérir.

Principaux atouts

- Multiplicateur de chiffre d'affaires
- Facteur de rentabilité accrue dès lors que le coût de prospection est en partie éludé
- Permet de faire découvrir aux consommateurs des produits qu'ils ne connaissaient pas
- Favorable à la création de nouveaux besoins
- Facteur limitatif de la progression de la concurrence pour un producteur
- Des opérations de vente couplée permettent parfois de masquer certaines faiblesses de l'un des produits associés.

Principaux inconvénients

- Seulement adapté à certains produits naturellement complémentaires
- Implique une innovation permanente afin de compléter l'offre
- Le principe de la dérive des ventes peut être condamnable et critiqué, par les associations de consommateurs notamment
- Perception possible d'une limitation réelle ou non de son choix, par le consommateur/client

Contrôle du retour sur investissement

Total	●						Difficile

Observation :

L'une des clés du succès du cross-selling est qu'il soit en permanence suggéré, et non imposé au consommateur acheteur. D'où le rôle important des études marketing qu'il suppose afin de déterminer les associations logiques, attendues, recherchées par ces consommateurs.

Facilité de mise en place	
Très rapide	
Facile	●
Difficile	
Très difficile	

Vitesse de mise en place	
Très rapide	
Rapide	●
Prudente	
Lente	

Coût de mise en place	
Faible	
Moyen	●
Élevé	
Variable	

Évolution du programme	
Très facile	
Facile	●
Difficile	
Impossible	

Transposition au secteur des services	
Facile	
Possible	●
Délicate	
Impossible	

LE CLUB

> **Principe :** L'entreprise crée une structure dont ses clients/consommateurs peuvent devenir membres afin d'obtenir des avantages particuliers, selon des conditions générales ou des conditions particulières.

Conçu comme une technique de fidélisation, le club suppose un fonctionnement régulier et une périodicité rigoureuse des contacts avec ses membres. Un contact mensuel sous une forme ou sous une autre est en général la moyenne minimum constatée. Il comporte l'avantage de pouvoir être utilisé de deux manières distinctes :

- **niveau 1** : Le club demeure virtuel et ses membres ne sont reliés entre eux que par l'entreprise et/ou la marque. La structure n'a alors de « club » que le nom, et l'entreprise le gère comme un simple fichier de base de données.
- **niveau 2** : L'entreprise constitue un véritable lien entre les membres du club qui sont alors eux-mêmes interconnectés. La notion de groupe privilégié peut alors être développée et les effets favorables du sentiment d'appartenance peuvent alors être obtenus. En revanche, la gestion est naturellement beaucoup plus complexe pour l'entreprise.

En France, plus de 2 millions de petites filles sont rassemblées au sein du Club des Amies de Barbie chez Mattel. Une cotisation modeste leur donne le sentiment de faire partie d'un groupe de référence. Pour Mattel, c'est l'opportunité d'avoir un contact direct pour une communication efficace sur les nouveautés et autres évolutions de la gamme de produit. Une informatisation performante de la base de données permet notamment d'adresser un courrier personnalisé aux adhérentes, le jour de leur anniversaire. Le club peut aussi dépasser le simple objectif commercial, à l'exemple de la structure mise en place par France Telecom pour fidéliser ses actionnaires après les ouvertures de capital réalisées en 1997 et 1998. À ce jour près d'un quart des 2,4 millions d'actionnaires sont devenus membres du club.

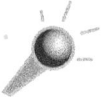

« *Afin de contourner cette volonté de zapping concurrentiel du consommateur moyen poussé par cette pléthore d'offres publicitaires, la fidélisation de l'acquis reste la seule garantie d'une marque de subsister sur le marché. Elle est le seul rempart efficace que le consommateur peut dresser face à ce "chant des sirènes" commercial. Bien entendu, tout entrepreneur vous dira que la concurrence est bénéfique au marché global et que grâce à elle il doit chaque jour se dépasser, mais qui n'a pas rêvé d'une situation de monopole (en sa faveur !) ? Le monopole étant un domaine plus que réservé, fidéliser sa clientèle et donc éviter qu'elle ne se détourne du droit chemin est pour tous non pas une solution mais une nécessité dont dépend la survie de la marque dans cette jungle concurrentielle. C'est pour cette raison que l'on voit fleurir de plus en plus de clubs (Ferrari, Porsche…) où l'élitisme et le sentiment d'appartenance sont mis en exergue, de cartes de fidélité qui donnent droit à de nombreux "privilèges", de points-cadeaux qui, cumulés, viendront récompenser le client fidèle… etc. Autant de "trucs" marketing pour obtenir ce que toute femme voudrait conserver chez son mari : une fidélité à toute épreuve* » analyse Olivier Verdure, Directeur de l'agence Apsides Communication.

L'entreprise qui se lance dans la création d'un club doit impérativement effectuer une étude de motivations préalable, auprès des clients visés, pour connaître leur opinion sur l'intérêt d'une telle structure. Nombre de clubs sont dissous quelques années seulement après leur lancement parce que non rentables. L'effet sur les adhérents est alors catastrophique en termes de fidélisation. Plus le produit et/ou son achat sont impliquants, plus le club peut se justifier. Plus le produit est un produit de grande consommation, plus le taux de renouvellement risque d'être élevé, et l'objectif de la fidélisation jamais atteint.

Le club doit être considéré comme un vecteur d'image avant tout, d'où la nécessité de lui créer dès le départ un territoire de communication spécifique puissant. Seul, ce territoire de communication propre justifiera, à terme, son existence et rendra valorisante l'adhésion. D'où le fait que de nombreux annonceurs n'hésitent plus aujourd'hui à faire payer – parfois cher – le droit d'accès à un club.

Tableau 12 :
Douze règles de base pour réussir la mise en place d'un club

1. Définir l'objectif du club (développement ou fidélisation)
2. S'interroger sur la cible concernée et ses attentes
3. Décider des critères d'entrée dans le club et définir les conditions financières d'accès
4. Déterminer le nombre critique de membres à recruter
5. Choisir la ou les marque(s) concerné(es) dans le cas d'un groupe multi-marques
6. Lister précisément les avantages offerts et les avantages payants et leur justification
7. Envisager les partenariats possibles et ceux qu'il convient d'éviter
8. Définir les modalités de gestion (interne ou externe) du club
9. Établir le budget consacré à son fonctionnement
10. Spécifier les objectifs et les indicateurs (quantitatifs et qualitatifs) de mesure
11. Tester l'ensemble du concept avant lancement
12. Prévoir dès le lancement les modalités d'évolution envisageables

La création d'un club implique la volonté de tisser une relation durable avec le consommateur. D'où la nécessité de garder le contact en permanence avec lui et de l'informer régulièrement sur la vie de l'entreprise et sur ses produits. C'est pourquoi cette technique s'accompagne généralement d'autres supports, tels que la carte de fidélité (présentée *supra*) ou le consumer magazine (présenté *infra*).

Sans ce contact permanent, le taux de renouvellement des adhésions s'effondrera et l'objectif de la fidélisation ne sera jamais atteint.

Le club Ikea family offre notamment la possibilité de bénéficier de facilités de paiement dans les magasins de l'enseigne ainsi qu'une assurance multirisques habitation. Avec plus de 250 000 membres, il est manifestement apprécié puisqu'il bénéficie d'un taux de renouvellement très confortable d'environ 70 %. Lorsque le système de gestion de la base de données des adhérents le permet, il est toujours préférable d'établir un contact personnalisé, individualisé. Le sentiment de reconnaissance se trouve naturellement amplifié.

La traçabilité est fondamentale pour pouvoir mesurer l'impact du club sur la stratégie de fidélisation. En d'autres termes, les avantages concédés aux adhérents devront pouvoir être identifiés lors de l'achat (utilisation de la carte, bons de réduction identifiés, mot de passe spécifique...) afin de pouvoir être associés à l'action initiatrice. Lorsque l'adhésion au club est gratuite, un telle traçabilité permet de repérer, à terme, les adhérents « poids lourds » qui ne rapportent rien et alourdissent le coût de fonctionnement du club. La fonction de traçabilité permettra de ne pas les solliciter à nouveau pour le renouvellement de leur adhésion ou de le faire d'une manière adaptée. D'autre part, cette impérieuse traçabilité permettra au bout de quelques années, voire quelques mois dans certains cas, de segmenter la base de données et d'offrir aux adhérents des avantages adaptés à leurs caractéristiques d'achat et en fonction de ce qu'ils rapportent réellement à l'entreprise. Au-delà de son efficacité, la stratégie EPL mise en place devient alors rentable.

Partenariat ou pas ?

L'association avec un ou plusieurs partenaires comporte un avantage énorme sur le plan de l'offre commerciale : la multiplication des avantages pour le consommateur porteur, d'où un intérêt plus grand à faire partie du club. D'où un développement potentiel du club (en nombre d'adhérents notamment) très important. Mais il comporte également un inconvénient majeur. S'il n'est pas difficile de trouver des produits ou des services complémentaires, il arrive fréquemment que les stratégies de fidélisation des entreprises/groupes impliqués ne soient pas parfaitement convergentes. D'où la solution de choix minimalistes constituant des dénominateurs communs entre les partenaires, mais freinant en général le développement du club. Quelle que soit la solution retenue, la constitution d'un club doit toujours être envisagée comme une structure souple destinée à évoluer avec les caractéristiques et les aspirations de ses membres. Le principe même de la fidélisation repose sur la pérennité, d'où la nécessaire capacité d'évolution d'une telle structure.

Fiche technique récapitulative : club

Définition : Réunion de clients ou de consommateurs suivant des conditions générales de fonctionnement déterminées pas l'entreprise.

Principaux atouts

- Simplicité d'utilisation pour les membres comme pour l'entreprise utilisatrice
- Permet une identification détaillée et évolutive du consommateur/client
- Développement d'un sentiment d'appartenance et donc de reconnaissance chez le membre
- Couplage immédiat possible avec une carte de fidélité
- Recommandé pour des produits spécifiques générant un club de taille réduite

Principaux inconvénients

- Constitution parfois lente
- Définition délicate des conditions générales et/ou particulières d'accès
- Risque élevé d'un vieillissement si gestion laxiste
- Gestion potentiellement lourde si souhait d'un suivi personnalisé des membres
- Coût potentiel important pour des entreprises situées sur un secteur de grande consommation

Contrôle du retour sur investissement

Total		●				Difficile

Observation :

Le nombre de cartes de fidélité assorties d'un club proposées au consommateur ne cesse de croître. Or, bon nombre de ces clubs ne sont que des structures de convenance. L'entreprise intéressée par ce vecteur doit donc être consciente de la suspicion légitime qu'elle pourra rencontrer chez les consommateurs visés. Il importera dès lors de développer un programme motivant en conséquence.

Facilité de mise en place	
Très rapide	
Facile	●
Difficile	
Très difficile	

Vitesse de mise en place	
Très rapide	
Rapide	
Prudente	●
Lente	

Coût de mise en place	
Faible	
Moyen	
Élevé	
Variable	●

Évolution du programme	
Très facile	●
Facile	
Difficile	
Impossible	

Transposition au secteur des services	
Facile	●
Possible	
Délicate	
Impossible	

LE PARRAINAGE

Principe : L'entreprise incite ses consommateurs/clients à se transformer en prospecteurs potentiels, et à recruter de nouveaux consommateurs. Chaque nouveau consommateur/client acquis permet au prospecteur d'obtenir cadeaux et avantages.

La technique du parrainage pourrait paraître étrange dans l'optique d'une stratégie de fidélisation dès lors que cette dernière repose à la base sur le principe opposé à celui de la prospection. Le parrainage peut cependant être considéré au titre de ces techniques, non pas pour les nouveaux clients qu'il risque de générer, mais en raison de l'implication des clients actuels, ainsi transformés en représentants de l'entreprise. C'est une technique de sensibilisation qui permet d'exploiter le bouche à oreille. D'où la puissance potentielle du pouvoir de prescription, si celui-ci peut être obtenu chez certains consommateurs/clients. Mais il ne peut correctement fonctionner que si le consommateur/client prospecteur est convaincu de l'intérêt de son action, et pas seulement parce qu'il est motivé par l'obtention du cadeau ou de l'avantage promis. Un consommateur/client prospecteur pour l'entreprise est un consommateur/client fidèle qui transmet naturellement, à l'aide de ses propres arguments, les motifs de sa fidélité. Attention toutefois, il importe de ne pas faire d'un prospecteur un ordinaire chasseur de primes, car le recrutement obtenu est alors très fragile.

Les supports du parrainage sont très variés. Les récompenses reposent le plus souvent sur des cadeaux que le consommateur/client recevra en guise de remerciements. Mais il importe toutefois que cette récompense soit : d'une part à la juste mesure de l'effort de prospection entrepris par le consommateur/client représentant ponctuel, afin de motiver son action ; d'autre part, qu'elle ne soit pas perçue comme une simple prime. C'est pourquoi un parrainage efficace doit simplement être conçu comme un outil de fidélisation et pas seulement de prospection.

Fiche technique récapitulative : parrainage

Définition : Fonction de recrutement/prospection de nouveaux consommateurs ou clients reléguée aux consommateurs/clients actuels de l'entreprise, qui obtiennent en contrepartie avantages et/ou services à titre de remerciements.

Principaux atouts

- Coût peu élevé en valeur absolue, d'autant plus qu'il est possible de le maîtriser en valeur relative (coût de l'avantage offert par rapport au bénéfice du recrutement d'un nouveau client)
- Puissant moyen d'implication des consommateurs/clients se transformant en véritables représentants de l'entreprise
- Bouche à oreille et pouvoir de conviction efficace car déconnecté du traditionnel discours commercial

Principaux inconvénients

- Bien que facile, la mise en place est parfois délicate car il faut convaincre les clients/consommateurs actuels de devenir prescripteurs
- Retour sur investissement difficile à estimer avec précision si un processus de traçabilité performant n'est pas mis en place
- Nécessite parfois la transmission de compétences au consommateur représentant

Contrôle du retour sur investissement

Total		●					Difficile

Observation :

Assez peu coûteux, au-delà de la prospection implicite, un programme de parrainage est surtout intéressant en raison de l'implication des clients actuels, qu'il génère. D'où l'importance de bien choisir l'avantage/le cadeau offert en contrepartie. L'objectif n'est pas de faire du recrutement à tout prix mais davantage de fidéliser les parrains potentiels.

Facilité de mise en place	
Très rapide	
Facile	●
Difficile	
Très difficile	

Vitesse de mise en place	
Très rapide	●
Rapide	
Prudente	
Lente	

Coût de mise en place	
Faible	
Moyen	●
Élevé	
Variable	

Évolution du programme	
Très facile	
Facile	●
Difficile	
Impossible	

Transposition au secteur des services	
Facile	●
Possible	
Délicate	
Impossible	

LA LETTRE D'INFORMATION

> ***Principe :*** L'entreprise adresse régulièrement à l'ensemble de ses consommateurs/clients une lettre contenant à la fois des informations générales, en liaison avec son secteur d'activité et des informations spécifiques sur ses produits.

On met souvent en avant le fait que la lettre d'information comporte un inconvénient majeur en ce sens où le support demeure propice à une information essentiellement factuelle, peu détaillée. Mais cet inconvénient peut être perçu comme un avantage commercial relatif si la lettre d'information est conçue de telle manière qu'elle est utilisée pour initier un contact – téléphonique le plus souvent – avec un commercial de l'entreprise. D'où le soin particulier apporté à sa rédaction, qui doit comporter des éléments suffisamment porteurs pour susciter l'intérêt du lecteur, mais également suffisamment incitateurs, pour déclencher chez lui le besoin d'une information complémentaire.

La lettre d'information doit bénéficier d'une périodicité régulière pour devenir un rendez-vous presque attendu par la cible abonnée. La mise en page ainsi que l'enveloppe d'expédition (taille, forme, couleur…), doivent demeurer pérennes afin de pouvoir la distinguer immédiatement du reste des informations commerciales reçues par le destinataire. Mais au-delà de son aspect extérieur censé favoriser la reconnaissance par le destinataire, il importe que le fond soit au niveau des espérances du lecteur. Aussi, il n'est plus rare désormais qu'un annonceur ou une agence ait recours à des plumes connues et/ou des photographes de renom. Lorsque BMW envoie un mailing à des destinataires potentiellement intéressés par sa série 7, il n'hésite pas à solliciter Paul Guth pour le rédactionnel.

Pour des raisons de coûts le plus souvent, certaines entreprises utilisent l'envoi par télécopie pour diffuser ce type de lettre. Depuis que ce nouveau vecteur de communication a vu son prix de base chuté, il n'est d'entreprise, de service, voire de bureau qui n'en soit équipé.

Au-delà de son avantage financier, ce vecteur se heurte cependant à plusieurs obstacles :

• taux d'équipement essentiellement professionnel,
• taux d'équipement encore limité dans les petites structures,
• coût partagé avec le destinataire (papier),
• personnalisation limitée,
• confidentialité quasi-impossible.

Il également possible d'expédier l'information *via* d'autres vecteurs de communication tels qu'Internet comme nous l'avons développé plus haut.

Pour des informations plus condensées, on peut également citer la solution des pagers. Si la frénésie pour la téléphonie cellulaire s'est emparée des consommateurs européens à l'instar des consommateurs nord-américains, l'engouement pour les pagers, bien que réel, fut cependant moins important, ou plus exactement, ce dernier fut freiné par la fulgurante ascension des téléphones portables. Aux États-Unis ces petits récepteurs de messages sont considérablement répandus notamment parmi les jeunes de la génération X ou de la génération Y.

Le cas Mountain Dew

La marque de soda Mountain Dew (groupe Pepsico) entreprit de l'utiliser dans le cadre d'une opération de fidélisation. Elle envoya à plus de 250 000 Gen Xers un message chaque semaine pendant six mois. Le contenu des messages était distrayant, traitant de l'actualité sportive ou de la vie de personnalités « cool. » Une incitation à contacter Mountain Dew était subtilement insérée dans le message, afin d'en faire une opération interactive, rapprochant les consommateurs de la marque. Près de 80 % des personnes bipées contactaient Mountain Dew dans les 2 heures !

Une campagne promotionnelle suivie, incitant les jeunes consommateurs à recevoir des pagers personnalisés « Xtrem Network » ainsi que des abonnements gratuits, ce qui permettait à Mountain Dew de créer son propre réseau.

Et Bruce Orr, président de TLP, agence qui organisa l'opération d'expliquer : « Nous sommes entrés dans un environnement d'hyper-marketing qui n'est pas seulement dense, à cran et agressif, mais également en perpétuel changement. La concurrence est acharnée alors que les marques revendiquent l'attention d'un consommateur cynique et débrouillard. Les consommateurs attendent plus pour leur argent et leur fidélité. En conséquence, les praticiens du marketing doivent regarder au-delà des objectifs et des modèles traditionnels s'ils entendent créer et conserver la fidélité à la marque. »

Au cas où l'entreprise souhaiterait bénéficier d'un espace plus important pour développer ses arguments, le magazine de clientèle (*consumer magazine*) peut alors être une bonne alternative.

Fiche technique récapitulative : lettre d'information

Définition : Envoi régulier à l'ensemble de ses consommateurs/clients d'une lettre contenant à la fois des informations générales, en liaison avec son secteur d'activité et des informations spécifiques sur ses produits.

Principaux atouts

- Moyen d'information rapide à faible coût brut
- Permet un contact régulier sans solliciter un temps d'attention trop important de la part du destinataire
- Information facilement personnalisable et contenu pouvant être individualisé en fonction des catégories de destinataires
- Utilisation possible de la technique dite de l'asile colis ou de l'asile facture pour réduire le coût
- Générateur aisé d'un contact commercial direct

Principaux inconvénients

- Espace de communication limité de par la nature même du support
- Assimilation possible à une ordinaire proposition commerciale si l'identification n'est pas claire
- Coût total fonction du nombre de destinataires et de la périodicité
- Conservation limitée de la part de l'abonné

Contrôle du retour sur investissement

Total				●		Difficile

Observation :

Elle se justifie pleinement lorsque le nombre de destinataires n'est pas trop important. Si certains conseils la recommandèrent aux entreprises nouvellement privatisées, pour fidéliser leur actionnariat « populaire », elle semble aujourd'hui représenter un investissement trop lourd lorsque ledit actionnariat compte plusieurs millions de porteurs.

Facilité de mise en place	
Très rapide	
Facile	●
Difficile	
Très difficile	

Vitesse de mise en place	
Très rapide	●
Rapide	
Prudente	
Lente	

Coût de mise en place	
Faible	
Moyen	
Élevé	
Variable	●

Évolution du programme	
Très facile	
Facile	
Difficile	●
Impossible	

Transposition au secteur des services	
Facile	●
Possible	
Délicate	
Impossible	

LE CONSUMER MAGAZINE

Principe : L'entreprise conçoit un magazine à l'image des titres de la presse grand public mais orienté vers l'entreprise et ses produits. Ce magazine est envoyé régulièrement aux consommateurs qui s'y sont abonnés (gratuitement dans l'immense majorité des cas). *A priori*, le principe n'est valable que si l'entreprise a suffisamment de produits différents et/ou une politique d'innovation et de communication suffisamment importante pour justifier l'utilisation du support fédérateur qu'il représente.

« L'avantage principal d'un consumer magazine est d'aborder la fidélisation de la clientèle sur un domaine non-commercial a priori où le plaisir et le divertissement tiennent une large place. C'est la meilleure garantie d'adhésion que l'on puisse apporter en matière de fidélisation » analyse Olivier Verdure, directeur de l'agence Apsides Communication.

Certes, la France a encore beaucoup de retard en la matière – notamment si on la compare à la Grande-Bretagne, pays où la percée de ce support est telle que certains sont même vendus directement en kiosque comme d'ordinaires magazines – mais le marché existe désormais bel et bien. Il suffit pour s'en convaincre de constater que les éditeurs eux-mêmes n'hésitent plus à proposer directement leurs services, concurrençant ainsi les agences de communication écrite et celles spécialisées sur le corporate. Le marché est bien là, la distinction entre « presse externe » et « presse clients » s'atténue de plus en plus, et des annonceurs de tous les secteurs sont demandeurs : le Gan diffuse *Objectif Demain*, Danone a imaginé *Danoé*, BMW informe les possesseurs d'un véhicule de la marque avec *BMW Passions*, Cegetel envoie aux abonnés de son réseau *SFR Magazine*, McDonald's communique avec *Messages* et avec *Ça se passe comme ça*, Poulain séduit les amateurs de chocolat avec *Tentations Chocolats*, La Poste édit *La Poste et Vous*, Siemens développe son identité avec *SiemenScope*, Champion diffuse *Vivre Champion*, Castorama édite *Oh! Casto*, l'Ina publie *Le magazine de l'image et du son*, 3M informe avec *Méga*, *le magazine de l'innovation*, Tati communique avec *Tati Magazine*, Alfa Laval diffuse son magazine *Here* à l'international, Orangina cible de jeunes lecteurs avec *Passions*, Accor communique dans *Le Magazine Accor*, Seat tisse avec ses clients un lien au-delà de la vente avec *Seat mag*, Trigano informe avec *Plein Air*, la Macif publie *Bonne Route*, France Telecom utilise plusieurs magazines suivant les cibles avec *Dialogues* pour les décisionnaires institutionnels, *France Télécom en actions* pour les actionnaires *Mots de passe Wanadoo* pour sa fourniture d'accès à Internet, Peugeot se repose sur *Auto Peugeot*, Canal + exploite *Le magazine des abonnés*. La Lyonnaise des Eaux France décline en 30 éditions régionales (9 millions d'exemplaires) *L'Eau et Vous*... Autre signe révélateur, dès l'automne 1998, Diffusion Contrôle[1] étudiait la possibilité de contrôler et certifier les tirages de ces nouveaux titres de presse.

Le consumer magazine ou magazine de clientèle est aujourd'hui perçu comme un outil de fidélisation si puissant que certaines marques du secteur *food* n'hésitent plus à lancer un magazine de clientèle sur une seule de leurs marques. Le groupe Nestlé a ainsi lancé en novembre 1997 un consumer magazine dédié à la seule marque Maggi. Un consumer magazine étant, au départ, l'occasion privilégiée de parler des produits de l'entreprises, l'essentiel du contenu traite des produits de l'entreprise, de leur vie et de leur évolution, des modalités d'utilisation et de consommation.

Il doit également contenir, si possible, de l'information générale – de préférence liée à l'activité de l'entreprise et/ou à sa philosophie – susceptible d'intéresser le lecteur au même titre qu'un support de presse. Attention : bien que le support soit naturellement parfaitement contrôlé par l'entreprise, on n'y trouve, en principe, pas d'informations critiques sur les produits de la concurrence. Sauf éventuellement, dans le cas de classements et/ou de tests comparatifs favorables effectués par un tiers indépendant, et simplement reproduits par le magazine. Pour constituer un vecteur de fidélisation

---

1. Diffusion Contrôle (anciennement O.J.D. : Office de justification de la diffusion) : Organisme français créé sous la forme d'une association tripartite par les annonceurs, les agences de publicité et les supports de presse en 1946 – sur les basses de l'O.J.T./Office de justification des tirages fondé en 1922 par Charles Maillard – pour contrôler et attester les chiffres de tirage et de diffusion desdits supports. Il emploi le sigle C.H.C.P pour signaler le contrôle des supports hors commission paritaire.

détaché de sa potentielle connotation publicitaire, le support impose une démarche rédactionnelle réelle. En d'autres termes, le consommateur lecteur doit percevoir le support avant tout comme un magazine d'information, plutôt que comme un simple argumentaire publicitaire en faveur du produit et/ou de la marque.

Lorsque l'entreprise se situe sur le secteur de la grande consommation, le consummer magazine est très souvent accompagné de coupons de réduction sur les produits de la marque ou du groupe. Au-delà de l'avantage qu'il représente pour le consommateur qui les reçoit parfois nominativement, ces coupons vont également permettre de développer un suivi grâce à la traçabilité qu'ils offrent, et permettre à l'entreprise de bénéficier ainsi d'indicateurs de fidélisation, tout en générant des données sur le retour sur investissement de la lecture et de l'utilisation du magazine.

S'il est prédestiné aux entreprises utilisant des bases de données comportementales qui pourront bénéficier en retour des informations obtenues à la suite d'interactions nées du journal, il peut être adressé régulièrement à tout le fichier de consommateurs/clients abonnés ou être disponible en magasin, afin de favoriser la génération de trafic sur le lieu de vente. Les consumer magazines peuvent aussi devenir un atout promotionnel mis à la disposition des distributeurs, lorsque l'entreprise utilisant un circuit de distribution long, en adresse plusieurs exemplaires à chacun d'eux ; leur laissant la liberté de les redistribuer auprès des clients qu'ils sélectionnent éventuellement.

Avantage : le coût de routage et d'expédition peu ainsi être considérablement réduit. Les entreprises de la distribution qui utilisent également cette technique ont, quant à elles, la possibilité de le faire financer directement par les annonceurs qu'elles référencent et dont il sera également question dans le magazine.

Hormis les frais de conception et la qualité du support lui-même (nombre de pages, qualité du papier, quadrichromie soignée…), le coût dépend directement du nombre de consommateurs destinataires. De ce fait, ce coût peut rapidement faire du magazine l'un des principaux postes de la communication, notamment lorsque l'entreprise se situe sur le secteur des produits de grande consommation. À titre d'exemple, lancé en 1995, le magazine trimestriel du groupe Danone, *Danoé*, est tiré à près de 3 millions d'exemplaires. Le coût du routage et de l'expédition peut alors très vite devenir insupportable. Nul ne s'étonnera, dans ces conditions, de voir parfois apparaître dans de nombreux magazines, quelques pages de publicité, pour des produits autres que ceux de la marque ou du groupe, mais qui ne sont pas concurrents. Cette solution n'est pas sans risque. Certes, tous les annonceurs font l'objet d'une sélection qui permet de ne pas porter atteinte à la marque et/ou à ses produits. Certains s'y prêtent plus facilement que d'autres. Ainsi, *Spectateur*, le magazine des cinémas UGC peut se permettre de recourir plus facilement à la publicité que *Seat mag* par exemple, notamment parce que lorsqu'un distributeur cinématographique paye pour l'insertion de l'affiche de présentation d'un film, la limite information/publicité n'est pas toujours perceptible.

Mais gare à l'argument qui consiste à dire que la présence de ces pages de publicité permet de rendre le support plus crédible, en le rapprochant un peu plus des supports de presse vendus en kiosque. L'observation est juste, tant que la pagination publicitaire est résiduelle. Mais quelle sera la réaction du consommateur, s'il retrouve demain dans son consumer magazine préféré autant de pages de publicité que dans ses magazines habituels ? Son intérêt demeurera-t-il intact ? Les utilisateurs de ce vecteur valorisant doivent rapidement se poser la question, dès lors que le consommateur sera, de surcroît, demain, le destinataire de plusieurs consumer magazines. Certains ont choisi d'être payants, comme *Epok*, le magazine de la FNAC. L'autre magazine de l'enseigne, destiné aux adhérents, *Contact* (créé en 1954), reste gratuit. *Maisons en Vie* de l'enseigne de bricolage Leroy Merlin, est lui-aussi payant, sauf pour les porteurs de la carte de fidélité. Payant, le consumer magazine se rapproche un peu plus d'un titre de presse. Offert aux seuls client fidèles, il devient un vecteur de différenciation fidélisatrice supplémentaire.

Permettant le développement d'une information de fond, il peut rapidement devenir un vecteur de communication institutionnelle pour l'entreprise, qui offrira ainsi la possibilité de détailler et expliquer les fondements de sa stratégie. C'est en ce sens qu'il est un vecteur de communication très apprécié des entreprises, puisqu'il permet en définitive de concilier communication institutionnelle, publicité et promotion en un seul et même support. Le rêve ! Attention toutefois : s'agissant d'un vecteur de communication durable et engageant officiellement l'entreprise, le contenu devra être parfaitement contrôlé, car les *errata* sont ici très difficiles et généralement peu efficaces.

Lorsque l'agence de publicité rémoise, Apsides Communication, a eu l'opportunité, en 1996, de créer un consumer magazine répondant à l'attente de groupements pharmaceutiques, la question s'est rapidement posé de savoir de quelle manière un magazine de ce type pouvait fidéliser la clientèle des pharmacies distributrices.

Olivier Verdure détaille la démarche suivie : « La réponse vient en fait en trois points : la crédibilité, l'innovation et l'esthétique. 1 – La crédibilité. Pour qu'un consumer magazine fidélise ses lecteurs et donc la clientèle, il faut que la confiance s'installe entre les "patients" et la revue. Or cette confiance ne peut être que l'aboutissement logique d'une démarche de crétinisation du magazine et plus précisément de son contenu rédactionnel. D'où l'intervention de médecins ou de pharmaciens (et non de journalistes) dans la rédaction des textes. C'est dans cette même logique que nous avons limité le plus possible les publi-rédactionnels qui ne sont, pour le consommateur averti, qu'une démonstration produit dissimulé dans un emballage rédactionnel qui ne peut donc pas apporter cette crédibilité que nous recherchions car trop "commercial". 2 – L'innovation. Un consumer magazine doit apporter à ses lecteurs un plus-produit, un nouveau concept, combler ou créer une nouvelle attente, bref innover. En analysant ce qui était proposé jusqu'ici aux clients des pharmacies, on s'est aperçu qu'il manquait un magazine indépendant et objectif, esthétique et facile à lire. Cette démarche nous a d'ailleurs permis d'obtenir un taux de fidélisation supérieur à 85 %. 3 – L'esthétique. Dans cette optique, Jérôme Edot, le directeur artistique de l'agence, s'est efforcé de rendre la revue la plus attrayante possible en essayant de rendre les mises en page aussi attractives que le contenu rédactionnel, afin d'attirer le lecteur et de l'inciter à consulter l'article qui lui-même fera passer les messages destinés à fidéliser la clientèle. CQFD. »

Fiche technique récapitulative : consumer magazine

Définition : Envoi régulier d'un magazine (gratuit le plus souvent) aux consommateurs qui s'y sont abonnés. Il comporte des informations générales mais surtout des informations sur les produits et/ou les activités de l'entreprise.

Principaux atouts
• Support d'image à forte personnalisation et archivage possible par le destinataire abonné
• Permet de pallier l'absence de couverture presse de certains produits tout en étant favorable à un traitement de fond de l'information
• Support privilégié pour les produits « impliquants » nécessitant une approche cognitive forte
• Permet de tirer profit des adresses recensées dans le SGBD de l'entreprise et/ou du groupe, et de générer un trafic potentiel au point de vente
• Déclinaison facile sur le site Internet de l'entreprise

Principaux inconvénients
• Le coût potentiellement lourd suivant la qualité, la cible et le poids (routage et expédition)
• Le retour sur investissement est difficile à mesurer, notamment pour les entreprises hors du secteur des produits de grande consommation
• Nécessite la plupart du temps des mesures d'accompagnement (bons de réduction personnalisés, invitations ...)
• Gestion de plus en plus difficile en interne

Contrôle du retour sur investissement

Total				●		Difficile

Observation :

La presse est réellement un métier à part entière, d'où l'intérêt de recourir à une agence spécialisée en la matière. La qualité des consumer magazines actuelle ne permet plus que très rarement à l'entreprise de concevoir, produire et router et expédier elle-même son magazine.

Facilité de mise en place	
Très rapide	
Facile	
Difficile	●
Très difficile	

Vitesse de mise en place	
Très rapide	
Rapide	
Prudente	
Lente	●

Coût de mise en place	
Faible	
Moyen	
Élevé	●
Variable	

Évolution du programme	
Très facile	
Facile	●
Difficile	
Impossible	

Transposition au secteur des services	
Facile	
Possible	●
Délicate	
Impossible	

LE NUMÉRO VERT

Principe : Numéro de téléphone gratuit pour le consommateur lui permettant d'entrer en relation avec un service d'information de l'entreprise. Il implique une démarche initiée par le consommateur, d'où la nécessité de bien communiquer le numéro, à l'aide d'une campagne de communication ou des packagings produits ...

La mise en place d'un numéro vert est parfois considérée comme une simple opération technique pouvant être obtenue en souscrivant ce service auprès de l'opérateur. Il ne faut pas confondre ici l'outil et la technique de fidélisation. Avant tout, pour aboutir à une technique performante, l'utilisation d'un numéro doit remplir quelques conditions :

• Le numéro doit être choisi si possible pour être facile à mémoriser. Il est courant que l'opérateur fasse alors payer à l'utilisateur un surcoût pour l'obtention d'un tel numéro.

• Il importe d'évaluer précisément les besoins techniques à mettre en place. L'image de l'entreprise dépend notamment de la facilité d'accès rencontrée par l'appelant.

• Toutes les occasions doivent être saisies pour développer la visibilité du numéro. D'où sa présence sur l'ensemble des produits et des supports des actions de communication.

• Il importe également d'insister sur la nécessaire formation des téléacteurs (internes ou externes) et sur la qualité de cette formation.

• En fonction des modalités d'utilisation du numéro, il faudra prévoir une réception multilingue. Dans le cas de zone d'activité internationale ou simplement dans le but de favoriser un marketing ethnique.

• Attention à la tentation du tout-automatique économique. Il peut être judicieux d'éviter le serveur vocal automatique déshumanisé, afin de sauvegarder l'image de l'entreprise[1].

---

1. Il ne faut cependant pas généraliser. Bull par exemple, qui reçoit chaque année en moyenne 350 000 appels, donne à l'appelant le choix d'être ou non dirigé vers le SVI (serveur vocal interactif). Pour l'appelant régulier, le SVI peut en effet devenir un moyen plus rapide de connexion avec son correspondant ou de réponse à sa question.

- Enfin, le plus important, le numéro de téléphone doit demeurer l'outil permettant de fournir, à l'autre bout du fil, un réel service aux consommateurs (accueil, conseil…)

Aussi aura-t-on compris que le numéro vert n'a véritablement d'intérêt que s'il permet d'entrer en relation avec un service consommateurs complet en matière d'information, d'assistance et/ou de réclamations (voir fiche suivante).

Pour en limiter le coût, il est possible de faire évoluer le numéro vert vers un numéro classique lorsque le service est connu et/ou le justifie, ou de choisir dès le départ une autre tarification. En France par exemple, l'opérateur France Telecom propose ainsi des numéros à coût partagé (numéro azur et numéro indigo). Réservé, il y a peu encore, aux grandes entreprises, l'arrivée de nouveaux opérateurs, comme Cegetel ou LDI Telecom SA par exemple, a permis une baisse relative du prix d'accès et d'utilisation d'un numéro gratuit. On notera toutefois que sur le plan de la communication du numéro, l'atout prix des nouveaux arrivants risque d'être pénalisé en partie par le fait que France Telecom a réservé la quasi-totalité des numéros débutant par 0800 ; une éducation du consommateur sur les nouveaux préfixes des numéros gratuits est parfois encore nécessaire.

Appel au centre du problème

Il est impossible d'évoquer l'outil de fidélisation qu'est un numéro de téléphone, sans traiter du cas particulier des centres d'appels. Si la prestation n'a rien de nouveau, elle s'est en revanche considérablement développée ces dernières années, en Europe notamment, où l'on éprouvait un certain retard comparativement aux États-Unis. Bernard Caïazzo, président du groupe qui porte son nom, estime que 90 % des grandes entreprises américaines disposent d'un call center qu'il définit comme un « centre de communication multimédia à distance entre une marque et ses clients. » On peut bien entendu expliquer la croissance de cette activité par le développement des téléservices. Mais c'est en grande partie l'externalisation qui permet de comprendre un tel engouement. D'autant plus qu'avec des centres d'appels offshore tes que Webhelp, la localisation dans les pays émergents favorise une réduction drastique des

© Éditions d'organisation

coûts, tout en permettant une accessibilité horaire d'une plus grande amplitude. Reste naturellement ensuite à valider la qualité de la prestation. Pour la majorité des entreprises, le besoin de capacités d'accueil téléphonique importantes est ponctuel ; dans le cadre d'opérations promotionnelles par exemple. Il serait dès lors très coûteux de se doter d'une capacité interne qui ne trouverait pas de motif d'utilisation la plupart du temps. Pour certains grands groupes, le recours à des centres d'appels sous-traitants permet une meilleure maîtrise des coûts, tout en ayant recours à des professionnels de l'accueil, équipés de matériels performants.

De surcroît, les nouvelles technologies sont venues se mettre au service de ces centres d'appels, afin de les rendre beaucoup plus performants en matière de gestion de la clientèle. Aujourd'hui, le couplage téléphonie – informatique (CTI) est quasiment devenu indispensable et tous disposent en général désormais d'un ACD, autrement dit d'un distributeur automatique d'appels intégré dans l'autocommutateur (PABX), afin de mieux gérer le flux des communications entrantes et de les diriger automatiquement vers les téléopérateurs disponibles. De manière à optimiser le flux des télécommunications, nombreux sont également ceux qui utilisent le filtre d'un SVI, autrement dit d'un serveur vocal interactif, pour que le consommateur appelant puisse se diriger lui-même vers l'interlocuteur *ad hoc*, en fonction de la nature de son appel. Compte tenu de la quasi-généralisation des postes téléphoniques à fréquence vocale, cette fonctionnalité est aujourd'hui accessible au plus grand nombre. Chez le distributeur américain Home-Depot, la solution du centre d'appels a été couplée à un réseau d'agents décentralisés. La mise en place d'un centre d'appels répondait au besoin logique de libérer le personnel des points de vente d'une mission d'information qui s'intensifiait, l'objectif étant de fournir une information clients d'une plus parfaite qualité.

Le consommateur des produits du groupe ne l'a sans doute pas remarqué, mais le 25 février 1998, Danone a changé de numéro de téléphone. C'est naturellement une décision qui peut éventuellement porter à conséquence, en matière de fidélisation. Mais dans le cas présent tout s'est bien déroulé. Empreint d'une démarche marketing fédératrice, Danone décidait alors de réunir ses 35 marques sous un même numéro azur, sous l'appellation « Danone Conseils. » On imagine facilement le potentiel de dizaines de milliers d'appels à gérer que cela représentait. C'est la raison pour laquelle Danone externalisa, à cette occasion, ses services consommateurs chez Convergys[1], qui estimait alors à deux ans le délai de transition complète des anciens numéros vers le numéro unique. Ne serait-ce que parce que ce numéro figure sur l'étiquette des différents produits du groupe. Pour Danone, c'était l'accès à un nouvel outil de fidélisation, puisque le numéro choisi et présent sur tous les produits du groupe était le 0801 11 12 13 ; autrement dit le 0801 DA NO NE.

Aux amateurs de stratégies de fidélisation EPL, attention toutefois ici à ne pas privilégier aveuglément la rentabilité à court terme, au détriment de l'effcacité.

« L'objectif d'un centre d'appels est double. Il doit combiner le conseil et le commercial. Je considère qu'un conseil parfaitement dispensé, qui respecte l'ensemble des codes et des processus créés pour répondre le mieux possible aux attentes d'un client, est un échec s'il n'aboutit pas à ce pour quoi il a été prescrit, c'est-à-dire une vente. Mais il ne s'agit pas de vendre pour vendre, de faire du commercial à tout venant. Toute vente doit être sollicitée par le client, en parfaite connaissance de cause, comme la concrétisation logique d'une demande correctement satisfaite » expliquait en 1999 Philippe Jean-Georges, directeur des services financiers aux particuliers, pour la France chez American Express, au magazine Centres d'appels.

Ce n'est pas remettre en question le professionnalisme des acteurs de ce marché que de soulever le problème du coeur de métier. Il ne faut jamais oublier que c'est toute l'image de l'entreprise qui peut basculer pendant un simple appel téléphonique. Être compétent pour développer un accueil rapide et convivial est une chose. Etre en mesure de se transformer en vépéciste professionnel, en ingénieur chimiste ou en courtier d'assurance spécialisé dans le risque d'entreprise en est une autre. 3 Suisses qui compte près de 900 téléopératrices dispose de son propre centre d'appels intégré. C'est souvent le cas lorsqu'au-delà de la réception d'appels, il faut par exemple enregistrer une commande. Cela

---

1. À l'époque, Convergys s'appelait encore Matrixx Marketing, filiale de Cincinnati Bell, leader mondial du centre d'appels.

suppose un lien CTI (couplage téléphonie informatique) avec la base de données centrale que l'entreprise hésite, à juste titre, à externaliser.

Le cas Taxis Bleus

Pour une activité de services comme celle des Taxis Bleus, la qualité du contact téléphonique est non seulement un facteur d'utilisation ou non du service, mais contribue également à la fidélisation potentielle du client. Son centre d'appels reçoit 15 000 à 20 000 appels chaque jour.

Et Jean-Marc Leblanc, directeur des Taxis Bleus d'expliquer que « Le callcenter, implanté à Sevran (Seine-Saint-Denis) compte une centaine de personnes dont les deux tiers affectés à l'exploitation de la plate-forme. Une cinquantaine d'opératrices se relaye 24 heures sur 24, sept jours sur sept. Les commandes proviennent à 75 % du grand public et à 25 % des abonnés [...] de manière générale, le centre d'appels connaît deux périodes de pics : de 7 heures à 10 heures et de 16 heures à 20 heures. »

Si la commande d'un taxi est le plus souvent un acte très rapide, environ 20 secondes, on aurait pu penser que l'utilisation d'un serveur vocal interactif (SVI) aurait pu être utilisé au lieu et place des téléopératrices. Toutefois, si pour les entreprises l'utilisation du SVI ne pose a priori aucun problème, les clients particuliers n'y sont favorables que pour 16 % d'entre eux. D'où le fait que les Taxis bleus ne l'utilisent qu'en période de pics d'appels.

Internet a, de surcroît, ouvert à la stratégie de fidélisation une nouvelle voie téléphonique, non envisagée à l'origine. L'internaute moyen est souvent inquiet des modalités de la transaction (voir également pages 158 et 293) et n'est pas toujours au fait des subtilités de la navigation sur le Web. Résultat : des ventes qui ne se font pas, alors que l'internaute était *a priori* disposé à acheter. C'est la raison pour laquelle on a vu se développer dès la fin des années 1990, comme sur le site de La Redoute avec le système Alloweb, des solutions de couplage Internet/téléphone. Au départ accessible à condition de disposer de deux lignes téléphoniques ou un équipement adéquat, des solutions de convergences des technologies peuvent simplifier le couplage. L'internaute peut alors solliciter l'aide d'une téléopératrice pour l'aider à surfer sur le site de l'entreprise et circuler plus efficacement. Quand on sait que dans la plupart des cas où le consommateur est en contact direct avec une opératrice, son panier moyen est plus important, la démarche trouve vite un intérêt commercial en plus de l'intérêt relationnel.

Fiche technique récapitulative : numéro vert

Définition : Numéro de téléphone gratuit pour le consommateur et lui permettant d'entrer en relation avec un service d'information de l'entreprise.

Principaux atouts

- Effet positif chez le consommateur (incitation à l'appel en moyenne 25 % à 30 % de plus qu'un numéro classique)
- Contact direct avec l'utilisateur final du produit (contourne le filtre de la distribution)
- Feed-back d'information, celle-ci pouvant être redirigée directement vers les services concernés
- Possibilité de sous-traitance (horaires plus larges, expérience des téléacteurs, coûts souvent élevés mais maîtrisés…)

Principaux inconvénients

- Appels parasitaires potentiels assez nombreux
- Implique souvent la mise en place d'un service consommateurs réel
- Le coût peut vite être élevé en fonction du nombre d'appels, mais surtout de la nature des appels (simple enregistrement ou conseil et information détaillée)

Contrôle du retour sur investissement

Total		●					Difficile

Observation :

L'externalisation est facile et rapide à mettre en place. C'est de surcroît un facteur séduisant de réduction des coûts, *a fortiori* dans l'optique des 35 heures, et encore plus dès lors qu'il est possible de délocaliser le centre d'appels à l'étranger. Il n'en demeure pas moins que dans l'optique de la fidélisation, la gestion du capital client nécessite une formation adéquate des personnels. L'économie budgétaire peut alors parfois trouver ses limites.

Facilité de mise en place	
Très rapide	
Facile	●
Difficile	
Très difficile	

Vitesse de mise en place	
Très rapide	
Rapide	●
Prudente	
Lente	

Coût de mise en place	
Faible	
Moyen	●
Élevé	
Variable	

Évolution du programme	
Très facile	
Facile	
Difficile	●
Impossible	

Transposition au secteur des services	
Facile	●
Possible	
Délicate	
Impossible	

LE S.M.S.

> **Principe :** Possibilité technologique apparue en 1992, permettant d'adresser un message (texte, chiffres ou symboles graphiques) court à une ou plusieurs personnes sur l'écran de leur téléphone mobile. *NB* : l'appellation « texto » parfois utilisée au lieu et place du sigle SMS est en réalité une marque déposée de SFR.

Élément du Mobile Marketing Mix (MMM), le SMS ou *Short Message Service* en anglais est devenu en peu de temps l'extension naturelle de la téléphonie mobile. Il constitue une version plus souple et accessible à tout détenteur d'un terminal potable, des messages envoyés auparavant sur des pagers. Il a su séduire très rapidement une population essentiellement jeune au départ et la barre des 400 milliards de messages a été franchie allégrement dès 2003. Il représente une véritable manne financière pour les opérateurs, en ce sens où le coût de « transport » est infime par rapport au prix qu'il est possible de le commercialiser auprès des utilisateurs. La société d'études Forrester Research estimait dès 2002 que pour les vingt opérateurs observés, ils représentaient déjà plus de 12 % de leur chiffre d'affaires. Mais il est probable qu'à l'avenir les marges des opérateurs diminueront avec le prix des SMS ou de leur version améliorée.

Le SMS peut servir d'outil support de la fidélisation en ce sens où il permet un lien direct avec le destinataire / client. Certaines études le créditent même d'un taux de mémorisation 4 fois supérieur à un message télédiffusé ou radiodiffusé. En France, compte tenu de l'utilisation du téléphone mobile, il ouvre un accès à un public aujourd'hui plus large (plus de 37 millions d'utilisateurs) que celui le poste fixe. Une entreprise dite « SMS agrégateur » comme Mobileway revendique plus de 90 partenariats dans le monde avec des opérateurs mobiles, ce qui lui donne virtuellement accès à près de 90% de la population mondiale utilisatrice. Mobileway est aujourd'hui devenue une société de services à part entière, afin de développer l'ensemble des technologies permettant de s'adapter à chacun des opérateurs, ainsi qu'aux évolutions technologiques générales.

Le SMS offre un accès plus personnel que le poste fixe, rattaché par nature au foyer et non directement à la personne. D'autre part, il est l'outil de fidélisation communautaire par excellence en permettant d'informer simultanément – mais pas nécessairement avec un message exactement identique – une population identifiée sur un ou plusieurs critères à un instant t. La société Biskott gère une base de données de plus d'un million de membres. 160 000 numéros de téléphones portables sont accessibles, sachant que les membres sont qualifiés sur plus de 120 critères. Le SMS est rapidement devenu un moyen idéal pour toucher et rester en contact avec une cible bien identifiée. *A fortiori* s'il s'agit d'une cible jeune, pour laquelle il est devenu un moyen de communication à part entière. Des marques comme Pepsi-Cola, Spontex, Nike, Mercedes-Benz, Nokia, Coca-Cola, Salomon, et Galeries Lafayette y ont déjà recouru. Un moyen de communication privilégié à destination des jeunes, quitte à amputer, hacher, torturer pour ne pas dire massacrer la langue de Molière, pour d'ordinaires raisons de nécessaire abréviation du message. Mais le SMS reste plus généralement symbolique de l'évolution d'une société en permanence en lutte contre le temps. Il représente un moyen d'alerte supplémentaire, d'autant plus performant qu'il est pratique car sans fil et qu'il est totalement opérationnel à distance.

En 2003, l'enseigne de la distribution Carrefour l'a utilisé pour promouvoir le lancement du rasoir Gillette Mach 3 Turbo. Le SMS a encore une image de vecteur technologique jeune, ce qui était en parfaite adéquation avec le cœur de cible de Gillette situé dans le segment 15-35 ans. Le jeu organisé *via* SMS par ScreenTonic et NetSize permettait d'entrer en contact avec des éléments de la cible et de leur renvoyer un SMS de contact. Le véadiste Internet Vente-Privée l'utilise comme *reminder* pour avertir ses adhérents de l'ouverture d'une vente. Les opérateurs de téléphonie mobile l'utilisent pour informer l'ensemble de leur abonnés de modifications concernant le réseau ou d'offres exceptionnelles. Attention toutefois dans ce cas, à ne pas tomber dans le piège d'un spamming incontrôlé. Certes le SMS arrive plus discrètement sur le terminal mobile qu'un appel classique et il est par nature moins intrusif. Mais de là à imaginer qu'il pourrait se prêter à des offres à répétition et incontrôlées serait commettre une grave erreur de jugement. Il deviendrait alors un facteur intrusif réel. C'est pourquoi il est généralement utilisé en complément d'autres vecteurs, afin de passer par l'étape de validation de l'autorisation du destinataire et pour apporter une réelle valeur ajoutée à ce qui a déjà été fait.

L'incontestable double avantage du SMS est qu'il offre un coût très abordable et qu'il est très souple d'utilisation pour entretenir un lien avec le destinataire du message. Des éditeurs comme ScreenTonic ou Neolan commercialisent des outils de gestion du marketing relationnel, offrant à un annonceur la possibilité de gérer de manière autonome ses campagnes SMS. Reste à pratiquer l'*opting in* (opt-in) indispensable du *Permission Marketing* ici, pour être certain de l'accord du destinataire avant l'envoi. Dans le cas contraire, non seulement le message risque de n'avoir aucun effet, mais pire, l'annonceur risque de subir une évaluation très négative de sa démarche, avec les répercutions néfastes potentielles sur son image. D'autant plus qu'en raison de l'interactivité offerte par la technique du SMS – et plus encore avec les MMS – le destinataire dispose d'une possibilité très appréciable de contact en retour de l'émetteur. C'est ce qu'à bien compris Orange (Groupe France Telecom) en créant sa filiale Mobile et Permission en 2001. Elle utilise une base multi-opérateurs d'utilisateurs de téléphones mobiles, mais tous ont accepté de recevoir des SMS lors de l'indication de leurs centres d'intérêt. Ainsi, sous certaines conditions, le SMS peut également être utilisé comme outil de recrutement. Des entreprises comme La Redoute ou la SNCF s'en sont déjà servi. Mobile et Permission a par exemple géré en 2002, une campagne pour le lancement de Oligo 25, un nouveau fond de teint Vichy. La campagne visait des femmes de moins de 35 ans et les invitait à se rendre en pharmacie afin d'obtenir un échantillon. 70 000 d'entre elles ont reçu un message sur leur téléphone portable. Toutes avaient préalablement indiqué un centre d'intérêt « hygiène – beauté » lors du contrôle opt-in.

Dans la plupart des stratégies multi-canal, le SMS a donc désormais sa place. La station de radio Skyrock, dont la cible est jeune, l'utilise. Recevant plus de 5.000 SMS par jour, le vecteur est devenu un élément essentiel du lien direct entre la radio et ses auditeurs. Même le ministre de l'Éducation Nationale l'a utilisé lors des grèves du Printemps 2003, pour informer directement les lycéens sur la conduite des examens du baccalauréat.

Dans quelques temps, la géolocalisation précise des terminaux portables se sera généralisée. On imagine alors aisément la puissance d'un outil comme le SMS. Car quelle que soit la qualité de la stratégie de fidélisation déployée, lorsque celle-ci peut en parallèle s'appuyer sur des reminders efficaces, elle déculpe son impact au moment de l'opportunité d'un acte d'achat. Le porteur lambda s'est déclaré intéressé par les vieux disques vyniles pop, or la géolocalisation informe l'ordinateur central qu'il va bientôt se trouver à proximité d'un disquaire revendeur de disques de collection référençant ce type d'articles. Un SMS lui est immédiatement adressé pour l'informer, un EMS lui montre la devanture de la boutique, un MMS lui permet de voir les différents rayons et de savoir comment s'y rendre facilement… Fiché, observé, contrôlé… ? Bien sûr que non, tout bon professionnel vous dira que ledit consommateur lambda est seulement… informé !

Fiche technique récapitulative : S.M.S.

Définition : Messages courts (160 caractères) alphanumériques avec ou sans symboles, envoyés sur l'écran d'un terminal mobile (un téléphone le plus souvent).

Principaux atouts

- Coût résiduel d'un envoi compte tenu de la non matérialisation physique
- Souplesse : possibilité d'adresser le même message (ou une version personnalisée) à un très grand nombre de destinataires en peu de temps
- Possibilité d'avoir un lien direct avec le client, l'abonné ou le consommateur mobile, tout en étant interactif, c'est-à-dire avec un retour d'information direct de la part du destinataire
- Peut aussi servir d'outil de recrutement

Principaux inconvénients

- Utilisation prudente nécessaire afin de ne pas subir le rejet de la part d'un destinataire non averti de l'envoi du message
- Il peut rapidement devenir un piège compte tenu de sa facilité d'utilisation et déboucher alors sur du spamming dangereux pour l'image de l'annonceur
- Durée de vie éphémère car les possibilités de conservation sont réduites

Contrôle du retour sur investissement

Total		●					Difficile

Observation :

Après l'amélioration des EMS (*Enhanced Message Service*) qui proposaient d'attacher une photographie au message, les MMS (*Multimedia Message Service*) représentent aujourd'hui la possibilité d'adresser un message sans limitation de nombe de caractères, convial, dynamique et potentiellement plus interactif. Il nécessite toutefois l'utilisation de transmission réseaux par paquets et de terminaux dédiés, contrairement au SMS.

Facilité de mise en place	
Très rapide	●
Facile	
Difficile	
Très difficile	

Vitesse de mise en place	
Très rapide	●
Rapide	
Prudente	
Lente	

Coût de mise en place	
Faible	
Moyen	●
Élevé	
Variable	

Évolution du programme	
Très facile	●
Facile	
Difficile	
Impossible	

Transposition au secteur des services	
Facile	●
Possible	
Délicate	
Impossible	

LE SERVICE CONSOMMATEURS

Principe : Service mis en place au sein d'une entreprise afin d'instaurer un contact permanent avec les consommateurs, en étant à l'écoute de leurs remarques, leurs critiques, leurs réclamations et de manière à les informer au mieux sur les produits et les services de l'entreprise. Il a également la charge des relations avec les associations de consommateurs, les organismes officiels concernés par la commercialisation des produits de l'entreprise, et éventuellement les médias.

Si l'idée n'est pas récente, elle est considérablement renforcée par l'intensification de la concurrence et le ralentissement économique. Un marché plus étroit impose au minimum que l'on conserve les points de parts de marché acquis. Ce qui explique le développement recent de ces services et surtout l'amélioration de leur disponibilité et l'accroissement de leurs compétences (service 24h/24, 7 jours sur 7, accès direct à des techniciens de haut niveau…). Un bon service consommateurs ne doit pas être conçu comme un simple service destiné à recueillir les réclamations des consommateurs/clients déçus par l'entreprise et/ou l'un de ses produits. Il doit permettre d'établir un contact direct et permanent avec l'ensemble des consommateurs/clients de l'entreprise, afin que ces derniers trouvent naturel de contacter l'entreprise, pour avoir plus d'information sur tel ou tel de ses produits et/ou sur ses modalités d'utilisation.

« L'objectif poursuivi par la création d'un service consommateurs ne saurait être d'accroître le chiffre d'affaires de l'entreprise, du moins en tant qu'objectif premier. Il s'agit de mettre l'entreprise en accord avec les nouvelles attentes des consommateurs » observe Yves Renoux.

Il n'y a pas de règle sur la nature des appels. Cela dépend essentiellement de la nature de l'activité de l'entreprise et bien entendu de sa cible principale (grand public ou professionnels). En temps normal, plus de 50 % des contacts au service consommateurs de Coca-Cola concernent l'entreprise, son histoire, son origine… et moins de 4 % les produits de la marque directement. En revanche,

391

chez le spécialiste de l'alimentation canine Royal Canin, 60 % des appels concernent directement les produits ou les points de vente. Cela signifie que si l'infrastructure de base perdure d'un service consommateurs à l'autre, les caractéristiques de son intervention vont pouvoir différer fondamentalement d'une entreprise à l'autre. Une fois encore, une parfaite identification des besoins de la cible sera nécessaire *a priori*, pour une mise en place adaptée. Mais il importera également d'étudier l'éventuelle évolution des demandes, afin d'adapter la formation des employés pour maintenir la performance du service.

Tableau 13 :
7 Clés pour rendre un service consommateurs performant

① • **L'accessibilité est facile, rapide et si possible gratuite** (un numéro vert ou au minimum azur s'impose, si l'entreprise se trouve sur le secteur de la grande consommation)

② • **L'accueil téléphonique ou postal est soigné** (certaines entreprises comme Gateway n'hésitent pas à prévenir le consommateur que leur appel est enregistré pour contrôler la prestation de leur interlocuteur)

③ • **Le suivi des contacts est rapide** (si le service consommateurs se borne à un répondeur-enregistreur consulté une fois par semaine, mieux vaut se passer de service consommateurs)

④ • **La remontée des informations est précise et rapide** (le service consommateurs accueille des questions et des réclamations concernant différents services de l'entreprise, qui devront être en mesure de prendre éventuellement le relais dans les meilleures conditions)

⑤ • **Les réponses sont conditionnées par l'objectif de la fidélisation** (les employés impliqués ne sont pas de simples standardistes, les remontées d'information doivent bénéficier, à tous les niveaux, à la proposition commerciale de l'entreprise)

⑥ • **L'ensemble des informations est analysé et recoupé** (le service consommateur n'est un pas le terminal de convois de données archivées pour la postérité, les remontées d'information doivent bénéficier, à tous les niveaux, à la proposition commerciale de l'entreprise)

⑦ • **Les services de l'entreprise sont coordonnés autour de la fonction** (sans coordination de l'ensemble des services de l'entreprise, pas de mise à profit réelle de l'information obtenue ; ce qui implique : prise en considération au niveau stratégique et interactivité parfaite entre-les différents services et le service consommateurs)

Au-delà de ces précautions initiales, le service consommateurs est très certainement l'un des plus puissants outils de fidélisation du consommateur si au minimum, sept conditions essentielles sont remplies (voir encadré).

Le service consommateurs doit être conçu comme la présence d'un avocat indépendant permanent du consommateur, à demeure dans l'entreprise. Il doit permettre de déceler toutes les sources de défection potentielle des consommateurs/clients, afin de corriger l'offre et/ou la relation commerciale, avant qu'elle ne suscite définitivement la défection.

> « La satisfaction de la clientèle devient un élément primordial. Elle passe par diverses techniques de fidélisation (cartes privatives, couponing électronique...) et par l'existence d'un service consommateurs. C'est là-dessus que demain se fera la différence » explique Pascal Tham Tham, chez le distributeur Casino.

On comprend dans ces conditions, que si un serveur vocal peut être l'un des outils à la disposition du service consommateurs, il ne peut à lui seul constituer le service consommateurs.

> Spécialiste des services consommateurs, Dominique Grenier défend l'idée d'une « pro-activité dans le contact direct avec le consommateur, pour enrichir la relation avec l'Être consommateur. » Il explique qu'en tant quel fédérateur de la défense du consommateur, « le service consommateurs doit se positionner en interne comme incontournable en tant qu'expert consommateur, entre direction générale, direction marketing et direction de la communication. Il devra garder une indépendance politique et opérationnelle maximale afin de continuer à "comprendre" le consommateur tout en agissant pour l'essor de l'entreprise, a fortiori si le service est rattaché au marketing. »

Parce qu'il n'offrira aucun intérêt réel en matière de fidélisation s'il ne permet pas le suivi des contacts, un bon service consommateurs ne peut être envisagé sans le recours à un système de gestion de base de données performant (voir partie 3). Dans certains cas, comme par exemple le cas des industriels de l'agro-alimentaire, il peut même permettre la constitution de fichiers de consommateurs jusqu'alors peu et/ou mal connus. De tels fichiers pourront, *a posteriori*, servir à des opérations de marketing direct. Encore faut-il se doter des moyens nécessaires d'une telle gestion de la relation clients. Le service consommateurs d'un industriel (exemple : secteur de l'électroménager grand public) peut recevoir en moyenne 300 contacts/jour, chaque jour de l'année, ce qui signifie qu'il faut être en mesure de pourvoir assurer la logistique des appels. L'objectif du service consommateurs étant de suivre les observations, réclamations et critiques émanant du consommateur/client, l'informatique permettra même, dans la plupart des cas, une gestion quasiment en temps réel. Le service consommateurs se transforme alors en contre-feu potentiel permanent.

Si la formation des personnels en première ligne est efficace, il peut devenir l'outil d'une procédure d'alerte permanente particulièrement salutaire, dont l'entreprise peut bénéficier pour réagir avant que les défections ne se multiplient. Lorsqu'une réclamation est satisfaite, 55 % des clients rachètent le produit, d'après la société Téléperformance. Si 45 % ne rachètent pas, l'intervention du service consommateurs permet au moins de limiter fortement les effets néfastes d'un prosélytisme négatif. Dans cette optique, une réclamation peut donc être considérée comme un atout pour l'entreprise en faveur de la fidélisation.

En moyenne, 1 client mécontent sur 2 ne se plaindra pas et abandonnera silencieusement l'entreprise et/ou ses produits. Une réclamation est donc avant tout une chance unique d'identifier ce client mécontent. Elle doit par conséquent être considérée comme une opportunité pour le service consommateurs d'expliquer, de s'excuser au besoin, d'essayer de réparer, de dédommager. Dans l'immense majorité des cas, le coût est résiduel, comparé à la fidélité qui, corrélativement, animera alors le consommateur satisfait de la reconnaissance dont il a bénéficiée. Le service consommateurs ne doit pas non plus être considéré comme un coût, mais comme une opportunité réelle de chiffre d'affaires potentiel et dans le meilleur des cas comme un véritable centre de profits.

« Dans le développement d'une relation de fidélisation, il est souhaitable de privilégier l'humain (lien social) et le qualitatif de l'échange (écoute intelligente et proactive) plutôt que des guides d'entretien ou outils techniques pré-établis. En utilisant les techniques et outils du marketing relationnel, le but à atteindre est d'assurer une communication relative à l'image de la marque ou de l'entreprise (valeurs, personnalité) en jouant sur un objectif de pérennité et non de court terme (en formant en ce sens le personnel en front office) » préconise Dominique Grenier, spécialiste des services consommateurs.

Fiche technique récapitulative : Service consommateurs

Définition : Service mis en place pour établir un contact potentiel permanent entre une entreprise et ses consommateurs, en étant à l'écoute de leurs remarques, leurs critiques, leurs réclamations et de manière à les informer au mieux sur les produits et les services de l'entreprise.

Principaux atouts

- Excellente source d'information permettant le rapprochement et la collaboration inter-services
- Centralise des réclamations et autres contestations et permet leur gestion rigoureuse et cohérente
- Couplage possible avec la constitution d'une base de données
- Autorise la détection de crise et l'anticipation de nombreux problèmes (liés aux produits et/ou à l'entreprise)
- Levier potentiel de ventes futures
- Outil d'information et source de formation des personnels de l'entreprise

Principaux inconvénients

- Investissement parfois élevé si l'on souhaite un service efficace
- Implique une formation de haut niveau ainsi qu'une responsabilisation des personnels de contact
- Nécessite un SGBD performant pour pouvoir exploiter les masses d'informations recueillies

Contrôle du retour sur investissement

Total				●		Difficile

Observation :

Dans un monde où la surinformation est un fait ordinaire, le service consommateurs est un canal privilégié qui autorise un contact interactif protégé avec le consommateur. Non seulement il permet de faire remonter à l'entreprise une précieuse information, mais il peut aussi devenir une source d'information utile pour le consommateur.

Facilité de mise en place	
Très rapide	
Facile	
Difficile	●
Très difficile	

Vitesse de mise en place	
Très rapide	
Rapide	
Prudente	●
Lente	

Coût de mise en place	
Faible	
Moyen	
Élevé	●
Variable	

Évolution du programme	
Très facile	
Facile	
Difficile	●
Impossible	

Transposition au secteur des services	
Facile	●
Possible	
Délicate	
Impossible	

PRINCIPALES RÉFÉRENCES BIBLIOGRAPHIQUES

Aaker David « Building a brand : the Saturn story » *California Management Review* Volume 36, n° 2, 1994.

Aaker David « Managing brand equity » Éditions The Free Press, New York, NY, États-Unis (1991).

Abela Andrew V. et A. M. Sacconaghi Jr. « Current research : Value exchange : The secret of building customer relationship on fine » *The McKinsey Quaterly*, n° 2, 1997, pp. 216-219.

Adams Doug « Efficient Consumer Response "Retailers'new competitive weapon" » *in* Marketing Encyclopedia – Issues & trends shaping the future, Éditions American Marketing Association, NTC Business Books, Chicago-Lincolnwood, Il, États-Unis (1995).

Adler Carlye « A killer idea : Upromise » *Fortune* du 1er février 2003.

Adler Johannes «Action-based system to maintain customiser loyalty» *Marketing and Research Today* Volume 24, n° 1, février 1996, pp. 4-l0.

Aho Williamson Debra « Program rewards frequent visitors : Sports-Line USA develops way to create loyalty and grow data base » *Advertising Age* du 17 Mai 1999.

Allen Sarah « Call tenter location : history versus mobility » *Customer contact solutions* Volume 1, n° 5, Juin 1999.

Almquist Eric, Carla Heaton et Nick Hall « Making CRM make money » *Marketing Management* Vol. 11, numéro 3, mai-juin 2002, pp. 16-21.

Amine Abdelmajid « Product knowledge, consumer knowledge, and brand loyalty : some empirical evidence about their relationships » in New Developments and Approaches in Consumer Behaviour Research, Ingo Balderjahn, et. al. (eds) Editions Schäffer-Poeschel Verlag, Stuttgart, Allemagne (1998), pp. 169-184.

Amine Abdelmajid « Consumer's true brand loyalty : the central role of commitment » *Journal of Strategic Marketing*, Volume 6, n° 4, 1999, pp. 305-319.

Anderson Eugene W. et Mary W. Sullivan « The antecedent and consequences of customer satisfaction and consequences for firms » *Marketing Science* Volume 12, n° 2, 1993, pp. 125-143.

Anderson Eugen W. et Vikas Mittal « Strengthening the satisfaction-profit chain » *Journal of Service Research* Vol. 3, numéro 2, novembre 2000, pp. 107-120.

Anderson James C. « Relationships in Business markets : Exchange episodes, value creation, and their empirical assessment » *Journal of the Academy of Marketing Science* Volume 23, n° 4, Automne 1995, pp. 346-350.

Anderson James C. et James A. Narus « BusinessMarketing : understand what customiser value » *Harvard Business Review* Volume 76, n° 6, Novembre 1998, pp. 53-65.

Anderson James C. et James A. Narus « Capturing the value of supplementary Services » *Harvard Business Review* Volume 73, n° 1, Janvier 1995, pp. 75-83.

Andreasen Alan R. « A taxonomy of consumer satisfaction, dissatisfaction measures » *in* « Conceptualization and measurement of consumer satisfaction and dissatisfaction » H.K. Hunt (ed) Éditions Marketing Science Institute, Cambridge, MS, États-Unis (1977).

Andreasen Alan P. et Jean Manning « The dissatisfaction and complaire behavior of vulnerable consumers » *Journal of Consumer Satisfaction, Dissatisfaction and Complaining Behavior* Volume 3, 1990, pp. 12-20.

Andreason Alan R. « Consumer responses to dissatisfaction in loose monopolies » *Journal of Consumer Research* Volume 12, Septembre 1985, pp. 135-141.

Anthony Michael « More custumers or right customers : your choice » *Marketing News* du 31 Août 1998.

Antoniou Tony « Drilling or mining ? Handling and analysis of data betterave now and the year 2000 » *Marketing and Research Today* Volume 25, n° 2, Mai 1997, pp. 115-120.

Associated Press « Amazon offers refunds for recommended books » *The New York Times* du 9 Février 1999.

Auphan Georges « Fidéliser les clients en les écoutants » *LSA* n° 1590 du 25 Juin 1998.

Aurier Philippe « Recherche de variété : un concept majeur de la théorie marketing » *Recherche et Applications en Marketing* Volume VI, n° 1/1991, pp. 85-106.

Badot Olivier et Bernard Cova « Communauté et Consommation : Prospective pour un "marketing tribal" », *Revue Française du Marketing* n° 151, 1995, pp. 5-17.

Baig Edward, Marcia Stephanek et Neil Gross « Privacy : The Internet wants to know all about you. What should you reveal ? » *BusinessWeek* du 5 Avril 1999.

Baldinger Allan « Measuring brand equity for endurance profitable growth : the research contribution » Actes du séminaire ARF « Brand Equity Research » Advertising Research Foundation, New York, NY, États-Unis (1993).

Baldinger Allan et Joel Rubinson « Brand loyalty : the link bettween attitude and behavior » *Journal of Advertising Research* Volume 36, n° 6, Novembre 1996, pp. 22-34.

Ballon Marc « Hot start-ups : petal plushers » *Inc.* du mois de Juillet 1999.

Band William A. « Creating value for customers » Éditions Wiley – Coopers Lybrand, New York, NY, États-Unis (1991).

Barbaux Aurélie « Quel moyen de paiement pour le Net ? » *Internet Professionnel* n° 24 du mois d'Octobre 1998.

Barlow Franck G. « A frequency marketing forecast » *Advertising Age* du 3 Mai 1999.

Barlow Richard G. « Frequency marketing making the most of your customer base » *in Marketing Encyclopedia – Issues & trends shaping the future, Éditions American Marketing Association, NTC Business Books*, Chicago-Lincolnwood, Il, États-Unis (1995).

Barlow Richard « Relationship marketing : the ultimate in customer services » *Retail Control* du mois de Mars 1992, pp. 29-37.

Barwise Patrick et Sean Meehan « De l'importance de la perception de la valeur par le client » *in* L'art du Marketing, Volume 1, *Les Echos*, Vendredi 16 Avril 1999.

Bass Franck « The theory of stochastic preference and brand switching» *Journal of Marketing Research* Volume 11, Février 1974, pp. 1-20.

Bathelot Bertrand « Bâtir la confiance d'un site» Dossier *abc-netmarketing* du mois d'Avril 1999. « http : www. Abc-netmarketing. com/ manuel/cadstrat. htm »

Bauchard Florence « Glaxo Wellcome gère avec succès l'après Zantac grâce à de nouveaux produits » *La Tribune* du Vendredi 19 Février 1999.

Baudrillier Marc « La percée des consumer magazines » *Stratégies* n° 1068 du 11 Septembre 1998.

Bauer Hans H., Grether Mark et Leach Mark « Customer relations through the Internet » *Journal of Relationship Marketing* Vol. 1, numéro 2, 2002, pp. 39-55.

Bayers Chip « The inner Bezos » *Wired* du mois de Mars 1999.

Bearden William et Richard L. Oliver « The role of public and private complaining in satisfaction with problem resolution » *Journal of Consumer Affairs* Volume 19, n° 2, 1990, pp. 222-240.

Beausejour Denis F. « Procter & Gamble : Branding and bonding beyond the banner » Colloque Ad-Tech Conference, le 7 May 1998.

Belot Laurence et François Bostnavaron « Jack Greenberg : McDonald's doit changer car ses consommateurs changent » *Le Monde* du 27 Janvier 1999.

Bénavent Christophe « Gérer le porte-feuille clients : une application au Benelux » *Décisions Marketing* n° 4, janvier – Avril 1995, pp. 35-45.

Bénavent Christophe « Marketing one-to-one : un entretien avec Don Peppers » *Décisions Marketing* n° 16, janvier 1999, pp. 67-69.

Bénavent Christophe et Dominique Crié « Mesurer l'efficacité des cartes de fidélité » *Décisions Marketing* n° 15, Septembre – Décembre 1998, pp. 83-90.

Benouaich Yves « Les consumer magazines » Éditions LPM, Paris (1999).

Benoun Marc et Marie-Louise Héliès-Hassid « L'ECR : l'ombre d'un doute » *Décisions Marketing*, n° 15, pp. 77-81.

Berdie Douglas R. « Customer Satisfaction success » *Marketing Management* Vol. 12, numéro 3, mars-avril 2003, pp. 21-25.

Bergadaa Michelle, Stéphane Graber et Hans Mühlbacher « La confiance dans la relation tri-partite vendeur-client-entreprise » 15ᵉ Congrès International de Strasbourg, AFM, 19-20 Mai 1999, actes pp. 283-299.

Bergeron Jasmin « Les facteurs qui influencent la fidélité des clients qui achètent sur Internet » *Recherche et applications en marketing* Vol. 16, numéro 3, 2001, pp. 39-53.

Berny Laura « Jean-Claude Lechanoine : "L'organisation par mode de distribution est périmée"» *Les Echos* du 30 Avril 1999.

Berry Leonard et Neeli Bendapudi « Clueing in customers » *Harvard Business Review* Vol. 81, numéro 2, février 2003, pp. 100-106.

Berry Leonard « relationship Marketing of Services – Perspectives from 1983 and 2000 » *Journal of Relationship Marketing* Vol. 1, numéro 1, 2002, pp. 59-77.

Berry Leonard « Services marketing is different » *Business* Volume 30 du mois de Mai 1980, op. 24-29.

Bertrand Philippe et Olivier Costil « Jean-Hugues Loyez, L'avis du leader européen sur... » *LSA* n° 1590 du 25 Juin 1998.

Bessen Jim « Riding marketing information wave » *Harvard Business Review* Volume 71, n° 5, Septembre 1993, pp. 150-160.

Bettman James R., Mary Frances Luce et John W. Payne « Constructive consumer choice processes » *Journal of Consumer Research* Volume 25, n° 3, Décembre 1998, pp. 187-217.

Bhattacharya C.B. « When customers are members : customer retention in paid membership contexts » *Journal of the Academy of Marketing Science* Volume 26, n° 1, 1998, pp. 31-44.

Bhattacharya C.B. et Sankar Sen « Consumer-company indentification : a framework for understanding consumers' relationships whith companies » *Journal of Marketing* Vol. 67, numéro 2, avril 2003, pp. 76-88.

Biong Harald « Satisfaction and loyalty to suppliers within the grocery trade » *European Journal of Marketing*, Volume 27, n° 7, 1993, pp. 21-38.

Bishop Bill « Strategic marketing for the Digital Age » Éditions American Marketing Association/ NTC Contemporary Publishing, Lincolnwood, IL, États-Unis (1998).

Bitner Mary Jo « Building service relationships : it's all about promises » *Journal of the Academy of Marketing Science* Volume 23, n° 4, Automne 1995, pp. 246-251.

Blankenhorn Dana « Database targeting has yet to proue it aids bottom line » *Advertising Age* du 1er Mars 1999.

Blankenhorn Dana « Marketing by e-mail : new packages allow marketers to target their messages » *Business Marketing* du mois de Décembre 1998.

Blattberg Robert C. et John Deighton « Manage marketing by the customer equity tests » *Harvard Business Review* Volume 74, n° 4, juillet 1996, pp. 136-144.

Blodgett Jeffrey G. et Donald H. Granbois « Toward and integrated conceptual model of consumer complaining behavior » *Journal of Consumer Satisfaction, Dissatisfaction and Complaining Behavior* Volume 5, 1992, pp. 93-103.

Bodin Claire et Jean-Michel Bulot « Mesure de satisfaction client en business to business » *Revue Française du Marketing* n° 144-145, 1993/4-5, pp. 171-179.

Bolfing Claire P « How do consumers express dissatisfaction and what can service marketers do about it ? » *Journal of Services Marketing* Volume 3, Printemps 1989, pp. 5-23.

Bolton Ruth N., P.K. Kannan et Matthew D. Bramlett « Implications of loyalty program membership and service experiences for customer retention and value » *Journal of the Academy of Marketing Science* Vol. 28, numéro 1, Hiver 2000, pp. 95-108.

Bolton Ruth N. et Katherine N. Lemon « A dynamic model of customers'usage of services : usages as an antecedent and consequence of satisfaction » *Journal of Marketing Research* Vol 36, Mai 1999, pp. 171-186.

Boss Jean-François, Yves Evrard, Julien Levy, Delphine Manceau « Les politiques de satisfaction des clients : une recherche exploratoire » XIe Congrès de l'Association Française du Marketing, Reims, 1995, Actes Volume 11, pp. 997-1026.

Boulaire Christèle et Pierre Baffolet « Freins et motivations à l'utilisation d'Internet : Une exploration par le biais des métaphores » *Recherche et Applications en Marketing* Volume 14, n° 1, 1999, pp. 21-39.

Bozzo Cécile « Fidélité, rétention et inertie des clients industriels : proposition d'un modèle conceptuel » 15e Congrès International de Strasbourg, AFM, 19-20 Mai 1999, actes pp. 911-929.

Brandt Randy « Satisfaction studies must measure what the customer wants and expects » *Marketing News* du 27 Octobre 1997.

Breton Philippe/PHB Consultants « MDD : les supers font plutôt mieux que les hyper » *LSA* n° 1585 du 21 mai 1998.

Briançon Pierre et al. « Commerce électronique : la révolution à laquelle vous n'échapperez pas ! » *L'Expansion* n° 596 du 29 Avril 1999.

Briller Frédéric « Eric Maréchalle : 46 000 heures pour mieux écouter les clients de C & A » *Les Echos* du 30 Mars 1999.

Briones Maricris G. « Customer service the key to on-line relationships » *Marketing News* du 23 Novembre 1998.

Briones Maricris G. « IT, privacy issues will challenge direct marketers » *Marketing News* du 7 Décembre 1998.

Brizard Emmanuel « Les stratégies et les études de satisfaction » *Revue Française du Marketing* n° 142-143, 1993/2-3, pp. 167-172.

Brohier Joëlle et Francis Salerno « Bases et mégabases de données : la nouvelle force des marques » *Décisions Marketing* n° 7, janvier 1996, pp. 37-45.

Brown Eryn et al. « Nine ways to win on the Web » *Fortune* du 24 Mai 1999.

Brull Steven V. « A Net gain for Gateway ? » *BusinessWeek* du 19 Juillet 1999.

Butscher Stephan A. « Limited loyalty programs create strategic databases » *Marketing News* du 27 Octobre 1997.

Butscher Stephan A. « Loyalty programs can work for b-to-b customers, too » *Marketing News* Volume 32, n° 13 du 22 Juin 1998.

Byrnes Nanette et Paul C. Judge « Internet anxiety : old-line companies rush to a new business model » *BusinessWeek* du 28 Juin 1999.

Cahill Dennis J. « Relationship marketing ? But all I wanted was a one-night stand » *Marketing News* du 14 Septembre 1998.

Caïazzo Bernard « Call center ou centre d'appels ? » *Centres d'appels* n° 1, du mois d'Avril 1998.

Callahan Sean « E-branding : Cutting-edge players push Web branding beyond the banner » *BusinessMarketing* du mois de Juillet 1999.

Candito Peter « How to make your database generate the most revenue » *Business Marketing* du mois de Mai 1998.

Caplan Barbara « The consumer speaks – who's listening ? » *Arthur Andersen Retailing Issues Letter* N° 5 du mois de Juillet 1993.

Cappelli Patrick « L'aéroport intelligent est né » *Logistique Magazine* n° 134 du mois de janvier 1999.

Carman James M. « Correlates of Brand Loyalty : some positive results » *Journal of Marketing Research* Volume 7, Février 1970, pp. 67-76.

Carpenter Gregory S. « Changer les règles du jeu » *in* L'art du Marketing, Volume 1, *Les Echos*, Vendredi 16 Avril 1999.

Capraro Anthony J., Susan Broniarczyk et Rajendra K. Srivastava « Factors influencing the likelihood of cutomer defection : the role of consumer knowledge » *Journal of the Academy of Marketing Science* Vol. 31, numéro 2, Printemps 2003, pp. 164-175.

Carton Sean « The Holy Grail of market research » *ClickZNetwork* du 7 Juillet 1999.

Carvajal Doreen « Amazon.com plans to revise its ad program » *The New York Times* du 10 Février 1999.

Carvajal Doreen « For Sale : Amazon.com's recommandations to readers » *The New York Times* du 8 Février 1999.

Caulier Sophy « Les concurrents de Microsoft passent à l'offensive » *La Tribune* du Mercredi 16 Septembre 1998.

Cavero Sandra et Javier Cebollada « Loyalty and price elasticity. A segmentation analysis » *Marketing and Research Today* Volume 28, n° 1, Février 1999, pp. 15-21.

Cégarra Jean-Jack et Dwight Merunka « Les extensions de marque : concepts et modèles » *Recherche et Applications en Marketing* Volume 8, n° 1, 1993, pp. 53-76.

Chain Christophe « Le trade marketing à l'épreuve des faits » *Revue Française du Marketing* n° 165, 1997/5, pp. 5-10.

Chapuis Dominique « Pizza Hut met ses clients sur orbites » *La Tribune* du 28 Avril 1999.

Chaudhuri Arjun et Morris B. Holbrook « The chain of effects from brand trust and brand affect to brand performance : the role of brand loyalty » *Journal of Marketing* Vol. 65, numéro 2, avril 2001, pp. 81-93.

Chavanne Renaud et Laurent Paris « Internet accélère la concurrence bancaire » *La Tribune* du Jeudi 8 Avril 1999.

Child Peter, Robert J. Dennis, Timothy C. Gokey, Tim I. McGuire, Sherman Mike et Singer Marc « Can marketing regain the personnal touch ? » *The McKinsey Quaterly*, n° 3, 1995, pp. 112-125.

Chinardet Claude « Le trade marketing en cinq réponses » *Revue Française du Marketing* n° 167, 1998/2, pp. 77-90.

Chiou Jyh-Shen, Cornelia Droge et Sangphet Hanvanich « Does customer knowledge affect how loyalty is formed ? » *Journal of Service Research* Vol. 5, numéro 2, novembre 2002, pp. 113-124.

Christiani Arhur et al. (eds) « Exploring brand equity » Éditions Advertisjng Research Foundation, New York, NY, États-Unis (1995).

Clausing Jeri « Want more online privacy ? join the crowd » *The New York Times* du 22 Août 1998.

Coheni Joel B. et Michael J. Houston « Cognitive consequences of brand loyatly » *Journal of Marketing Research* Février 1972, pp. 97-99.

Collectif « Building brand loyalty » Dossier spécial Premiums & incentive, *BusinessMarketing* du mois de Mai 1998.

Collectif « Cryptography policy : the guidelines and the issues » Éditions de l'OCDE, Paris (1998).

Collectif « Do brands matter ? Marketers say "yes", others are less sure » *The Executive Issue* n° 3, Management Center Europe, Printemps 1999.

Collectif « Le marketing one-to-one » Éditions A Jour, Paris (1999).

Collectif « *Oscars LSA* : le cru 1999 » LSA n° 1625 du 8 Avril 1999.

Collectif « The logic of product-line extensions » *Harvard Business Review* Volume 72, n° 6, Novembre 1994, rubrique « Perspectives » pp. 53-52.

Collectif « Un temps d'avance pour les agences de marketing relationnel » *CB News*, supplément au n° 510 du 2 Février 1998.

Collectif « Les incidences économiques et sociales du commerce électronique : Résultats préliminaires et programme de recherche » Éditions de l'OCDE, Paris (1999).

Colombat Catherine « Suivez la mode du consumer mag » *L'Essentiel du Management* n° 42 du mois d'Août 1998.

Conlin Michell « Newellizing Rubbermaid » *Forbes Global* du 31 Mai 1999.

Corstjens Marcel et Rajiv Lal « Building store loyalty through store brands » *Journal of Marketing Research* Vol. 37, numéro 3, août 2000, pp. 281-291.

Court David C., Mark G. Leiter et Mark A.Loch « Brand lever age » *The McKinsey Quaterly*, n° 2, 1999, pp. 100-110.

Courtois Thierry « Le client fixe les règles du jeux» *Logiciels & Systèmes* n° 36, Mars 1999.

Cousteau Libie « Bases de données : une mine à exploiter » *Enjeux Les Echos* du mois de Septembre 1998.

Craft Stephen H. « Marketers gain by measuring true loyalty » *Marketing News* du 10 Mai 1999.

Crié Dominique « Un cadre conceptuel d'analyse du comportement de réclamation » *Recherche et applications en marketing* Vol. 16, numéro 1, 2001, pp. 45-63.

Crié Dominique « Rétention de clientèle et fidélité des clients » *Décisions Marketing* n° 7, Janvier 1996, pp. 25-30.

Crié Dominique «Rentabilité des programmes de fidélisation avec cartes dans la grande distribution »

Revue Française du Marketing numéro 188, 2002/3, pp. 23-42.

Crosby Lawrence A. et Sheree L. Johnson « Building CRM strategies » *Marketing Management* Vol. 11, numéro 6, novembre-décembre 2002, pp. 10-11.

Crosby Lawrence A., Douglas B. Grisaffe et Ted R. Marra « The impact of quality and customer satisfaction on employee organizational commitment » *Marketing and Research Today* Volume 22, n° 1, Février 1994, pp. 19-31.

Crosby Lawrence A., Kenneth R. Evans et Deborah Cowles « Relationship quality in services selling : an interpersonal influence perspective » *Journal of Marketing* Volume 54, Juillet 1990, pp. 68-81.

Crosby Lawrence et Nancy Stephens « Effects of relationship marketing on satisfaction, retention and prices in the Life insurance industry » *Journal of Marketing Research* Volume 24, Novembre 1987, pp. 404-411.

Crosby Philip B. « Completeness : Quality for the 21st century » Éditions Dutton - Penguin, New York, NY, États-Unis (1992).

Cross Richard H. « Five degrees of customer bonding » *Direct Marketing* Volume 55, n° 6, 1992, pp. 33-35.

Cross Richard H. et Janet Smith « Customer bonding : Pathway to lasting customer loyalty » Éditions NTC, Lincolnwood, Il, États-Unis (1995).

Cuneo Alice Z. « Gap boost e-commerce with plans for new sites » *Advertising Age* du 21 Septembre 1998.

Cunningham S.M. « Brand loyalty : What, where and how much? » *Harvard Business Review* Volume 34 Janvier 1956, pp. 116-128.

Cunningham S.M. « Customer loyalty to store and brand » *Harvard Business Review* Volume 39, 1961, pp. 11-137.

Dahlhoff Denise et Alexander Pohl « Beaten paths not always right roads » *Marketing News* du 10 Mai 1999.

Day George S. « A two dimensional concept of brand loyalty » *Journal of Advertising Research* Volume 9, n° 3, 1969, pp. 29-35.

Day George S. « Instaurer des relations durables » *in* L'art du Marketing, Volume 3, *Les Échos*, Vendredi 30 Avril 1999.

Day Ralph L. et Lardon Jr. E. Laird « Collecting comprehensive consumer complaint data by survey research » *in Advances in Consumer Research* Volume 3, Beverly B. Anderson (ed) Éditions Association for Consumer Research, An Arbor, MI, États-Unis (1976) pp. 263-268.

Day Ralph L. et Stephen B. Ash « Consumer response to dissatisfaction with durable products » *in Advances in Consumer Research* Volume 6, William Wilkie (ed) Éditions Association for Consumer Research, An Arbor, MI, États-Unis (1979) pp. 438-444.

De Clapier Roselyne « Les centres d'appels en plein boom » *Les Échos* du 1er Avril 1999.

De Lestapis Bertrand « Intégrer Internet dans les stratégies des marques » *La Tribune* du 5 Mai 1999.

De Malet Caroline « La course à la fidélisation de la clientèle » *Les Échos* du 14 Février 1995.

De Menthon Sophie « Mieux utiliser le téléphone » Éditions d'Organisation, Paris (1998).

De Menton Pierre-Henri « Les comportements d'actionnaire et de consommateur ont des liens » *La Tribune* du Jeudi 18 Février 1999.

De Parcevaux Anne-Claire « Comment savoir ce que vos clients pensent de vous » *L'Entreprise* n° 140 du mois de Mai 1997.

De Parcevaux Anne-Claire « Fidéliser une clientèle professionnelle » *L'Entreprise* n° 144 du mois d'Octobre 1997.

Debontride Xavier, Margueritte Laforce et Thomas Le Masson « Jean-Martin Folz : nos premiers engagements financiers sont tenus » *Les Échos* du Jeudi 10 Septembre 1998.

Deighton John, C.M. Henderson et S.A. Neslin « The effects of advertising on brand switching and repeat purchasing » *Journal of Marketing Research* Volume 31, n° 1, 1994, pp. 28-43.

Delamotte Maryse « Les Trois facettes d'une marque » *L'Expansion Management Review* du mois de Mars 1997.

Desmet Pierre et Monique Zollinger « Le prix » Éditions Economica, Paris (1997).

DeSouza G. « Designing a customer retention plan » *Journal of Business Strategy*, Mars-Avril 1992, pp. 24-28.

Deutsch Morton « The effect of motivation orientation upon trust and suspicion » *Human Relations* Volume 13, Mai 1960, pp. 123-139.

Dick Alan S. et Kunai Basu « Customer loyalty : toward an integrated conceptual framework » *Journal of the Academy of Marketing Science* Volume 22 (Printemps 1994) pp. 99-113.

Dickson Peter R et James L. Ginter « Segmentation du marché, différenciation de produit et stratégie marketing » *Recherche et Applications en Marketing* Volume 3, n° 1, 1988, pp. 35-51.

Dietz Janis « Keep the "silent majoriry" mum » *Marketing News* du 27 Octobre 1997.

Dieu Janis « Service and smile : keeping "orphans", and "silent majoriry" *Marketing News* du 25 Mai 1998.

Dimitriadis Serge « L'extension des marques et des enseignes : cadre conceptuel et problématique managériale » *Recherche et Applications en Marketing* Volume 8, n° 3, 1993, pp. 21-44.

Diz José, Stéphane Larcher et Alain Clapaud « Créer sa boutique virtuelle» *Internet Professionnel* de Juillet-Août 1999.

Djupvik Harald et Dag Eilertsen « Customer satisfaction monitoring to understand the market – Norwegian Telecom – A case study » *Marketing and Research Today* Volume 22, n° 1, Février 1994, pp. 4-18.

Doan Amy « Backweb : Push, take 2 » *Forbes Global Business & Finance* du 19 Avril 1999.

Doche Frédéric « Enjeux et constitution d'un data warehouse » *in* L'art du Marketing, Volume 6, *Les Echos*, Vendredi 21 mai 1999.

Donath Bob « CRM could replace the old marketing model » *Marketing News* du 2 septembre 2002.

Donaton Scott «Amazon.com gaffe underscores danger or fuzzy ad/edit line » *Advertising Age* du 22 Février 1999.

Doney Patricia M. et Joseph P. Cannon « An examination of the nature of trust in buyer-seller relationships » *Journal of Marketing* Volume 61, n° 2, Avril 1997, pp. 35-51.

Donovan Peter et Timothy Samler « Delighting customers : How to build a customer-driven organization » Éditions Chapman & Hall, Londres, Grande-Bretagne (1994).

Dougin Yves « Géant attire les collectivités dans ses Espaces Services » *LSA* n° 1592-1593 du 9 Juillet 1998.

Dougin Yves «Top Office ou la fidélisation selon Darwin » *LSA* n° 1596 du 10 Septembre 1998.

Dowling Grahame R. et Mark Uncles « Do customer loyalty programs really work ? » *Sloan Management Review*, Été 1997, pp. 71-82.

Dröge Cornelia, Diane Halstead et Robert D. Mackoy « The role of competitive alternatives in the postchoice satisfaction formation process » *Journal of the Academy of Marketing Science* Volume 25, n° 1, Hiver 1997, pp. 18-30.

Dubois Bernard « Marketing situationnel pour consommateurs caméléons » *Revue Française de Gestion* n° 110, Septembre-Octobre 1996, pp. 83-89.

Dubois Bernard et Gilles Laurent « La fidélité à la marque à travers les situations d'achat » *in* L'art du Marketing, Volume 5, *Les Echos*, Vendredi 14 Mai 1999.

Dubois Pierre-Louis « Le marketing direct à l'heure de la stratégie » *Revue Française du Marketing* n° 126, 1990/1, pp. 15-22.

Dufer Jean et Jean-Louis Moulins « La relation entre satisfaction du consommateur et sa fidélité à la marque : un examen critique » *Recherche et Applications en Marketing* Volume IV, n° 2, 1989, pp. 21-36

Duhan Dale F., Scott D. Johnson, Wilcox James B. et Harrell Gilbert D. « Influences on cousumer use of word-of-mouth recommendation sources » *Journal of the Academy of Marketing Science* Volume 25, n° 4, Automne 1997, pp. 283-295.

Dumoulin Jean-Louis « Enquête de satisfaction client : mode ou nouveau management ? » *Revue Française du Marketing* n° 144-145, 1993/4-5, pp. 195-197.

Duncan Tom « By phone or online, customer contact bugles hurt brands » *Advertising Age* du 24 Mai 1999.

Dupuis Marc et Elisabeth Tissier Desbordes « Trade marketing : mode ou nouvelle approche des relations producteurs/distributeurs ? » *Décisions Marketing* n° 2, Mai-Août 1994, pp. 45-57.

DuWors Richard E. et George H. Haines « Event history analysis measures of brand loyalty » *Journal of Marketing Research* Volume 27, Novembre 1990, pp. 485-493.

Ebner Manuel, Arthur Hu, Daniel Levitt et Jim McCrory « How to rescue CRM » *The McKinsey Quaterly* 2002, numéro 4, édition spéciale, pp. 48-57.

Ehrenberg Andrew S.C. « New brands and the existing market » *Journal of the Market Research Society* Volume 33, 1991, pp. 285-299.

Ehrenberg Andrew S.C. « Repeat buying, facts, theory and applications » Éditions Oxford University Press, New York, NY, États-Unis (1972, 1988).

Eppes Tom « Begin managing customer relationship now » *Marketing News* du 4 Août 1997.

Estelami Hooman « Competitive and procedural determinants of delight and disappointment in consumer complaint outcomes » *Journal of Service Research* Vol. 2, numéro 3, février 2000, pp. 285-300.

Evard Yves « La satisfaction des consommateurs : état des recherches » Revue Française du Marketing n° 144-145, 1993/4-5, pp. 53 65.

Eveno Régine « ECR : Comment rendre les rayons lisibles » *LSA* n° 1581 du 23 Avril 1998.

Everett-Church Ray « Why Spam is a problem » *On The Internet* du mois de Mai 1999.

Exeter Thomas « Looking for brand loyalty » *American Demographics* Volume 10, Avril 1988.

Fader Peter S. et David C. Schmittlein « Excess behavioral loyalty for high-share brands : deviations from the dirichlet model for repeat purchasing » *Journal of Marketing Research* Volume 30, Novembre 1993, pp. 478-493.

Farquhar Peter « Managing Brand Equity » *Marketing Research* Volume, 1989, pp. 24-33.

Ferrel O.C. « Ethics builds trust in marketing relationships » *in* Marketing Encyclopedia – Issues & trends shaping the future, Éditions American Marketing Association, NTC Business Books, Chicago-Lincolnwood, Il, États-Unis (1995).

Filser Marc « Confiance et comportement du consommateur » *Economie et Société*, Sciences de Gestion, série S.G. n° 8-9, 1998, pp. 279-294.

Filser Marc « Vers une consommation plus affective ? » *Revue Française de Gestion* n° 110, Septembre-Octobre 1996, pp. 90-99.

Finkelberg Howard « The role of brand equity in the strategic marketing process » 2ᵉ Atelier de l'Advertising Research Foundation sur la publicité et la promotion, 22-23 Février 1990.

Flipo Jean-Paul « Marketing des services : un mix d'intangible et de tangible » *Revue Française du Marketing* n° 121, 1989/1, pp. 29-37.

Folgelman Beyer Alisa « They learn, you earn : teach customers to use products » *Marketing News* du 25 Mai 1998.

Forestier Gilles et Catherine Lévi « Le client mobilise l'entreprise » *Les Echos* du 25 Mai 1999.

Fornell Claes « A national customer satisfaction barometer : the Swedish experience » *Journal of Marketing* 56, 1992, pp. 6-21.

Forsyth John, Sunil Gupta, Sudeep Haldar, Anil Kaul et Keith Kettle «A segmentation you can act on» *The McKinsey Quaterly*, n° 3, 1999, pp. 6-15.

Foster David C. « Neural net analysis ferrets on "totally satisfied" customers » *Marketing News* du 27 Octobre 1997.

Fournier Susan et David Glen Mick « Rediscovering satisfaction » *Journal of Marketing* Vol. 63, numéro 4, 1999, pp. 5-23.

Fournier Susan « Consumers and their brands : developing relationship theory in consumer research » *Journal of Consumer Research*, Volume 24, n° 4, Mars 1998, pp. 343-373.

Fournier Susan et Julie L. Yao « Reviving brand loyalty : a reconceptualization within the framework of consumer-brand relationship » *International Journal of Research in Marketing* Volume 14, 1997, pp. 451-472.

Fradet Emmanuelle « Quand le marché de l'accès au Net prend l'exemple sur la téléphonie mobile » *Communication CB News* n° 555 du 25 Janvier 1999.

Fram Eugene H. et Michael S. McCarthy « From employee to brand champion » *Marketing Management* Vol.12 numéro 1, janvier/février 2003.

Fredericks Joan O., Ronald R. Hurd et James M. Salter II « connecting customer loyalty to financial results » *Marketing Management* Vol. 10, numéro 1, Printemps 2001, pp. 26-32.

Friedman Nancy « Customer service nightmares » Éditions Crisp Publications, New York, NY, États-Unis (1998).

Frisou Jean « Vers une théorie éclectique de la fidélité des clients : le cas des services des télécommunications » Actes du XVe Congrès de l'AFM, Bordeaux, 1998, pp. 731-752.

Fuller Joseph B., James O'Connor et Richard Rawlinson « Tailored logistics : the next advantage » *Harvard Business Review* Volume 71, n° 3, May 1993, pp. 87-98.

Furrer Olivier « Le rôle stratégique des "services autour des produits" » *Revue Française de Gestion* n° 113, Mars-Avril-Mai 1997, pp. 98-108.

Gale Bradley T. « Customer satisfaction – relative to competitors – is where it's at » *Marketing and Research Today* Volume 22, n° 1, Février 1994, pp. 39-53.

Gale Bradley T. « Managing customer value : Quality and service that customers car see » Éditions The Free Press, New York, NY, États-Unis (1994).

Gale Bradley T. « Satisfaction is not enough » *Marketing News* du 27 Octobre 1997.

Gallagher Leigh « Endangered species » *Forbes Global* du 31 Mai 1999.

Gallouj Camal et Faïz Gallouj « L'innovation dans les services et le modèle du "cycle du produit inversé" » *Revue Française de Gestion* n° 113, Mars-Avril-Mai 1997, pp. 82-97.

Ganesan S. et R. Hess « Dimension and levels of trust : implication for commitment to a relationship » *Marketing Letters* Volume 8, n° 4, 1997, pp. 439-448.

Garbarino Ellen et Mark S. Johnson « The different roles of satisfaction, trust, and commitment in customer relationships » *Journal of Marketing* Volume 63, n° 2, Avril 1999, pp. 70-87.

Garda Robert A. et Michael V. Marn « Price wars » *The McKinsey Quaterly*, n° 3, 1993, pp. 87-100.

Garver Michael S. « Take stock of your customers » *Marketing Management* Vol. 12, numéro 1, janvier-février 2003, pp. 36-41.

Garver Michael S. « Digging for gold – Try new data-mining techniques » *Marketing News* du 16 septembre 2002.

Gay Pierre-Angel « Carrefour : l'hypermarché réinvente la boutique de proximité » *Les Echos* du Vendredi 28 Mai 1999.

Gelb Gabriel M. « Research leads to better measure of customer value » *Marketing News* du 8 Juin 1998.

George S. Day «A two-dimensional concept of brand loyalty » *Journal of Advertising Research*, Volume 9, Septembre 1969, pp. 29-36.

George William « The retailing of services : a challenging future » *Journal of Retailing* Automne 1977, pp. 85-98.

Geyskens Inge, Jan-Benedict E.M. Steenkamp et Nirmalya Kumar « A meta-analysis of satisfaction in marketing charnel relationships » *Journal of Marketing Research* Volume 36, Mai 1999, pp. 223-238.

Ghosh Shikhar « Making business sense of the Internet » *Harvard Business Review* Volume 76, n° 2, Mars 1998, pp. 126-135.

Gimein Mark « Is customer privacy on the Web just lip service ? » *The Industry Standard* du 27 Août 1998.

Givon Moshe « Variery seeking through brand switching » *Marketing Science* Volume 3, n° 1, 1984, pp. 1-23.

Glanz Barbara A. et Kaset International « Bulding customer loyalty : how you can help keep customers returning » Éditions Irwin, Business Skills Express series, Burr Ridge, Il, États-Unis (1994).

Glave James « TRUSTe brings privacy home » *Wired News* du 7 Octobre 1998.

Godin Seth « Permission marketing : turning strangers into friends, and friends into customers » Éditions Simon & Schuster, New York, NY, États-Unis (1999).

Godke Bruce « New insight in building customer loyalty » *Research Conférence*, rapport du mois de janvier 1999.

Goetzl David « Starwood targets business travelers with W » *Advertising Age* du 19 Avril 1999.

Gogan Kathleen « Build customer satisfaction using real-time intelligence » *Marketing News* du 25 Mai 1998.

Goodwin Ross et Ball Brad « Closing the loop on loyalty » *Marketing Management* Volume 8, n° 1, Printemps 1999, pp. 24-34.

Gouillart Francis J. et Sturdivant Frederick D. « Spend a day in the life of your customers » *Harvard Business Review* Volume 72, n° 1, Janvier 1994, pp. 117-125.

Graf Raoul, Jean Perrien, Line Ricard et Catherine Landry « La confiance : son statut et sa valeur normative» 15ᵉ Congrès International de Strasbourg, AFM, 19-20 Mai 1999, actes pp. 261-281.

Grant Linda « Your customers are telling the truth » *Fortune* Volume 137, n° 3, du 16 Février 1998.

Green Heather et Linda Himelstein « Portals are mortal after all » *BusinessWeek* du 21 Juin 1999.

Green Paul E. et Abba M. Krieger « Jongler avec les segments du marché » *in* L'art du Marketing, Volume 2, *Les Echos*, Vendredi 23 Avril 1999.

Grégory Pierre « Segmentation des marchés » *in* « Encyclopédie de Gestion» 2ᵉ édition, Tome 3, article 155, Éditions Economica, Paris (1997).

Grenier Dominique « La stratégie de communication des services consommateurs : une éthique consumériste dénaturée ou renforcée par un marketing relationnel éclairé ? » Mémoire de Dess Techniques de l'Information et de la Communication, CELSA, Université Paris IV Sorbonne (1999).

Griffin Jack et Marcie Lynn Avram « Databases identify best prospects : customer behavior more valuable than demographics » *Advertising Age* du 12 Octobre 1998.

Griffm Jill « Customer Loyalty : How to earn it how to keep it » Éditions Jossey-BassSan Francisco, CA, États-Unis (1995).

© Éditions d'organisation

Grönroos Christian « From marketing mix to relationship marketing : toward a paradigm shift in marketing » *Management Decision* Volume 32, n° 2, pp. 4-20.

Grönroos Christian « Le marketing des services : consommation marketing de processus » *Revue Française du Marketing* n° 171, 1999/1, pp. 9-20.

Grönroos Christian « Relationship marketing : the strategy continuum » *Journal of the Academy of Marketing Science* Volume 23, n° 4, Automne 1995, pp. 252-254.

Grönroos Christian « Toward a third phase in service quality research : challenges and future directions » *Advances in Services Marketing and Management* Volume 2, 1993, pp. 49-64.

Gross Neil et Michael Moeller « A "rosetta stone" for the web ? The xml lingo could make it easier to find and use data » *Business Week* du 14 Juin 1999.

Grossman Aaron « One-to-one : Net marketing opportunities can heighten customer loyalty, satisfaction » *Marketing News* du 19 Janvier 1998.

Guest Lester P. « Brand Loyalty revisited : a twenty year report » *Journal of Applied Psychologys* Volume 48, Avril 1964, pp. 93-97.

Guglielmo Connie « Study tracks "trust" in web design » *Inter@ctive week online* du 25 Janvier 1999. http:www.zdnet.com/intweek/stories/new's/0,2192770,00.html

Guibert Nathalie « La confiance en marketing : fondements et applications » *Recherche et Applications en Marketing* Volume 14, n° 1, 1999, pp. 1-19.

Gummesson Evert « Relationship Marketing in the New Economy » *Journal of Relationship Marketing* Vol. 1, numéro 1, 2002, pp. 37-57.

Gummesson Evert « The new marketing – developing long-term interactive relationships » *Long Range Planning* Volume 20, 1987, pp. 10-20.

Gupta Kamal et David S. Stewart « Customer satisfaction and customer behavior : the differential role of brand and category expectations » *Marketing Letters* 7, 3, 1996, pp. 249-263.

Gurviez Patricia « La confiance comme variable explicative du comportement du consommateur : proposition et validation empirique d'un modèle de la relation à la marque intégrant la confiance » 15e Congrès International de Strasbourg, AFM, 19-20 Mai 1999, actes pp. 301-327.

Habib Jacques « La relation client en trois temps » *Logiciels & Systèmes* n° 36, Mars 1999.

Haensen Erik « Harvey Seegers : "Le commerce sur Internet explose" » *La Tribune* du Jeudi 22 Avril 1999.

Hagel John III et Jeffrey F. Rayport « The coming battle for customer information » *The McKinsey Quaterly*, n° 3, 1997, pp. 65-76.

Hagel John III et Singer Marc « Privates lives » *The Mc Kinsey Quaterly*, n° 1, 1999, pp. 6-15.

Hallberg Garth « All consumers are not created equal » Éditions Wiley, New York, États-Unis (1195).

Hallowell Roger « The relationship of customer satisfaction, customer loyalty and profitability : an empirical study » *International Journal of the Service Industry Management* 7, 4, 1996, pp. 27-42.

Hamou Nathalie « Mephisto marche d'un bon pas dans un contexte de crise de la chaussure française » *La Tribune* du Mardi 9 mars 1999.

Hamou Nathalie « Zucchi ouvre l'Europe à Descamps » *La Tribune* du 23 avril 1999.

Hart Christopher W. et Michael D. Johnson « Growing the trust relationship» *Marketing Management* Volume 8, n° 1, Printemps 1999, pp. 8-22.

Hasan Matt « Ensure success of CRM with a change in mindset » *Marketing News* du 14 avril 2003.

Heckman James « How to keep customers from getting even » *Marketing News* du 7 Juin 1999.

Heliès-Hassid Marie-Louise « ECR : Impact sur l'organisation de l'entreprise et sur le marketing » *Décisions Marketing* n° 9, Septembre-Décembre 1996, pp. 63-71.

Heller Richard « Hennes & Mauritz : If it ain't broke, fix it » *Forbes Global Business & Finance* du 3 Mai 1999.

Henkoff Ronald « Service is everybody's business » *Fortune* du 27 Juin 1994.

Hennig-Thurau Thorsten et Alexander Klee « The impact of customer satisfaction and relationship quality on customer retention : a critical reassessment and model development » *Psychology and marketing* Vol 14, n° 4, 1997, pp. 737-764.

Henno Jacques « Les nouvelles astuces pour fidéliser le client » *Capital* n° 85 du mois d'Octobre 1998.

Herrington Michael « The hierarchy of customer satisfaction » *in* Marketing Encyclopedia – Issues & trends shaping the future, Éditions American Marketing Association, NTC Business Books, Chicago-Lincolnwood, Il, États-Unis (1995).

Heskett James et al. « Putting the service-profit chain to work » *Harvard Business Review* Mars 1994, pp.164-174.

Hess Ronald L., Shankar Ganesan et Noreen M. Klein « Service failure and recovery : the impact of relationship factors on customer satisfaction » *Journal of The Academy of Marketing Science*, Vol. 31, numéro 2, Printemps 2003, pp. 127-145.

Hetzel Patrick « Les entreprises face aux nouvelles formes de consommation » *Revue Française de Gestion* n° 110, Septembre-Octobre 1996, pp. 70-82.

Higgins Kevin T. « P&G reinvents itself » *Marketing Management* Vol. 11, numéro 6, novembre-décembre 2002, pp. 12-15.

© Éditions d'organisation

Higgins Kevin T. « Coming of age : despite growing pains, customer satisfaction measurement continues to evolve » *Marketing News* du 27 Octobre 1997.

Hirschman Abert O. « Défection et prise de parole » Éditions Fayard, Paris, 1995.

Hof Robert D., Ellen Neuborne et Heather Green « Amazon's wild world » *BusinessWeek* du 21 Décembre 1998.

Hofstein Cyril « Détecter les clients sur le point de vous quitter » *Le Figaro Multimédia* du Mardi 11 Mai 1999.

Holbrook Morris B., John O'Shaughnessy et Stephen Bell « Actions and reactions in the consomption experience : the complementary roles of reasons and emotions in consumer behavior » *Research in Consumer Behavior* Volume 4, 1990, jai Press inc., pp. 131-163.

HTR « Le yield management : leçons de pilotage » *HTR Tendances et Marketing* du mois d'Avril 1999.

Hunt Shelby et Robert Morgan « Relationship marketing in the era of network competition » *Marketing Management* Volume 3, n° 1, 1994, pp. 19-28.

Humer Victor L. « Measure customer loyalty for complete picture of ROI » *Business Marketing* du mois de Mars 1998.

Hurel du Campart Sabine « CanalSatellite amorce une politique de fidélisation ciblée de ses abonnés » *CB News* n° 568 du 26 Avril 1999.

Hurel du Campart Sabine « Comment capitaliser sur ses clients fidèles » *CB News* n° 543 du 26 Octobre 1998.

Hurel du Campart Sabine « France Télécom veut fidéliser les actionnaires de l'entreprise via son club » *CB News* n° 577 du 28 Juin 1999.

Iacobucci Dawn « Les règles d'or du service à la clientèle » *in* L'art du Marketing, Volume 8, *Les Echos*, Vendredi 4 Juin 1999.

Iansiti Marco et Alan MacCormack « Developing products on Internet time » *Harvard Business Review* Volume 75, n° 5, Septembre 1997, pp. 108-117.

Illingworth J. Davis « Relationship marketing : pursuing the perfect person-to-person-relationship » *Journal of Services Marketing* Volume 5, Automne 1991,

Jacoby Jacob et David B. Kyner « Brand loyalty vs repeat purchasing behavior » *Journal of Marketing Research* 10, Février 1973, pp. 1-9.

Jacoby Jacob et Robert Chestnut « a Brand loyalty : measurement and management » Éditions Willey, New York, NY, États-Unis (1978).

Jallais Joël, Jacques Orsoni et André Fady « Le marketing dans le commerce de détail » Éditions Vuibert, Paris (1994).

Jambu Michel « Estimation et prédiction de la fidélité, de la durée de vie et de la valeur économique des clients par des techniques de data-mining » *Revue Française du Marketing* n° 170, 1998/5, pp. 67-80.

Jambu Michel « Introduction au data-mining » Éditions Eyrolles, Paris (1999).

Jaouën Muriel « La technologie au service de la réactivité » *Centres d'appels* n° 3 du mois de Septembre 1998.

Jaouën Muriel « Philippe Jean-georges : Capacité relationnelle et puissance commerciale » *Centres d'appels* n° 8 du mois de Mai 1999.

James Dana « Just do it : Customer feedback ineffective without action » *Marketing News* du 28 octobre 2002, pp. 43-46.

Jaworski Bernard et Katherine Jocz « Rediscovering the customer » *Marketing Management* Vol. 11, numéro 5, septembre-octobre 2002, pp. 22-27.

Johnson Kerry « How to gain your customer's trust », *Contemporary Times* Hiver 1996-1997.

Johnston Bill « Standards versus Custom » *What's New in Electronics Europe*, du mois de Septembre 1998.

Jones Thomas O. et Earl Sasser Jr. «Why satisfied customers defect ? » *Harvard Business Review* Novembre 1995, pp. 88-99.

Jones Thomas O. et Earl Sasser Jr. « Why satisfied customers defect » *Harvard Business Review* Volume 73, n° 6, Novembre 1995, pp. 88-99.

Joseph-Delaize Gabriel et Alexandra Dupas « Les méga-bases de données : un filon à exploiter » *L'Essentiel du Management* n° 50, du mois d'Avril 1999.

Kahn Barbara E. « Dynamic rela-tionships with customers : highva-riery strategies » *Journal of the Academy of Marketing Science* Volume 26, n° 1, pp. 45-53.

Kane Janice et Jill Wynns « Ads in Schools : lesson in failure ? » deux articles contradictoires, *Advertising Age* du 7 juin 1999.

Kapferer Jean-Noël « La marque, capital de l'entreprise » 2e édition, Éditions d'Organisation, Paris 1995.

Kapferer Jean-Noël et Gilles Laurent « La sensibilité aux marques » Fondation jours de France pour la recherche en Publicité, Paris, 1983.

Kapferer Jean-Noël et Gilles Laurent « La sensibilité aux marques » Éditions d'Organisation, Paris, 1992.

Kaplan Carl S. « Court lays down the law on labels for web sites » *The New York Times* du 30 avril 1999.

Kaplan Robert et James Cook « Brand names : the invisible assets » *Management Accounting* Volume 72, Novembre 1990, pp. 41-45.

Karpinski Richard « Privacy solutions neede 1:1 Net marketing » *BusinessMarketing* du mois de Juillet 1997.

Kerin Ragoer A. et Raj Sethuraman « Exploring the brand value-share-holder value nexus for consumer goods company » *Journal of the Academy of Marketing Science* Volume 26, n° 4, Automne 1998, pp. 260-273.

Kerssenbrock Ferdinand « Consumer Magazine : le nouvel eldorado du direct ? » *Marketing Magazine* n° 23 du mois de Septembre 1997.

Kerwin Kathleen et Naughton Keith «A different kind of Saturn, from a different kind of company » *Business-Week International* du 5 Juillet 1999.

© Éditions d'organisation

Korgaonkar Pradeep K. et Lori D. Wolin « A multivariate analysis of Web usage» *Journal of Advertising Research* Volume 39, n° 2, Mars 1999, pp. 53-68.

Koselar Peter, Garrett Van Ryzin et Wayne Cutler « Creating customer value through industrialized intimacy » *Strategy & Business* Volume 12, 1998, pp. 33-43.

Koskas Jean-Claude « Les liaisons entre qualité-satisfaction-fidélité » *Revue Française du Marketing* n° 164, 1997/4, pp. 89-101.

Kotler Philip « Le marketing de demain » *in* L'art du Marketing, Volume 1, *Les Echos*, Vendredi 16 Avril 1999.

Kotler Philip et Bernard Dubois « Le marketing direct interactif : marketing du 21ᵉ siècle ? » *Revue Française du Marketing* n° 164, 1997/4, pp. 43-58.

Kotler Philip et Bernard Dubois « Satisfaire la clientèle à travers la qualité, le service et la valeur » *Revue Française du Marketing* n° 144-145, 1993/4-5, pp. 35-52.

Kowalski Robin M. « Complaints and complaining : functions, antecedents and consequences » *Psychological Bulletin* Volume 119, n° 2, 1996, pp. 179-196.

Kramer Louise « Pepsi one : Phil Martineau » *Advertising Age* du 28 Juin 1999.

Kripalani Manjeet « Unilever's jewel : it may be the best-run outfit in India » *BusinessWeek* du 19 Avril 1999.

Kroll Carol « Consumers reach the boiling point over privacy issues » *Advertising Age* du 29 Mars 1999.

Kroll Carol « Database not being used to best advantage : Study » *Advertising Age* du 19 Octobre 1998.

Ktitareff Michel « Les Américains s'intéressent au modèle économique du Minitel » *Les Echos* du 25 Août 1998.

Kumar Nirmalya « The power of trust in manufacturer-retailer relationships » *Harvard Business Review* Volume 74, n° 6, Novembre 1996, pp. 92-106.

Labarbera Priscilla et David Mazursky « A longitudinal assessment of consumer satisfaction/dissatisfaction : the dynamic aspect of the cognitive standardization » *Journal of Marketing Research* 20, Novembre 1983, pp. 393-404.

Lacoeuilhe Jérôme « Contribution à l'étude des facteurs affectifs dans l'explication du comportement répétitif d'achat : vers une approche intégrative de la fidélité à la marque » Actes du XVᵉ Congrès de l'AFM, Bordeaux, 1998, pp. 617-640.

Lacoeuilhe Jérôme « Le concept d'attachement à la marque dans la formation du comportement de fidélité » *Revue Française du Marketing* n° 165, 1997/5, pp. 29-42.

Laderman Jeffrey « Goodwill is making a lot of people angry » *BusinessWeek* du 31 Juillet 1989.

Lager Fred « Ben & Jerry's : the inside scoop : how two real guys built a business with a social conscience and a sens of humor » Éditions Crown, New York, NY, États-Unis (1994).

Lai Chantal « Les déterminants de l'attitude envers les extensions de marque : modèle conceptuel et validation empirique » *Recherche et applications en marketing* Vol. 17, numéro 1, 2002, pp. 21-41.

Lajoinie-Bourlataux Stéphane «Application du marketing direct sur Internet : le cas controversé des cookies et du spamming » *Décisions Marketing* n° 14, Mai-Août 1998, pp. 73-79.

Lane Keller Kevin « Building customer-based brand equity » *Marketing Management* Vol. 10, numéro 2, juillet-août 2001, pp. 14-19.

Langlois M. et S. Gasch « Le commerce électronique B to B : de l'EDI à Internet » Éditions Dunod, Paris (1999).

Lapidus R. et L. Pinkerton « Customer complaint situations : an equirty theory perspective » Psychology and marketing Volume 12, n° 2, 1995, pp. 105-122.

Larson John A. et Earl Sasser « Building trust through committed employees » *Marketing Management* Vol. 9, numéro 3, Automne 2000, pp. 40-46.

Lastovicka John L. et E.H. Bonfield « Do consumers have brand attitudes ? » *Journal of Economic Psychology* Volume 2, 1982, pp. 57-75.

Laurent Gilles « La promotion des ventes : un outil puissant et diversifié » *in* L'art du Marketing, Volume 6, *Les Echos*, Vendredi 21 Mai 1999.

Lavaud Anne « Quand les méga-bases deviennent giga-utiles pour le...

micro marketing ! » *CB News* n° 538 du 21 Septembre 1998.

Le Bras Christine « Le client est la pépite d'or » *Logiciels & Systèmes* n° 36, Mars 1999.

Le Corroler Philippe « Les six recettes anti-zapping » *LSA* n ° 1515 du 28 Novembre 1996.

Le Gendre Philippe et Jean-Marc Vittori « Philippe Bourguignon : La marque est une garantie » Challenges n° 137, Juin 1999.

LeBoeuf Michael « How to win customers and keep them for life » Éditions Berkley Books, New York, NY, États-Unis (1987).

Leclerc Tanguy « Norauto étoffe son programme de fidélisation » *Marketing Direct* n° 35 du mois de Mars 1999.

Lefton Terry et Weston Anson « How much is your brand worth ? » *Brandweek* de Janvier 1996, pp. 43-44.

Legrand Constance « Gilles Laurent : Les promotions ne dégradent pas l'image de marques » *Les Echos* du 20 Octobre 1998.

Legrand Constance « Gymnase Club segmente son offre en lançant un nouveau concept de salle » *Les Echos* du Mercredi 9 Juin 1999.

Lehman Donald « Judged similarity and brand-switching data as similarity measures » *Journal of Marketing Research* Volume 9, Août 1972, pp. 331-334.

Lemon Katherine N., Tiffany Barnett White et Russell S. Winer « Dynamic customer relationship management : Incorporating future considerations into the service

© Éditions d'organisation

retention decision » *Journal of Marketing* Vol. 66, numéro 1, janvier 2002, pp. 1-14.

Leroy Estelle « L'innovation et le service au client, priorités de l'entreprise » *La Tribune* du 16 Juin 1999.

Leroy Valentine « Numéro vert : faites jouer la concurrence ». *L'Entreprise* n° 165, du mois de Juin 1999.

Lesser Eric L. et Michael A. Fontaine « What are your customers saying ? » *Marketing Management* Vol. 11, numéro 6, novembre-décembre 2002, pp. 22-25.

Letessier Ivan « Quand la pub se déguise en magazine » *Capital* n° 70 du mois de Juillet 1997.

Leung Kenneth « Marketing with electronic mail without spam » *Marketing News* du 19 Janvier 1998.

Leuthesser Lance « Defining, measuring and managing brand equity : a conference summary » *Marketing Science Institute Report* n° 88-104, Cambridge, MA, États-Unis (1988).

Levesque Terrence et Gordon H. McDougall « Customer dissatisfaction : the relationship between types of problems and customer response » *Canadian Journal of Administrative Sciences* 13, 3, 1996, pp. 264-276.

Lewicki Roy J. et Barbara Benedict Bunker «Trust in relationships : a model of developpement and decline » *in Conflict, Cooperation and Justice*, Barbara Benedict Bunker ans Jeffrey Z. Rubin (eds) Éditions Jossey Bass, San Francisco, CA, États-Unis (1995).

Lewis Steve « All or nothing : customers must be "totally satisfed" » *Marketing News* du 2 Mars 1998.

Lezinski Ralph et Michael V. Marn « Setting value, not price » *The McKinsey Quaterly*, n° 1, 1997, pp. 98-115.

Lichtlé Marie-Christine, Sylvie Llosa et Véronique Plichon « La contribution des différents éléments d'une grande surface alimentaire à la satisfaction du client » *Recherche et applications en marketing* Vol. 17, numéro 4, 2002, pp. 23-34.

Light Larry « The battle for brand dominance » Actes du 35ᵉ congrès de l'Advertising Research Foundation, New York (1989).

Linton Ian « Building customer loyalty » Éditions Pittman Publishing – The Institute of Management, Londres, Grande-Bretagne (1993).

Liquet Jean-Claude et Dominique Crié « Mesurer la durée de vie d'un client : Le cas des abonnements presse » *Décisions Marketing* n° 13, janvier 1998, pp. 75-84.

Llosa Sylvie « Dynamique dans la contribution des éléments d'une expérience au service de la satisfaction du client » 2ᵉ Journée Jeune Chercheur, Perspectives en marketing et en comportement du consommateur, Ceriam, Université de Savoie, 24 Juin 1996.

Llosa Sylvie « L'analyse de la contribution des éléments du service à la satisfaction : un modèle tétraclasse » *Décisions Marketing*, n° 10, Janvier-Avril 1997, pp. 81-88.

Loro Laura « Databases challenge : Time on creates technology to combine into of 6 companies » *BusinessMarketing* du mois de Mars 1999.

Loro Laura « Direct hits : Business-o-Business direct marketers focus on issues of privacies on the Internet » *BusinessMarketing* du mois d'Octobre. 1998.

Loro Laura « Loyalty programs paying off for b-to-b» *BusinessMarketing* du mois de Septembre 1998

Loup Philippe « L'apport du marketing des services. Vers un Marketing de la valeur ? » *Revue Française du Marketing* n° 144-45, 1993/4-5, pp. 29-34.

Lucas Thierry « Des labels de confiance » *L'Usine Nouvelle* n° 2684 du 22 avril 1999.

Lupieri Stéphane « Centres d'appels : le service au bout du fil » *Enjeux Les Echos* du mois d'Octobre 1998.

Lupieri Stéphane « Des études contre l'incertitude » *Enjeux Les Echos* du mois de Mars 1999.

Lutaud Léna « Body-Shop en plein lifting » *L'Usine Nouvelle* n° 2673 du 4 Février 1999.

Macquin Anne « La vente et la gestion du capital clients » *in* L'art du Marketing, Volume 5, *Les Echos*, Vendredi 14 Mai 1999.

Maddox Kate « The race to interactivity » *Advertising Age* du 4 Janvier 1999.

Maddox Kate « Marketers prefer investments in CRM » *BtoB Magazine* du 10 juin 2002.

Maltz Eliot (ed) « Managing brand equity », Marketing Institute Science Report n° 91-110, Cambridge, MA, États-Unis (1991).

Marti Régis « Les systèmes de télécommunications par satellites connaissent des ratés » *Les Echos* du Vendredi 11 Septembre 1998.

Maruca Regina Fazio et Amy L. Halliday « When new products and customer loyalty collide » *Harvard Business Review* Volume 71, n° 6, Novembre 1993, pp. 22-33.

Mas Isabelle « Ils rallument la guerre de la pizza » *L'Expansion* n° 595 du 15 Avril 1999.

Mathieu Valérie « Le couple produit-service : mesure de la satisfaction du client industriel » XIᵉ Congrès de l'Association Française du Marketing, Reims, 1995, Actes pp. 967-995.

Mattila Anna S. « The impact of Relationship type on customer loyalty in a context of services failures » *Journal of Service Research* Vol. 4, numéro 2, novembre 2001, pp. 91-101.

Mazzoli Rita « Literie Bultex s'attaque au marché du renouvellement » *Marketing Magazine* n° 39 du mois d'Avril 1999.

McLinden Thomas « Gratify customers by taping their emotions » *Marketing News* du 28 octobre 2002.

Mc Nealy Roderick M. « Making customer satisfaction happen » Éditions Chapman & Hall, Londres, Grande-Bretagne (1994).

McAlister Leigh « Choosing multiple items from a product class » *Journal of Consumer Research* Volume 6, Décembre 1979, pp. 213-224.

McAlister Leigh et Edgar Pessemier « Variety seeking behavior : an interdisciplinary review » *Journal of Consumer Research* Volume 9, 1982, pp. 311-322.

Mensior Sophie « Médecins du Monde : le donateur au cœur de la BDD » *Marketing Direct* n° 36 du mois d'Avril 1999.

Merrilees Bill « Interactivity design as the key to managing customer relations in e-commerce » *Journal of Relationship Marketing* Vol. 1, numéro 3/4, 2002, pp. 111-125.

Merrin Mary Beth et Eric M. Goldfarb « Know why they buy : measuring attributes, benefits » *Marketing News* du 25 Mai 1998.

Michalowska Anika « Des études de satisfaction aux études de la relation client » *Marketing Magazine* n° 41 de Juin-Août 1999.

Michel Géraldine « Gestion de l'extension de marque et de son impact sur la marque-mère » *Décisions Marketing* n° 13, Janvier-Avril 1998, pp. 25-35.

Miller Thomas W. « Done right, datamining discovers diamonds » *Marketing News* du 4 Janvier 1999.

Milliman Ronald E. et Douglas Fugate « Using trust transference as a persuasion technique : an empirical field investigation » *Journal of Personal Selling and Sales Management* Volume 8, Août 1988, pp. 1-7.

Miranda Sylvie « Suivi des réclamations chez Jet Tours » *CXP Informations* n° 253 du 15 Mars 1999.

Mitchell-jennifer « Reaching accross boarders : Identifying, addressing issues globally » *Marketing News* du 10 Mai 1999.

Mittal Vikas et Wagner A. Kamakura « Satisfaction, repurchase intent and repurchase behavior : Investigating the moderating effect of customer characteristics » *Journal of Marketing Research* Vol. 38, février 2001, pp. 131-142.

Moiroud Roger « Le cri du client ou comment mieux faire la prochaine fois » Éditions d'Organisation, Paris (1993).

Moore David J. « Database marketing holds even more promise online » *Advertising Age* du 1er Mars 1999.

Moorman Christine, Rhit Deshpandé et Gerald Zaltman « Factors affecting trust in market research relationships » *Journal of Marketing* Volume 57, Janvier 1993, pp. 81-101.

Morgan Robert et Shelby Hunt « The commitment-trust theory of relationshipmarketing » *Journal of Marketing* Volume 58, n° 3, Juillet 1994, pp. 20-38.

Morgat Pierre « Fidélisez vos clients » Editions d'Organisation, Paris (2000).

Moulins Jean-Louis « Des communications interpersonnelles à la fidélité à la marque : essai de modélisation » *Recherche et Applications en Marketing* Volume 13, n° 3, 1998, pp. 21-42.

Moulins Jean-Louis « Etat de fidélité et relation de fidélité : Eléments de réflexion pour une nouvelle approche de l'échange » *Décisions Marketing* n° 13, Janvier 1998, pp. 67-73.

Moulins Jean-Louis « Vers la fin de la satisfaction ? » *Décisions Marketing* n° 11, Mai 1997, pp. 93-96.

Moyer Mel S. « Characteristics of consumer complainants : implications for marketing and public policy » *Journal of Public Policy and Marketing* Volume 3, 1984, pp. 67-84.

Mullaney Timothy J. « A hard sell online ? Guess again » *Business-Week* du 12 Juillet 1999.

Murphy John « Brand strategy » Éditions Fitzwilliam Publishing, Cambridge, Grande-Bretagne (1990).

Musi Gilles « L'Internet modifie en profondeur le rôle de la CNIL » *Les Echos* du Jeudi 8 Juillet 1999.

Nako Steven M. « Frequent Flyer programs and business travelers : an empirical investigation » *Logistics and Transportation Review* Volume 28, n° 4, pp. 395-410.

Nebrakov Alexis « La révolution ordinaire du géomarketing » *Marketing Direct* n° 35 du Mois de Mars 1999.

Neff Jack « Dawn of the line icebox » *Advertising Age* du 15 Mars 1999.

Neuborn Ellen et Kathleen Kerwin « Generation Y » *BusinessWeek* du 15 Février 1999.

Neuville Jean-Philippe « Figures de la confiance et de la rationalité dans le partenariat industriel » *Revue Française de Gestion* n° 119, Juin-Juillet-Août 1998, pp. 15-24.

Newman Joseph W. et R.A. Werbel « Multivariate analysis of brand loyalty for major household appliances » *Journal of Marketing Research* Volume 10, 1973, pp. 404-409.

Ngobo Paul-Valentin « Les relations non linéaires entre la satisfaction, la fidélité et les réclamations » Actes du XVe Congrès de l'AFM, Bordeaux, 1998, pp. 641-670.

Ngobo Paul-Valentin « Qualité perçue et satisfaction des consommateurs : un état des recherches » *Revue Française du Marketing* n° 163, 1997/3, pp. 67-79.

Nicot Marie « La marque, une valeur fantôme » *Stratégies* n° 1105 du 11 Juin 1999.

Nielsen Arthur C. « Nielsen : from "freight-car index" to scanners » *Marketing News* Volume 32, n° 12, du 8 Juin 1998.

Nyer Prashanth U. « A study of the relationships between cognitive appraisals and consumption emotions » *Journal of the Academy of Marketing Science* Volume 25, Automne 1997, pp. 296-304.

O'Brien Louise et Charles Jones « Do rewards really create loyalty ? » *Harvard Business Review* Volume 73, n° 3, Mai 1995, pp. 75-82.

O'Malley John E « From perception to delivery : Customer Satisfaction is driven by four factors » *Marketing News* du 27 Octobre 1997.

Oliver Richard L. « A cognitive model of the antecedents and consequences of satisfaction decisions » *Journal of Marketing Research* Volume 17, Novembre 1980, pp. 460-469.

Oliver Richard L. « Cognitive, affective and attribute bases of the satisfaction response » *Journal of Consumer Research* Volume 20, Décembre 1993, pp. 418-430.

Oliver Richard L. et Swan John E. « Consumer perceptions of interpersonal equity and satisfaction in transaction : a field survey approach » *Journal of Marketing* 53, Avril 1989, pp. 21-35.

Olsen Line Lervick et Johnson Michael D. « Service equity, satisfaction and loyalty : From transaction-specific to cumulative evaluations » *Journal of Service Research*, Vol. 5, numéro 3, février 2003, pp. 184-195.

Olsen Sven Ottar « Comparative evaluation and the relationship between quality, satisfaction and repurchase loyalty » *Journal of the Academy of Marketing Science* Vol. 30, numéro 3, Automne 2002, pp. 240-249.

Olshavsky Richard W. et Donald H. Granbois « Consumer decision making – Fact or fiction ? » *Journal of Consumer Research* Volume 6, Septembre 1979, pp. 93-100.

Orr Bruce « Dew gets personal : Brand-building with beepers » *Marketing News* Volume 32, n° 4, du 6 Juillet 1998.

Ott Karalynn « Web privacy initiatives pushed : DMA, ABP urge members to notify customers of policies » *BusinessMarketing* du mois de Mars 1999.

Palmeri Christopher « Neiman Marcus : Retailer's revenge » *Forbes Global Business & Finance* du 3 Mai 1999.

Parasuraman A., Berry Leonard et Valarie Zeithaml « Understanding customer expectations of service » *Sloan Management Review*, Printemps 1991, pp. 39-48.

Paterson Laura « Extra effort for loyalty makes dollars and sense » *Marketing News* du 25 Mai 1998.

Paterson Paul G., Lester W.Johnson et Richard W. Spreng « Modeling the determinants of customer satisfaction for, business-to-business professional services » *Journal of the Academy of Marketing Science* Volume 25, n° 1, Hiver 1997, pp. 4-17.

Pearson Michael M. et Guy H. Gessner « Transactional segmentation to slow customer defections » *Marketing Management* Volume 8, n° 2, Eté 1999, pp. 16-23.

Peppers Don et Martha Rogers « Avoid price dilution by making yourself valuable to loyal customers » *BusinessMarketing* du mois de Décembre 1997.

Peppers Don et Martha Rogers « Le one-to-one » Éditions d'Organisation, Paris, 1998.

Peppers Don, Martha Rogers et Bob Dorf « Is your company ready for one-to-one marketing ? » *Harvard Business Review* Volume 77, n° 1, janvier 1999, pp. 151-160.

Perelmuth Joel « Good choreography keeps you in step with customers » *Marketing News* du 25 Mai 1998.

Peretti Bénédicte « Thomas Middelhoff : "Nous sommes le groupe le mieux implanté dans le multimédia" » *La Tribune* du 1er Mars 1999.

Perez Alain « Les entreprises sous le charme du client online » *Les Échos* du 28 Octobre 1998.

Perret Véronique « La gestion ambivalente du changement » *Revue Française de Gestion* n° 120, numéro spécial, Septembre-Octobre 1998, pp. 88-97.

Pessemier Edgar A. « A new way to determine bying decisions » *Journal of Marketing* Volume 24, Octobre 1959, pp. 41-46.

Peters Tom « L'innovation : un cercle vertueux » Éditions Village Mondial, Paris, 1998.

Peterson Robert A., Sridhar Balasuramanian et Bart J. Bronnenberg « Exploring the implications of the Internet for consumer marketing » *Journal of the Academy of Marketing Science* Volume 25, n° 4, Automne 1997, pp. 329-346.

Petit Geneviève « Amora-Maille monte au Net pour un tête-à-tête avec le consommateur » *CB News* n° 538 du 21 Septembre 1998.

Petit Geneviève « Nestlé ouvre le plus grand des services consommateurs en ligne » *CB News* n° 545 du 9 Novembre 1998.

Philippe jean « Satisfaction du client et dimensions de l'interaction de service » 2ᵉ Journée Jeune Chercheur, Perspectives en marketing et en comportement du consommateur, Ceriam, Université de Savoie, 24 Juin 1996.

Picard Magali et Yves Dougin « Ethique : la distribution avance » *LSA* n° 1589 du 18 Juin 1998.

Pinard-Legry Jocelyne, Marion Frédéric et Robert Salle « Mener des études de satisfaction clients en milieu Business to Business » *Décisions Marketing* n° 8, Mai 1996, pp. 83-91.

Pine II Joseph, Bart Victor et Andrew C. Boynton « Makitig mass customization work » *Harvard Business Review* Volume 71, n° 5, Septembre 1993, pp. 108-119.

Pine II Joseph, Don Peppers et Martha Rogers « Do you want to keep your customers forever ? » *Harvard Business Review* Volume 73, n° 2, Mars 1995, pp. 103-114.

Plichon Véronique « La nécessité d'intégrer les états affectifs à l'explication du processus de satisfaction du consommateur » Actes du XVᵉ Congrès de l'AFM, Bordeaux, 1998, pp. 671-694.

Poirette Sylvie « S pour service, satisfaction et SFR » *CXP Informations* n° 253 du 15 Mars 1999.

Poncelet Pascale « Dopez votre service après-vente » *L'Entreprise* n° 155 du mois de Septembre 1998.

Powell Mantel Susan et Franck R. Kardes « The role of direction of comparison, attribute-based processing, and attitude-based processing in consumer preference » *Journal of Consumer Research* Volume 25, n° 4, Mars 1999, pp. 335-352.

Pritchard Mark P., Marc E. Havitz et Dennis R. Howard « Analysing the commitment-loyalty link in service contexts » *Journal of the Academy of Marketing Science* Volume 27, n° 3, Eté 1999, pp. 333-348.

Prokesch Steven E. « Competing on customer service : an interview with British Airway's Sir Collin Marshall » *Harvard Business Rewiew* Volume 73, n° 6, Novembre 1995, pp. 100-112.

Puget Yves « Mesurer l'impact d'un projet ECR » *LSA*, n° 1627 du 22 avril 1999.

Quelch John A. et David Kenny « Extend profits, not product lines » *Harvard Business Review* Volume 72, n° 5, Septembre 1994, pp. 153-160.

Ram S. « A model of innovation resistance » *Advances in Consumer Research* Volume 14, M. Wallenhof et P. Anderson (eds), Provo, UT, États-Unis, Association for Consumer Research (1987).

Rao Akshay et Mark Bergen « Price premium as a consequence of lack of buyers'information » *Journal of Consumer Research* Volume 19, Décembre 1992, pp. 412-423.

Rawsthorn Alice « DVD video comes thundering back from disaster » *Financial Times* du Vendredi 11 Septembre 1998.

Ray Daniel « Mesurer et développer la satisfaction clients » Editions d'Organisation, Paris (2001).

Reichheld Frederick F. « L'effet Loyauté » Éditions Dunod, Paris (1996).

Reichheld Frederik F. « Lead for loyalty » *Harvard Business Review* Vol. 79, numéro 7, juillet-août 2001, pp. 76-84.

Reichheld Frederick F. « Learning from customer defections » *Harvard Business Review* Volume 74, n° 2, Mars 1996, pp. 56-69.

Reichheld Frederick F. « Loyalty based management » *Harvard Business Review* Volume 71, n° 2, Mars 1993, pp. 64-73.

Reichheld Frederick F. et Earl Sasser Jr. « Zero defections : Quality comes to services » *Harvard Business Review* Volume 68, Septembre 1990, pp. 105-111.

Reinartz Werner J. et V. Kumar « On the profitability of long-life customers in a non-contractual setting : an empirical investigation and implications for marketing » *Journal of Marketing* Vol. 64, octobre 2000, pp. 17-35.

Reinartz Werner J. et V. Kumar « The impact of customer relationship characteristics on profitable lifetime duration » *Journal of Marketing* Vol. 67, janvier 2003, pp. 77-99.

Reinartz Werner J. et V. Kumar « The mismanagement of customer loyalty » *Harvard Business Review* Bol. 80, numéro 7, juillet 2002, pp. 86-94.

Richards Trevor « Buying loyalty versus building commitment – developing the optimum retention strategy » *Marketing and Research Today* Volume 26, n° 1, Février 1998, pp. 43-52.

Richins Marsha L. « Negative word-of-mouth by dissatisfied consumers : a pilot study » *Journal of Marketing* Volume 47, Hiver 1983, pp. 68-78.

Richins Marsha L. et Peter H. Bloch « Post-purchase product satisfaction : incorporating the effects of involvement and time » *Journal of Business Research* 23, Septembre 1991, pp. 145-158.

Riedman Patricia « Marketers score with integration : Jupiter study finds perception does not match advertising reality » *Advertising Age* du 7 juin 1999.

Riedman Patricia « Portals rethink retail strategies, shopping agents » *Advertising Age* du 1er Février 1999.

Rifkin Glenn « Mach3 : Anatomy of Gillette's latest global launch » *Strategy and Business* n° 15, 1999.

Rigby Darrell K., Frederick F. Reichheld et Phil Schefter « Avoid the four perils of CRM » *Harvard Business Review* Vol. 80, numéro 2, Février 2002, pp. 101-109.

Roehm Michelle L., Ellen Bolman Pullins et Harper Roehm Jr. A. « Designing loyalty-building programs for packaged goods brands » *Journal of Marketing Research* Vol. 39, numéro 2, mai 2002, pp. 202-213.

Roselius Ted « Consumer rankings of risk reduction methods » *Journal of Marketing* Volume 35, Janvier 1971, pp. 56-61.

Rosenberg Larry J. et John A. Czepiel « A marketing approach to customer retention » *Journal of Consumer Marketing* Volume 1, Printemps 1984, pp. 45-51.

Rosenbloom Joseph « Battle grounds » *Inc.* du mois de Juillet 1999.

Rosenbluth Hal F. et Diane McFerrin Peters « The customer comes second : and other secrets of exceptional service » Éditions Quil, New York, NY, États-Unis (1992).

Rosenfield James R. « Interactive helps redefine direct niche » *Advertising Age* du 7 Septembre 1998.

Roth Daniel « My, what big Internet numbers you have ! » *Fortune* du 15 Mars 1999.

Rouffiac François « Benchmark 98 Ernst & Young – C-Link : les premières tendances » *Marketing Direct* n° 30 du mois de Septembre 1998.

Rouffiac François « Fidélisation clientèle : sur la voie de la maturité » *Marketing Direct* n° 33 du mois de Décembre 1998.

Rubinson Joel R. « Equity based management » *Marketing Research* Volume 5, n° 3 (1993).

Rubinson Joel R. « Marketers need new research tools to manage to complex brand portfolios of the 90's » *Marketing Research* Volume 5, n° 3, (1992).

Rucci Anthony J., Steven P. Kirn et Richard T. Quinn « The employee-customer-profit chain at Sears » *Havard Business Review* Volume 76, n° 1, Janvier 1998, pp. 82-97.

Ruediger Adolf, Stacey Grant-Thompson, Wendy Harrington et Singer Marc « Current research : What leading banks are learning about big databases and marketing » *The McKinsey Quaterly*, n° 3, 1997, pp. 187-192.

Rust Roland T. et Richard L. Oliver « Should we delight the customer ? » *Journal of the Academy of Marketing Science* Vol. 28, numéro 1, Hiver 2000, pp. 86-94.

Rust Roland T. et Anthony J. Zahorik « Customer satisfaction, customer retention and market share » *Journal of Retailing* Volume 69, n° 2, 1993, pp.193-215.

Sallerin Raphaël « Catena : la fidélité rapporte » *LSA* n° 1594 du 27 Août 1998.

Sauzay Delphine « Les bons filons pour enrichir vos fichiers » *L'Entreprise* n° 132 du mois d'Octobre 1996.

Sauzay Delphine « Réclamations comment fidéliser les mécontents » *L'Entreprise* n° 127 du mois d'Avril 1996.

Scher Robert « Interlink marketing, sales, training programs for success » *BusinessMarketing* du mois de Juin 1999.

Scherry John F., Mary McGrath et Sidney J. Levy « The dark side of the gift » *Journal of Business Research* Volume 28, 1993, pp. 225-244.

Schlenker Barry R., Robert Heim et James T. Tedeschi « The effects of personality and situational variables of behavioral trust » *Journal of Personality and Social Psychology* Volume 25, 1973, pp. 419-427.

Schmittlein David « La force d'une base de données bien gérée » *in* L'art du Marketing, Volume 5, *Les Échos*, Vendredi 14 Mai 1999.

Schnaars Steven P. « Marketing Strategy : customers & competition » 2ᵉ édition révisée, Éditions Free Press, New York, NY, États-Unis (1998).

Schultz Don E. « Database's true cost depends on many variables » *Marketing News* du 26 Avril 1999.

Schultz Don E., Stanley Tannenbaum et Lauterborn Robert F. « Integrated marketing communications : Putting it together and making it work »

Éditions NTC Crain Business Books, Lincolnwood, II, États-Unis (1993).

Schurr Paul H. et Julie L. Ozanne « Influences on exchange processes : buyers'preconceptions of seller's trustworthiness and bargaining toughness » *Journal of Consumer Research* Volume 11, n° 4, 1985, pp. 939-953.

Scriven John et Andrew Ehrenberg « Brand Loyalty : now you see it, now you dont » *Marketing and Research Today* Volume 22, n° 2, Mai 1994, pp. 99-106.

Sealey Peter « How e-commerce will trump brand management » *Havard Business Review* Volume 77, n° 4, Juillet-Août 1999.

Sellers Patrica « Crunch tune for Coke » *Fortune* du 19 Juillet 1999.

Seines F. « An examination of the effect of product performance on brand reputation, satisfaction and loyalty » *European Journal of Marketing* Volume 27, n° 9, pp. 19-35.

Sengès Anne « Primes, cadeaux et gratuité, sésames du business électronique » *CB News* n° 578 du 5 Juillet 1999.

Sengès Gilles « Dell veut accroître sa présence dans les services » *Les Échos* du Lundi 12 Avril 1999.

Sengès Gilles « Grâce à Sumitomo, Goodyear récupère sa place de numéro un mondial du pneu » *Les Échos* du Jeudi 4 février 1999.

Sergeant Andrew et Stephen Frenkel « When do customer contact employees satisfy customers ? » *Journal of Service Research* Vol. 3, numéro 1, août 2000, pp. 18-34.

Shaffer Teri Root et Daniel Sherell « Consumer satisfaction with health-care services : the influence of involvement » *Psychology and marketing* 14, 3, 1995, pp. 261-285.

Sharp Byron et Anne Sharp « Loyalty Programs and their impact on repeat-purchase loyalty patterns » *International Journal of Research in Marketing*, Volume 14 (1997) pp. 473-486.

Shearer Colin « Data Mining : Toward a 360 degree view of the customer » *Research World*, Mars 2003, pp. 18-19.

Sheth Jagdish N. « Measurement of multidimensional brand loyalty of a consumer » *Journal of Marketing Research* Volume 7, n° 3, 1970, pp. 348-354.

Sheth Jagdish N. et Atul Parvatiyar « Relationship marketing in consumer markets : Antecedents and consequences » *Journal of the Academy of Marketing Science* Volume 23, n° 4, Automne 1995, pp. 255-271.

Sheth Jagdish N. et M. Venkatesan « Risk reduction processes in repetitive consumer behavior » *Journal of Marketing Research* Volume 5, Août 1968, pp. 307-311.

Silverstein Barry « Direct marketing making inevitable transformation to Internet » *BusinessMarketing* du mois d'Octobre 1998.

Simonson Itamar « The effect of purchase quantity and Timing on variety-seeking behavior » *Journal of Marketing Research* Volume 27, Mai 1990, pp. 150-162.

Singh Jagdip « A typology of consumer dissatisfaction response styles » *Journal of Retailing* Volume 66, Printemps 1990, pp. 57-99.

Singh Jagdip « Consumer complaint intentions and behavior : definitional and taxonomical issues » *Journal of Marketing* Volume 52, Janvier 1988, pp. 93-107.

Singh Jagdip et Deepak Sirdeshmukh « Agency and trust mechanisms in consumer satisfaction and loyalty judgments » *Journal of the Academy of marketing Science* Vol. 28, numéro 1, Hiver 2000, pp. 150-167.

Singh Jagdip et Robert E. Wilkes « When consumers complain : a path analysis of the key antecedents of consumer complaint response estimates » *Journal of the Academy of Marketing Science* Volume 24, n° 4, Automne 1996, pp. 350-365.

Sirdeshmukh Deepal, Jagdip Singh et Barry Sabol « Consumer trust, value and loyalty in relational exchanges » *Journal of Marketing* Vol. 66, numéro 1, janvier 2002, pp. 15-37.

Sirieix Lucie et Pierre-Louis Dubois « Vers un modèle qualité-satisfaction intégrant la confiance ? » *Recherche et applications en marketing* Vol. 14, numéro 3, 1999, pp. 1-22.

Sirieix Lucie et Pierre Valette-Florence « Comportement varié ou fidélité au point de vente : l'influence de la recherche de variété » XIe Congrès de l'AFM, Reims, 1995, actes pp. 679-708.

Slywotzky Adrian et David Morrison « The rise of the active customer » *Marketing Management* Vol. 10, numéro 2, juillet-août 2001, pp. 22-26.

Smith J. Brock et Donald W. Barclay « The effects of organizational differences and trust on the effectiveness of selling partner relationships » *Journal of Marketing* Volume 61, n° 1, Janvier 1997, pp. 3-21.

Sorensen Robert C. et William M. Strahle « An analysis of the social aspects of complaints reporting : a survey of vcr owners » *Journal of Satisfaction, Dissatisfaction, and Complaining Behavior* Volume 3, 1990, pp. 82-91.

Soussan Carole « Braderie d'hiver sur l'ordinateur » *Stratégies* n° 1087 du 5 Février 1999.

Spteng Richard A., Scott B. MacKenzie et Richard Olshavsky « A reexamination of the determinants of consumer satisfaction » *Journal of Marketing* Volume 60, Juillet 1996, pp. 15-32.

Stanfel Janet A. « Closing the loop to rein in regular customers » *Marketing News* du 25 Mai 1998.

Starr Martin K. et Joel Rubinson « A loyalty group segmentation for brand purchasing simulation » *Journal of Marketing Research* Volume 15, n° 3, 1978, pp. 378-383.

Stefanidu Maria « Reward loyal customers by being loyal to them » *Marketing News* du 15 Février 1999.

Stehli Jean-Sébastien « Samir Gibara met Goodyear sous pression » *Enjeux Les Échos* du mois de Septembre 1998.

Stephens Nancy et Kevin P. Gwinner « Why dont some people complaira ? A cognitive-emotive process model of consumer complaint behavior » *Journal of the Academy of Marketing Science* Volume 26, n° 3, Été 1998, pp. 172-189.

Stern Philip « Long run loyalty : an exploratory study » *Marketing and Research Today* Volume 25, n° 2, Mai 1997, pp. 70-78.

Stershic Sybil F. « Infernal marketing : building customer satisfaction front the inside out » *in* Marketing Encyclopedia – Issues & trends shaping the future, Éditions American Marketing Association, NTC Business Books, Chicago-Lincolnwood, II, États-Unis (1995).

Stone Marcha L. « When spam is not spam », *BusinessMarketing* du mois d'Octobre 1997. Stowell Daniel M. « Sales, marketing & continuous improvement » Éditions Jossey-Bass, San Francisco, CA, États-Unis, (1997).

Swan John E. et Johannah Jones Nolan « Gaining customer trust : a conceptual guide for the salesperson » *Journal of Personal Selling and Sales Management* Volume 5, 1985, pp. 39-48.

Symonds William C. « Build a better mousetrap is no claptrap : yes, companies can hike prices – if they reinvent their product » *Business-Week* du 1er Février 1999.

Szymanski David M. et David H. Henard « Customer satisfaction : a meta-analysis of empirical evidence » *Journal of the Academy of Marketing Service* Vol. 29, numéro 1, pp. 16-35.

Tardieu Hubert « Le "one to one" va s'imposer » *Les Échos* du Mercredi 31 Mars 1999.

Tatibouët Michel et Vincent Haguet « Gestion du capital clients et distribution » *in* L'art du Marketing, Volume 8, *Les Échos*, Vendredi 4 Juin 1999.

Tavoillot Paul-André « François Henri Pinault : "Il est plus cher de vendre sur Internet qu'en magasin" » *La Tribune* du 18 Mars 1999.

Taylor III Alex « Kellog cranks up its idea machine » *Fortune* du 5 Juillet 1999.

Taylor James W. « The role of risk in consumer behavior » *Journal of Marketing* Volume 38, Avril 1974, pp. 54-60.

Taylor Steven A. « Assessing regression-based importance weights for quality perceptions and satisfaction judgements in the presence of higher order and/or interaction effects » *Journal of Retailing* Volume 73, n° 1, numéro spécial, 1997, pp.135-159.

Tedeschi Bob « E-commerce sites target next generation of buyers » *The New York Times* du 29 Mars 1999.

Tedeschi Bob « Internet is credit card Industry's new best friend » *The New York Times* du 15 Décembre 1998.

Tedeschi Bob « Marketing by E-mail sales tool or spam ? » *The New York Times* du 8 Décembre 1998.

Thibault Marc « La satisfaction clientèle sur les marchés business to business » *Revue Française de Marketing* n° 144-145, 1993/4-5, p. 189-193.

Thomas Jacquelyn S. « A methodology for linking acquisition to customer retention » *Journal of Marketing Research* Vol. 38, mai 2001, pp. 262-268.

Thomke Stefan et Eric Von Hippel « Customers as innovators » *Harvard Business Review* Vol. 80, numéro 4, avril 2002, pp. 74-81.

Thornton Emily « Mazda learns to like those intruders » *BusinessWeek* du 14 Septembre 1998.

Thorsten Henning Thuran et Alexander Klee « The impact of customer satisfaction and relationship quality on customer retention : a critical reassessment and model development » *Psychology and marketing* Volume 4, n° 8, 1997, pp. 737-764.

Tixier Daniel et Bernard Pras « Le marketing inversé : Interactivité, structure et pouvoir » *Décisions Marketing* n° 5, Mai-Août 1995, pp. 7-19.

Tournier Anne-Claire et Adeline Trégouët « Fichez vos clients afin de mieux les séduire » *L'Essentiel du Management* n° 29 du mois de Juillet 1997.

Tzokas Nikolaos, Bill Donaldson et Abu Bakar Sade « L'impératif du service client dans l'industrie » *Recherche et applications en marketing* Vol. 15, numéro 1, 2000, pp. 21-38.

© Éditions d'organisation

Traylor Mark B. « Product involvement and brand commitment » *Journal of Advertising Research*, Volume 21, 1981, pp. 51-56.

Trinquecoste Jean-François « Fidéliser le consommateur : un objectif marketing prioritaire » *Décisions Marketing* n° 7, Janvier-Avril 1996, pp. 17-23.

Tucker W.T « The development of brand loyalty » *Journal of Marketing Research*, Août 1964, pp. 32-35.

Tumbull Peter et David Wilson « Developing and protecting profitable customer relationships » *Industrial Marketing Management* Volume 18, Août 1989, pp. 233-238.

Underhill Paco « What shoppers want » *Inc.* du mois de Juillet 1999.

Vandaele Michel « L'ECR : moyen indispensable du partenariat producteurs-distributeurs » *Décisions Marketing* n° 15, Septembre-Décembre 1998, pp. 69-76.

Vanhamme Joëlle « La satisfaction des consommateurs spécifique à une transaction : définition, antécédents, mesures et modes » *Recherche et applications en marketing* Vol. 17, numéro 2, 2002, pp. 55-85.

Vavra Tarry G. « Aftermarketing : the importance of retention marketing » *in* Marketing Encyclopedia – Issues & trends shaping the future, Éditions American Marketing association, NTC Business Books, Chicago-Lincolnwood, II, États-Unis (1995).

Vidal Françoise « Le premier club payanx de la grande consommation » *CB News* n° 576 du 21 Juin 1999.

Vidal Françoise « Starwood veut changer les règles du jeu des programmes de fidélisation » *CB News* n° 559 du 22 Février 1999.

Vriens Marco et Michael Grigsby « Building profitable online customer-brand relationships » *Marketing Management* Vol. 10, numéro 5, novembre-décembre 2001, pp. 34-39.

Warland Rex H., Robert O. Hermann et Willits Jane « Dissatisfied consumers : who gets upset and who takes action » *Journal of Consumer Affairs* Volume 9, Hiver 1975, pp. 148-163.

Wayland Robert « Customer valuation : the foundation of customer franchise management » *Mercer Management Journal* Volume II, 1994.

Wayland Robert E. et Paul M. Cole « Customer connections : new strategies for growth » Éditions Harvard Business School Press, Boston, MA, États-Unis (1997).

Weilbacher William M. « Brand marketing » Éditions NTC Business Books, Lincolnwood, II, États-Unis (1993).

Weisser Charles R. « Championing the customer » *Harvard Business Review* Volume 73, n° 6, Novembre 1995, pp. 113-116.

Weitz Barton A. et Sandy D. Jap « Relationship marketing and distribution channels » *Journal of the Academy of Marketing Science* Volume 23, n° 4, 1995, pp. 305-320.

Wentz Laurel « eMarketers collates reams of often-conflicting web data » *Advertising Age International* du mois de Juin 1999.

Wentz Laurel « How experts value brands » *Advertising Age* du 16 Janvier 1989.

Wiersema Fred et Michael Treacy « Customer intimacy and other value disciplines » *Harvard Business Review* Volume 71, n° 1, Janvier 1993, pp. 84-93.

Williamson Oliver E. « Calculativeness, trust and economic organization » *Journal of Law and Economics* Volume 26, Avril 1991, pp. 453-486.

Wilson Ralph « Collecting and using data from your website visitors » *Web Marketing Today*, n° 46 du mois de Juillet 1998.

Woodruff Robert B. « Customer value : the next source for competitive advantage » *Journal of the Academy of Marketing Science* Volume 25, n° 2, Printemps 1997, pp. 139-153.

Woodruff Robert B., Ernest R. Cadotte et Jenkins Roger L. « Modeling consumer satisfaction processes using experience-based norms » *Journal of Marketing Research* Volume 20, Août 1983, pp. 296-304.

Woolf Brian « Le marketing de la différence » Éditions Village Mondial, Paris (1999).

Wortman Sarah « Measure marketing efforts with customer equity test » *Marketing News* du 25 Mai 1998.

Young Louise C. et Ian F. Wilkinson « The role of trust and co-operation in marketing channels : a preliminary study » *European Journal of Marketing* Volume 23, n° 2, 1989, pp. 109-122.

Yovovitch B. G. « What is your brand really worth ? » *Adweeks Marketing Week* du 8 Août 1988, pp. 18-24.

Zeyl Alfred et Annie sZeyl « Le trade marketing en question ? » *Revue Française du Marketing* n° 167, 1998/2, pp. 65-76.

Zielinski Dave « Database marketing : with costs down, more use it to pinpoint promotions, create customer bonds » *The Service Edge* Volume 7, Février 1994, pp. 1-3.

Zilbertin Olivier « Surfez, vous êtes payés » *Le Monde* du Mercredi 23 Juin 1999.

Zyman Sergio « The end of marketing as we know it » Éditions, Harperbusiness, New York, NY, Etats-Unis (1999).

Index
des personnalités

Index général

www.ingramcontent.com/pod-product-compliance
Lightning Source LLC
Chambersburg PA
CBHW080133220326
41598CB00032B/5056